AUF DER SUCHE NACH VERBORGENEM GEHEIMWISSEN

DOLORES CANNON

Aus dem Englischen übersetzt von
Mario Radinger

Library of Congress Cataloguing-in-Publication Data

Cannon, Dolores, 1931 – 2014

Die Suche nach verborgenem Geheimwissen von Dolores Cannon
Viele von uns haben vergangene Leben als Bewahrer von Geheimwissen, das in den antiken Schulen der Mysterien gelehrt wurde. Ein Großteil dieses Wissens ist im Laufe der Zeit aufgrund von Katastrophen, Zerstörung und Tod verloren gegangen. Es war einigen wenigen Auserwählten vorbehalten, die ihr Leben der Aufgabe widmeten, es zu verstehen und weiterzugeben.

1. Hypnose   2. Reinkarnation 3. Altes Wissen   4. Metaphysik
1. Cannon, Dolores, 1931 – 2014 II. Metaphysik   III. Reinkarnation IV. Titel

Library of Congress Catalog Card Number: 2020952199
ISBN: 978-1-950608-17-1

Aus dem Englischen übersetzt von:
Mario Radinger
Cover Design: Victoria Cooper Art
Book Design: Tab Pillar
Book set in : Times New Roman

Veröffentlicht von:

Ozark Mountain Publishing, Inc.
PO Box 754
Huntsville, AR 72740
800-935-0045 oder 479-738-2348
Fax: 479-738-2448
WWW.OZARKMT.COM

Liebe Leser,

Kurz nachdem meine Mutter das Ihnen vorliegende Buch fertig gestellt hatte, verließ sie unsere Welt und ging weiter in die nächste. In ihren letzten Jahren arbeitete sie jedoch nicht nur eifrig an diesem und einigen anderen Manuskripten, sondern verbrachte auch viel Zeit damit, Ausbildungsprogramme für zukünftige QHHT-Praktiker zu entwickeln und die Fähigkeiten der bereits praktizierenden zu stärken, damit ihr Lebenswerk und Vermächtnis durch sie weiterleben können. Bis zu ihrem Ableben bestand sie darauf, dass „die Arbeit und die Suche nach Wissen" weitergehen müssen, und versprach, von der anderen Seite aus dabei zu helfen. Ich freue mich sehr, verkünden zu können, dass sie dieses Versprechen hält.

In Liebe,
Julia Cannon

WIDMUNG

Dieses Buch ist allen gewidmet, die im Namen des Lichts daran arbeiten, Wissen in die Welt zu bringen, und besonders der weltweiten Gemeinschaft an QHHT-Praktikern, die in Liebe dabei helfen, unser aller Frequenz anzuheben.

„Ich schreibe aus demselben Grund, aus dem ich atme:
weil ich sterben würde, wenn ich es nicht täte.“

Isaac Asimov

INHALTSVERZEICHNIS

EINLEITUNG

Zu denen von Ihnen, die mit meiner Arbeit im Bereich Hypnose vertraut sind, sage ich: „Willkommen zurück!" Zu denen von Ihnen, die noch keines meiner Bücher gelesen haben, sage ich: „Willkommen an Bord!" Alles, was Sie für die Reise benötigen, sind ein offener Geist und die willentliche Aussetzung der Ungläubigkeit während der Lektüre dieses Buches. Ich arbeite schon so lange im Feld des Seltsamen und Unbekannten, dass es mir mittlerweile als normal erscheint. Daher hinterfrage ich nicht mehr die Informationen, die durch meine tausend und abertausend Klienten fließen, welche für ihre Therapie zu mir kommen. Ich weiß ohne den geringsten Zweifel, dass in meinem Arbeitsgebiet nichts unmöglich ist. Dabei ist es nicht meine Intention, irgendjemanden von meinen Entdeckungen zu überzeugen. Ich denke, meine Arbeit spricht für sich.

Ein seltsames Phänomen ist über die letzten Jahre immer wieder aufgetreten, anhand dessen ich eine große Veränderung feststellen kann. Wenn ich heutzutage weltweit Vorträge halte, gibt es im Publikum oft viele Menschen, die sagen, dass sie bis vor einem Monat oder einer Woche noch nie von mir gehört und meine Arbeit erst kurz vor dem Vortrag entdeckt hatten. Sie finden mich über das Internet. Aus diesem Grund nenne ich sie die „Generation Internet". Versteckt habe ich mich gewiss nie: Seit über 45 Jahren führe ich konstant Sitzungen durch, schreibe Bücher und halte Vorträge auf der ganzen Welt. Die Mehrheit derjenigen, die mich erst jetzt entdecken, sind relativ jung. Das Internet scheint also viel mehr Menschen zu erreichen, als es meine Bücher und Vorträge jemals könnten. Wir leben wahrlich im Computerzeitalter der elektronischen Information. Diese Entwicklung miterleben zu dürfen, empfinde ich als ein großes Privileg.

i

Ich bin eine Hypnosetherapeutin, die sich mit der Rückführung von Klienten in vergangene Leben beschäftigt. Über viele Jahre hinweg habe ich eine neue Hypnosemethode entwickelt, die die Macht des eigenen Geistes der Klienten nutzt, um sie von jeglichen Krankheiten und Leiden zu heilen. Mein Hauptfokus ist es mittlerweile, diese erstaunliche Methode auf der ganzen Welt zu lehren. Ich begann damit im Jahr 2002 und habe bisher über 4000 Menschen unterrichtet, die in ihren Sitzungen die gleichen Wunder erleben wie ich. Aber es war nicht immer so. Als ich 1968 über die Konzepte Wiedergeburt und vergangene Leben stolperte, existierte der Einsatz von Hypnose in diesem Bereich noch nicht. Zu jener Zeit wurde Hypnose nur verwendet, um Angewohnheiten zu lösen (Rauchen, Ernährung etc.) und den Klienten zu entspannen. In der westlichen Welt waren die Konzepte „Wiedergeburt" und „vergangene Leben" weitestgehend unbekannt. Die ausführliche Geschichte meiner Annäherung an die faszinierende Welt des Zeitreisens erzähle ich in meinem ersten Buch Five Lives Remembered. Statt nach den ersten Erlebnissen verängstigt zu sein, dominierte meine Neugier und ich folgte dem intensiven inneren Drang, weiterzuforschen. Heutzutage gelte ich als Pionierin im Feld der Rückführungstherapie, weil ich einen Weg gefunden habe, die Methode weiterzuentwickeln und so die Heilung von Klienten zu fördern. Da es in den 1960er Jahren niemanden gab, der diese Art von Therapie lehrte, musste ich meine eigene Technik entwickeln.

Mit meiner Technik fand ich einen Weg, um direkt mit der größten Kraft im Universum zu sprechen. Es geschah schrittweise, aber letztendlich fand ich einen Weg, sie in Sitzungen einzurufen, um Klienten zu helfen. Sie hat die Antworten auf alle Fragen, besitzt Wissen über alles Bekannte und Unbekannte und kann direkte Heilung bewirken. Als ich dieser Kraft das erste Mal begegnete, hatte ich keinen Namen für sie. Andere verweisen heute auf die Überseele, das Höhere Selbst, das Überbewusstsein oder das Universalbewusstsein. Damals war mir allerdings keiner dieser Begriffe bekannt und so nannte ich es einfach das Subconscious (Unterbewusstsein). Ich möchte hier betonen, dass es nicht dasselbe ist wie das, was die Psychiatrie als das Unterbewusstsein bezeichnet. Meiner Erkenntnisse nach arbeitet sie mit dem kindlichen Teil des Geistes, der nicht die Macht des Teils besitzt, mit dem ich arbeite. Ich nannte es das Unterbewusstsein, weil ich damals keine Ahnung hatte, wie ich es sonst nennen sollte. „Sie" haben mich seitdem wissen lassen, dass es keine Rolle spielt, wie ich sie nenne. „Sie" sagen, dass sie sowieso keinen Namen haben und daher einfach auf meine Bezeichnung reagieren und mit mir arbeiten werden. Im Laufe dieses Buches werde ich den abgekürzten Begriff SC verwenden. Meine Schüler fühlen sich mit diesem Begriff ebenfalls wohler.

Ich arbeite auf der tiefstmöglichen Ebene von Trance, der sogenannten „somnambulistischen" Ebene. Auf dieser Ebene gibt das Bewusstsein den Weg frei und ich kann direkt mit dieser enormen Kraft, dem SC, sprechen. Ich bin kein Hellseher und auch kein Medium. Alle Informationen, die ich veröffentliche, entstammen den Tausenden von Klienten, mit denen ich in den letzten 45 Jahren gearbeitet habe. Ich betrachte mich selber als Reporter, als Forscher und Schatzsucher verlorenen Wissens. Ich nehme all die Informationen, die von meinen Klienten kommen, und setze sie zusammen wie Puzzleteile. Oft bin ich verblüfft darüber, was an die Oberfläche gelangt. Zudem sind die metaphysischen Konzepte und Theorien im Laufe der Zeit zunehmend komplexer und komplizierter geworden. Sie finden diese in meiner Bücherreihe Convoluted Universe. Vor zwanzig oder dreißig Jahren hätte ich sie niemals verstehen können. Die Informationen mussten mir schrittweise vermittelt werden, da sie mich sonst überwältigt und überfordert hätten. „Sie" sagten mir mal: „Wir geben dir zunächst einen Löffel voller Information. Verdaue den erstmal und dann geben wir dir einen weiteren." Ich bin froh, dass sie das so getan haben, sonst hätte ich das meiste nie verstanden.

Im Rahmen meiner Forschungen habe ich erkannt, dass die Geheimschulen der Mysterien schon immer existiert haben. Seit jeher hat die Angst bestanden, dass heiliges und verborgenes Geheimwissen verlorengehen könnte – was es auch tat. Zu Anfang wurde es nur mündlich konserviert und nicht schriftlich. Überlieferungen und Traditionen wurden über die Generationen weitergegeben. Es gab gewöhnlich Personen, denen die Verantwortung für das Bewahren des Wissens anvertraut worden war, und sie gaben es weiter, indem sie es - wie in meinem Buch The Legend of Starcrash beschrieben - zu besonderen Anlässen in Geschichten oder Legenden verpackt offenlegten. Viel Wissen ging im Laufe der Zeit durch Katastrophen, die Zerstörung von Stämmen oder auch durch den Tod eines Hüters verloren, bevor die Informationen auf einen Schüler übertragen werden konnten. Normalerweise begannen die Hüter dieses Wissens lange vor ihrem Ableben mit der Weitergabe an speziell ausgewählte Schüler. Wenn es eine große Menge an Wissen weiterzugeben und zu bewahren galt, konnten zuweilen mehrere Jahre intensiver Lehre dafür nötig sein. Dies war der Ursprung der Geheimschulen der Mysterien. Das Wissen war nicht für jeden geeignet, da der gewöhnliche Durchschnittsmensch es nicht verstehen konnte. Es war nur für ein paar wenige Auserwählte vorgesehen, die ihr gesamtes Leben dem Verständnis und der Lehre widmeten. Sie lebten gewöhnlich an isolierten und abgeschiedenen Orten, da der Besitz derartigen Wissens ihr Leben in Gefahr brachte. Im Laufe der Geschichte hat es immer Menschen gegeben (gewöhnlich Machtinhaber), die sich von dem, was sie nicht verstehen konnten, bedroht gefühlt haben. Dies war der wahre Grund für die Hexenprozesse und -verfolgungen in den frühen Tagen der katholischen Kirche. Die Katholiken fühlten sich von den Gnostikern und deren Geheimwissen bedroht und wollten es für sich haben, aber die Gnostiker wären eher gestorben, als es preiszugeben. Sie waren der Geheimhaltung verschworen. (Diese Geschichten befinden sich in meinem Buch Jesus and the Essenes.) Also entschied die Kirche, dass diese Leute sterben mussten. Die Bewegung hatte also nichts mit Hexen an sich oder etwa dem Teufel zu tun, sondern mit der Gier nach Wissen und Macht. Die Inquisition ist ein ideales Beispiel für diesen schrecklichen Geschichtsabschnitt. Die Geschichte der Essäer dient als Beispiel dafür, wie weit die Hüter des Wissens bereit waren zu gehen, um dessen Schutz sicherzustellen. Sie lebten in kompletter Isolation und Abgeschiedenheit.

In einer jüngeren Sitzung wurde eine Klientin in ein Leben als Mönch (scheinbar in den Bergen von Tibet) zurückgeführt, der sein gesamtes Leben lang gemeinsam mit einer Gruppe anderer Mönche die Mysterien studierte. Durch die Abschottung von allen Ablenkungen der Welt um sie herum fiel es ihnen leicht, sich zu konzentrieren und zu lernen. Er lernte unter anderem, seinen Körper zeitweise zu verlassen, astral zu reisen und bei der Entstehung von Galaxien und Universen mitzuwirken. Als er älter wurde, lehrte er den jungen Anwärtern seine Techniken, damit dieses Wissen nicht verloren ging. Ich würde gerne glauben, dass diese Fertigkeiten heute noch in den abgelegenen Klöstern von Tibet und Nepal unterrichtet werden.

Einer meiner Schüler arbeitete einmal mit einem Klienten, der in ein Leben zurückgeführt wurde, in dem er ein solcher Hüter von Geheimwissen war (sehr ähnlich den Geschichten in diesem Buch). Als sie das SC einriefen, wollten er natürlich mehr über das Geheimwissen erfahren, das der Klient in dem damaligen Leben bewahrt hatte. Das SC lachte laut (sie haben durchaus Sinn für Humor) und sagte: „Alles, was du tun musst, ist, die Worte Sacred Geometry zu googeln. Es ist alles da. Es ist heute kein solches Geheimnis mehr." Das Wissen, für das Menschen in anderen Zeiten gestorben sind, ist heutzutage für uns leicht zugänglich, während wir in die höhere Dimension der Neuen Erde wechseln. Das Wissen und die übernatürlichen Fähigkeiten kommen nun wieder an die Oberfläche – mit einer erstaunlichen Geschwindigkeit.

Ich arbeite oft in Ashrams und mit Swamis und halte Vorträge in ihren Lehrzentren. Dort spreche ich über die Informationen, die in meiner Bücherserie Convoluted Universe enthalten sind. Im Anschluss an einen Vortrag auf den Bahamas, als alle Teilnehmer sich schließlich zum Schlafen auf ihre Zimmer zurückzogen, blickte ich mich um und sah eine Gruppe von Schülern, die dicht gedrängt um den Swami herum standen. Später erzählte man mir von der Unterhaltung: Sie hatten ihn gefragt, ob meine durchaus radikalen Informationen denn korrekt wären. Der Swami erklärte ihnen: „Sie spricht die Wahrheit. Die Wahrheit ist kein neues Wissen. Sie ist neues altes Wissen." Es wurde von jeher beschützt von denjenigen, die ihr Leben damit verbrachten, es zu studieren und in den Berghöhlen in Nepal zu meditierten, um Erleuchtung zu erlangen. Es wurde von jeher beschützt für die wenigen Auserwählten, die ihr Leben diesem Studium widmen wollten. Der Unterschied ist nur, dass es nun wieder an die Oberfläche kommt und für jeden zugänglich wird. Viele werden die Informationen daher nicht verstehen und das ist in Ordnung, weil es nicht Teil ihres Weges ist. Allerdings wird es auch die geben, die es verstehen. Und es ist wichtig für die Menschheit, dass dieses Wissen wiedererlangt wird. Heutzutage werden wir nicht mehr gehängt oder auf dem Scheiterhaufen verbrannt, weil wir anders sind.

In meiner Arbeit erhalte ich oft Informationen, die sich ähneln und sich auf dasselbe Thema beziehen. Wann immer dies passiert, sammle ich das Material und veröffentliche es in einem separaten Buch. So ist das Buch entstanden, das Sie gerade in Ihren Händen halten. Es ist nicht einfach ein weiteres in der Serie Convoluted Universe. Es steht (wie meine frühen Bücher) für sich alleine und beinhaltet speziell Informationen, die im Laufe der Zeit verloren gegangen oder versteckt worden waren. Jahrhundertelang sind diese Informationen ausschließlich in den Geheimschulen der Mysterien gelehrt worden und wurden nur an die Schüler und Initiierten weitergegeben, die sie verstanden und anzuwenden wussten. Die folgenden Fälle kommen aus vielen verschiedenen Sitzungen. Ich habe das Material gesammelt und in diesem Buch zusammengeführt. Genießen Sie die Reise!

Kapitel 1

ISIS UND DIE MASCHINENWESEN

In meinen Büchern *Keepers of the Garden* und *The Custodians* wurde die Geschichte davon erzählt, wie Außerirdische das Leben auf die Erde brachten und über eine unvorstellbar lange Zeit hinweg entwickelten. Nach den Tieren wurden durch Manipulation der Gene und DNA von Affen die ersten Menschen erschaffen. Die Spezies wuchs und entwickelte Intelligenz, so dass die ETs damit begannen, unter diesen „Wilden" zu leben. Sie lehrten sie Fertigkeiten, die ihnen beim Überleben halfen und es ihnen ermöglichten, eine Zivilisation zu gründen. Die ETs lebten für viele, viele Jahre unter den Menschen, da sie selber den Zeitpunkt ihres physischen Todes bestimmen konnten, was dazu führte, dass diese Wesen als Götter und Göttinnen angesehen wurden und so die ersten Legenden entstanden. Da die ETs wussten, dass sie letztendlich wieder nach Hause zurückkehren würden, gaben sie ihr Wissen an diejenigen Individuen weiter, von denen sie dachten, dass sie es bewahren und überliefern konnten. Zudem kreuzten sie ihre Gene mit denen der Menschen, um Nachkommen zu zeugen, die einige ihrer Fähigkeiten besaßen und so den Menschen helfen konnten, nachdem sie den Planeten verlassen hatten.

Das Wissen und die Fähigkeiten wurden über die Jahrhunderte von Trägern an die nächste Generation von Initiierten weitergegeben. Es war der Beginn der Geheimschulen der Mysterien, in denen Auserwählte die verschiedenen Techniken lernten und anwendeten. Im Laufe der Zeit schotteten diese sich von der Gesellschaft ab und zogen sich in isolierte Tempel und Zentren zurück. Aufgrund ihrer besonderen Talente wurden sie von der allgemeinen Bevölkerung anders behandelt. Sie wurden zu Priestern und Priesterinnen, die sich auf bestimmte Fähigkeiten spezialisierten, und man erwartete von ihnen, dass sie würdige Nachfolger auswählten, denen sie das Wissen weitergeben konnten. Das Wissen musste gesichert und beschützt werden. Sie wussten, es durfte nicht verschwinden.

Über unzählige Jahrhunderte hinweg wurde das Wissen geschützt und nur mit einigen wenigen Individuen geteilt. Es wurden Kriege geführt und schreckliche Ungerechtigkeiten begangen (z.B. die Inquisition) in dem Versuch, Zugang zu diesem Wissen zu erlangen. Deren Träger starben jedoch eher, bevor es in die falschen Hände gefallen wäre. Das Wissen musste gesichert und beschützt werden. Sie wussten, dass es nicht verschwinden durfte.

Heutzutage ist dieses Wissen nicht mehr nur Orakeln in Tempeln, Einsiedlern in Höhlen oder weisen Männern in versteckten Schulen vorbehalten. Es kehrt in unsere Zeit zurück und steht nun allen zur Verfügung. Der Schleier lichtet sich, das Kollektiv wacht auf und wechselt in die Neue Erde. Durch das Anheben unserer Vibrationen und Frequenzen verstehen wir nun diese uralten Mysterien. Sie kehren in unsere Zeit zurück und stehen jedem zur Verfügung.

Die in diesem Buch wiedergegebenen Ausschnitte aus diversen Rückführungen versetzen uns jedoch in eine Zeit, in der dieses besondere Wissen einem großen Teil der Bevölkerung nicht zugänglich war.

* * *

Die ersten Tempel in Babylon waren von in regelmäßigem Abstand voneinander platzierten Säulen umgeben. (Die babylonische Kultur war bereits 3000 v.Chr. weitentwickelt und komplex.) Einige hatten ein offenes Dach, durch das man den Himmel sehen konnte. Diese Tempel fungierten als Sternwarten. Die Priester saßen an einem speziellen Platz im Zentrum des Gebäudes, beobachteten die Sterne und Planeten durch die Lücken zwischen den Säulen und zeichneten ihre Wege auf. Diese Aufzeichnungen wurden jahrhundertelang aufbewahrt und erweitert. So konnten die Bewegungen der Himmelskörper präzise gemessen werden. Als ein Teil des Geheimwissens wurden diese Aufzeichnungen nur in den Schulen der Mysterien offenbart, um ihre Bedeutung zu interpretieren. Astrologie und Astronomie waren geboren. Die zugrundeliegenden Lehren (und Hinweise auf wichtige Sterne) waren von den ETs vermittelt worden. Große Teile des Wissens beruhten auf der Beobachtung von Himmelskörpern, die mit bloßem Auge nicht zu erkennen waren. Dazu waren also fortschrittliche Instrumente wie beispielsweise Teleskope notwendig - höchstwahrscheinlich ähnlich den „Weitsichtgeräten", die in Qumran verwendet wurden. (Mehr Informationen dazu enthält mein Buch *Jesus and the Essenes*.) Diese Informationen waren für die ETs von großer Bedeutung, da sie sich auf ihre Heimatplaneten oder -konstellationen bezogen. Sie folgten deren Bewegungen am Himmel, um geeignete Zeitfenster für Reisen und Kommunikation identifizieren zu können. Viele Aspekte der astronomischen Informationen waren wertvoll für die Menschen, um Zeit messen zu können, andere besaßen direkten Nutzen für die ETs selbst.

Ähnlich verhielt es sich bei der Errichtung von Steinkreisen und Monolithen wie Stonehenge, New Grange und vielen weiteren auf der ganzen Welt. Sie stellten Markierungen dar für den Zyklus der Jahreszeiten sowie für die Position bestimmter Sterne und Planeten. Deren Bewegungen wurden in Bezug auf die Oberbalken und Steine der Konstruktionen beobachtet und festgehalten.

Diese Wissenschaft war in der Zeit von Atlantis enorm fortgeschritten. Nach dessen Untergang wurde das Wissen von den Überlebenden nach Ägypten und in andere Teile der Welt getragen. All das wird in meiner Bücherreihe *Convoluted Universe* beleuchtet.

Warum war die Errichtung von Tempeln und Steinkreisen und das Markieren des Wechsels der Jahreszeiten so wichtig? Die Monumente und das Wissen führen in eine Zeit zurück, in der die Menschen gerade erst mit Ackerbau und Viehzucht begonnen hatten. Die konventionelle Theorie schiebt diesen primitiven Menschen jedoch die Errichtung besagter Meisterwerke zu. Wie soll das möglich gewesen sein für „Wilde", die sich gerade erst an der Schwelle zu den ersten Ansätzen einer Zivilisation befanden? Wir wissen, dass bereits zu dieser frühen Zeit ETs unter den Menschen lebten und ihnen mit Informationen und Technologie durch die Phasen ihrer Evolution halfen.

3

Jede Zivilisation der Erde hat ihre Legenden über die „Kulturbringer": Geschichten von Wesen, die eines Tages erschienen, unter den Menschen lebten und sie grundlegende Fertigkeiten lehrten, die deren Überleben und Fortschritt sicherten. Die nordamerikanischen Indianer zum Beispiel berichten von einer „Mais-Frau", die ihnen beibrachte, wie und wann die Pflanze anzubauen war. Andere Wesen unterrichteten sie im Jagen und dem Umgang mit Feuer. In jeder einzelnen dieser weltweiten Legenden kamen die Kulturbringer aus dem Himmel oder über das Wasser. Das erste Buch meiner Reihe *Convoluted Universe* enthält eine Geschichte über ETs, die Maschinen konstruierten, welche in der Lage waren, die Energien von Sonne, Mond und Sternen zu nutzen.

Da diese Wesen so lange leben konnten, wie sie wollten, wurden sie von den Menschen als Götter verehrt.

Für die sich entwickelnde Spezies war es von großer Bedeutung, Zeit berechnen zu können, um Saat und Ernte danach auszurichten. Die Bauwerke ermöglichten also die Ermittlung der Jahreszeiten und erforderten es, dass ausgewählte Menschen entsprechend ausgebildet wurden, um die gewonnenen Informationen auswerten und dem Volk die Erkenntnisse vermitteln zu können. Im Rahmen der Sitzungen, die ich bereits seit Jahrzehnten durchführe, habe ich herausgefunden, dass die Originalbauwerke jeweils von ETs konstruiert wurden und nicht etwa von den primitiven Menschen, die zu der Zeit ihrer Errichtung lebten.

Das Wissen um den Gebrauch der Psyche zur Formung und Levitation von Steinen etc. wurde in einigen hoch entwickelten Zivilisationen perfektioniert. Nach dem Untergang von Atlantis gelangte es nach Ägypten und an andere Orte der Erde. Die ETs lebten auch noch in Atlantis unter den Menschen und teilten ihr Wissen mit ihnen.

Es begann also mit dem Verfolgen der Jahreszeiten und entwickelte sich dann weiter zum komplexeren System der Astronomie. Letzteres erfolgte, damit die ETs ihre Heimatplaneten und deren Position im Blick behalten konnten. Die Bauwerke waren zudem vom Weltraum aus sichtbar und dienten als Markierungen für Raumschiffe, die den Planeten umkreisten. Die Brüder und Schwestern der sich auf der Erde befindenden ETs wussten somit zu jeder Zeit, wo sie sich befanden und wirkten.

Terry war eine alleinstehende Frau, die auf ihrer Ranch in Texas lebte und ihre Zeit damit verbrachte, Pferde zu züchten und zu verkaufen. Sie kam zu mir, um Antworten auf persönliche Fragen zu finden. Man weiß im Vorhinein nie, was für ein vergangenes Leben das SC dem Klienten innerhalb der Sitzung zeigen wird. Das SC folgt seiner eigenen, speziellen Logik. Auch ich kann nicht absehen, welches Material ausgesucht wird und worin die Verbindung zum aktuellen Leben des Klienten besteht.

Nachdem Terry von der Wolke geschwebt war, befand sie sich in einem Tempel mit hohen Säulen. Sie war gerade dabei, ein Boot mit einem Drachenkopf am Bug zu beobachten, das sich auf sie zubewegte. Das Boot mit ungefähr zwanzig Personen an Bord lief in ein Dock auf einem großen Fluss ein. Sie beschrieb eine Frau mit langen, dunklen Haaren und einem goldenen, metallenen Band um ihren Arm: „Sie ist sehr schön. Sie hat Zöpfe. Sie trägt auch etwas auf ihrem Kopf … etwas Goldenes." Während sie sprach, begann sie, mit der Frau zu verschmelzen. „Ich bin eine Art Ministrantin. Ich studiere hier. Ich höre das Wort Isis."

D: Was studierst du?
T: Die Sterne. Und die Planeten.
D: Du sagtest, du denkst, es hat etwas mit Isis zu tun? (Ja) Wer ist Isis?
T: Sie ist die Königin. Sie lebt in diesem Tempel.

* * *

Isis war eine sehr bekannte Göttin im alten Ägypten. Ihrem Mythos nach war sie die erste Tochter von Geb, dem Gott der Erde, und Nu, der Göttin des Himmels. Sie heiratete ihren Bruder, Osiris, und gebar einen Sohn, Horus, der Pharao wurde. Diese Form von Verwandtenehe sollte wahrscheinlich dafür sorgen, dass die Blutslinie rein blieb. In ihrem Mythos werden Isis viele magische Kräfte und ungewöhnliche Fähigkeiten zugeschrieben. Auch wird der Stern Sirius mit ihr assoziiert. Dessen Erscheinen am Himmel markierte den Anfang eines neuen Jahres; Isis war die Göttin der Wiedergeburt und die Beschützerin der Toten. Zudem war sie die einzige Göttin, die kollektiv von allen Ägyptern verehrt wurde. *Der antike Historiker Plutarch beschrieb Isis als „eine außergewöhnlich weise Göttin" und als „eine wahre Verehrerin von Weisheit, für die Wissen und Erkenntnis im höchsten Maße angemessen war."*

Während der Zeit ihres Kultes dienten ihr sowohl Priester als auch Priesterinnen, die oft für ihre Weisheit und Heilkräfte bekannt waren und denen nachgesagt wurde, dass sie auch bestimmte andere Fähigkeit besaßen, wie beispielweise das Deuten von Träumen und das Beeinflussen des Wetters. Der Kult um Isis und Osiris hielt sich bis in das 6. Jahrhundert nach unserer Zeitrechnung, als auf Anordnung des römischen Kaisers Justinian alle heidnischen Tempel zerstört wurden. Zahlreiche Überlieferungen und Rituale des Isis-Kultes wurden vom aufkommenden Christentum übernommen und in die neue Religion integriert.

Wir schienen uns in einer Zeit zu befinden, in der Isis am Leben war und noch nicht zu einem Kultobjekt geworden war. Ich wollte sichergehen, dass es sich im Tempel um eine echte Person und nicht um eine Statue handelte.

* * *

D: *Ist sie eine reale Person?* (Ja) *Ich dachte an eine Statue.*

T: Nein, sie ist echt. Viele Menschen lernen bei ihr.

D: *Lernen sie alle dasselbe?*

T: Nein, wir haben alle unterschiedliche Aufgaben. Einigen ist es nicht erlaubt, die Bücher und Schriften zu studieren. Sie sind noch zu wütend.

D: *Warum sind sie wütend?*

T: Sie wollen nicht hier sein. Sie wollen nach Hause gehen.

D: *Ist das hier kein Zuhause?*

T: Nein, wir kommen von überall her, um bei ihr zu sein.

D: *Du meinst, von überall auf der Welt?*

T: Nein, sie kommen vom Himmel. Sie kommen aus benachbarten Galaxien und von benachbarten Sternen. Frauen haben keinen Wert dort, wo sie herkommen. Sie sind deswegen nicht gerne hier. Sie wollen nicht von ihr lernen.

Da Frauen dort, wo sie herkamen, nicht respektiert wurden, mochten sie es wohl nicht, unter einer Frau zu studieren.

D: *Können sie nicht einfach nach Hause zurückkehren, wenn sie hier nicht glücklich sind?*

T: Nein, sie müssen eine bestimmte Zeit lang bleiben. In ihrer Welt ist alles sehr anders. Von wo sie herkommen, ist es sehr dunkel und es gibt viele Maschinen. Hier ist es grün, fruchtbar, schön und warm. – Sie haben den Befehl erhalten, hier zu bleiben und Informationen von hier zurückzubringen.

D: *Sehen diese Personen so aus wie du?*

T: Nein, sie tragen stachelige Handbedeckungen und Masken. Man kann ihre Gesichter nicht sehen.

D: *Oh? Ich frage mich, warum sie Masken tragen?*

T: Um ihre Maschinerie zu verbergen. Sie sind keine schönen Menschen. Sie sind dunkel. Sie sind schwarz, wie Metall.

D: *Wie sehen die Masken aus?*

T: Wir würden es einen Vogel nennen. Es ist ein spitzer Schnabel. Mit einer großen Öffnung für die Augen, aber die Augen sind eingesunken und wirken wie tot. Sie sind schnell, vogelartig. Ihre Stimmen klingen wie Maschinen, nicht weich, und haben keine Melodie, wenn sie sprechen.

D: *Du hast sie nie ohne Masken gesehen?*

T: Ich kann durch ihre Masken hindurch sehen.

D: *Das kannst du?*

T: Ja. Ihre Haut sieht aus wie Leder.

D: *Du sagtest eben, sie sehen aus wie Maschinen.*

T: Nein, unter dieser äußeren Schicht.

D: *Sind sie lebendig?*

T: Ja, aber sie haben keine Organe, wie wir sie haben. Sie brauchen sie nicht. Ich habe Angst vor ihnen. Ich mag sie nicht.

Ich hatte den Eindruck, sie waren eine Art mechanische Personen oder computerisiert. Vielleicht Roboter?

T: Sie besitzen Intelligenz. Sie können denken und auf Dinge reagieren, aber es ist alles künstlich. Irgendetwas gibt ihnen vor, wie sie antworten und was sie sagen sollen.

D: *Dann sind sie eine Art Roboter oder Maschinen?*

T: Ja, aber höher entwickelt.

D: *Wenn sie wütend sind, bedeutet das, dass sie Gefühle haben.* (Ja) *Und sie wollen nicht hier sein. Was sagt Isis dazu, sie hier zu haben?*

T: Sie sagt, es ist nötig. Dass wir mit ihnen Freundschaft schließen müssen. Dass Frieden herrschen muss.

D: *Wenn sie sie nicht kommen lassen würde, gäbe es keinen Frieden?*

T: Ja, das stimmt.

D: *Vielleicht gibt es hier etwas für sie zu lernen?*

T: Freundlichkeit. Einige von ihnen überwinden den Ärger und bleiben. Sie lernen, Gefühle zu haben und mit ihnen umzugehen. Sie wussten schon eine Menge über die Sterne. Sie sagen, dass sie aus der Milchstraße kommen. Wir studieren ihre Kultur.

D: *Gibt es noch mehr Wesen in diesem Tempel, die anders aussehen?*

T: Ja, es gibt sehr große Wesen. Sie tragen weiße Roben. Sie haben keine Haare und sind der groß. Sieben Fuß. Sie sprechen nicht viel. Sie müssen es auch nicht. Sie teilen dir einfach mental mit, was sie wollen. Sie studieren die Kraftpunkte dieses Planeten. Sie verwenden sie, um Energie zu erzeugen. So reisen sie.

D: *Brauchen sie eine Art Flugschiff dafür?*

T: Manchmal, aber manchmal auch nicht.

D: *Wie sieht es bei den Dunklen aus? Verwenden sie Flugschiffe?*

T: Ja, sie brauchen etwas Derartiges. Sie kennen außer Maschinen nichts anderes. Ihr Schiff ist lang und schmal, wie ein Rohr. Von manchen Seiten aus kann man es gar nicht sehen. Es sieht aus wie ein Lichtblitz. Die Großen sind gerade erschienen. Sie mögen die Maschinenleute nicht.

D: *Es scheint, als ob sich an diesem Ort viele ungewöhnliche Schüler befinden.*

T: Ja, hier sind viele verschiedene Wesen. Einige kommen von der Erde. Sie sind Menschen und gebürtig von hier, wie ich.

D: *Gibt es noch mehr von denen, die nicht von der Erde stammen?*

T: Nein, sie erlaubt Anderen nicht so oft, hierher zu kommen.

D: *Bist du gerne dort?*

T: Oh, ja! Es ist sehr friedlich. So viele Bücher.

D: *Mit all diesen unterschiedlichen Wesen an diesem Ort könntest du mit ihnen reisen und einiges über die Planeten und Sterne lernen, oder?*

T: Wir dürfen diesen Ort nicht verlassen.

D: *Ich dachte, dass das eine Möglichkeit wäre, um Wissen aus erster Hand zu erhalten.*

T: Oh, nein. Die Dunklen wollen uns mitnehmen, aber sie würden uns nicht zurückbringen.

D: *Sie wollen wahrscheinlich das Wissen für sich selbst.* (Ja) *Also lernst du lieber aus den Büchern?*

T: Ja. Ich studiere sehr viel alleine.

D: *Was war das für ein Boot, das du zuvor gesehen hast? Kennst du die Menschen, die damit gekommen sind?*

T: Sie sind Pilger. Sie kommen von weit her, aus einem sehr kalten Klima. Sie wissen von Isis. Sie wollen sie mit eigenen Augen sehen. Sie waren noch nie zuvor hier.

Das klang möglicherweise nach Wikingern.

D: *Kommt so etwas oft vor?*

T: Nein, es gibt eine Art Schleier. Man kann den Tempel nur finden, wenn dies angemessen ist.

D: *Gewöhnliche Reisende würden diesen Ort nie vorfinden?*

T: Nein, sie würden ihn niemals sehen.

D: *Dient das dem Schutz von Isis?* (Ja) *Denkst du, die Pilger wollen lernen oder sie einfach nur sehen?*

T: Sie begehren das Wissen. Sie möchten es mit sich nach Hause nehmen.

D: *Jeder möchte dieses Wissen besitzen, oder?*

T: Ja, aber sie können es nicht alle. Sie weiß, mit wem sie es teilt und mit wem nicht.

Ich verdichtete die Zeit und wir sprangen vorwärts, um zu sehen, ob die Besucher Isis tatsächlich begegneten.

T: Sie sprechen nicht mit ihr. Sie spricht nicht mit ihnen. Einige von ihnen denken, dass hier nichts ist. Einige sehen nur eine Statue, aber ich weiß, dass sie echt ist.

D: *Ich bin überrascht, dass sie überhaupt den Tempel finden konnten, wenn es nicht angemessen für sie war.*

T: Manche stolpern durch Zufall über ihn.

D: *Können sie dich und die anderen Wesen sehen?*

T: Nein, für sie wirkt es wie eine Ruine. Das ist ein Schutz. Es sieht für jeden unterschiedlich aus. Sie sind nur an Macht interessiert. Und sie würden sie missbrauchen.

D: *Sie können also durch diesen Tempel laufen, in dem ihr euch alle befindet, und nichts von euch sehen?*

9

T: Genau. Manchmal laufen sie genau über das Material und das Wissen, das hier verborgen ist. Für sie sieht es nur aus wie eingefallene Säulen und ein staubiger Boden. Sie werden zurück nach Hause fahren und sagen, dass hier nichts war.

D: *Das klingt nach einem sehr guten Schutz.* (Ja) *Was wirst du mit dem Wissen machen, das du hier erwirbst?*

T: Kinder unterrichten. Sie kommen nicht hierher. Ich werde zu ihnen ausgesandt werden, um sie zu unterrichten. Es gibt Gruppen, mit denen ich arbeiten muss.

Ich ließ sie die Szene verlassen und zu einem Tag springen, an dem etwas für sie Wichtiges passierte. Überraschenderweise sprang sie in ein völlig anderes Leben und landete direkt an ihrem Todestag. Sie fand sich inmitten einer Schlacht wieder und schien ein römischer oder griechischer Soldat zu sein. Es gab eine Menge Krach und Geschrei und metallisches Rasseln und Knallen. Sie konnte zunächst nichts sehen, da ihr mit einer Art Keule von hinten auf den Kopf geschlagen worden war. „Ich war ein Krieger. Ich hatte einen Schild. Jemand hat mich von hinten getroffen. Ich kann nichts sehen. Alles ist dunkel. Ich liege auf dem Boden. Und ich höre Geräusche um mich herum. Er wusste nicht, worum gekämpft wurde. „Wahrscheinlich geht es um Geld oder Gold. Sie sagen uns das nicht. Wir erhalten einfach den Befehl, zu kämpfen. Sie befanden sich in einem fremden Land, also waren sie die Angreifer. „Ich sehe mich jetzt einfach da liegen und gehe weg. Mein Körper ist noch da. Ich glaube nicht, dass er noch lebt. Es war schrecklich. Ich gehe einfach weg. Ich will kein Krieger mehr sein."

D: *Was wirst du nun tun?*

T: Ich habe mich noch nicht entschieden.

D: *Musst du irgendwohin gehen, um das herauszufinden?*

T: Ja. Es sieht aus wie eine Bibliothek. Viele Bücher. Ich würde gerne hierbleiben. Meine Lehrer sind hier. Sie warten hier auf uns.

Sie befand sich offensichtlich auf der Seelenseite, auf die wir alle nach unserem Tod wechseln und die in meinem Buch *Between Death and Life* beschrieben worden ist.

D: *Sagen sie dir, was du tun sollst?*

T: Oh, sie sagen, dass ich wieder zurück muss. Dass ich noch nicht fertig bin.

D: *Warum musst du wieder zurück?*

T: Es gibt noch mehr zu unterrichten.

D: *Haben sie entschieden, wohin du gehen wirst?*

T: Ich höre sie sagen: „Weit in die Zukunft." In die Endzeit. „Wir brauchen dich in der Endzeit."

D: *Warum möchten sie dich so weit in die Zukunft schicken?*

T: Wegen Isis.

D: *Isis? Was für eine Verbindung besteht zwischen ihr und der Endzeit?*

T: Sie wird zurückkehren und goldenes Licht bringen.

D: *War sie, seitdem du sie kanntest, schon einmal zurückgekehrt? (Nein) Sie wird in der Endzeit zurückkehren? (Ja) Und sie wollen, dass du zur gleichen Zeit auch da sein wirst? (Ja)*

Ein Kapitel in *Convoluted Universe – Book 2* handelt von Isis. In der Geschichte war Isis auf die Erde zurückgekehrt, um ihre Mission zu erfüllen. Sie war sehr verärgert über die Art und Weise, wie die Menschen mit der Erde umgingen.

D: *Woher kommt Isis ursprünglich? Ist sie irdischer Natur?*

T: Nein, sie kommt … sie war mit Gott.

D: *Hat sie dir jemals erzählt, wie sie hierhergekommen ist?*

T: Ich weiß es nicht. Ich sehe nur diese wirklich leuchtende Kristallbrücke. Sie kann über sie kommen und gehen.

D: *Sie blieb auf der Erde, um zu lehren?*

T: Ja, aber es funktionierte nicht. Diese Maschinen. Es kamen zu viele, deshalb musste sie gehen. Man konnte ihnen nicht trauen. Man konnte ihnen nichts beibringen.

D: *Als sie gegangen war, gingen sie dann auch?*

T: Nein, sie kamen weiterhin. Sie wollten diesen Ort, die Erde.

D: *Als die Person die du damals warst, bist du geblieben, um das alles mitzuerleben?*

T: Diese Maschinen nahmen mich mit, weil sie dachten, dass ich wusste, was Isis wusste. Aber das tat ich nicht.

D: *Wohin nahmen sie dich mit?*

T: Ich kenne diesen Ort nicht. Er befindet sich in einer anderen Sternengruppe.

D: *Ist es ihr Zuhause?*

T: Ja. Es ist ein dunkler Ort, ohne Sonnenlicht.

11

D: Konntest du dort existieren?

T: Es war schwer. Ich konnte nicht atmen. Sie hielten mich nicht lange gefangen. Ich habe es nicht lange ausgehalten. Ich bin gestorben. Es gab dort nichts mehr für mich.

D: Warst du in der Lage, ihnen etwas beizubringen oder ihnen zu geben, was sie wollten?

T: Nein, ich wollte es nicht.

D: Es scheint, als ob sie nicht verstanden hätten, dass du dort nicht leben konntest. (Nein) Sie haben nicht versucht, Isis zu entführen?

T: Sie ist zu mächtig.

D: Und die anderen Wesen blieben auf der Erde, nachdem Isis gegangen war?

T: Ich weiß nicht, was dann passierte. Ich war nicht da. Alles, was ich weiß, ist, dass noch mehr kamen und sie eine Weile auf der Erde blieben.

D: Eben sagtest du, dass [deine Lehrer] wollen, dass du in der Endzeit auf die Erde zurückkehrst, wenn Isis ebenfalls wieder zurückkehrt. Warum nennen sie es „Endzeit"?

T: Es ist das Ende einer Denkweise. Sie wird Harmonie bringen. Sie wird Frieden bringen. Sie wird Einsicht bringen. Sie wird den Menschen das Licht zeigen, es offenbaren. Sie werden nicht überleben können, wenn sie nicht die Lehren akzeptieren. Es ist die letzte dieser Maschinen. Sie gehen.

D: Diese Maschinen sind so lange geblieben? (Ja) Und Menschen haben sie nicht bemerkt?

T: Nein, weil sie ihr Aussehen verändert haben. Sie sehen wie normale Menschen aus.

D: Haben sie versucht, Dinge zu lernen.

T: Ja. Sie haben allerdings versagt.

D: Haben sie versucht, Dinge zu verändern?

T: Ja, sie wollten das Sonnenlicht. Sie wollten die Schönheit, aber sie können hier nicht überleben. Ihre Denkweise ist falsch.

D: Hätten sie nicht einfach heimkehren können?

T: Nicht mehr. Ihr Planet existiert nicht mehr. Er ist in die Luft gegangen. Sie sind hier nun gestrandet. Sie wollten Dinge von dieser Erde. Die Blumen und die Bäume und die Schönheit.

D: Würde das nicht ihre Negativität verändert haben?

T: Manchmal hat es das.

D: Ich dachte, dass sie als Maschinen nicht wirklich sterben konnten, oder?

T: Nein. Sie leben in einem Körper, benutzen ihn, und dann verlassen sie ihn. Sie nehmen sich dann einen anderen, und wenn der Körper nicht mehr funktioniert, nehmen sie sich wieder einen anderen.

D: *Es ist ihnen erlaubt, dies zu tun?*

T: Sie müssen das tun, sonst können sie nicht überleben.

D: *Ich dachte, dass in dem Körper dann bereits eine Seele vorhanden wäre, oder nicht?*

T: Ja, aber das ist anders.

D: *Wie anders? Ich versuche, das zu verstehen.*

T: Sie nehmen sich keinen Körper, in dem eine Seele vorhanden ist.

D: *Du meinst einen Körper, in dem noch keine Seele vorhanden ist?*

T: Ja. Sie – ich kann es nicht beschreiben. Die Seele ist vom Körper getrennt.

Ein kürzlich verstorbener Körper? Dies erinnert an einen ähnlichen Fall, über den ich in *The Convoluted Universe – Book Three* schrieb. Das Kapitel trägt den Titel „A Totally New Alternative to a Walk-In". Normalerweise erfolgt ein Walk-in, wenn eine Persönlichkeit entscheidet, ihr Leben aus irgendeinem Grund nicht mehr führen zu wollen. Sie will es verlassen, aber Selbstmord ist keine Option. Warum ein optimal funktionierendes „Gefährt" zerstören, wenn eine andere Seele mehr als glücklich wäre, es verwenden zu können? Also wird eine Vereinbarung mit einer anderen Seele getroffen (gewöhnlich eine, die man kennt und mit der man bereits zu tun hatte), dass man den Körper verlässt und die nachfolgende Seele den Körper in genau diesem Moment übernimmt. Nichts davon erfolgt mit der Beteiligung oder Motivation des Bewusstseins. Das Wachbewusstsein der Persönlichkeit hat normalerweise keine Ahnung davon, dass irgendetwas geschehen ist, sondern merkt nur, dass Dinge sich im Leben verändern. Die nachfolgende Seele verpflichtet sich, alle Absprachen zu erfüllen, die mit anderen Seelen zuvor getroffen worden waren, jegliches Karma zu begleichen und alle Verträge zu erfüllen, die vor diesem Leben geschlossen worden waren. Der Walk-in muss diese Verpflichtungen ehren und erfüllen, bevor die eigene Agenda angegangen werden kann. Das ist ein normaler Walk-in.

Was diesen alternativen Fall eines Walk-in anders macht, ist, dass die nachfolgende Seele die vorherige nicht aus einer vergangenen Inkarnation kennt. Sie wird von einer höheren Macht geschickt. Das Einverständnis der ursprünglichen Seele ist jedoch trotzdem noch erforderlich. Es ist wichtig, dass verstanden wird, dass diese Fälle in keinster Weise Besessenheit, einen Eingriff oder eine Übernahme des Körpers darstellen. Walk-ins erfolgen immer mit Erlaubnis.

D: Sie erschaffen einen Körper?
T: Sie sind dazu in der Lage. Sie können etwas erschaffen, das wie ein Körper aussieht.
D: Ah, das meinst du. Aber dann gelangt man an einen Punkt, an dem der nicht mehr funktioniert.
T: Genau, er nutzt sich ab.
D: Sie tun das, damit Menschen nicht erkennen, wie sie wirklich aussehen. (Ja) Aber du sagtest, dass in der Endzeit der letzte von ihnen gehen wird.
T: Ja. Wenn sie zurückkommt, können sie nicht mehr bleiben. Alles wird anders sein. Es wird wieder schön sein.
D: Dann werden sie woanders hingehen müssen, oder?
T: Sie sagt, dass sie sich einfach auflösen werden.
D: Konnten sie sich beschaffen, was sie wollten, während sie auf der Erde gewesen sind?
T: Nein. Sie konnten es nicht, weil sie keine Seele haben. Sie machten gemeine Dinge. Sie hatten Macht, sie haben Macht. Sie verstecken sich in diesen Hüllen, die wie Körper aussehen.
D: Könnte die Durchschnittsperson sie erkennen, wenn sie sie sehen würde?
T: Ihre Augen sehen tot aus.
D: Aber wenn du sie sehen würdest, würdest du erkennen, dass etwas an ihnen anders ist? (Ja) Du sagtest, nachdem du in dem Leben als Soldat getötet worden warst, dass du weit in die Zukunft gehen wirst und zur selben Zeit zurückkehren wirst wie Isis? (Ja) Kannst du erkennen, was für eine Art Körper du in dieser Zukunft haben wirst?

Ich erwartete, dass sie beginnen würde, den Körper von Terry zu beschreiben, aber sie überraschte mich. „Sie ist sehr klein. Sie ist fünf Fuß hoch. Blonde Haare, blaue Augen." Das war definitiv nicht Terry, die dunkelhaarig und von normaler Größe war. Ich

14

wollte sicherstellen, ob sie über ihren eigenen zukünftigen Körper sprach oder vielleicht über den Körper von Isis. Aber sie bestand darauf, dass sie die Blonde war. „Sehr bekannt."

D: Was machst du, das dafür sorgt, dass du bekannt bist?
T: Ich weiß es nicht. Ich sehe das nicht. – Die Leute, wir alle kommen wieder zusammen. Wir bringen unsere Schriftrollen mit uns. Das Wissen.
D: Wurden diese Schriftrollen auf der Erde zurückgelassen?
T: Ja. Sie wurden irgendwo in einer goldenen Truhe ausbewahrt.
D: Habt ihr sie vor langer Zeit versteckt?
T: Nein, sie wurden entwendet. Aber sie wussten nicht, was sie mit ihnen besaßen. Sie befinden sich in einer großen, goldenen Truhe. Sie können sie nicht lesen, und sie haben Angst vor diesen Schriftrollen. Weil sie all das zerstören würden, was sie den Menschen glaubhaft gemacht haben. Sie haben über alles gelogen, und wenn die Schriftrollen zurückgebracht werden, wird die Wahrheit offenbart werden.
D: Sie haben über Geschichte gelogen? (Ja) *Findet deine Gruppe die Schriftrollen, die Truhe?*
T: Sie sagen nur, dass wir eine wichtige Rolle dabei spielen, sie ans Licht zu bringen.
D: Und das ist es, was sie hier (dieser Körper), mit der ich spreche, in ferner Zukunft in der Endzeit tun wird?
T: Ja, in 2050. Diese Maschinen werde bis dahin verschwunden sein.
D: Das ist es, was du mit dem Ende einer Denkweise meintest? (Ja) Wird die Welt anders sein?
T: Ja, es wird friedlicher sein. Kein Kämpfen mehr, keine Kriege. Leute sind nun hier, um zu lernen. Und unsere Gruppe wird dabei helfen, sie zu lehren.
D: Das ist allerdings weit in der Zukunft.

Ich ließ sie diese Szene verlassen, in der sie mit ihren Beratern über diese Dinge sprach, und rief Terrys SC hervor. „Warum habt ihr dieses Leben ausgesucht, um es ihr zu zeigen?"

T: Um sie zu überraschen und um ihr dabei zu helfen, zu erkennen, dass sie ein Lehrer mit großartigen Fähigkeiten ist. Sie ist viele, viele Male Lehrer gewesen.
D: Inwiefern berührt das ihr aktuelles Leben?

T: Die Art und Weise, wie sie ihr Leben lebt, indem sie andere Leute Spiritualität, Licht, Güte und Harmonie lehrt. Du musst verstehen, dass ein gut gelebtes Leben eine Lehre für andere Menschen darstellt. Ihr war nicht bewusst, dass sie ihr Leben gut lebt, indem sie tut, um was wir sie gebeten haben.

D: *Warum habt ihr ihr das Leben in der Zukunft gezeigt?*

T: Weil sie dachte, das dies hier ihr letztes Leben auf der Erde ist. Sie wollte, dass dies hier ihr letztes ist, aber das ist nicht der Fall. Das ist sehr schwer für sie.

D: *Also wird sie hier so schnell nicht rauskommen. Sie hat Arbeit zu erledigen.*

T: Ja, viel Arbeit. (Lacht)

Sie erklärten zudem, dass sie ihr den Tod des Soldaten gezeigt hatten, um Terry ihre derzeitigen Rückenschmerzen zu erklären. „Sie hat befürchtet, körperlich lahmgelegt zu sein, und wir möchten, dass sie weiß, dass wir sie beschützen. Das war ein anderes Leben, nicht dieses hier. Wir versuchen, ihr mitzuteilen: ‚Lass uns dir helfen. Kämpfe nicht gegen uns. Lass uns dir helfen.'„

EINE ANDERE KLIENTIN

B: Ihre Aufgabe ist es, mit der femininen Energie zu arbeiten. Mit DER femininen Energie. Diese ist aufgewacht und benötigt nun menschlichen Ausdruck. Es ist nicht einfach, die Verbindung herzustellen. Sie verbindet die Energie mit Frauen, die diese vorantragen können. Es ist wie die Maus im Labyrinth; es ist nicht immer ein gerader Weg. Und viele Menschen sind nötig, um den Weg anzuzeigen. Sie ist quasi die Hebamme für die Geburt von dem, was sein wird. Es muss durch ihr Bewusstsein erfolgen. Und Andere können es durch ihre Augen sehen. Sie wird nur mit acht Aspekten der Personifikation der femininen Energie arbeiten. Es gibt noch mehr, aber es sind acht, denen die Richtung angewiesen werden muss. Sie wird mit dieser Energie arbeiten. Das ist, was sie ist, aber sie weiß es nicht. Sie soll die Energie in das menschliche Bewusstsein einpflanzen. Sie hat über Jahrhunderte Wissen über diesen Planeten absorbiert. Nun müssen Harmonisierungen erfolgen. Jede Harmonisierung muss verankert werden. Es geht um Veränderung. Die Erde spaltet sich in zwei Hälften und öffnet sich selbst. Sie weint manchmal deswegen. Sie dachte, dass sie vielleicht für die Zerstörung verantwortlich wäre.

D: In einem anderen Leben?

B: Im jetzigen Leben.

D: Sie denkt, dass sie für Zerstörung verantwortlich sein wird?

B: Sie hat Angst davor. Sie fürchtet, dass sie das in etwas anderem auslösen wird.

D: Das wird nicht passieren, oder?

B: Wenn es so passieren soll, wird es das.

D: Ich meine, dass sie nicht verantwortlich sein wird, oder?

B: Nicht alleine, nein.

D: Sie soll hauptsächlich Informationen weitergeben?

B: Und diese manchmal einpflanzen. – Es ist wie ein Pfeil aus Licht, der ein Ziel braucht. Sie erschafft das Ziel, damit der Pfeil in die Markierung treffen kann. Es braucht Zeit und Harmonisierungen, diese Markierung zu erschaffen, den Mittelpunkt von konzentrischen Kreisen. Das göttlich Feminine ist ihr Hauptfokus. Das göttlich Feminine ist nötig, um das Bewusstsein der Menschheit zu justieren und es in Balance zu bringen. Um kreativ genug zu sein, damit Veränderungen im großen Rahmen erfolgen können. Und die Veränderungen im großen Rahmen fluktuieren. Da ist eine Aufteilung im Gange, ein Aufsplitten des Bewusstseins. Es ist ein Aufsplitten, von dem sie befürchtet, dass es sich in physischer Form manifestiert und die Erde tatsächlich spaltet. Sie ist sich nicht sicher, ob das physisch oder geistig erfolgen wird. Und sie besitzt genug Macht, um das physisch zu manifestieren. Davor hat sie Angst. Sie hat so viel Macht. Sie weiß aber, wie sie diese kanalisieren muss. Sie hat das bereits in einem anderen Leben getan. Sie versucht, vorsichtig zu sein, und das verlangsamt es. Sie muss damit aufhören, den Prozess zu verlangsamen.

D: Ist das auf der Erde passiert oder woanders?

B: Es wurde auf der Erde gestoppt, außerhalb ihrer Kontrolle. Jemand anderes hat es ausgelöst. Sie sah, wie es passierte. Sie konnte es nicht verhindern.

D: Deshalb hat sie also Angst davor, dass sie das wieder tun könnte.

B: Weil sie weiß, wie. Sie will dieses Ergebnis nicht. Das ist diesmal aber auch nicht ihre Bestimmung.

Dies klang ähnlich wie bei George (*Convoluted Universe – Book Three*, Kapitel 38, The Final Solution), als er sagte, dass er die Macht besäße, die Erde zu zerstören, und dass er sich auf der Erde befunden hatte, als dies einmal zuvor passiert war. Uns wurde damals erklärt, dass er nicht der einzige Mensch auf der Erde mit dieser latenten Fähigkeit sei. Ich entdecke mehr dieser Art in meiner Arbeit. Natürlich sind sie sich dessen nicht bewusst und sollen es oft auch nicht wissen. Sie sind hier, um ein möglichst normales Leben auf diesem hektischen Planeten „Erde" zu führen.

Kapitel 2

SIE DENKEN, WIR SIND GÖTTER

Am Anfang kamen die ETs und lebten unter den sich entwickelnden Menschen. Sie gaben ihnen viel Wissen, um den Fortschritt der Spezies zu unterstützen. Aus dieser Zeit stammen die ersten Legenden von Göttern und Göttinnen, da die ETs so lange leben konnten, wie sie wollten, und erst starben (oder abreisten), wenn sie dazu bereit waren. Aufgrund dessen wurden sie von den Menschen als außergewöhnlich angesehen. Dabei wussten die ETs immer, dass sie schließlich den Planeten verlassen und den Menschen ihre Entwicklung selbst überlassen mussten. Also kreuzten sie ihre Gene mit denen einiger ausgewählter Individuen, um Anführer zu zeugen, die nach ihrer Abreise leiten und helfen konnten. Als Beispiel dienen die ersten Pharaos, die zu Beginn auch wie Götter verehrt wurden.

* * *

Rachel war eine freiberufliche Journalistin, die für Zeitungen und Magazine schrieb. Sie besaß einen großen Wissensdurst, allerdings fühlte sie, dass es noch etwas anderes gab, das Teil ihrer Bestimmung war. Sie wusste, dass Angst sie davon abhielt, diese Aufgabe zu erfüllen.

Nachdem Rachel von der Wolke herabschwebt war, befand sie sich in einem großen Gebäude, das an einen Tempel erinnerte. „Da stehen Säulen auf jeder Seite. Und ich schaue über das Wasser. Es ist wunderbar blau und türkis, aber ich sehe lauter raue, weiße Schaumspitzen auf den Wellen. Also muss ein Wind wehen. Zu meiner Rechten sehe ich etwas Steiniges. Einen Felsvorsprung? Und da drüben sind einige Bäume. Wenn ich hinunterschaue, sehe ich eine Bucht und einen Strand."

D: *Der Palast liegt über dem Wasser?*
R: Oh, ja! Er liegt erhöht und fällt zum Strand hin ab. Die Sonne scheint und es ist ein wunderschöner Tag.
D: *Gibt es noch andere Gebäude in der Umgebung?*
R: Ich kann nichts anderes von hier sehen, nur das Wasser. Ich stehe auf einem Balkon mit dünnen, durchsichtigen Vorhängen an den Seiten. Wenn ich mich umdrehe, sehe ich mein Schlafzimmer. Dieser Teil ist offen. Es ist sehr schön hier. Die Temperatur ist fast das ganze Jahr über angenehm.

Viele Menschen lebten in diesem Palast. Sie waren jedoch hauptsächlich Diener und in leichte, fallende Stoffen gehüllt. „Es ist keine Seide, aber so weich wie Seide." Sie war in ihren frühen Zwanzigern und hatte dunkelbraunes Haar, das auf ihrem Kopf aufgetürmt war und von Bändern in Position gehalten wurde. Sie trug goldenen Schmuck: ein breites goldenes Armband, Ringe und eine breite Halskette mit einem dreieckigen Anhänger, der nicht aus einem Stück bestand, sondern aus Plättchen geformt war. Die angenehm und idyllisch erscheinende Existenz schien die einer wohlhabenden Frau zu sein, die alles besaß, was sie brauchte, und von vorne bis hinten bedient wurde. Ein vergangenes Leben, wie es sich wahrscheinlich viele in ihrer Fantasie ausmalen würden. Als sie über ihr Leben zu sprechen begann, wurde allerdings offensichtlich, dass es nicht perfekt war. „Dieses Schlafzimmer ist mein Zufluchtsort. Hier stört mich niemand, außer ich erlaube es."

D: *Stören dich Leute an anderen Orten?*
R: Ich muss Dinge tun. Ich habe Pflichten. Royale Pflichten. Sie sind langweilig. Du musst nett zu Leuten sein, die du nicht einmal kennst. Bankette. Reden beiwohnen. Protokoll. Stundenlang sitzen.
D: *Findet das alles im Palast statt?*
R: Ja, und in dem Tempel, der ungefähr eineinhalb Kilometer entfernt ist. Ich werde auf einer Sänfte dorthin getragen.
D: *Warum musst du diesen Dingen beiwohnen?*

R: Ich bin Teil der königlichen Familie. Ich muss gehen. – Sie denken, wir sind Götter. Aber das sind wir nicht. Sie verstehen das nicht. Es ist das außerirdische Blut.

D: *Was meinst du damit?*

R: Es ist die Blutlinie. Sie denken, wir sind deswegen Götter. Wir wissen mehr. Wir haben mehr Technologie. Es ist die Blutlinie zwischen den Außerirdischen und den Menschen.

D: *Kannst du erklären, was du meinst? Ich bin neugierig.*

R: Nicht viele kennen die Wahrheit, aber vor langer Zeit wählten die Außerirdischen Menschen aus, die in ihrer Abwesenheit herrschen sollten. Sie paarten sich mit meinen Ahnen.

D: *Herrschten sie anfangs?*

R: Ja, sie kontrollierten die Menschen. Aber sie sind seit Jahrhunderten schon nicht mehr hier gewesen.

D: *Und sie wählten bestimmte Menschen aus, um in ihrer Abwesenheit zu herrschen?*

R: Diese enthielten das außerirdische Blut. Wir sind Hybriden.

D: *Waren sie gute Herrscher?*

R: Nein. Sie benutzten die Menschen als Sklaven. Sie betrachteten Menschen als Unter-Kreaturen, fast wie Tiere, nur ein klein wenig besser.

D: *Weißt du, warum sie überhaupt erst hierhergekommen waren? Oder hat dir jemand davon erzählt?*

R: Da war etwas in der Erde, einige Mineralien, die sie benötigten. Die Menschen hatten keinerlei Macht. Sie waren wie Sklaven. Sie benutzten sie, um diese Mineralien zu bekommen. Und dann, um Nahrung zu produzieren und ihnen zu dienen. Dann sind sie abgereist.

D: *Und deshalb wählten sie bestimmte Menschen aus, um – wie heißt das nochmal – sich mit ihnen zu kreuzen?*

R: Sie waren keine Götter. Sie waren keine Menschen, aber sie waren auch keine Götter. Sie paarten sich mit Menschen, und der Nachwuchs sollte in ihrer Abwesenheit herrschen. Es gab einen Konflikt auf ihrem Heimatplaneten. Dort war Krieg. Sie mussten ihn verlassen.

D: *Gegen wen führten sie Krieg?*

R: Gegen sich selbst und gegen andere. Sie waren keine Götter, aber die Menschen dachten das, weil sie die Erde jederzeit verlassen konnten.

D: *Wollten diejenigen, gegen die sie Krieg geführt hatten, auch Dinge von der Erde?*

R: Ja. Es ist so frustrierend. Und die Wahrheit darf nicht ans Licht kommen. Sonst würden wir gestürzt werden.

D: *Aber mir kannst du es erzählen. Ich bin keine Bedrohung für dich. Ich frage mich, was die Kriege verursacht hat. Was wollte die andere Gruppe?*

R: Kontrolle über Galaxien. Sie kämpften um Galaxien. So weit geht die Geschichte zurück. Gesamte Rassen und Welten wurden zerstört. Aber es gab immer Überlebende, die andere Orte gefunden und dort die Herrschaft übernommen haben. Und dann begann alles wieder von vorne – mehr Kriege. Und die Menschen auf diesem Planeten hier denken, wir sind Götter oder Abkömmlinge von Göttern. Ahh!

D: *Sie hatten einfach mehr Technologie.*

R: Genau. Zudem waren wir spirituell nicht so fortgeschritten.

D: *Deine Vorfahren mussten den Planeten wegen der Kriege verlassen?*

R: Sie waren gezwungen, zu gehen. Sie verloren. Die Gewinner zwangen sie, zu gehen. Wir sind nun ein Experiment. Sie beobachten, beschützen. Sie lassen keine Störung mehr zu.

D: *Das ist gut. Du sagtest, die Gruppe hier ist ein Experiment?*

R: *Wir* sind ein Experiment. Unsere Gruppe. Wir sind die Hybriden.

D: *Warum nennst du es ein Experiment?*

R: Wir sind eine Mischung vieler Rassen, aber hauptsächlich die ursprüngliche Rasse. Die ursprüngliche Rasse waren die, die die Menschen benutzten. Die Gewinner stoppten das Experiment. Sie schauen nun einfach, was passiert.

D: *Sie mochten das nicht, als die Anderen kamen und all das Negative hier machten?*

R: Sie stoppten das. Sie stoppten den Krieg. Sie erlauben den Menschen, sich zu entwickeln, aber nur ein paar Wenige kennen die Wahrheit.

D: *Und der Rest der „Eingeborenen" denkt, ihr seid Götter?*

R: Ja, weil einige von uns immer noch kommunizieren können. Einige von uns haben mentale Fähigkeiten. Und sie hatten – Maschinen ist nicht das richtige Wort – sie hatten Dinge, die ihnen halfen, die Städte und Tempel zu bauen. Wir benutzen sie nicht mehr. Unsere Vorfahren taten es - mit den Außerirdischen.

D: *Wie funktionierten diese Maschinen?*

R: Es war ein Apparat, der es einem erlaubt, Energie zu fokussieren. Er war zum Teil physisch, aber es wurden auch starke mentale Kräfte benötigt, um ihn benutzen zu können. Einige von uns konnten telepathisch kommunizieren, aber nicht alle.

D: *Ist das einer der Gründe, warum diese Maschinen nicht mehr verwendet werden? Weil deine Leute nicht mehr die mentalen Fähigkeiten dazu haben?*

R: Ja, niemand weiß mehr wirklich, wie man sie benutzt oder wie man sie anschaltet. Indem man seinen Geist fokussierte und die Hand in eine bestimmte Position brachte, konnte man sie aktivieren. Und oft fungierte eine Person als ein Fokuspunkt und die anderen lenkten ihre Energie durch dieses Individuum.

Das klang sowohl wie die Information von Bartholomew in *Convoluted Universe – Book One*, als auch wie die Art und Weise, wie die Essener in der Bibliothek von Qumran Energie durch einen gigantischen Kristall lenkten (wie beschrieben in *Jesus and the Essenes*). Phil in Keepers of the *Garden* war ebenfalls ein Energieleiter für eine ganze Stadt.

D: *Das hat sie verstärkt?*

R: Ja. Da sind noch ein paar wenige Tempel, in denen gerade noch genug Energie vorhanden ist, um einige der Kommunikationsgeräte zu reaktivieren, aber nicht komplett. Es gibt andere Geräte, für die wir nicht mehr die Kräfte haben, um sie zu aktivieren.

D: *Und die Gruppe, die euch beobachtet, möchte euch dieses Wissen nicht geben?*

R: Sie werden uns nicht helfen. Und mit der schwächer werdenden Blutlinie wird auch die Fähigkeit schwächer. Je mehr sie sich mit Menschen paaren, desto mehr nehmen die Fähigkeiten ab. Aber ein bisschen von der Kraft, von der Fähigkeit, überträgt sich auch auf die menschlichen Nachkommen. – Wie soll ich das beschreiben? – Es ist dann verdünnt, aber mehr haben eine verdünnte Kraft. Ich denke, so kann man das beschreiben.

D: *Es ist nicht mehr die reine Kraft, sondern ein Teil davon?*

R: Genau, es verbreitet sich genetisch, latente Fähigkeiten, und … (Schnappt nach Luft.) Die Sieger, sie haben bewusst einen Teil dieser Kraft abgeschaltet, die wir hatten. Es war zu gefährlich, uns zu erlauben, weiterhin diese Kraft und die Fähigkeiten zu haben.

D: *Glaubst du, sie taten das, weil ihr nicht wusstet, wie sie zu verwenden waren?*

R: Oh, wir wussten, wie man sie verwendet, aber wir haben sie auf keine gute Weise verwendet.

D: *Dachten sie, dass es besser wäre, einen Teil davon abzuschalten?* (Ja) *Wie haben sie das gemacht?*

R: Es ist Energie. Ich versuche, zu denken ... (Pause) Stell dir einen Sonnenflecken vor mit gewaltiger Energie, der elektromagnetische Felder zerreißt, und es war, als ob mit so einem mächtigen Apparat auf die Erde gezielt wurde. Ich war zu dieser Zeit natürlich noch nicht geboren, aber ich habe gehört, dass es wie ein Laut war, den man nicht aushalten konnte. Und als er vorbei war, war man taub. Nicht genau so, aber so ähnlich. Als ob man einen Sinn verliert. So wurde es zu Beginn ausgeschaltet.

In meinen anderen Büchern wurde das wie das Durchbrennen einer Sicherung beschrieben. Die besagten Fähigkeiten mussten weggenommen werden. Sie werden nun nach und nach wieder zurückgegeben, da die Menschen beweisen, dass sie sie auf richtige Weise verwenden können. Falls wir sie wieder missbrauchen sollten - wie wir es viele Male in der Vergangenheit getan haben -, werden sie erneut abgeschaltet werden. Hoffentlich werden wir in der Lage sein, sie diesmal behalten zu können, da sie in der Neuen Erde von großem Nutzen sein werden.

D: *Du sagtest aber vorhin, dass es in deiner Zeit Leute gibt, die noch kommunizieren können?*

R: Es war genetisch. Die Fähigkeit wurde weitergegeben, aber sie war beschädigt. Ähnlich wie Verstrahlung genetische Schäden verursacht. Aber es war nicht Strahlung, es war etwas anderes.

D: *War das Absicht?*

R: Oh, ja. Die Sieger kamen aus einem anderen Zeit-Raum-Kontinuum, weil das Kriegstreiben Galaxien bedrohte. Wenn es nicht gestoppt worden wäre, hätte das zu einer unvorstellbaren Katastrophe für ganze Welten, Sterne und Systeme geführt.

D: *Was meinst du mit „einem anderen Zeit-Raum-Kontinuum"?*

R: Die unterschiedlichen Dimensionen und wie sie mit anderen im Zeit-Raum-Gefüge wirken. Die aus anderen Dimensionen arbeiten daran, die Kontrolle zurückzuerlangen und die Universen und Galaxien zu stabilisieren.

D: Dann arbeiten sie in einem sehr großen Ausmaß.

R: Ja. Es drohte überzuschwappen und einen Ruckeleffekt zu verursachen. Ja, das ist der Begriff: „Ruckeleffekt".

D: Also mussten die Anderen davonziehen und durften nicht zurückkehren?

R: Ja. Das war ein Teil des Friedensvertrags.

Die Geschichte ist (in *Keepers of the Garden*) erzählt worden von der ursprünglichen Gruppe Außerirdischer, die auf die Erde kam, um unter Aufsicht der Alten das Leben hier zu starten. Das war ihre Aufgabe gewesen. Seit unzähligen Jahrtausenden waren sie durch die Galaxien gereist, um Planeten zu finden, die einen Punkt erreicht hatten, an dem sie Leben erhalten konnten. Ihre Aufgabe war es, den Prozess des Lebens vor Ort zu starten. Dann wurde die Spezies aufgrund des über allem stehenden Nichteinmischungsprinzips sich selbst überlassen.

Allerdings gab es noch andere Wesen, die mit einer unterschiedlichen Agenda kamen. Das waren diejenigen, die Mineralien suchten, welche ihr Planet benötigte. Sie blieben und versklavten die primitiven Erdbewohner, damit diese die Arbeit für sie erledigen konnten. Zu dieser Zeit erfolgte das Kreuzen der Außerirdischen mit den Menschen. Die galaktischen Ratsversammlungen wurden auf diese Geschehnisse aufmerksam und schritten ein, um die Eindringlinge zu verbannen, damit das ursprüngliche Experiment nicht verdorben werden würde. Diese Daten habe ich innerhalb vieler Sitzungen erhalten und in meinen anderen Büchern wiedergegeben. Rachels Bericht bestärkt und validiert diese Informationen. Die mentalen Kräfte wurden so verwässert, dass sie in unserer heutigen Zeit fast nicht mehr existieren. Sie sind allerdings nie komplett verschwunden, sondern ruhen nur. Sie befinden sich noch in unseren Genen und unserer DNA. In der heutigen Zeit kommen sie langsam wieder ans Licht und werden reaktiviert, damit sie in der Neuen Erde angewendet werden können. Viele Menschen haben festgestellt, dass ihre mentalen Fähigkeiten erwacht sind.

D: *Du sagtest, dass du und deine Familie immer noch einige dieser Fähigkeit besitzen?*

R: Es sind latente Fähigkeiten, die in jeder Generation sporadisch in einzelnen Personen an die Oberfläche kommen. Ich bin eine davon. Es gibt gerade noch genug von uns, die diese Dinge tun können, damit die Leute denken, dass wir Götter sind. Aber das sind wir nicht. Einige von uns haben einfach noch diese Fähigkeiten. Wir sind nicht so besonders. Wir haben Gefühle wie alle anderen auch.

D: *Was für Fähigkeiten hast du?*

R: Ich kann erkennen, wenn Menschen die Wahrheit sagen. Ich spüre das. Deshalb schicken sie mich zum Tempel. Dort werden unterschiedliche Urteile gefällt.

D: *Verhandlungen?*

R: Anders. Es gibt gewöhnliche Gerichte, die ohne Menschen mit Fähigkeiten Verhandlungen abhalten. Hier geht es dagegen um Fälle, in denen entschieden wird, ob das Reich irgendwie bedroht wird oder ob ein Abgesandter lügt oder nicht. Sie bringen mich hinein und ich muss dem Bankett beiwohnen und beobachten. Ich mache das nicht gerne. Es ist nicht richtig. Sie sollten wissen, was ich mache. Nicht einmal die Mitglieder der Familie wissen, was alles geschieht.

D: *Aber das klingt nach einer guten Fähigkeit, oder?*

R: Nein. Es ist ein Fluch. Die Leute lügen ständig und ich erkenne das. (Sie wurde emotional.) Deshalb lassen sie mich auf mein Zimmer gehen und alleine sein. Es ist schwierig, zu wissen, dass sehr wenig Liebe existiert. (Weint.) Die meisten Menschen sind berechnend und hinterhältig und lügen, weil sie um Macht kämpfen.

D: *Und du spürst das alles?*

R: Ja. Hier bin ich fern von all dem. Mein Zimmer ist abgeschirmt. Hier nehme ich die Schwingungen nicht wahr. Ich kann einfach hinaus auf den Ozean schauen und heilen. Ich bin dann für mich.

D: *Gibt es keine Möglichkeit, diese Fähigkeit abzuschalten, damit sie nicht immer aktiv ist?*

R: Das ist so schwer. Es ist so, als ob man ständig bombardiert wird. Ich kann es abschalten, aber das ist anstrengend. Wenn ich müde werde oder meinen Schutz nur für ein paar wenige Momente fallen lassen, werde ich überwältigt. Deshalb lassen sie mich die meiste Zeit alleine. Sie befürchten, dass ich ihnen irgendwann nicht mehr von Nutzen sein kann, wenn sie mich zu sehr bedrängen.

D: Hat deine eigene Familie noch andere dieser Fähigkeiten?

R: Ich habe eine Schwester. Sie ist eine Heilerin. Sie versteht mich. Sie verwenden uns beide.

D: Also ist es kein glücklicher Ort, auch wenn er schön ist.

R: Nein, aber ich habe zwei Kinder.

D: Bist du verheiratet?

R: Ja, aber mein Mann befindet sich Gott sei Dank immer auf politischen Reisen. Ich bin froh, wenn er nicht hier ist. Er möchte einen Sohn. Aber wenn wir zusammen sind, empfange ich alle Bilder aus seinem Kopf und ich will das nicht. Ich will nicht wissen, was in seinem Kopf vor sich geht.

D: Haben deine Kinder diese Fähigkeiten?

R: Ich weiß es nicht. Sie sind noch zu jung.

D: Ist das die einzige Fähigkeit, die sich bei dir entwickelt hat?

R: (Pause) Ich weiß, wie man die Energie durch dieses Kommunikationsgerät im Tempel leitet, wenn es sein muss. Wenn du es sehen würdest, sähe es nach nichts aus. Es sieht einfach wie ein Steinblock aus. Aber es hat eine Stelle, auf die ich meine Hand legen kann. Zunächst beruhige ich mich. Dann visualisiere ich, wie Licht durch die Oberseite meines Kopfes in mich fließt und leite es weiter bis zu meinen Füßen. Das erdet mich. Dann lege ich die Hand auf den Block und die Energie wird aus meiner Hand in den Block fokussiert. Das aktiviert ihn.

D: Was passiert dann?

R: Dann stellen die Anderen Fragen?

D: Wie empfängst du die Antworten?

R: Ich weiß sie einfach. Sie sind da.

D: Kommen sie durch den Block oder durch den Körper?

R: Ich bin mir des Mechanismus nicht sicher, aber es ist so, als ob ich die Bilder in meinem Geiste sehen und die Antworten hören kann. Sie sind immer korrekt. (Pause) ich mache mir Sorgen um meine Mädchen. Sie sind noch nicht geprüft worden.

D: Du sagtest ja, dass die Blutlinie mit jeder Generation schwächer wird.

R: Ich hoffe es.

D: Hast du jemals die Gelegenheit, wie dein Ehemann zu reisen?

27

R: Ich möchte es nicht. (Pause) Ich möchte nicht um Menschen herum sein. Ich möchte alleine sein. Nur mit meinen Mädchen. Oh, ich habe Angst, dass sie bald gegen mich gerichtet werden.

D: *Wie kommst du darauf?*

R: Weil ich weiß, dass das passieren wird. Sie lassen mich nicht oft zu ihnen. Ursprünglich war es mein Vater, jetzt ist es mein Bruder. Und all die Diener und all die Wichtigtuer und wer auch immer denkt, dass sie mich so kontrollieren können. Sie wissen, dass ich es nicht mehr tun möchte und deshalb kontrollieren sie mich durch meine Mädchen. Das ist ein Weg. Sie haben mir auch gedroht, dass sie mich irgendwo unterbringen, wo ich keinen Rückzugsort mehr habe. Sie haben mir gedroht, mich aus dem Palast zu entfernen und mich weit entfernt mit den Leuten im Dorf arbeiten zu lassen, wo sie wissen, dass nur Menschen existieren und keine Schönheit in meinem Leben wäre. Und dort wäre es mir nicht möglich, mich von all den Emotionen zurückzuziehen. Oder sie drohen mir damit, mich in einem Verlies einzusperren, in dem ich den Schwingungen aller anderen Leute ausgesetzt bin, die sie dort eingesperrt haben. Sie haben mich einmal dorthin gebracht. (Schluchzt) Es war schrecklich! Es war schrecklich! Sie drohen mir andauernd, falls ich nicht tue, was sie sagen.

D: *Es ist gut, dass du darüber sprichst. Es ist gut, dass du es rauslässt, denn ich verstehe es. So halten sie dich unter Kontrolle?*

R: Ja, und indem sie mich nicht meine Mädchen sehen lassen. Aber sie werden älter und bald werden sie sie gegen mich aufhetzen. Nur meine Schwester versteht mich. Ich weiß nicht, was ich tun soll.

D: *Könntest du deine Fähigkeiten gegen sie verwenden?*

R: So funktioniert das nicht. Ich empfange von jedem Schwingungen. Sie benutzen mich, um Energie in das Gerät im Tempel zu leiten, damit ich für sie Informationen erhalten kann. Sie benutzen mich nur. Sie wollen die Informationen.

D: *Sie hätten also diese Kommunikation nicht mehr, wenn sie dich wegschicken würden. Du bist wichtig für sie.*

R: Aber warum drohen sie mir dann andauernd?

D: *Weil sie dich eigentlich brauchen. Ich glaube nicht, dass sie dir diese Dinge wirklich antun würden.*

R: Aber sie wissen, dass ich das nicht machen will. Sie schleppten mich einmal an diesen schrecklichen Ort, als ich mich weigerte, zu kooperieren. Und ich will dort nicht mehr hin zurück. Meine Schwester dagegen ist eine Heilerin. Das ist anders. Sie empfängt die Schwingungen nicht so, wie ich es tue. Sie berührt Menschen und weiß sofort, was körperlich mit ihnen nicht stimmt. Und sie weiß, ob sie sie mit Kräutern und mit anderen Dingen behandeln kann. Sie kann den wichtigen Personen in der Regierung keine Informationen für ihren Machterhalt geben. Sie kann heilen und ist daher wichtig, um die Menschen zu beeindrucken. Sie ist glücklich mit dem, was sie tut, weil sie heilt. Deshalb fühlt sie sich nicht so benutzt, wie ich es tue, weil sie den Menschen damit hilft.

Sie wirkte so unglücklich, dass ich sie die Szene und zu einem bedeutenden Tag wechseln ließ; hoffentlich zu einem besseren Tag. Aber ich lag falsch. Es schien kein Ausweg aus dem Leid zu geben, das sie durchmachte.

R: (Tiefes Seufzen) Ich bin wieder in meinem Zimmer. (Pause.) Ich habe meine Mädchen gesehen. Ich nahm sie mit zum Strand und wir machten einen Spaziergang. Es war schön und das Wasser war warm. Wir wurden nass und voll mit Sand. Und wir hatten eine tolle Zeit. Wir hatten Essen mit uns gebracht und wir aßen und lachten. Und ich sagte ihnen, wie sehr ich sie liebte. Und dass egal, was in der Zukunft passieren würde, ich in irgendeiner Gestalt oder Form immer bei ihnen sein und sie beschützen werde. Sie ließen mich nur den Vormittag mit ihnen verbringen, weil sie denken, dass ich am Abend zu einem Bankett gehen werde.

D: *Um das zu tun, was du immer tust?*

R: Aber das werde ich nicht. (Pause) Weil ich mich von den Mädchen verabschiedet habe und Selbstmord begehen werde, indem ich vom Balkon springe.

D: (Das war eine Überraschung!) Oh! *Es gibt keinen Ausweg?*

R: Ich werde mich nicht mehr kontrollieren lassen. Und ich werde nicht mehr an diesen Ort gehen, mit dem sie mir gedroht haben. Ich werde zurück zu meiner Seele gehen.

D: *Das ist die einzige Option?*

R: (Tiefes Seufzen) Ja. Ich will nicht mehr benutzt werden. Und ich lasse mich nicht mehr verrückt machen mit diesem Ort, an den sie mich senden wollten. Sie werden es erst herausfinden, wenn es schon zu spät ist.

In solchen Fällen kann ich die Subjekte einfach nur ihre eigene Geschichte erzählen lassen. Ich kann nicht eingreifen oder das Geschehen beeinflussen.

D: *Du hast entschieden, dass es keine andere Lösung gibt?*
R: Ja. Deshalb habe ich das gemacht, was ich mit den Mädchen gemacht habe.
D: *Es war ein Abschied.*
R: Ja. Ich muss es tun. Ich werde mich nicht mehr benutzen lassen.
D: *In Ordnung, ich verstehe. Erzähl mir, was geschieht. Und du musst nichts körperlich erleben. Du kannst einfach darüber sprechen. Was tust du?*
R: Ich ziehe einen Stuhl zum Geländer. Ich greife nach der Säule und steige hinauf. Und ich halte mich mit einer Hand an der Säule fest. Ich stehe nun auf dem Geländer. Ich schaue ein letztes Mal auf das weite Meer, dann schließe ich meine Augen und werfe mich nach vorne. Ich drücke mich nach vorne weg und falle. Und ich schlage auf den Felsen unter mir auf. Ich sehe mich selbst auf den Felsen liegen und ich schaue hinunter auf meinen Körper.
D: *Du bist nun aus dem Körper heraus?*
R: Oh, ja. Ich konnten ihnen nicht weiterhin erlauben, mich zu benutzen. Es war falsch.
D: *Ich verstehe. Wird jemand den Körper finden?*
R: Ein wenig Zeit vergeht, vielleicht ein paar Stunden, und schließlich klopften Diener an die Tür. Sie wussten, dass sie ohne meine Erlaubnis nicht eintreten dürfen, aber sie mussten mich für das Bankett vorbereiten. Und als sie wiederholt keine Antwort von mir erhielten, bekamen sie Angst und holten jemanden mit einem höheren Rang. Schließlich kommt einer der Beamten, betritt den Raum und sieht, dass ich nicht da bin, aber den Stuhl am Geländer stehen. Er schaut er darüber und sieht meinen Körper unten liegen. Aber zu dem Zeitpunkt war ich bereits weg.
D: *Wie reagiert er?*
R: (Kichert) Es brachte alle in Panik. Alle ihre Pläne waren durchkreuzt. Der Beamte hat Angst, weil er derjenige sein wird, der meinem Bruder berichten muss, was passiert ist.

D: Wenigstens bist du jetzt da raus. Du hast nichts mehr damit zu tun.

Ich ließ sie die Szene wechseln und den Geist der Frau dorthin gehen, wo sie Frieden finden würde. Dann rief ich Rachels SC hervor, um ihre Fragen zu beantworten. Natürlich fragte ich zuerst, warum das SC ihr dieses bestimmte Leben gezeigt hatte.

R: Um zu erklären, warum sie Angst davor hat, kontrolliert zu werden und sich psychisch zu öffnen. Sie hat Angst davor, Energie zu nutzen.

D: Aber die Nutzung von Energie ist nicht immer negativ.

R: Ja, sie weiß das. Aber die unterbewusste Erinnerung des Missbrauchs war noch da. Ihre Hellfühligkeit, ihre Fähigkeit, Emotionen anderer wahrzunehmen, wurde für negative Absichten benutzt. Nicht, um Menschen zu helfen, sondern für Macht und Kontrolle.

D: Das macht Sinn. Was möchtet Ihr Rachel im heutigen Leben dazu sagen?

R: Das war damals, und sie hat seitdem eine Menge gelernt. Sie wird niemals wieder so benutzt werden.

D: Sie wird das nicht erlauben. Und in unserer Zeit ist es sehr unwahrscheinlich, dass das wieder so kommen würde.

R: Korrekt. Aber da ist immer noch die Angst davor, sich zu öffnen und andere Leute wahrzunehmen. Und davor, das nicht kontrollieren zu können, wenn sie sich einmal geöffnet hat. Dieses Mal fürchtet sie sich nicht davor, missbraucht zu werden, sondern dass sie nicht mehr dazu in der Lage sein würde, es abzustellen, wenn sie der Fähigkeit einmal erlaubt, sich zu öffnen. Aber sie hat gelernt. Es ist nun eine andere genetische Mischung und andere Fähigkeiten sind gelernt worden; Fähigkeiten, die zwischenzeitlich gelernt worden sind. Sie soll damit beginnen, diese Fähigkeiten anzuwenden, um die Energie anderer wahrzunehmen und ihnen dabei helfen zu können, zu heilen. Die Fähigkeit, in jemand anderen hineinzufühlen und dessen Angst zu verstehen. Ihnen zu helfen, die Angst in Worte zu fassen und sich der Angst bewusst zu werden, damit man sie überwinden kann.

D: Würdet ihr sagen, dass es die Angst ist, die Leute krank macht?

R: Ja. Angst hält Menschen in Beziehungen, die nicht mehr gesund sind oder keine Weiterentwicklung mehr für die Seele erlauben. Angst ist negativ, wenn es ihr gestattet wird, positives Handeln zu verhindern. Angst ist positiv, wenn sie vor einer echten Gefahr für den physischen Körper warnt. Sie ist gut als Warnung, wenn emotionale Veränderung notwendig ist - und die Fähigkeit, emotionales Ungleichgewicht wahrzunehmen. Angst ist die Wurzel aller negativen Emotionen. Sie manifestiert sich auf unterschiedliche Art und Weise. Rachel besitzt die Fähigkeit, Menschen dabei zu helfen, ihre oberflächliche Angst zu finden, und dann weiter nach unten zu gehen zu ihrer Wurzel. Sie wird ihre Feinfühligkeit auf eine kontrollierte Art öffnen müssen, damit sie gerade lang genug in die Schwingungen anderer Menschen hineinfühlen kann, um das Problem wahrzunehmen und dann weiter an den Ursprung zu gehen. In anderen Worten, um gerade lang genug in die Schwingungen hineinzufühlen, um die Informationen an die Oberfläche zu holen, die nötig sind, damit sie die Personen in ihrem Heilungsprozess unterstützen kann und sich nicht von deren Ängsten und Gefühlen überwältigen lässt. Sie wird das mithilfe einer kurzen Berührung mit der Hand machen können. Am Anfang wird sie es mit einer kurzen Handberührung machen können und später wird sie das dritte Augen der Menschen berühren. Es wird eine sehr kurze Berührung für nur ein paar Sekunden sein. Mehr ist nicht nötig. Dann wird sie es wissen. Das ist Hellfühligkeit. Sie wird die Emotionen fühlen und die zugrundeliegende Angst. Sobald sie die kennt, wird sie in der Lage zu sein, Fragen zu stellen. Sie wird sie herausziehen. Sie wird sie bereits kennen, aber sie wird dafür sorgen, dass sie sie auch kennen, indem sie ihre Fragen beantworten.

D: *Also heilen sie sich eigentlich selbst?*

R: Das ist die beste Form der Heilung. Mit Reiki nutzt sie Energie, um die Energieströme, die durch alle Chakren fließen, temporär auszubalancieren. Sie kann – und wird - das ebenfalls anwenden. Aber hauptsächlich wird sie mit dem Bewusstsein arbeiten, um die unterbewussten Ängste an die Oberfläche zu holen. Sie wird wissen, welche Fragen zu stellen sind. Wenn sie sie berührt, wird sie es spüren und wissen, was sie fragen muss. Sie wird die Menschen an den Punkt bringen, wo sie zu derselben Erkenntnis kommen.

D: Wird sie dabei wieder anfangen, die Gedanken und Energien der Menschen wahrzunehmen?

R: Nur, wenn sie das will.

D: Es ist besonders wichtig, dass sie das an- und abschalten kann, wann immer sie möchte. Wir möchten nicht, dass es so wie beim letzten Mal ist.

R: Ja, sehr wichtig. Sie wird jemand sein, der den Weg zeigt. In anderen Worten: Sie wird es Menschen ermöglichen, ihren eigenen Pfad zu sehen, damit sie selbst für sich wählen können.

* * *

In den Sitzungen gibt das SC immer die gleichen Erklärungen für bestimmte physische Probleme. Es hat oft erläutert, dass Symptome, die auf der rechten Körperseite auftreten, mit Themen der Gegenwart verbunden sind. Alles auf der linken Seite repräsentiert Themen aus der Vergangenheit, entweder aus der Kindheit der aktuellen Inkarnation oder aus einem vergangenen Leben. Symptome an Gliedmaßen (Hüfte, Beine, Knie, Füße) stehen für die Angst, sich weiterzuentwickeln und voranzukommen. Häufig befinden sich diese Menschen an Kreuzungen im Leben und versuchen, eine Entscheidung zu treffen. Die Körperseite, auf der das Problem auftritt, zeigt mir, wo der Ursprung der Angst liegt: in der Gegenwart oder in der Vergangenheit. Die körperlichen Beschwerden meiner Klienten sagen mir eine Menge darüber, was in ihren Leben geschieht. (In *Soul Speak* von Julia Cannon lassen sich mehr Erklärungen dazu finden, wie unser Körper mit uns spricht.)

* * *

Bevor ich eine Sitzung abschließe, lasse ich das SC dem Klienten immer noch einen letzten Ratschlag geben. Ich nenne das die „Abschiedsworte".

Abschiedsworte für Rachel: Nur eine Erinnerung daran, dass sie weiß, wie sie es an- und abschaltet. Sie muss keine Angst davor haben, sich zu öffnen. Wenn sie sich zu öffnen beginnt und etwas spürt, das zu intensiv für sie ist, dann wird sie das merken und dazu in der Lage sein, es abzuschalten. Sie kann es ausschalten.

33

Niemand kontrolliert das außer sie selbst. Nur, wenn sie anderen erlaubt, diese Energie zu benutzen – was sie manchmal tut – kann das passieren. Aber es ist ihre Wahl. Sie wird nicht mehr kontrolliert.

Kapitel 3

WIEDERHOLT NICHT DIE GLEICHEN FEHLER

Sheila war eine weitere Klientin, die vor einer Weggabelung in ihrem Leben stand. Sie arbeitete als Lehrerin, spürte jedoch, dass dies nicht ihre wahre Bestimmung war. Sie hatte das Gefühl, dass sie nach etwas suchte, das sich außerhalb ihrer aktuellen Reichweite befand. Ein Teil ihres Dilemmas war die Frage, ob sie in eine andere Gegend ziehen sollte, um zu finden, wonach sie suchte. Sie war extrem unsicher, was sie tun sollte, und erhoffte sich Antworten auf ihre Fragen.

Als Sheila in das Leben kam, sah sie eine Mauer, die eine am Wasser gebaute Stadt umgab. „Nicht wie eine Festung, aber groß. Es wirkt, als ob sie eine Menge Menschen enthält. Hunderte leben hier. Einige der Gebäude sind hoch wie Türme. Sie sind unterschiedlich groß, aber hoch mit kleinen, schmalen Fenstern. Sie sind allerdings nicht für Soldaten gebaut, sondern einfach für Licht. Es gibt keine Soldaten. Alles ist alt. So alt wie die Sumerer." Das Wetter war konstant heiß. Sie sah sich als junge Frau mit langem, goldblonden Haar, die eine wallende, braune Robe und Sandalen trug. Zudem trug sie Armreifen. „Aus Metall, ohne Edelsteine, einfach metallisch mit eingravierten Symbolen in der Mitte. Sie sind sehr selten. Ich trage sie nur am linken Arm. Der linke Arm ist wichtiger."

D: Warum ist er wichtiger?
S: Um zu erschaffen. Das funktioniert einfach so. Wir erschaffen mit der Linken.

D: Was meinst du?

S: Das ist meine Aufgabe. Du streckst deine Hand aus und dann fließt die Energie. Dafür zieht das Metall die kreative Energie an. Es zieht sie durch die linke Hand. Das ist wie Heilen, aber nicht für den Körper. Wenn du deine Hand benutzt, kommt Energie hervor und das Metall leitet sie.

D: Verstärkt es die Energie?

S: Ja. Deshalb ist es sehr selten.

D: Woher kommt die Energie?

S: Sie kommt von außen, aber man lernt, sie zu kanalisieren und ihr Form zu geben.

D: Für was verwendest du sie dann?

S: Du kommunizierst, aber nicht immer mit Worten. Es gibt noch andere Wege der Kommunikation. Du verwendest Symbole. Und du musst dir keine Gedanken darüber machen, welche Sprache du sprichst, weil Menschen universale Symbole verstehen. Sie bedeuten immer das gleiche. Auf diese Art und Weise kannst du Botschaften und Wissen teilen, wenn du die Energie einfach fließen lässt. Es ist wie Alchemie, weil sie ihre Form ändert und es nicht mehr nur die menschliche Stimme ist. Es ist wie die Stimme Anderer ... der anderen höheren Lichtwesen, die es einfach durch dich gehen lassen, weil es rein ist und nicht durch die Bedeutungen in Sprachen verändert wird.

D: Die Symbole tragen also eine Menge Information?

S: Das tun sie.

D: Und du weißt, wie man die Symbole liest, und verstehst sie?

S: Ja, das tue ich.

D: Sind sie wie Traumsymbole oder eher geometrisch oder ...?

S: Beides. Ein Symbol kann mehr bedeuten als nur ein Wort, weil derjenige, der es empfängt, ihm seine Bedeutung verleiht. Es bin also nicht ich, der ihnen vorgibt, was es bedeutet. Es kommt darauf an, was sie empfangen. Wenn du einen Stern siehst, bedeutet er für dich nicht das, was er für mich bedeutet. Es ist also mehr so, dass ich dir sage, dass du einen Stern sehen sollst, und du weißt, was dieser Stern bedeutet, ohne dass du meine Sprache sprichst.

D: Jeder hat seine eigene, persönliche Interpretation?

S: Dafür kommen sie her, ja.

D: Du ziehst also diese Energie ein und dann sendest du sie wieder auf eine bestimmte Weise aus?

S: Du kannst sie anziehen. Du kannst sie einbehalten. Du kannst sie aufzeichnen. Oft zeichne ich sie für später auf.

D: *Also musst du sie nicht aussenden?*

S: Nein, du kannst sie einhalten. Du kannst ihr Form verleihen. Du kannst sie in Metall leiten. Du kannst sie in eine Steintafel geben. Du kannst sie in einen geheiligten, gesicherten Ort leiten, an dem sie niemand nehmen und missbrauchen kann. Sie ist eine sehr reine und geschützte Botschaft.

D: *Ich dachte an ein Aussenden, weil Heiler so arbeiten.*

S: Ich bin kein Heiler. Die Menschen gehen dafür zu jemand anderem. Ich bin eine Priesterin.

D: *Und du sagtest, du zeichnest sie auf?* (Ja) *Wie machst du das?*

S: Du kannst sie aufmalen. Du kannst sie an Wände malen. Du kannst sie in Wänden und auf weißen Säulen platzieren. Die Menschen denken, dass Säulen weiß sind, aber das sind sie nicht. Sie sind angemalt, aber nicht jeder kann das sehen. Die Leute, die es sehen *sollen*, können es sehen. Die anderen denken, dass es einfach bemalte Säulen sind. Sie erhalten die Informationen nur, wenn sie bereit dafür sind.

Sie befand sich in einem Tempel, in dem sie sowohl lebte als auch arbeitete. Ich fragte, ob der Tempel etwas Bestimmtem gewidmet war, so wie die Tempel der Römer und Ägypter diversen Göttern und Göttinnen gewidmet waren.

S: Nein. Wenn sich dort mehr Leute aufhalten, ist es stärker. Die Botschaft kann stärker sein und man arbeitet zusammen. Ich mag eine Fähigkeit haben und der nächste hat eine andere Fähigkeit, und wenn wir sie kombinieren, hat das mehr Kraft. Man erreicht mehr Menschen. Man berät niemanden, der das missbrauchen würde. Aber wenn sie bereit sind, dann verstehen sie das ziemlich gut.

D: *Ich dachte, dass viele Tempel Göttern und Göttinnen gewidmet sind.*

S: Die brauchen wir nicht ... die Gottesquelle ... die Gottesquelle.

D: *Was für eine Priesterin bist du?*

S: Ich bin eine Botschafterin. Ich höre zu und interpretiere. Und ich kann Sprachen sprechen, ohne sie lernen zu müssen. Es geht darum, einen Weg zu finden, keine komplett neue Sprache lernen zu müssen. Einfach nur genug, um das zu vermitteln, was wichtig ist. Nicht nur für die Elite. Gott versteckt sich nicht vor den Menschen. Sie kommen als Pilger. Sie kommen. Sie sind immer willkommen. Sie bringen Essen und keine Opfergaben. Sie bringen Tauschwaren und kein Geld. Gerechter Handel. Ihr Geschenk ist es, einen Segen in Form einer Botschaft oder von Wissen zu erhalten. Wie eine Perle.

D: Du sagtest, du lebst in dem Tempel?

S: Viele von uns tun das. Hunderte, in jedem Alter. Einige sind hier zum Arbeiten; andere zum Lernen und Lehren. Alle lernen. Einige heilen. Ich heile nicht. Einige tun das. Sie heilen gebrochene Knochen. Sie heilen Herzen. Sie heilen Schäden am Körper. Sie heilen beschädigte Gedanken. Manchmal können sie nicht helfen, aber manchmal heilen sie.

D: Bringst du anderen Leuten das bei, was du machst?

S: Ja, das tue ich.

D: Macht dir das Spaß?

S: Oh, manchmal missbrauche ich es. (Sie wurde emotional.)

D: Warum beschäftigt dich das?

S: Ich glaube, dass wir Menschen damit töten. (Sie war traurig.) Es ist wie eine Superkraft. Sie denken „Jetzt habe ich Macht", also töten sie damit. Ich hasse das. Sehr dunkel. Aber was soll man tun? Es nicht lehren?

D: Wenn du es ihnen einmal beigebracht hast, hast du keine Kontrolle mehr darüber. Du weißt ja nicht im Voraus, was sie damit machen werden.

S: Nein. Aber was, wenn sie töten? Was, wenn sie das tun? Soll man es ihnen wegnehmen? Soll man sie rausschmeißen? Verbannen … oder weiterhin lehren? Aufgeben … oder warten? Ich mag es nicht, auswählen zu müssen.

D: Sind es nur wenige, die das auf negative Weise benutzen?

S: Nur einige, aber es braucht nur wenige, um echten Schaden anzurichten. Sie können zerstören. Sie können den Tempel zerstören. Sie können sich gegenseitig zerstören. Sie wollen nur Dinge zerstören. Sie wollen Dinge stehlen. Sie wollen sich bereichern und Schätze anhäufen … Ich weiß nicht, was zu tun ist. Wir könnten aufhören. Ich glaube aber nicht, dass das richtig wäre. Ich denke nicht, dass wir aufhören sollten, aber wenn wir nur wenige auswählen, ist das gleichermaßen falsch. Was wäre, wenn die Heiler nur die heilen würden, die sie heilen wollen? Was, wenn die Gärtner nur die versorgen würden, die sie versorgen wollen? Wie wäre das? Das wäre falsch.

D: Aber du bist nicht verantwortlich dafür, wie sie es anwenden, oder?

S: Ich weiß nicht. Bin ich das nicht? Ist das nicht Teil meiner Aufgabe? Ich weiß es nicht. Niemand hat mir das beigebracht. Jemand sollte das wissen. Man nimmt keine Gabe und gibt sie allen, wenn sie damit töten.

D: Aber du kannst das ja vorher nicht wissen, oder?

S: Ich will es wissen. Sie kommen in den Unterricht. Wenn ich sie nur lesen könnte, könnte ich sie aufteilen und ihnen nur Wissen geben, mit dem sie nicht töten können. Ich weiß aber nicht, wie ich das herausfinden könnte. Vielleicht muss ich etwas älter werden. Vielleicht bin ich noch nicht alt genug.

D: Weißt du von Fällen, in denen Leute das, was du ihnen beigebracht hast, auf falsche Weise angewendet haben?

S: Ja. Sie haben Waffen geschaffen. Ich lehre sie die Kraft, zu erschaffen. Ich lehre sie die Kraft, alles Mögliche zu erschaffen, und sie erschaffen schlechte Dinge. Sie sollten damit keine schlechten Dinge erschaffen.

D: Was für Waffen erschaffen sie?

S: Sie sind wie Schwerter, aber aus einem Material, dass mit einem einzigen Hieb zerstören kann. Sie können alles zerstören. Wie ein Schwert, wie ein Kristall, wie eine scharfe Klinge, die schneidet. Es ist eine scharfe Kannte wie bei einem Messer. Als ob du deine Hand ausstreckst und Energie herauskäme, aber du könntest sie sehen wie eine Klinge aus Licht.

D: Es ist also kein physisches Objekt? Sie erschaffen eine Energiewaffe?

S: Ja, weil sie die Energie auch zum Heilen kanalisieren könnten. Aber sie kanalisieren sie, um zu töten. Es ist dieselbe Energie. Es kommt darauf an, was du mit ihr machst.

D: Aber es liegt trotzdem nicht in deiner Verantwortung, was die Leute damit machen. Die Alternative ist, niemanden zu unterrichten.

S: Was soll man also machen?

Ich fragte nach einer Beschreibung des Tempels, in dem sie lebte. „Er ist ziemlich groß. Es gibt viele Säulen, weil wir sie anmalen und die Wände auch. Es gibt Kammern und wir schauen durch diese. Da sind Öffnungen. Wir sehen die Sterne und das ist ebenfalls ein Symbol. Man schaut hinauf. Du nutzt die Sterne. Du nutzt die Reflektionen. Du nutzt das Wetter. Du nutzt das Licht. Alles ist ein Botschafter. Es ist wie in einer Bibliothek. Wie in einer Bibliothek ohne Bücher. Als ob du in einer Bibliothek bist, in der Leute statt Bücher die Botschafter sind. Das wäre eine Bibliothek der Menschen."

D: Weißt du, wie man die Sterne liest?
S: Ja, das tue ich. Sie bewegen sich und sie zeigen etwas wie eine Prophezeiung an. Sie kündigen Wandel an. Sie kündigen Gelegenheiten an wie ein Ansteigen von Energie. Sterne sind Encrgie, genau wie das Wetter Energie ist, genau wie Wasser Energie ist, wie die Gezeiten Energie sind. Die Sterne sind Energie … aber es gibt nicht nur Sterne, sondern auch Monde. Es gibt viele Dinge, die Energie sind. Und wenn du etwas kommen siehst …, wenn du einen Tornado siehst, weißt du, dass du Schutz suchen musst. Wenn du siehst, wie die Sonne heller wird, weißt du, dass du pflanzen musst. Wenn du dunkle Wolken siehst, weißt du, dass das deine Pflanzen töten könnte. Genauso weißt du das auch mit den Sternen, weil Sterne Botschaften haben und Prophezeiungen darstellen und sie können dir solche Dinge sagen.
D: Haben dir andere beigebracht, wie man das macht?
S: Orakel. Das ist das Wort, das mir nicht eingefallen ist. Die Sterne sind ein Orakel. Ich wurde von einem Orakelleser unterrichtet. Du liest die Orakel und sie sagen dir, wann der Tod kommen wird, wann Veränderung eintreten wird, wann man Menschen umsiedeln muss, wann man Schutz suchen muss, wann anzubauen ist und wann die beste Zeit ist, um Kinder zu haben.
D: Es ist also sehr wichtig, diese Dinge zu lernen?
S: Nun ja, das musst du nicht. Du kannst auch einfach warten, aber wenn du im Vorhinein Bescheid weißt, kannst du das Beste daraus machen.

Sheila wurde emotional und begann zu weinen, als ich sie fragte, ob sie eine Familie habe. „Ich glaube nicht. Ich glaube, sie sind tot. So bin ich hier gelandet. Sie haben mich aufgenommen. Es ist ein Heim. Ich habe den Großteil meines Lebens hier verbracht. Ich erinnere mich an nirgendwo anders." Sie sagte, ihr Name war eine Reihe von Vokalen: Mei-a-iah. (Phonetisch)

D: Gibt es andere, die sich dieser Arbeit oder dem Heilen widmen, die dieselben Probleme mit dem Lehren haben?

S: Es scheint so. Sie fügen Menschen wieder zusammen, nachdem sie sich verletzt haben. Und ich gebe ihnen das Wissen, um Waffen zu erschaffen. Damit richten sie Schaden an. Dann bringen sie sie zurück, um wieder geheilt zu werden. Dann sende ich sie wieder aus, um Schaden anzurichten. Es ist wie ein Kreislauf. (Angewidert) Was soll man also tun? Nicht mehr lehren? Nicht mehr heilen? Gebe ich die falsche Botschaft? Übersehe ich etwas? Soll ich auswählen? Was, wenn ich falsch wähle? Es gibt so viele Entscheidungsmöglichkeiten.

Ich wies sie an, zu einem wichtigen Tag zu wechseln und sie begann zu weinen. Sie war verheiratet und ihr Baby war gestorben. „Es war der Geburtsvorgang. Etwas passierte. Es war zunächst okay, ich hielt es, und dann starb es. Ich weiß nicht, was schief gelaufen war. Die Heiler hatten alles versucht. Es ist einfach passiert. Ich hatte alle Werkzeuge. Ich weiß einfach nicht, warum." Das Kind wurde im Tempel geboren. Ich fragte nach ihrem Ehemann und ob er sich mit den gleichen Dingen beschäftigte wie sie. „Er ist sehr weise. Er arbeitet woanders, aber er ist sehr weise. Er baut Dinge."

D: Er verwendet die Energie also nicht wie du?
S: Nein, er schafft wunderschöne Bauwerke.

Es war ein trauriger Tag, also wies ich sie an, vorwärts zu einem weiteren wichtigen Tag zu springen, und wir landeten mitten in einem Fest. „Es ist ein Festessen. Menschen kommen herbei und bringen, was sie teilen können. Man feiert und tanzt und singt und es ist eine Freude. Es ist die Sommersonnenwende. Die Sterne sagen einem, wann es soweit ist. Es ist eine Zeit der Geburt. Viele Babys werden geboren und die Ernten sind gut. Die Schiffe kehren zurück, die Reisenden kommen und es ist eine Zeit des Überflusses und der Festlichkeiten." Sie war nun älter und hatte vier Kinder.

D: Hast du sie unterrichtet?

S: Sie haben andere Dinge gemacht. Es sollte nicht meine Entscheidung sein, sie zu unterrichten. Sie blieben beim Tempel und lernten andere Dinge. Sie wählten selbst.

D: *Welche anderen Dinge kann man dort noch lernen?*

S: Sie legen Gärten an. Sie bauen Tempel. Sie heilen. Sie schreiben. Sie zeichnen auf. Sie planen. Sie organisieren alles und finden den Bereich, in den du passt und wo du deine größten Begabungen hast. Du kannst alles Mögliche machen. Du kannst Schmuck herstellen. Du kannst auf den Schiffen reisen, die im Sommer zurückkommen. Du kannst mit ihnen gehen. Sie kehren mit Gewürzen und Stoffen und Menschen zurück. Du kannst reisen und mit wunderschönen Dingen und Wissen und mit Menschen zurückkehren, die nicht wie du sind. Du kannst ein Reisender sein. Du kannst deine Begabung frei ausleben.

D: *Gibt es noch die negativen Leute?*

S: Es sind weniger geworden. Wir haben unsere eigene Energie, mit der wir uns schützen. Es ist traurig, weil wir Leute wegschicken müssen und sie nicht mehr wiederkommen können, weil sie es unsicher machen. Und so lernst du, Energie wie einen Wallgraben zu verwenden. Sie ist flüssig. Sie ist nicht wie eine Mauer. Wenn sie versuchen würden, sie zu durchbrechen, würden sie krank werden und sterben. Sie können nicht hindurch. Falls sie Energie missbrauchen, können sie nicht mehr zurückkehren. Wir wussten vorher nicht, wie man das macht.

D: *Wann habt ihr diese schützende Energie entwickelt?*

S: Mein Ehemann hat das getan. Er ist ein Krieger. Man kann ein Krieger sein, ohne zu töten. (Entschieden) Du kannst ein Krieger sein und beschützen. – Es ist wie ein Graben. Es ist wie Flüssigkeit. Wenn du es aus der Ferne siehst, denkst du, dass es eine Luftspiegelung ist. Sie flimmert wie wogende Energie, aber nicht fest. Du kannst hindurchsehen, aber du würdest denken, du bildest es dir ein. Du denkst, dass du eine Stadt siehst, aber du näherst dich ihr nicht, weil du ansonsten krank werden und denken würdest: „Ich bin verrückt." Also bleiben sie fern. Sie vermeiden uns, aber wenn es ihnen bestimmt ist, zu uns zu kommen, dann laufen sie einfach hindurch. Wenn sie aber *dunkel* sind, ist das wie ein Abwehrmittel. Sie sehen die Stadt, aber sie denken, dass sie sich das einbilden. Sie wollen dann nicht herkommen.

D: Das ist wunderbar, denn du warst sehr besorgt darüber.
S: Das war ich, als ich jung war. Jetzt nicht mehr. Ich bin nun alt.
Ich bin Vierzig. Ich habe eine Menge gelernt. Ich bin noch
nicht fertig, aber es ist gut gewesen. Wir sind nun sicherer.

Ich wies sie an, zum letzten Tag ihres Lebens zu wechseln, um
zu sehen, was mit ihr passierte. „Man entscheidet sich, einfach zu
gehen. Du entscheidest, dass du fertig bist, und hast eine
Zeremonie ähnlich einer Abschiedsfeier – keine Feier, sondern
mehr wie eine Zusammenkunft, und dann gehst du.

D: Dem Körper geht es gut?
S: Ja, keine Krankheiten. Wir haben das überwunden.
D: Du entscheidest einfach, dass es Zeit ist?
S: Du fühlst dich vorbereitet. Du entscheidest. Möglicherweise
muss man zurückkehren, um etwas zu prüfen oder zu ändern,
aber man ist nicht traurig. Nein, nicht traurig. Der Familie geht
es gut. Sie wissen, dass sie es genauso machen werden, weil
jeder es so macht. Es ist nicht so, als ob man getötet oder
zerstört wird. Man löst sich einfach auf und geht auf die
andere Seite. Wir haben hier Leute, die dabei helfen,
loszulassen. Man ist bereit und sie helfen dir dabei, deine
Bindungen zu verändern und dann löst man einfach diese
Bindungen auf und verlässt den Körper. Sie sagen dir, wie das
geht. Sie lehren es dir. Wir haben welche im Tempel, die
einem helfen, überzusetzen. Sie sind die Hüter des Tores zum
Übersetzen. Es ist wie eine Geburt, nur rückwärts.

Statt sie den Tod durchlaufen zu lassen, wies ich sie an, zu
dem Zeitpunkt zu wechseln, an dem sie den Körper verlassen hatte
und auf der anderen Seite war. Von dieser Perspektive aus kann
die Person so viel mehr erkennen und verstehen. Ich fragte sie,
was nun geschehen würde.

S: Es ist nicht so, als ob man geht, sondern man löst den Körper
    einfach auf. Aber der Rest löst sich nicht auf. Man kann
    bleiben und zuschauen, wenn man will. Allerdings ist es nicht
    besonders interessant.
D: Meinst du damit, dass dein wahres Selbst, deine Seele, bleibt?
S: Es ist nicht deine Seele. Es ist die Essenz von dem, was du
    immer gewesen bist. Dein Körper ist ein Gefährt. Es ist

43

temporär, also löst du es auf, damit du sein kannst. Es gibt Dinge, die man lernen kann, wenn man sich nicht in einem Körper befindet, also geht man. Sie verbrennen die Körper.

D: *Jedes Leben hat seine Lektionen. Glaubst du, dass du etwas von diesem Leben gelernt hast?* (Sheila wurde emotional.) *Warum berührt dich das?*

S: (Flüsternd.) Ich fühle mich so klein. Ich weiß nicht, was ich von dieser Welt halten soll. Es ist, als ob du das in dem Tempel bewahren musst, aber du kannst es nicht. Du musst andere davon fernhalten und das ist traurig, weil ich nicht weiß, wie. Soll man beraten? Soll man einfach aufgeben? Ich denke, es wäre besser, das Wissen einfach zu verstecken, bis sie schlauer werden. Sie sind einfach nicht sehr schlau.

D: *Und es mit niemandem teilen?*

S: Für eine Weile nicht. Sie sind so barbarisch. Warum sind sie so barbarisch?

D: *Nicht alle sind so.*

S: Nein, aber wir können nicht ewig in unserem kleinen Tempel leben. Das ist nicht der Zweck. Ich habe im Tempel gelernt. Ich habe den Tempel nie verlassen. Nie. Ich bin an der Küste gewesen. Ich bin im Tempel gewesen. Ich bin im Garten gewesen. Ich bin zu den Rändern gegangen, aber ich bin nie in der normalen Stadt gewesen. Ich habe niemals diese Reisen gemacht, weil ich es hasste. Ich fühlte mich besser in Isolation. Ich dachte, dass ich alle zu mir bringen kann, aber das ist klein, und ich mag es nicht klein. Ich habe das Gefühl, ich sollte groß sein, also lernte ich möglicherweise deshalb viel darüber, klein zu sein. Ich habe nur gelernt, klein zu sein. Ich glaube, das ist ein guter Startpunkt. Das ist eine sehr gute Lektion, weil ich alles Wissen des Himmels gelernt habe. Ich habe auch viel über Energie gelernt und ich habe viel von der Bibliothek gelernt, aber ich weiß nicht, wie ich noch weiter gehen kann. Ich weiß nicht, wie ich die Grenze überwinden kann, weil es so dunkel ist und ich denke, dass es nicht meine Bestimmung ist, die Grenze zu überwinden. Es war meine Bestimmung, bei der Bibliothek zu bleiben, aber das war so klein. Die Kinder haben sie überwunden. Sie waren Herumtreiber. Sie verließen mich. Das ist okay. Es macht mir nichts.

Ich ließ sie wegtreiben und Sheilas Bewusstsein zurückkehren, um mit dem SC zu sprechen. Ich fragte es, warum es dieses Leben für sie ausgesucht hatte.

S: Sie mochte ihre Entscheidung nicht. Sie entschied sich, zu bleiben. Sie hätte den Kindern wie ein Vagabund folgen können. Sie hätte ein Schiff besteigen können. Sie hätte reisen können. Sie hätte weggehen und zurückkehren können. Sie hätte bereichert sein können. Sie war ängstlich. Sie wählte einen sicheren Ort und bereute das dann.

D: *Sie machte sich aber gut, oder nicht?*

S: Das tat sie, aber sie muss das nicht zweimal erleben.

D: *Passiert das gerade wieder in ihrem Leben?*

S: Ja. Sie war da schon mal. Sie war schon mal an dieser Weggabelung. Sie ist nicht aufmerksam genug.

D: *Ist es das, was ihr der Vergleich zeigen soll?*

S: Hoffentlich. Letztes Mal hatte sie Angst davor, wegzugehen. Letztes Mal fürchtete sie, dass sie nicht mehr zurückkehren könnte. Letztes Mal fürchtete sie, dass sie sterben würde, wenn sie ein Schiff beträte. Letztes Mal fürchtete sie, dass sie ihre Kinder verlieren würde. Letztes Mal dachte sie, sie wäre nur in der Bibliothek sicher. Letztes Mal dachte sie, dass sie den Graben zum Schutz bräuchte. Sie dachte, dass sie sie töten würden. Sie dachte, dass sie zum Töten missbraucht werden würde, also hat sie es nie versucht. Und jetzt sagt sie, dass sie wieder nicht weggehen kann, aber sie hat diese Wahl schon mal getroffen. Sie weiß, was passieren wird. Sie weiß es. – Sie wird sterben und dann jammern, dass sie *wieder* nicht weggegangen ist. Wir werden sie das solange wiederholen lassen, bis sie weggeht. Es hängt einfach davon ab, wie gerne sie die Dinge wieder von vorne beginnt.

D: *Ihr werdet das wiederholen, wenn sie die Lektion nicht lernt?*

S: Das werden wir und sie hört das. Sie ist leider stur.

D: *Sie sagte, dass sie sich von Seattle angezogen fühlt. Was denkt ihr? Das würde bedeuten, dass sie ihren sicheren Ort verlässt.*

S: Die Energie dort ist gut. Die Energie passt zu ihr. Die Energie der Bibliothek ist dort. Die Energie der Leute ist dort, der Gärtner, der Baumeister und der Heiler. Und sie weiß das. Sie ist einfach so daran gewöhnt zu bleiben, dass sie denkt, sie würde sterben, wenn sie geht.

D: *Sie sagte, dass ihre Familie nicht möchte, dass sie geht.*

S: Der Familie in der Bibliothek war das egal. Sie geht einfach von etwas aus und fragt nicht mal. Sie fragt nie. Sie sollte lieber fragen, als von etwas auszugehen.

D: *Sie sagte, dass ihr Vater nicht möchte, dass sie geht.*

S: Ihr Vater ging zur Navy, als er achtzehn Jahre alt war. Er ging nach Guam. Das ist Weggehen. Ihr Vater ging weg, als sie das erste Mal geboren wurde. Er war weg. Er war nicht einmal da. Er war viertausend Meilen entfernt, als das erste Baby geboren wurde und starb.

Das ist etwas, das ich im Laufe meiner Tätigkeit häufiger entdeckt habe. Wenn ein Kind bei der Geburt stirbt und direkt danach ein weiteres Kind geboren wird (normalerweise innerhalb eines Jahres), ist das oft die gleiche Seele. Sie hat sich die Familie ausgesucht und wenn der erste Versuch nicht funktioniert, wird sie es wieder versuchen.

S: Wenn sie nicht nach Seattle geht, wird sie es wiederholen müssen. Sie versucht es nicht mal. Wenn sie es nicht versucht, wird ihr das keine Ruhe geben. Weil sie es immer und immer wieder tun wird. So lange, bis sie es versucht. Es ist in ihrem Vertrag.

D: *Sheila erzählte vorhin, dass sie vor einigen Monaten einen Unfall hatte, bei dem sie sich den Kopf angeschlagen hatte. Was ist da passiert?*

S: Sie musste nach Hause kommen.

D: *War das eine Option?*

S: Ja. Sie war fertig mit dem traurigen Teil.

D: *Sie sagte, dass sie spüren konnte, dass sie komplett hätte gehen können.*

S: Nicht Sheila. Ich. Das war nur ihr Körper in dem Wrack. Sie war nicht in dem Wrack. Der Körper war das einzige, was dort war. Es war nur ein Körper in dem Auto. Ich sterbe nie. Es war ein Weg, den Körper zu beenden, wie damals, als er sich auflöste.

D: *Wir wollen, dass sie alles versteht. Es wurde entschieden, dass nicht passieren zu lassen?*

S: Sie kam zurück, um zu lernen, wegzugehen. Sie muss nicht mehr von vorne als Baby anfangen. Sie kann ihre Lektion in ihrem Körper lernen.

D: *Also wurde entschieden, dass sie nicht den Körper verlässt?*
Sie sollte zurückkommen und noch eine Weile bleiben?

S: Es war in den Sternen. Alles war ausgerichtet. Die Zeit war richtig, um noch eine Lektion zu lernen. Wenn das nicht klappt … geht es nach Hause.

D: *Also ist es wichtig für sie, jetzt die richtige Entscheidung zu treffen?*

S: Deshalb ist sie zurückgekehrt. In diesen Körper.

D: *Also hat dieser Körper wichtige Dinge zu erledigen?*

S: Ja, das hat er. Nicht nur in Seattle. Seattle wird ihr Zuhause werden und sie wird von dort überallhin gehen. Sie wird für ihre Arbeit reisen. Sie ist eine Lehrerin. Sie wird reisen, um zu lehren. Sie ist eine Botschafterin. Lehrer sind Botschafter. Es gibt viele Wege, zu lehren. Sie wird reisen, aber immer wieder heim nach Seattle kommen. Entweder das oder alles wieder von vorne. Es hängt davon ab, wie oft sie das wieder von vorne angehen möchte.

D: *Ich nehme an, dass sie keinen Grund mehr haben wird, in dem Körper zu bleiben, wenn sie diese Entscheidung nicht trifft?*

S: Ja, dann gibt es keinen Grund mehr, um zu bleiben.

Sheila hatte Schwierigkeiten mit ihren Augen. Katarakte hatten sich gebildet und entwickelten sich rapide, was für ihr Alter ungewöhnlich war. Dies war offensichtlich die Erklärung. Sie wollte nicht sehen, was sie tun musste.

S: Sie hat ihren Weg geschaffen. Der Weg führt nicht nur vorwärts, sondern auch rückwärts. Es ist keine Weggabelung. Es ist der gleiche Weg, aber Wege haben ein Vorwärts und ein Rückwärts. Wenn du dich auf dem Weg befindest, bist du nicht am Anfang des Weges. Du bist *auf* dem Weg. Du schaust in eine Richtung und bewegst dich nach vorne. Wenn du in eine andere Richtung gehst, bist du nicht auf einem anderen Weg. Es geht einfach den alten Weg zurück. Du hast entweder nach vorne oder hinten gewechselt. Sie sieht nicht klar, weil sie den Weg zurück geht. Es ist wie Nebel. Es ist nicht so gedacht, dass man rückwärtsgeht. Wenn sie klar sehen würde, würde sie den Weg erkennen, aber wenn sie sich nach hinten umdreht, sieht sie Nebel. Es ist nicht klar, weil sie das schon mal erlebt hat. Das macht man nicht. Deshalb ist es verschwommen.

D: *Wenn sie sich entscheidet, in die richtige Richtung zu gehen, werden sich die Augen klären?* (Ja) *Und sie muss sich keine Gedanken bezüglich einer Operation machen?*

S: Nein, das wird nicht passieren, wenn sie sich für den Weg vorwärts entscheidet.

D: *Die Ärzte sagten, dass es sehr schnell kam.*

S: Weil sie die falsche Entscheidung traf. Sie hörte damit auf, sich vorwärts zu bewegen. Und als sie damit aufhörte, verließ sie ihre Sehkraft. Sie kann tun, was sie will. Die Sehkraft wird allerdings nicht zurückkommen, bis der Weg der richtige ist. Sie befand sich auf dem richtigen Weg, bis sie Angst bekam und alles fallenließ. Dann schwand die Sehkraft. Dahinter steckt immer eine Botschaft.

Sie hatte ebenfalls Diabetes entwickelt. Das SC sagte, dass dies passiert war, weil sie keine Freude hatte. „Der Diabetes ist eine Botschaft. Ihr gesamter Körper ist eine Botschaft. Alle Körper sind Botschafter. Ich weiß, was ihr Problem ist. Sie lässt die Botschaft nicht durchkommen. Wenn sie hinhören würde, würde die Freude durchkommen, aber wenn du eine Botschafterin gewesen bist und du Angst davor hast, die Botschaft zu übermitteln; wenn du dafür bestraft wurdest, die Botschaft auszusprechen, und deswegen damit aufgehört hast, dann kann da keine Freude sein. Nur Traurigkeit. Sie hört der Botschaft nicht zu. Der Diabetes wird ebenfalls verschwinden, sobald sie zuhört." Ich wusste, dass das SC den Diabetes sofort heilen könnte, aber es schien zu bevorzugen, dass Sheila das tat. „Ich würde ihr helfen, wenn sie fragt. Ich könnte. Aber ich werde es nicht tun, wenn sie nicht hinhört. Ich würde eine andere Botschaft finden müssen. Ich habe ihr erstmal eine einfache gegeben."

D: *Diese Entscheidung ist also sehr wichtig; alles in ihrem Leben hängt damit zusammen?*

S: Sie macht es schwieriger, als es sein müsste. Es ist einfach eine Entscheidung.

D: *Sie macht sich Sorgen um ihre Familie.*

S: Es gibt mehr als diese eine Familie. Es gibt ihre Seelenfamilie. Das ist höher. Es ist größer. Es muss nicht die biologische sein. Es kann auch die sein, woher dein Herz kommt. Du weißt es, wenn du sie siehst. Aber wie soll sie sie sehen, wenn sie nicht einmal hingeht?

Ich fragte nach ihrem Interesse an Astrologie im aktuellen Leben und ob das aus dem anderen Leben käme. „Die Sterne sind nur ein Orakel. Sie sind so einfach zu lesen. Es ist so einfach. Du musst keine neue Sprache lernen. Die Sterne sind die gleichen. In jedem Leben sind es die gleichen Sterne. Also musst du keine Sprache neu lernen. Lerne einfach die Botschaft der Symbole der Träume und der Sterne und du musst nichts mehr erneut lernen."

* * *

Abschiedsworte für Sheila: Sie muss einen ruhigen Ort finden, an dem sie mich erreichen kann, weil ich in ihrem Chaos nicht durchkomme. Sie hört nicht zu. Es muss in ihrem Geist ruhig sein und sie muss den Ort aussuchen. Das ist die einzige Möglichkeit, wie ich durchkommen kann. Sie muss darauf vertrauen, dass ich das bin, wenn sie ruhig ist. Sie wird es in ihrem Körper spüre. Es fühlt sich sehr friedlich an. Ich werde ihr Symbole zeigen. Sie versteht Gefühle und Symbole und Bilder. Worte versteht sie überhaupt nicht. Ich werde ihr Symbole zeigen. Du musst mehr als nur einen Weg haben, wie du ein Botschafter sein kannst. Manchmal schließt du eine Türe und musst dann eine andere öffnen. Es ist wie eine Hauptverkehrsader. Wie ein Abstecher.

Kapitel 4

ALTES HEILEN

Trina war eine pensionierte Krankenschwester, die vor allem ihre Bestimmung erfahren wollte. Das ist definitiv die „ewige" Frage. Jeder einzelne Klient hat sie auf seine Liste stehen. „Was ist meine Bestimmung? Warum bin ich hier? Was soll ich mit meinem Leben anfangen? Bin ich auf dem richtigen Weg?" Nur sehr selten kommt mir jemand unter, der nicht danach fragt. In solchen Fällen sage ich: „Es gibt noch eine Frage, die nicht auf deiner Liste steht." Sie antworten gewöhnlich: „Weil ich meine Bestimmung bereits kenne und sie lebe." Solche Menschen sind allerding sehr selten. Die Mehrheit stolpert durch ihr Leben und fragt sich, warum sie hier sind, während sie Angst haben, wertvolle Zeit zu verlieren. Obwohl Trina in einem Beruf gearbeitet hatte, in dem sie Menschen half, war sie nicht erfüllt und spürte, dass es noch mehr geben müsse.

Ich war noch nicht einmal mit der Einleitung fertig, als Trina begann, zu beschreiben, wo sie sich befand. Ich schaltete rasch das Aufnahmegerät an und fasste zusammen, was sie bereits gesagt hatte. Sie befand sich in einer wunderschönen, fast schon geweihten Umgebung, einem großen Wald mit schönen Wegen und Wasserbecken. Sie sagte, dass das Wasser des Ozeans, das voller Fische und Muscheln war, magische Kräfte hätte; es war heilendes Wasser. „Wir alle wissen, wie wir die Magie nutzen. Es hält uns am Leben, weil wir uns darum kümmern. Wir erhalten unsere Nahrung vom Wasser. Wir haben großen Respekt davor." In ihrem Dorf lebten viele Menschen. Sie nahm sich als junge Frau mit dunkler Haut und langen, dicken, schwarzen Haaren wahr, die ein buntes, hübsches Gewand trug. „Wir erhalten Gaben vom

Wasser. Wir fertigen Schmuck an und einige der Muscheln haben eine heilende Wirkung. Wir zermahlen einige der Muscheln zu Pulver und fügen das unserem Essen bei. Das bringt unser System in Balance. Wir werden niemals krank, weil wir unseren Körpern und der Erde zuhören. Ich fragte, ob das eine bestimmte Art von Muscheln sei. „Sie glänzt auf der Außenseite. Sie ist nicht enorm groß, kleiner als eine Handbreit. Sie sieht fast aus wie eine Nautilus, aber nicht ganz. Sie ist etwas offener, mit der Farbe eines Pfaus in der Mitte. Wir zermahlen auch kleine Muscheln. Das Pulver kann zudem auf Wunden gegeben werden." Sie wusste auch, was man aus dem Wald zum Essen oder Heilen verwenden konnte. Sie war nicht die einzige im Dorf, die all das wusste und konnte; es gab noch andere, die dieses Wissen besaßen. „Wir werden geführt. Wir hören auf unser Herz. Uns wird nicht nur mündlich Wissen übergeben. Wir hören zu. Wir verstehen, was es bedeutet, wenn unser Körper Beschwerden hat. Wir wissen, was zu tun ist, um sich um ihn zu kümmern. Wir sind mit der Erde verbunden. Wir sind es gewohnt, uns zu erinnern, wie man die Erde heilt. Ich glaube, ich bin möglicherweise das Hauptinstrument, aber ich teile das Wissen."

Die Hütten im Dorf vermittelten ein offenes, geräumiges Gefühl mit ihren geraden Wänden und den mit Wedeln bedeckten Dächern. Jede Familie hatte ihre eigene Hütte, aber sie kamen viel zusammen, um zu teilen. „Wir teilen unsere Geschichten und unser Wissen als Gemeinschaft." Ihre eigene Hütte war ebenfalls von dieser Art. „Es duftet gut. Räucherwerk brennt und da stehen Töpfe mit Heilkräutern an der Wand. Sie werden in den Behältern angebaut und getrocknet. Alles, was wir benötigen, um uns um jegliche Beschwerden zu kümmern, findet man hier." Sie lebte alleine, ohne eigene Familie. „Wir fühlen uns nie einsam. Alle hier sind im Herzen eine Familie." Es gab andere Dörfer, aber sie waren weit entfernt. „Wir sammeln an der Küste und handeln."

D: Du sagtest, ihr hört der Erde zu. Was meinst du damit?
T: In Meditation zu gehen und die richtigen Fragen zu stellen. Die Antwort ist immer da. Wir vertrauen dieser Quelle. (Sie schien mit jemand anderem zu sprechen.) Wir haben eine Antwort, oder? (Lacht) Du lachst mich aus ... sagst: „Dummes Mädchen."
D: Wer sagt das?

T: Die Hübsche mit den vielen, dicken Haare. Ja, ich kann sie sehen. Sie ist genau hier und sie schaut mich an, als wollte sie sagen: „Du weißt bereits die Antworten." Sie sagt: „Ja, und Trina muss das wissen." Ich sehe sie gerade. Sie erinnert mich daran, dass ich das bin und dass ich all diese Antworten habe.

D: *Was ist die Verbindung zwischen der Frau mit dem Namen „Trina" und dir?*

T: (Lacht) Sie ist ich.

D: *Wie meinst du das?*

T: Ich weiß es nicht, aber ich fühle, dass sie ein Teil von mir ist. Sie erinnert mich daran, dass ich das machen muss, dass ich die Antworten finden werde und dass es einfach ist. Mach es einfach! (Lacht) Sie schenkt mir diesen neckischen Blick und schüttelt ihren Finger, als ob sie sagen würde: „Du erinnerst dich, also tu es!" (Lacht)

Ich wollte die Aufmerksamkeit von Trina weg- und wieder zurück auf die Frau in dem Dorf lenken. Ich fragte, ob die anderen im Dorf ebenfalls wüssten, wie man meditiert und die Antworten hört.

T: Dieses Wissen habe ich mit allen geteilt, weil es mal eine Zeit gab, in der wir Ehrfurcht vor einer Person besaßen, die als einzige diese Fähigkeiten hatte. Das war früher. Hier ist es nicht so. Dieses Wissen ist seither immer vielen weitergegeben worden, aber damals gab es nur einen, der dieses Wissen besaß und nicht teilte. Jetzt wird es allerdings mit allen geteilt. Sie müssen es einfach tun.

D: *Denkst du, dass es besser ist, dass jeder weiß, wie das geht, als nur eine Person?*

T: Ja. Damit es nicht nur einen gibt, der das ganze Wissen kontrolliert. Es ist nun möglich, es mit allen zu teilen. Sie müssen es einfach machen. Wir haben hier viel Harmonie. Es ist ein perfekter Ort. Durch die Meditationen ist es noch harmonischer geworden, weil die Menschen erkennen, dass wir alle miteinander verbunden sind.

D: *Gibt es eine spezielle Form von Meditation, die du anwendest? Hast du dafür eine Art Anleitung?*

T: Es ist sehr ähnlich dem hier. Man begibt sich in einen ruhigen Zustand oder fokussiert sich auf die Atmung. Und zu Beginn begibst du ich in diesen Zustand mit Intention und den richtigen Fragen, falls es Fragen gibt. Falls es eine Frage gibt, die ich gerne beantwortet hätte.

D: Leben eure Leute lange?

T: Ja, und das in sehr guter Gesundheit. Je mehr sie altern, desto stärker und stärker scheinen sie zu werden.

Dies klang sicherlich wie ein perfekter Ort, und sie alle schienen glücklich zu sein. Ich entschied, sie die Szene wechseln zu lassen und vorwärts zu springen zu einem wichtigen Tag, um zu sehen, was geschehen würde. Jemand war mit einem Neugeborenen zu ihr gekommen und bat um eine Segnung. Viele andere standen rundherum, um dies zu sehen. Sie gab einen Segen mithilfe von strategisch auf der Stirn aufgetragenen Ölen. Zudem vollführte sie einen Gesang, der eine Verbindung zum Ursprung des Volkes darstellte. „Es sind viele Vokale. Amana (?) … das ist es, was ich höre. Oder etwas wie eine Verbindung aus drei Vokalen, in der Art: A-ma-na So-fal-ah. Wir sind alle verbunden und es ist ein Segen, sich daran zu erinnern, wo wir herkommen."

Als wir in der Handlung nochmal nach vorne sprangen, unterrichtete sie das (herangewachsene) Baby darin, ihre Nachfolgerin im Dorf zu werden. Sie hatte sofort gewusst, dass dieses Kind trainiert werden musste, damit das Wissen nicht verloren gehen würde. Schließlich sprangen wir vorwärts zum letzten Tag ihres Lebens. Nachdem sie ihre Nachfolgerin fertig ausgebildet hatte, gab es für sie keinen Grund mehr, zu bleiben, so dass sie schließlich die bewusste Entscheidung traf, zu sterben. Sie beschrieb eine Szene voller Liebe statt Traurigkeit. „Es ist so wundervoll. Es ist voller Freude und ich bin jetzt hier über ihnen und schaue herab und gebe ihnen viel Freude. Mein Körper ist direkt vor mir. Sie ist einfach gegangen, ohne Krankheit, einfach in hohem Alter. Sie war in ihren Neunzigern, glaube ich. Es war Zeit. Wunderschön. Keine Trauer! Wir alle verstehen. Das Mädchen wird meine Hütte übernehmen. Sie ist nun eine junge Frau. Sie sieht dort sehr schön aus. Ich befinde mich hier oben über allem und beobachte einfach und lächle und empfinde große Freude. Die Leute sind auch alle glücklich."

D: Fühlst du nun, da du den Körper verlassen hast, ob es einen Ort gibt, an den du gehen möchtest, oder etwas, das du wissen möchtest? – Du lächelst. Was geschieht?

T: Es ist so schön und ich frage mich: „Kann ich gehen? Kann ich hinübergehen und schauen, wie es aussieht?" Ich frage sie: „Kann ich alle sehen? Wie alle aussehen?"

D: *Wen fragst du das?*

T: Alle, die zu diesem Zeitpunkt mehr wissen als ich. Um einen flüchtigen Blick zu erhaschen. „Befinde ich mich an dem Ort, an dem ich einen Einblick bekommen kann in meinen Ursprung? Ich würde gerne sehen, woher ich komme. Das würde ich gerne." „Das kannst du, wenn du das möchtest." Oh, ich möchte das sehr gerne. – Sie nehmen mich beim Arm, aber sie lachen, weil das nicht wirklich Arme sind. Ich brauche etwas Hilfe, sage ich ihnen. Ich sprach vorher mit ihnen. Ich sagte: „Wenn es möglich ist, würde ich gerne dorthin gehen, wo mein Zuhause ist."

D: *Was zeigen sie dir?*

T: Es ist hell. Da ist ein großes Gebäude zu meiner Linken. Es ist weiß und hell, aber ich glaube nicht, dass das mein Zuhause ist.

D: *Wie sieht das Gebäude sonst noch aus?*

T: Riesige, helle Säule auf weißen, großen, langen Stufen. Die Leute hier winken mir alle. Es sieht so aus, wie ich mir die Halle der Aufzeichnungen immer vorgestellt habe. Und man *denkt* sich einfach jegliches Buch herbei. Aber es sind nicht wirklich Bücher, oder?

D: *Wo befinden sich die Bücher?*

T: Überall. Weit oben und unten, und mit einem Gedanken kannst du die Informationen erhalten.

D: *Welches Buch möchtest du dir anschauen? (Pause) Welches zieht dich an?*

T: Das, von dem ich am meisten lernen würde. Ich würde wirklich gerne erfahren, wo ich herkomme.

D: *Frage sie, welches der Bücher diese Informationen enthält.*

T: Es befindet sich ganz weit oben und es kommt nun herunter … es liegt jetzt auf dem Tisch. Ich bitte es, die für mich perfekte Seite aufzuschlagen.

D: *Was siehst du, wenn sich das Buch öffnet?*

T: Ich weiß nicht, ob ich wirklich etwas sehe. Ich spüre Frieden und Liebe. Ich glaube, das ist ein Ort, an dem wir keine Gestalt haben und einfach hören, ohne etwas zu sehen. Ich spüre einfach die Energie. Und ich höre die ganze Zeit, dass ich gesehen habe, was ich erleben sollte. Das andere ist nicht so wichtig, sondern nur Neugier. – Aber es wäre trotzdem schön, das zu sehen, da wir nun schon mal hier sind. Es wäre unglaublich, das sehen zu können. (Sie bettelte fast.) Es zu sehen ... weil ich es möchte. (Eine kindliche Stimme.) Kann ich es sehen, statt es zu spüren? Sie sagen, dass ich tun kann, was auch immer ich tun möchte. Bin ich bereit? Sie machen nur Spaß. „Wenn du bereit sein möchtest." Das bin ich. Ich habe das Bedürfnis, es zu sehen. „Es ist viel größer, als du wahrnehmen kannst." Oh, kann ich es deswegen nicht sehen? Ist es viel größer, als ich es wahrnehmen kann? Aber ich würde es wirklich gerne wahrnehmen.

D: *Vielleicht ist das alles, was du zu diesem Zeitpunkt verarbeiten kannst?*

T: Ist das alles, was ich zu diesem Zeitpunkt verarbeiten kann?

D: *Was sagen sie?*

T: Hier drüben. An diesem schönen Gebäude. Da sehe ich mich, wie ich die Seiten dieses Buches umschlage. Wenn ich die Seite umschlage, geschieht es alles. Ich kann es sehen. Ich schwebe hinauf. (Flüstert) Ich sehe eine pulsierende, weiße Lebensform, die sich ausdehnt und zusammenzieht, ausdehnt und zusammenzieht ... wie ein kollektiver Organismus. Vielleicht sind das alle wir, alle von uns, alle kollektiv in diesem riesigen, großen Körper. Es ist gigantisch.

D: *Vielleicht ist das der Grund, warum es nicht so leicht für uns ist, das zu verstehen.*

T: Ja, vielleicht.

D: *Hilft dir das, es zu verstehen?*

T: Ja, vielleicht das nächste Mal.

D: *Sie sind sehr rücksichtsvoll. Und sie wollen dir nicht mehr zumuten, als du verarbeiten kannst.*

T: Nun sehe ich viele hell-leuchtende lila Wirbel. Ich weiß nicht, was das bedeutet.

D: *Das ist okay. Trina kann sich damit beschäftigen. (Ja) Nun gut. Frag sie: „Sollen wir das SC einrufen, um Informationen zu erhalten, oder können sie unsere Fragen beantworten?"*

T: Können wir euch fragen? Sie sagen: „Sicher."

D: *Sie haben Antworten. Aber wollen sie, dass wir den anderen Teil auch einrufen?*

T: Sie sagen, je mehr, desto besser. – Sie sind die Wächter.

D: *Wer sind die Wächter?*

T: Sie sind sie Wächter des Wissens.

Ich dankte ihnen für die Auskunft und die Hilfe, die sie uns bereits gegeben hatten. Allerdings wusste ich, dass sie in ihrer Fähigkeit, unser Fragen beantworten zu können, begrenzt sein würden. Wir würden mehr vom SC bekommen. Also rief ich es ein und fragte, warum es Trina das Leben gezeigt hatten.

T: Sie hat diese Frage bereits beantwortet. Um sie daran zu erinnern, wie sie ihre Antworten erhalten kann. Wann immer sie denkt, dass das Leben anstrengend ist, soll sie sich die Zeit und den Raum nehmen, um sich mit uns zu verbinden. So, wie sie es in dem anderen Leben getan hat.

Nichts, was einmal gelernt worden ist, geht jemals verloren. Es wird im Unterbewusstsein gespeichert wie in einem Computer und kann an die Oberfläche geholt werden, wenn es für das aktuelle Leben relevant ist. In Trinas Fall ging es um die Erinnerung an die Art und Weise, wie sie in dem anderen Leben mit Heilpflanzen gearbeitet und geheilt hatte, und dass sie dieses Wissen im aktuellen benutzen sollte. „Sie wird wahrscheinlich mehr in Richtung der energetischen Medizin und der Einnahme der Heilkräuter tendieren, um die wirklich praktikablen Quellen zu finden."

Auch wurde ihr ihre Bestimmung gegeben: ein Instrument des Friedens und der Freude zu sein. Sie ist ein informeller Agent des Wandels. In jeglicher Art von Zusammenkunft mit gutem Beispiel vorangehen. Jeden Morgen nach dem Aufwachen zu meditieren, um sicherzustellen, dass sie verbunden und ausgeglichen ist. „Wenn sie Fragen stellt, wird die erste Antwort, die sie erhält, von uns kommen. Sie wird kaum die Frage stellen können, bevor sie bereits die Antwort hört."

Sie hatte eine Frage bezüglich eines Ereignisses, dass sich ein paar Monate zuvor zugetragen hatte. Sie hatte damals gedacht, dass sie einen Schlaganfall erlitt, und die Menschen, die zu dem Zeitpunkt bei ihr gewesen waren, hatten das auch gedacht. Das SC sagte jedoch, dass es keiner gewesen war, sondern einfach ein Anpassen der Frequenzen und Schwingungen im Zuge des auf der Erde stattfindenden energetischen Wandels.

Als wir über Trinas körperliche Leiden sprachen, sagte das SC außerdem, dass es gut für sie wäre, Calcium zu sich zu nehmen. Hier bestand eine Verbindung zu den zermahlenen Muscheln, die sie in dem anderen Leben ihrem Essen zugefügt hatte. Diese bestanden aus Calciumlactat. Sie sagten, es wäre auch im aktuellen Leben gut für sie in der Form von Calcium.

Kapitel 5

VERSTECKTE
INFORMATIONEN

Joanne war eine weitere Frau, die mit ihrem Beruf unzufrieden war. Sie arbeitete erfolgreich mit Immobilien, fühlte sich aber unerfüllt. Sie schrieb nebenher Lieder und war daran interessiert, Heilkunst zu erlernen.

Ich habe viele, viele Fälle von vergangenen Leben erlebt, bei denen Klienten in ignoranten und sehr abergläubigen Gesellschaften gelandet sind. Die Personen besaßen mentale Fähigkeiten, die heutzutage als normal angesehen werden, damals jedoch mit großem Misstrauen beäugt worden waren. Jedes Dorf hatte seine „alte Frau"; jemanden, der Wissen über Kräuter, Öle und das Mischen von Heiltränken besaß. Dieses Wissen war an sie weitergegeben worden, und obwohl sie es oft für Gutes benutzten, wurden sie als anders und somit als Bedrohung angesehen. Sie wurden verfolgt oder getötet.

Ich habe unzählige Sitzungen erlebt, in denen Klienten auf dem Scheiterhaufen verbrannt, gehängt oder auf andere schreckliche Art und Weise hingerichtet wurden. Vielleicht ist das etwas, das jeder von uns einmal erleiden muss, um auf seelischer Ebene zu wachsen und sich weiterzuentwickeln. Diese verborgene Erinnerung wird oft in Form einer unbewussten Angst vor dem Entwickeln der Fähigkeiten in das aktuelle Leben übernommen, da möglicherweise das gleich wieder passieren könnte. Diese Angst führt oft dazu, dass Menschen körperliche Symptome und Krankheiten entwickeln, obwohl sie sich der Ursache dafür nicht bewusst sind. Wir wissen, dass es in unserer heutigen Zeit sehr unwahrscheinlich ist, dass jemand für seine Glaubenssätze verletzt oder getötet wird. Nichtsdestotrotz sagte in einem solchen Fall einmal das SC: „Das stimmt, aber sie können mit Worten verletzt werden."

Im Fall von Joanne gab es tatsächlich etwas zu befürchten, weil sie anders war. Sie erfüllte definitiv nicht die Vorstellung davon, was in ihrer Zeitperiode als akzeptabel angesehen wurde. Sie war Teil einer Gruppe, die ich im Zuge meiner Arbeit entdeckt habe und die „Sammler" nenne. Sie reisen durch die Galaxien und suchen nach Informationen, die sie aufzeichnen können. Oft erschaffen sie Körper, um sich anzupassen. Obwohl sie sanft und zurückhaltend agieren und niemandem Schaden zufügen, wird ihnen oft mit Angst und Misstrauen begegnet.

* * *

Als Joanne von der Wolke kam, fand sie sich in einer kleinen Stadt wieder, die von ihrer Beschreibung her zu Beginn des 18. Jahrhunderts einzuordnen war. Sie hörte Glocken läuten. Viele Menschen hatten sich um den Glockenturm im Stadtzentrum versammelt. Wenn die Glocken geläutet wurden, bedeutete das, dass jeder zum Turm kommen sollte, weil etwas wichtiges passierte. Ein Priester war dabei, etwas von einer Schriftrolle vorzulesen. Sie konnte nicht hören, was er vorlas, wusste allerdings, dass es eine Art Verkündung war. „Ich glaube, er spricht über Sünde, über Menschen, die sündigen. Er sagt den Menschen, dass sie sich der Sünde gegenüber der Kirche bewusst sein sollen."

D: Es wird klarer werden. Wie denkst du über die Verkündung?
J: Es macht mir Angst.
D: Warum macht es dir Angst?
J: Weil es nicht wahr ist. Es gibt keine Menschen, die gegen die Kirche sündigen.

Ich bat sie, sich selbst zu betrachten. Sie war ein junges Mädchen mit langen Haaren in grauer Kleidung. Sie bemerkte, dass sie Fußschellen trug, und bekam Angst, als sie sah, dass ihre Hände hinter dem Rücken gefesselt waren.

D: Ich verstehe, warum du Angst hast. Warum bist du gefesselt?

J: Damit sie über mich lachen können. Es ist eine Verhöhnung.

Die Verkündung fand also ihretwegen statt. „Sie sagen, ich hätte gegen die Kirche gesündigt. Ich verstehe aber nicht, was sie meinen. Ich habe einfach die Wahrheit gesagt. Dass wir alle Gott sind."

D: *Wem hast du das gesagt?*
J: Jedem, der zugehört hat.
D: *Und sie dachten, das war falsch?* (Ja) *Was geschah dann?*
J: Ich weiß es nicht wirklich. Es ist viel zu verwirrend. Ich dachte, ich könnte diesen Leuten trauen. Aber sie haben mich hintergangen.

Ich versuchte herauszufinden, was passiert war. Sie erzählte, dass sie keine Familie in der Stadt hatte. Sie lebte noch nicht einmal dort. Also bat ich sie, in der Zeit zurück zu gehen, um herauszufinden, was sie zu diesem Punkt gebracht hatte. Sie sah, dass sie in einer Hütte außerhalb der Stadt wohnte, in einem Gebiet mit wunderschönen Bergen und Tälern. Dort gab es ein kleines Dorf mit ähnlichen Hütten, in dem verschiedene Gruppen lebten. Diese Gruppen waren eng miteinander verbunden und fühlten sich in an diesem isolierten Ort sicher und geschützt. Ich fragte, was ihre Gruppe tat. „Wir untersuchen und beobachten. Wissenschaft. Es ist eine Wissenschaft, die man nicht sehen kann, aber wir zeichnen sie auf. Wir schreiben sie nieder und verstecken dann die Auszeichnungen."

Ich wusste, dass in dieser Zeitperiode nur wenige Menschen lesen oder schreiben konnten - vor allem Frauen, denen es normalerweise nicht erlaubt war, das zu lernen. „Kannst du lesen und schreiben?"

J: Wir zeichnen Bilder.
D: *Sagtest du nicht, dass es eine Wissenschaft ist, die man nicht sehen kann?* (Ja) *Erzähl mir davon. Wir erhaltet ihr die Informationen?*
J: In unserem Geiste. Wir sehen weiter als die Sterne und zeichnen Bilder davon.
D: *Macht die ganze Gruppe das gemeinsam?*

J: Nein. Es gibt einen Lehrer. Jeder ist für sich, aber wir sind alle zusammen. Ein Lehrer beginnt und dann können wir es alle. Und wir kommen weiter, als irgendjemand sehen kann. Wir erhalten Bilder und diese zeichnen wir dann.

D: *Wie macht ihr das?*

J: Es ist wie ein Lichtstrahl in der Mitte deines Kopfes. Wir scannen. Er kommt aus der Mitte der Stirn des Lehrers. (Sie zeigte auf ihr drittes Auge.) Und es schießt heraus. Und dann können wir es alle. Wir können auch einen Lichtstrahl aussenden, aber er ist der erste. Wir sind nicht so stark wie er. Sein Strahl ist viel heller als unserer.

D: *Und dann projiziert er ihn?*

J: Vielleicht ist es das, was er tut. Er beginnt. Er projiziert den Strahl auf uns, während er uns unterrichtet. Und dann gehen wir damit weiter, weiter als er. Sehr, sehr stark. Wir erhalten Informationen und wir zeichnen Bilder.

D: *Woher kommt die Information?*

J: Von weit, weit, weit hinter den Sternen. Ich glaube, es ist eine bestimmte Galaxie.

D: *Also erhaltet ihr die Informationen immer vom gleichen Ort. Und dann zeichnet ihr Bilder. Und das schreibt ihr nieder?*

J: Das tun wir. Und dann verstecken wir es.

D: *Warum denkt ihr, dass ihr es verstecken müsst?*

J: Weil es so ungewöhnlich ist. Die Menschen würden es *nicht* verstehen.

D: *Was für Informationen sind es?* (Pause) *Du kannst es mir erzählen. Mir kannst du vertrauen.*

J: Sie zeigen mir Planeten. Wir verfolgen sie. Eher mehr wie eine Station. Und sie geben uns Informationen für die Station, die wir benötigen. Deshalb müssen wir sie verstecken. Sie sind nur für die Station gedacht.

D: *Was meinst du mit „Station"?*

J: Es ist wie eine Zwischenstation. Es sind Informationen für eine bestimmte Person, für jemanden, der sie braucht, und wir müssen sie vor den anderen Leuten verstecken.

D: *Macht deine Gruppe das schon lange?* (Ja) *Wird jemand kommen, dem ihr die Informationen geben werdet?*

J: Dafür machen wir das.

D: *Ist schon mal jemand gekommen?*

J: Es wurde uns davon berichtet, aber wir haben es noch nicht selbst erlebt.

D: *Weißt du, was sie dann damit machen?*

J: Helfen. Deshalb sind wir so engagiert. Ich mache das seit meiner Kindheit.

D: *Und die gesamte Gruppe arbeitet zusammen?*

J: Ja. Es gibt keinen Unterschied zwischen den Familien. Wir leben in den Hügeln, wo wir versuchen, isoliert zu bleiben.

D: *Weißt du, woher deine Gruppe kommt?*

J: Wir wurden hier platziert, und wir sind froh, hier zu sein.

D: *Was meinst du mit „platziert"?*

J: Wir mussten auf eine gewisse Weise aussehen. Aber so sehen wir nicht wirklich aus. Also wurden wir speziell in den Hügeln platziert, um hier zu arbeiten.

D: *Du meinst, dass ihr nicht menschlich ausseht?*

J: Wir müssen so aussehen, wie wir es tun. So, wie wir aussehen, ist aber nicht unsere wahre Form. Wir müssen diese Form annehmen.

D: *Damit ihr nicht auffallt?*

J: Ja, aber wir wissen, dass wir anders sind.

D: *Wie seht ihr wirklich aus?*

J: Wir sind eigentlich nur Licht. Aber wir mussten diese Form annehmen.

D: *Euch wurde aufgetragen, hier zu bleiben?*

J: Ja, um die Arbeit zu erledigen. Um die Informationen für die Station zu erhalten.

D: *Um sie zu sammeln, bis jemand kommt und ...*

J: ... sie aufnimmt. Sie nehmen sie einfach auf. Wir zeichnen die Bilder so, wie wir können ... Es fühlt sich einfach richtig an, Bilder zu zeichnen. Die Informationen stammen aus einer bestimmten Galaxie.

D: *Was für andere Informationen müsst ihr auch noch sichern?*

J: Sie sind codiert. In Bildern.

D: *Versteht ihr, was sie bedeuten?*

J: Ja, sie sind simpel. Aber niemand anderes würde sie verstehen. Wir bekommen das sehr früh beigebracht. Sie haben mit Lebenskraft zu tun und sind Energie. Ich sehe unser Kollektiv. Was wir tun, ist so unglaublich. Trotzdem sehen wir so normal aus. Deshalb leben wir abgeschieden. Wir sind rund um die Uhr beschäftigt. Wir machen das dauernd.

D: *Müsst ihr essen oder schlafen?*

J: Ich sehe uns nicht essen. Ich sehe uns nicht schlafen. Wir benötigen keine Nahrung.

D: *Was hält euch am Leben?*

J: Energie. Lebenskraft. Es ist unglaublich. Wir haben diese Form, aber wir sind nicht diese Form.

D: *Und ihr sammelt konstant diese Informationen?*

J: Ich sehe eine umgekehrte Pyramide, eine spitze Pyramide, aber sie geht *in* die Erde *hinein*. Sie zeigen mir, wie sie zur Erde hin zeigt. Sie ist sehr scharf. Sie zeigen mir, dass dies der Ort ist, an dem wir die Informationen aufbewahren. Daten und Daten und Daten, die alle aufgehoben werden, aber sie gehen *in* die Erde *hinein*. Und wir schreiben mit unseren Fingern.

D: *Ist das der Ort, an dem du dich gerade befindest?* (Ja) *Ist diese Pyramide materiell? Fest?*

J: Sehr fest. Sie ist in die Erde gebaut. Ich kann sie in meinem Körper fühlen. Ich sehe sie in der Erde und ich kann sie zugleich in meinem Körper fühlen. In meinem gesamten Bauch und in meinem Brustkorb. Wie eine umgekehrte Pyramide. Sie bewahrt die Informationen. Sie wollen, dass ich sie fühle, damit ich weiß, dass sie existiert. Es ist ein klein wenig unangenehm, aber das ist in Ordnung.

D: *Warum befindet sie sich in deinem Körper?*

J: Ich glaube, so haben sie sie mir einfach gezeigt. Sie ist eigentlich in der Erde, aber wir haben sie alle auch in uns drinnen.

D: *Du meinst die Informationen?* (Ja, ja) *Also wurde sie nicht nur in der Erde platziert, sondern auch in dir - oder euch?*

J: Ja. Seltsam.

D: *War es deine Gruppe, die diese Pyramide in die Erde gebaut hat?*

J: Ja, wir haben sie gebaut. Es ist ein sehr, sehr physisches Objekt. Dort verstecken wir die Informationen. Wow! Es ist eine Station! Sie ist *sehr* groß.

D: *Sie enthält also eine Menge Informationen?*

J: Eine riesige Menge. Es ist ein Station. Oh, wow! – Nun kommen sie.

D: *Was siehst du?*

J: Sie landen dort. Es ist eine Station. Vielleicht ist es eine Station in der Erde, und wir sind darüber und versuchen den Eindruck zu erwecken, dass dort nichts ist.

D: *Ihr versucht, sie zu verstecken?*

J: Ja, ja. Wir wirken so primitiv, arm und ungebildet. Aber das ist der Ort, an dem sich die Station befindet. Die Station ist die

Pyramide. Sie können hineingelangen und wir können sie sehen, aber niemand anderes kann es.

D: Wie sieht es aus, wenn sie landen?

J: Wie Lichtstrahlen, flache Strahlen, horizontale Lichtstrahlen. Es wirkt so seltsam, dass sie bei uns landen. So, wie wir aussehen …

D: Kommen sie in einer Art Raumschiff?

J: Ja, sie landen definitiv in einer Art Schiff. Ich sehe sie alle, und dann verschwinden sie. Oh, wow!

D: Du sagtest, normale Menschen könnten sie nicht sehen.

J: Nein. Nur wir alle. Es ist eine Station, zu der sie kommen, um die Informationen einzusammeln, die wir für sie verwahrt haben. Sie kommen zu uns und tauschen Informationen aus.

D: Wenn sie kommen, begeben sie sich in diese Pyramide?

J: Ja, sie gehen hinein, aber ich weiß nicht, wie sie das machen. Wir warten auf sie. Sie kommen, wann immer sie müssen, und holen sich die Informationen.

D: Wie leitet ihr die Informationen in diese große Pyramide?

J: Mit unserem Geiste. Er gibt uns das Licht und dann gehen wir weiter weg und erhalten die Informationen. Ich weiß nicht genau, wie wir sie hineinleiten. Ich glaube, es passiert einfach. Es passiert einfach.

D: Was ist mit denen, die mit dem Schiff kommen?

J: Ich bin mir nicht sicher, wer sie sind. Wir müssen diese Form annehmen, um hier zu leben, und das verwirrt uns im Hinblick darauf, wer wir sind. Es ist wirklich sehr verwirrend.

D: Kannst du erkennen, wie die Wesen aussehen, die mit dem Schiff kommen?

J: Ich weiß es nicht. Sie bestehen aus wirklich guter Energie. Wir wissen, wer sie sind, aber wir machen uns keine Gedanken darüber, wie sie aussehen.

D: Dir wurde also aufgetragen, hierher zu kommen, hier zu leben und diese Gestalt anzunehmen?

J: Ja, wir mussten es.

D: Wer hat euch diesen Auftrag gegeben?

J: Wir haben uns einfach zur Verfügung gestellt. Aber es ist seltsam, hier zu sein. Es ist einfach unser Job, und wir wissen nicht, warum. Wir haben einfach gesagt, dass wir es tun würden, dass wir wissen, wie man es macht, und dass wir es gerne tun würden. Wir wussten wahrscheinlich, dass die Station einfach unsere Energie benötigen würde. Es ist einfach nur so anders. Wir wissen nicht, warum wir diese Körper haben. (Lacht) Wir sehen so lustig aus.

D: *Ansonsten würden die Menschen wahrscheinlich Angst vor euch haben.*

J: Ja, genau. Das ist passiert.

D: *Gut. Lass uns herausfinden, was passiert ist. Wie bist du in der Stadt gelandet?*

J: Ich war ein wenig zu neugierig. Ich konnte nicht damit aufhören, die Leute zu beobachten. Als ich hingekommen bin, war ich anders, aber auch gleich. Ich habe mich nicht wie sie benommen, aber ich versuchte, mit ihnen zu sprechen.

D: *Waren schon andere von deiner Gruppe in der Stadt gewesen?*

J: Nein, sie wussten es besser. Ich war einfach neugierig. Ich habe versucht, die Wahrheit zu erzählen, und es machte für sie alle keinen Sinn. Aber es war so einfach für mich, ihnen die Wahrheit zu erzählen.

D: *Ich nehme an, es ist einfach nicht* ihre *Wahrheit.*

J: Absolut nicht. Und dabei ist sie so einfach. Ich wollte ihnen nicht von der Station oder all dem erzählen. Absolut nicht. Ich war einfach neugierig. Sie waren so lustig. Ich wollte einfach mehr über sie herausfinden. Ich glaube, der Junge, mit dem ich befreundet war, hat seinen Eltern davon erzählt. Ich habe ihn wirklich gemocht, er war so niedlich und lustig. Dann bekam er Angst, weil er dachte, er würde Ärger bekommen. Ich war sehr arm, aber ich brauchte auch nichts. Und er hat einfach nicht verstanden, warum ich nichts brauchte. Deshalb hat er mich verraten.

D: *Du sagtest vorhin, dass du den Leuten nur von Gott erzählt hast, oder?*

J: Ja, dass wir alle Gott sind. Und sie erwiderten: „Neeeeein!" Und dann kamen sie alle zusammen. Sie wollten mich … loswerden – was auch immer dieses Wort bedeutet. (Lacht) Sie fingen mich ein und steckten mich ins Gefängnis. Es gab nichts, was meine Gruppe dagegen tun konnte. Sie wussten, dass alles, was passieren würde, passieren musste. Diese Leute denken, dass ich verrückt bin. Ich weiß nicht, was der Junge seinen Eltern erzählt hat. Es war wohl besser, mich loszuwerden, weil das, was ich sagte, die Leute nur aufschrecken würde. Es ist besser für sie, wenn niemand diese Informationen hat. Deshalb tun sie das. Sie haben mich einfach komplett als eine arme, verrückte Person dargestellt.

Sie haben noch niemals eine Person gesehen, die kein Essen brauchte. Sie hatten Angst. Ich hatte etwas mehr Licht als sie und das war schwer zu verstecken. Weißt du, was ich meine? Ich wollte es aber nicht verbergen.

In einigen Geschichten in meinen anderen Büchern hatten auch andere Wesen dieser Art ein Licht oder ein Leuchten, das von ihnen ausging und nur schwer zu verbergen war. Vielleicht war es das, worauf sie sich bezog.

D: Deshalb also das Glockenläuten und die Verkündung? (Ja, ja) *Was werden sie nun tun?*

J: Ich weiß es nicht, aber ich kann sehen, wie meine Gruppe alles beobachtet. Ha! Ich weiß, was sie denken: „Du hörst einfach nicht auf uns."

D: Was passiert dann? Du kannst vorspulen und sehen, was sie mit dir machen.

J: Nun ja, es ist nicht mehr viel von mir übrig! Erst war ich noch da und eine Minute später war da nicht mehr viel von mir. Sie haben mich ziemlich schnell abgefackelt.

D: Warst du deshalb gefesselt und in Ketten?

J: Ja. Sie verbrannten mich sehr, sehr schnell. Da waren auch Leute, die sehr traurig waren und mich nicht tot sehen wollten. Daher haben sie es sehr schnell getan. Es geschah auf den Glockenschlag. Sie wollten mich loswerden, weil sie Angst vor mir hatten. Ich machte keinen Sinn. Das habe ich nie. Meine Gruppe sagte einfach nur: „Was soll's!" (Lacht)

D: Sie konnten nichts tun, um es zu verhindern? Haben sie das überhaupt versucht?

J: Nein, das konnten sie nicht. Es war einfach ein Teil von etwas Größerem, daher konnten sie nichts tun. Sie hatten nicht das Recht, den Lauf der Dinge zu verändern. Deshalb ist nicht mehr viel vom Körper übrig. Traurig. (Kichert.) Ich hatte den Körper bereits verlassen, bevor er brannte. Ich stand da beim Priester und beobachtete alles. Ich stand bei ihm und sagte ihm, dass er mir leid tat. Es war traurig. Ich hatte wirklich Mitleid mit ihm.

D: Ich nehme an, er tat einfach, was er für richtig erachtete.

J: Vielleicht. Ich hatte Mitleid mit ihm. Ich glaube, er war einfach eine Marionette. Ich glaube, mein Geist berührte seinen Geist ein wenig. Und ich glaube, er spürte das und es tat ihm leid.

Es ist tatsächlich einfach wie ein Geist zum anderen, verstehst du? Einige können es fühlen, andere nicht.

D: Einige sind also nicht bereit dafür.

J: Genau. Es ist zu unterschiedlich. Und wenn du das sagst, fühle ich die umgekehrte Pyramide in meinem Bauch. Das ist echt seltsam.

D: Als ob du die Informationen in dir trägst?

J: Ja, ja, ja. Es ist wie ein Code. Aber es befindet sich auch hier auf der Erde!

D: Es war ein physischer Ort? (Ja) *Aber du konntest es mit dir tragen; sogar noch, nachdem du gestorben warst und den Körper verlassen hattest?*

J: Ja. Es verschwindet nicht.

D: Hast du es mit deinem Geist getragen? Mit deiner Seele?

J: Ich weiß es nicht.

D: Nun gut. Was geschah, nachdem du den Körper verlassen hast?

J: Wohin bin ich gegangen? (Lacht) Lass mich nachdenken. Nicht zurück zur Gruppe. Ich konnte nicht zurückkehren. Ich musste weitergehen. Ich sehe mich selbst wie ein Lichtstrahl. Ich glaube, ich musste zurück zu dieser Galaxie. Es war mir bestimmt, das zu tun. Daher glaube ich wirklich, dass meine Aufgabe einfach zu Ende war.

D: Du hast versucht, etwas zu verändern.

J: Genau. Und das habe ich. Das habe ich. Es hat da keine Rolle gespielt, dass ich gestorben bin. Das war der Plan. Ich muss das irgendwie gewusst haben. Nichtsdestotrotz war es kein Vergnügen. Und ich sehe den kleinen Jungen, der mich verraten hatte. Er ist so süß. Und er ist verschreckt. Er hätte nie gedacht, dass so etwas passieren würde.

D: Was für eine Gestalt hast du, wenn du dich auf den Weg zu der Galaxie machst?

J: Nicht viel. Einfach Licht. Ich ziehe an einen anderen Ort. In eine andere Zeit. Sie geben mir Missionen. Da ist ein Ort, an dem man sich ausruht. Es ist unglaublich. Und die Missionen sind lustig, weil sie so kurz sind. Man ruht sich aus und dann geht es weiter zur nächsten Mission. Sie sind so kurz, dass man sich darüber nur amüsieren kann. Man erfüllt eine und kommt zurück. Und das kann überall sein. Ich weiß nicht, warum die letzte so war, wie sie war, aber so war es einfach.

D: Und dann sagen sie dir, dass du woanders hingehst?

J: Ja, und dann geht man dorthin. Das macht man einfach! Von Ort zu Ort gehen. Versuchen, mehr zu lernen und zu helfen.

D: *Gut. Dann lass uns nun diese Szene verlassen. Lass uns das Wesen zurücklassen, damit sie ihren Weg weitergehen kann.*

J: Kein nettes Bild. Das arme Mädchen einfach so angebunden zurückzulassen.

D: *Nun ja, wir müssen sie nicht angebunden zurücklassen. Du bist der Teil, der den Körper verlassen hat, weil er verbrannt wurde, oder?*

J: Ja, genau. Es ist nur einfach kein schöner Anblick.

D: *Du musst es dir nicht anschauen. Wir lassen einfach den Teil von dir, der den Körper verlassen hat, seinen Weg weitergehen, weil* das *ein angenehmes Erlebnis war.*

Ich brachte Joanne wieder zurück in ihren Körper und rief das SC hervor, um herauszufinden, warum es ihr dieses Leben gezeigt hatte.

J: Sie musste erfahren, welche Informationen sie mit sich trägt, da sie diese vergessen hat. Sie weiß es eigentlich, aber sie hatte es vergessen. Und sie will sie immer niederschreiben, nimmt sich aber nie die Zeit dafür.

D: *Die Informationen, die sich in der Pyramide befanden?*

J: Ja. Sie sind codiert. Sie sind schon vorbereitet. Sie muss sie nur niederschreiben.

D: *Würde sie das Material verstehen, wenn sie es schreibt?*

J: Oh, ja. Wenn es hier auf der Erde in Form ausgedrückt wird, sieht es sehr schön aus. Sie wird es vielleicht nicht wissen, während sie es schreibt, aber nachdem sie es geschrieben hat, wird sie es wissen. Sie wird es verstehen, aber sie hat noch Angst. Die Informationen bringen sie in eine unangenehme Lage.

D: *Hat sie die Information bereits erhalten?*

J: Oh, ja. Als sie klein war. Sie ist sich dessen nicht bewusst, aber sie hat sie bereits als Kind erhalten.

D: *Was ist damals passiert?*

J: Sie hat versucht, mit Leuten darüber zu reden, mit fast jedem. Sie konnten aber nicht damit umgehen. Sie taten alles, was sie konnten, damit sie sich lächerlich vorkam. Sie versuchte, allen davon zu erzählen, was sie sah, damit sie es auch sehen konnten.

D: Was hatte sie damals als Kind gesehen?

J: Das Magische, das Mystische, die Lichter. Sie zeigte es ihnen, aber sie konnten nicht damit umgehen.

D: Was zeigt sie ihnen?

J: Bestimmte Raumschiffe, die hinter dem Haus landeten.

D: Konnten die anderen sie auch sehen?

J: Vielleicht dachte ich nur, dass sie das konnten, und dabei konnten sie es gar nicht. Sie verstanden es nicht. Das macht mich sehr … Ich weiß nicht. Da war viel Druck.

D: Die Leute wollten, dass Joanne damit aufhörte?

J: Oh, ja, ja, ja. Ich musste damit aufhören. Sie strengten sich sehr an, mich zum Schweigen zu bringen. Ich weiß gar nicht, wohin ich verschwunden bin. Ich war gar nicht mehr da. Ich bin einfach gegangen, weil … Ich überließ es Joanne. Ich bin gegangen, weil es einfach zu schwer war.

Das klang, als ob sich ein Stück von Joannes Persönlichkeit abgespalten hatte. Wenn ein Teil etwas tut, dessen sich der verbleibende Hauptteil nicht bewusst ist, bezeichnen Psychiater dieses Phänomen als „Persönlichkeitsspaltung". Falls das bei Joanne geschehen war, schien jedenfalls kein dauerhafter Schaden an ihrer Persönlichkeit entstanden zu sein. (Für mehr Informationen bezüglich der Zusammensetzung der Seele aus vielen verschiedenen Splittern, die alle ihre eigene Lebenserfahrungen machen, verweise ich auf meine Bücherserie *Convoluted Universe*.)

D: Joanne fand also heraus, dass es sich nicht lohnte, darüber zu sprechen. Ihr möchtet nun, dass sie die Informationen trotzdem zum Ausdruck bringt?

J: Ja, sie hat sie! Und sie weiß das. Sie hält sich nur selbst so beschäftigt, damit sie keine Zeit dafür findet.

D: Sie sagte, dass sie die umgedrehte Pyramide in ihrem Bauch spüren konnte? (Ja) Was ist das?

J: Statt einer Pyramide ist es mehr wie ein sich rapide drehender Kegel.

D: Stammt das aus dem Leben, das wir gesehen haben?

J: Für sie ist es schon immer dort gewesen. Und es enthält wunderbare Informationen.

D: Wann wurde das in sie eingesetzt?

J: Es ist seltsam. Ich kann es gerade fühlen. Ich glaube, sie kam bereits damit.

D: *Du glaubst, sie wurde damit geboren?*

J: Ich denke, ja.

D: *Aber im aktuellen Leben ist es schwierig ...*

J: Sehr! Unmöglich. Niemand will das wirklich hören. Es ist zu gut. Verstehst du? Es ist zu schön. Menschen wollen das Schlechte.

D: *Vielleicht kommt bald eine Zeit, in der wir das Gute hören.*

J: Es sollte bald so sein. Ich warte darauf. (Lacht)

D: *Woher kam die Gruppe, zu der sie in dem Leben gehörte?*

J: Sie kamen definitiv bereits als Gruppe. Wir alle hatten zugestimmt. Man konnte aber nicht einfach so kommen, wie man war. Man musste sich anpassen. Wir hatten dort allerdings nicht wirklich hingepasst. Ich habe keine Ahnung, was wir genau dort gemacht haben. Warum sie diesen Ort ausgesucht hatten. Aus irgendeinem Grund war es jedoch wichtig, an genau dieser Stelle des Planeten dieses Gebilde zu bauen und dann das Wissen dort hineinzuleiten. Es musste an dieser Stelle sein. Deshalb mussten wir so aussehen wie die anderen Leute. Für den Fall, dass sie uns finden. Was sie letztendlich auch taten.

D: *Die gesamte Gruppe?*

J: Oh, ja. Und das war keine schöne Geschichte. Aber es spielt keine Rolle mehr, weil sie alle verschwunden sind. Nachdem die Leute im Dorf das Mädchen verbrannt hatten, wollten sie herausfinden, woher sie gekommen war. Glücklicherweise hatte meine Gruppe alles vergraben. Sie wussten, dass das geschehen würde. Das war immer das Risiko gewesen. Das war der Auftrag und das war das Risiko. So war es einfach. Ich glaube, alle sind verbrannt worden.

D: *Sind die Informationen noch immer dort vergraben?*

J: Oh, ja. Das sind sie. Warum sagen sie immer wieder Frankreich? Frankreich. Gibt es Hügel in Frankreich? Ich weiß es nicht. Vielleicht ist es dort. Ja, ich fühle, dass es dort ist.

D: *Die Informationen sind noch immer dort vergraben?* (Ja, ja) *Könnten Menschen sie dort finden?*

J: Wenn es so bestimmt ist, ja.

D: *Ich frage mich, ob es tatsächlich physisch ist.*

J: Oder ätherisch.

D: So dass man es finden und lesen könnte.

J: Ich weiß nicht, ob die Menschen *dieser* Erde es finden könnten. Es sei denn, etwas verändert sich hier. (Lacht) Denk daran, dass es eine Station ist.

D: Vielleicht war es auch nie für Menschen gedacht.

J: Das war es - und auch nicht. Das ist es - und auch nicht. Es ist ein Energieort, der dort sein musste. Es ist ein Ort, an dem sie Energie hineinleiten wollten. Es musste an genau dieser Stelle in der Erde sein. Ob sie es finden, spielt also keine Rolle. Es ist einfach Energie, die sich dort befinden muss zum Stabilisieren. Aus irgendeinem Grund war die Erde sehr wichtig. Und ist es immer noch.

D: Joanne arbeitet auch viel mit Energie.

J: Ja. Manchmal weiß sie gar nicht, was sie leistet. Es sind Codes! Sie *weiß* es! Sie vergisst es nur. Sie arbeitet mit Codes, Nummern und Sequenzen. Das ist es, was sie tut. Sie reicht dafür bis in andere Galaxien hinein. Viele depressive Menschen kommen zu ihr für Hilfe.

D: Sie weiß nicht, woher die Energie stammt, oder? (Nein) *Sie holt diese Zahlenreihen und Codes also von woanders her?*

J: Ja, und aus sich selbst. Sie hat die Codes. Ich möchte, dass sie sich dessen bewusst ist. Und dann zeigen wir ihr, was damit zu tun ist. Sie muss sich bewusst machen, dass alles da ist. Sie weiß auch eigentlich, dass es da ist. Und sie wird wissen, was sie damit machen soll. Aber sie war sich dessen bis heute nicht bewusst. Ehre es, schätze es und habe keine Angst davor.

D: Ihr möchtet, dass es zurück in ihre bewusste Erinnerung kommt? (Ja, ja, ja) *Wirst du ihr dabei helfen?*

J: Ja. Ich habe schon lange versucht, ihr zu helfen. Die Zeit ist nun reif! Es ist fast so, als ob man Braille liest. Verstehst du? Sie muss es nur durch ihre Augen in ihre Hände fließen lassen. Wir werden es ihr wie Braille zeigen. Es geht in die Augen, durch das Gehirn und dann über ihre Hände und ihren Mund hinaus. Sie wird es zunächst nicht verstehen, aber sie wird damit anfangen. Es kommt auch durch ihre Musik. Sie hat da aber noch Angst davor, es auszudrücken. Zugegeben, sie ist auch schon einmal dafür gestorben ... (Lacht) Es ist daher schwer für sie. Sie hatte sich viele Male entschieden, dafür zu sterben. Das ist ihr Abenteuer gewesen.

D: Aber im aktuellen Leben wird sie nicht dafür sterben.

J: Nein, diesmal nicht. Sie muss nur einfach ein wenig langsamer machen, sich die Zeit nehmen und sich bewusst machen, dass alles da ist. Sie muss es sehen. Sie muss wissen, dass sie diesmal nicht die Vereinbarung getroffen hat, mit ihrem Leben zu bezahlen. Obwohl sie keine Angst vor dem Sterben hat, ist es trotzdem kein angenehmes Erlebnis. Sie hat das schon zu oft getan. Manchmal bringt man jemanden dazu, etwas zu oft zu erleben. Ich fürchte, das haben wir mit ihr getan. Man gerät dann in ein Muster. Sie muss diese umgedrehte Pyramide in sich spüren. Erinnere dich, erinnere dich daran, wo du herkommst. Erinnere dich daran, warum du hier bist. Erledige deine Aufgabe. Es ist so, als ob man einen kleinen Knopf drückt, einen kleinen Schalter umlegt. Schalte ihn an. Schalte ihn an. Du hast es vergessen. Warum ist das hier? Schalte es in deinem Kopf an. Vergiss nicht, was im Inneren ist. Vergiss nicht, warum du hergekommen bist. Und genieße es! Diese ist die beste Inkarnation dafür. Du musst diesmal nicht den Preis bezahlen. Das hast du bereits andere Male. Also genieße es. Teile es. Diesmal musst du nicht dafür sterben.

Kapitel 6

HIMMELSBROT

Nicole hatte viele Jahre lang als Krankenschwester in einer großen Klinik gearbeitet und es war sehr erfüllend für sie gewesen, kranken Menschen helfen zu können. Trotzdem fühlte sie sich unwohl; als ob es noch mehr gab, das sie mit ihrem Leben anfangen sollte.

Als Nicole von der Wolke kam, konnte sie nur ruhiges Wasser um sich herum sehen. Das kann gewöhnlich mehreres bedeuten. Die Person kann sich in einem Boot auf See befinden oder selbst eine Kreatur im Wasser sein. Ich lasse sie stets ihre eigene Geschichte erzählen. Ich habe über die Jahre herausgefunden, dass ich sie sowieso nicht beeinflussen kann. Sie beschreiben immer, was sie sehen oder erleben. In Nicoles Fall befand sie sich nicht *in* etwas, sondern trieb einfach auf der Wasseroberfläche. Ich fragte sie, wie sie ihren Körper wahrnahm. „Es ist so, als ob ich überhaupt keinen Körper habe. Ich bin nur ein Gedanke. Kein Körper, nur ein Gedanke."

D: *Fühlst du dich als Teil des Wassers oder treibst du darauf?*
N: Nur auf dem Wasser. Ich treibe darauf, weil ich mich dazu entschieden habe. Ohne Grund. Ich wollte einfach näher am Wasser sein. Es ist sehr ruhig und wohltuend. Keine Wellen, nur ein leichtes Kräuseln. Ich sehe nichts außer Wasser.
D: *Sehr friedlich. Es gibt also nichts, was du dort zu tun hast?*
N: Nein, ich muss nichts tun. Ich habe nie etwas zu tun. Nur sein. Nur erleben. Nur fühlen. Ich habe keine Ziele.
D: *Was fühlst du nun?*

N: Die Wärme. Wie warm es sich anfühlt. Ein bisschen wiege ich hin und her, wenn ich mich auf das Wasser setze. Ich kann etwas tiefer und näher ran. Ich schwebe einfach. Im Moment habe ich nichts anderes zu tun. Es ist so angenehm. Es gibt nichts zu tun. Mehr bin ich nicht, nur ein Gedanke.

D: *Denkst du, dass du irgendwohin musst?*

N: Nein, diese Idee kommt mir gar nicht. Nur genießen. Das ist es, was ich gerade hier tun soll. Die Sonne scheint warm. Es gibt nichts anderes. Einfach nur Wasser. Ich sehe einen Fisch oder zwei. Manchmal reflektiert das Sonnenlicht auf dem Wasser, dann ist es nicht so leicht, zu sehen. Einfach entspannen, sein und genießen.

Das hätte unter Umständen noch sehr lange so weitergehen können. Und obwohl Nicole die Szene sehr genoss, wies ich sie an, zu einer Szene zu wechseln, in der etwas mehr passierte. Ich wusste nicht, ob sie weiterhin ein Gedanke bleiben würde. Plötzlich verkündete sie: „Ich bin ein Mann. Ich trage Kleidung, aber sie ist ungewöhnlich, rau und hautfarben. Die trägt man normalerweise, aber sie fühlt sich für mich nicht angenehm an." Sie hatte mittellange, dunkle Haare und war jung und gesund. Ihre Schuhe waren „aus geschnürtem Leder, aber sie bieten keinen Halt. Es ist einfach lockeres Leder um meine Füße herum. Es schützt mich vor den Ästen und Felsen, aber ich tue mir trotzdem manchmal weh. Ich bevorzuge es, barfuß zu laufen, aber dann verletzt man sich die Füße." Er befand sich in einem dichten Wald und lief durch unwegsames Gelände einen Hügel hinauf. „Überall um mich herum sind Bäume. Ich liebe die Bäume. Ich habe das Gefühl, dass ich ein Jäger bin, aber ich jage nichts zum Essen. Ich gehe irgendwo hin." Er trug eine braune Ledertasche über seiner Schulter. In ihr befanden sich getrocknete Früchte und einige andere kleine Dinge. „Steine. Manche davon glänzen und einer ist komplett schwarz. Ich benutze sie, damit ich gesund bleibe und nicht krank werde. Sie schützen mich vor Dingen, die mir passieren könnten."

D: *Hat dir jemand beigebracht, wie man sie benutzt?*

N: Ja, ein älterer Mann. Er zeigte mir, wie ich die unterschiedlichen Gegenstände zu meinem Schutz und zum Schutz anderer nutzen kann. Das ist es, was ich tue. Ich bin auf dem Weg, um jemanden zu finden, dem ich dieses Wissen vermitteln kann. Ich werden ihm zeigen, wie man die Steine anwendet. So wird das Wissen weiterleben. Es wurde mir gegeben, und nun werde ich es auch weitergeben. Ich arbeite auch mit Kristallen. Glänzend und in verschiedenen Formen. Ich habe gerade keine bei mir. Und Gefühle der Nacht spielen da auch mit hinein, aber ich weiß nicht genau wie. Wie die Dunkelheit ist. Was in der Dunkelheit ist, resoniert irgendwie mit den Steinen. Ich verstehe das nicht.

D: *Du wirst dich an immer mehr erinnern können, je mehr du sprichst. Du bist wahrscheinlich an die Wälder gewöhnt. Beunruhigt es dich, dort hindurchzulaufen?*

N: Nein, es ist sehr angenehm. Ich liebe die Wälder. Ich weiß alles über sie. Es gibt nichts, wovor man Angst haben muss.

D: *Hast du auch Waffen bei dir?*

N: (Empört) Nein! Warum sollte ich?

D: *Ich dachte an Tiere.*

N: Nein, sie sind meine Freunde. Sie tun mir nichts. Genau genommen helfe ich ihnen sogar! Das tue ich! Ich helfe ihnen, wenn sie verletzt sind. Aus irgendeinem Grund haben sie keine Angst vor mir. Ich hülle sie in eine Energie, die ihnen beim Heilen hilft. Daher haben sie keine Angst vor mir. Manchmal verletzen sie sich.

D: *Also weißt du, wie man Energie überträgt? Kann man das so sagen?*

N: Ja! Das tue ich! Aber ich verwende auch die Steine. Der Mann hat mir beigebracht, wie man sie nutzt.

D: *Du lächelst. Was du tust, muss dir gefallen.*

N: Das tut es. Ich mag es sehr. Ich helfe allen. Gesundheit ist wichtig für Tiere.

Er lebte alleine. Er lebte nicht in der Nähe anderer Menschen. „Es verunreinigt. Es geht mir besser ohne viele Menschen. Viel besser."

D: *Ich dachte an den Mann, von dem du gelernt hast.*

N: Ich haben ihn oft besucht, aber er lebte auch alleine auf einem Berg.

D: *Hast du Familie?*

N: Nein. Meine Mutter lebt, wo die anderen Menschen leben, aber ich nicht. Sie leben im Dorf, aber ich habe es verlassen, damit ich lernen konnte. Andere Menschen bringen manchmal schlechte Energien mit sich. Es ist besser, wenn ich alleine bin.

Ich versuche immer, die Zeitperiode oder die Region zu bestimmen. Deshalb fragte ich nach der Art der Häuser, in denen die Menschen lebten. „Sie sind aus Stöcken gemacht. Stöcke auf den Dächern, Stöcke an den Wänden. Klein, braun, ohne Licht. Dunkel. Sie sind klamm. Ich lebe einfach draußen, wo immer ich einen Platz finde. Es ist besser, wenn ich draußen im Wald bin. Das gibt einem Energie. In den Häusern verliert man sie. Draußen bin ich unterrichtet worden. Daher ist es einfach das beste so."

D: Was machst du, wenn das Wetter schlecht ist?
N: Das ist kein Problem. Das Wetter ist unser Freund. Es kümmert mich nicht. Es macht mir nichts aus, nass zu werden.
D: Wird es nicht kalt?
N: Nein, nicht dort, wo ich bin.
D: Das klingt hervorragend. Wie ernährst du dich?
N: Immer, wenn ich Essen brauche, ist es da. Ich finde es oder es kommt einfach aus dem Nichts.
D: Das klingt wundersam.
N: Nein, es passiert einfach.
D: Was für Nahrung nimmst du zu dir?
N: Was auch immer kommt. Ich weiß nicht, was es ist. Es kommt einfach.
D: Ist es etwas, das im Wald wächst?
N: Nein, aber ich kann es essen und es ist gut. Normalerweise ist andere Nahrung da. Aber wenn ich es brauche, kommt es. Es ist weiß. Es hat keine Form. Es ist einfach ein Klumpen, aber es ist sehr gut. Es ist alles, was ich brauche. Wenn ich sehr hungrig bin, kommt noch mehr. Wenn ich nicht so hungrig bin und nur ein wenig möchte, dann kommt nur ein wenig. Und es ist einfach da. Ich muss es nur wollen und dann kommt es.

Das klang wie das mysteriöse Man, das Moses und sein Volk während ihrer Wanderung durch die Wüste ernährte. - *Mose 16:13 Und am Morgen lag der Tau um das Heer her. Und als der Tau weg war, siehe, da lag es in der Wüste rund und klein, wie der Reif auf dem Lande. Und da es die Kinder Israel sahen, sprachen sie untereinander: Das ist Man; denn sie wussten nicht, was es war. Mose aber sprach zu ihnen: Es ist das Brot, das euch der HERR zu essen gegeben hat. – 16:31 Und das Haus Israel hieß es Man. Und es war wie Koriandersamen und weiß, und hatte einen Schmack wie Semmel mit Honig.*

Als Nicole wieder wach wurde, konnte sie sich noch teilweise erinnern. Sie sagte, dass das Nahrungsmittel, das sie mit ihren Gedanken erschaffen konnte, ähnlich aussah wie ein fester Klumpen Reis. Es konnte sehr unterschiedlich schmecken, war aber sehr gut.

D: Was ist mit dem Rest der Leute im Dorf?
N: Oh, sie müssen für ihr Essen arbeiten. Sie müssen anbauen. Sie pflanzen Dinge und machen daraus Essen. Oder jemand zieht los und tötet kleine Tiere. Ich muss das nicht. Alles, was ich tun muss, ist, es zu wollen und dann ist es da. Es schmeckt so gut.
D: Ist das schon dein ganzes Leben lang so gewesen?
N: Ja, aber so war es nicht gedacht. Aus irgendeinem Grund sollte ich nicht wissen, dass ich das kann, weil niemand anderes das konnte. Außer der Mann. Er konnte es auch. Aber meiner Mutter hat das nicht gefallen. Meine Mutter hatte etwas gegen dieses Essen, weil es nicht so erzeugt wurde wie das von den Dorfbewohnern. Es war anders, und niemand anderes wollte, was ich hatte.
D: Sie wollten dafür arbeiten.
N: Sie wollten nicht unbedingt dafür arbeiten, aber sie fanden, das meins nicht okay war. Sie waren so dünn! Sie waren so dünn, weil sie so hart dafür arbeiten mussten, und ich nicht.
D: Hattest du schon immer dieses Essen? Auch, als du noch ein Kind warst?
N: Ja, ich musste nur das Verlangen haben. Das machte mich anders. Und niemand anderes konnte das. Niemand außer dem Mann. Er lebte oben auf dem Berg. Ich besuchte ihn oft. Ich denke, er war mein Vater! Ich weiß nicht, warum er nicht im Dorf lebte.
D: Sah er so aus wie die anderen?
N: Nein. Alle im Dorf waren dunkel und hatten dunkle Haare. Er hatte blonde, helle Haare. Und seine Haut war heller. Ich weiß nicht, warum er anders aussieht. Ich sehe mehr wie meine Mutter aus.
D: Er lebte alleine in den Bergen?

N: Ja, in einer Höhle mit einer Feuerstelle. Es war nett dort. Es war warm und er hatte alles, was er brauchte. Dort habe ich ihn oft besucht. Alle anderen hatten Angst vor ihm.

D: *Wussten sie von ihm?*

N: Ja. Sie wussten, wo er lebte, aber sie gingen nicht dorthin. Er hatte all dieses Wissen, aber alle hatten Angst vor ihm – außer mir. Er hätte ihnen helfen können, aber sie hatten Angst. Er brachte mir viele Dinge bei, aber nicht alles, was er wusste. Er lehrte mich, dass ich Fähigkeiten hatte. Ich wusste immer, wie man das Essen fand. Das war sehr einfach für mich. Er zeigt mir auch, wie ich gesund bleiben konnte. Und er brachte mir bei, wie es später sein würde. Später … hinter der Zeit.

D: *Was meinst du?*

N: Was passieren würde, wenn ich nicht mehr da bin. Er sagte mir, was dann sein würde.

D: *Und was sagte er dir?*

N: Es würde niemanden mehr geben, der das tun könnte, was ich kann. Es würde keine Nahrung dieser Art mehr geben, weil alle Angst haben würden und Menschen gemein zueinander sein würden. Nicht so, wie es war, als er noch da war oder ich. Ich will dann auch nicht mehr da sein. Menschen sind gemein. Sie kümmern sich nicht mehr umeinander wie meine Mutter und die Dorfbewohner. Sie machen das nicht mehr. Das ist jenseits dieser Zeit. Nachdem ich für immer gegangen bin.

D: *Was brachte er dir bei, um gesund zu bleiben?*

N: Da waren einige Steine, die Schmerzen fernhielten. Und Steine, die verletzte Stellen heilten, wenn man gefallen war oder sich wehgetan hatte. Mit ihnen verschwand das. Auch wenn dich jemand geschlagen hatte und eine Narbe zurückgeblieben war, konnte man sie so entfernen. Oder wenn du mit einem scharfen Stein geschnitten wurdest und die Haut fehlte. Damit war das wieder in Ordnung.

D: *Das ist ja wunderbar!*

N: Oh, das war es. Ich dachte das auch! Aber alle anderen hatten Angst davor.

D: *Kam der Mann ursprünglich aus dem Dorf?*

N: Nein, nein, er war nicht von dort. Ich weiß nicht, woher er gekommen war.

D: *Hat er es dir je erzählt?*

N: Das hat er. Aber es war ein Geheimnis.

D: *Darfst du es mir erzählen?*

N: Ich habe das Gefühl, dass ich das kann. Er kam von weiter her, als wir es uns jemals vorstellen könnten. Er kam von einem Stern. Er zeigte mir, von welchem. Und ich versuchte einmal, meiner Mutter davon zu erzählen, aber sie glaubte mir nicht.

D: (Lacht) *Selbstverständlich nicht.*

N: Es war seine Mission. Das ist das Wort, das er benutzte. Es war seine Lebensaufgabe, die er erfüllen musste. Er musste es tun, um Menschen zu helfen. Daher habe ich mein Verlangen, Menschen helfen zu wollen.

D: *Hat er dir erzählt, wie er von dem Stern gekommen war?*

N: Per Gedanke. Er kam per Gedanke. Er hatte nichts außer einem Gedanken. Mehr musste er nicht tun. Ich kann das noch nicht.

D: *Hat er einen Körper, den du sehen kannst?*

N: Ja, und ich mag, wie er aussieht. Er sieht sehr gut aus.

D: *Wie bekam er den Körper, wenn er nur ein Gedanke war?*

N: Er konnte das einfach. Er *kann* das. Er kann alles tun, was er möchte. Solange er an etwas denken kann, kann er es einfach machen. So, wie ich an Essen denke und es dann da ist. Aber die anderen Menschen mögen das nicht.

D: *Du sagtest, du hattest das Gefühl, er war dein Vater?*

N: Das ist er. Ich glaube, er dachte mich einfach in meine Mutter. Ich wusste nicht, dass das möglich war. Er dachte mich einfach! Aber ich war der Einzige. Er wusste, dass ich mehr wie er sein würde. Jemand musste hier sein, um sich um die Leute zu kümmern.

D: *Er übergab dir diese Aufgabe?*

N: Ja. Ich bin besonders.

D: *Wird er bleiben und helfen?*

N: Nur eine bestimmte Zeit. Er wird gehen.

D: *Nachdem du alles von ihm gelernt hast?*

N: Aus irgendeinem Grund musste er früher abreisen. Er musste weg, bevor ich alles gelernt hatte. Es war unerwartet. Er musste weg, bevor er gehen wollte. Ich weiß nicht, was der Grund dafür war. Er sagte es mir nicht. Er sagte nur, dass er gehen musste. Und ich bin traurig, weil ich wollte, dass er bleibt.

D: *Er muss der Meinung gewesen sein, dass du zumindest genug gelernt hast.*

N: So viel, wie es möglich war. Ich war nicht sehr alt. Ich hätte noch viel mehr lernen können. Ich wollte auch noch viel mehr lernen, aber er musste gehen. Er dachte nur daran, und dann war er weg. Das war alles. Er dachte einfach daran. So hat er es getan. Jeder, der das kann, muss einfach nur an etwas denken und dann ist es so.

D: *Du weißt, wie Menschen sind. Die Mehrheit weiß nicht, wie man das macht.*

N: Das liegt daran, dass sie es nicht können. Die kommen nicht von dort.

D: *Und du warst anders. Du warst nicht wie die anderen Leute.*

N: Genau, weil er mich erdacht hatte. Ich mag es, dass ich das kann. Aber es muss noch mehr wie mich geben. Ich denke, es muss noch andere geben ... Sie leben weit entfernt. Ich weiß nicht genau, wo sie leben, aber sie befinden sich jenseits des Waldes. Ich werde sie erkennen, wenn ich sie sehe. Das werde ich. Ich bewege mich ständig. Ich gehe ständig woanders hin. So bleibe ich nie lange am selben Ort. Ich muss Menschen helfen.

D: *Nehmen sie deine Hilfe an?*

N: Ja, aber die Menschen haben trotzdem Angst vor mir, weil sie nicht wissen, wie ich ihnen geholfen habe. Deshalb bleibe ich nie lange am selben Ort. Ich ziehe ständig weiter. Ich muss immer woanders hin. Ich kann nicht bleiben.

D: *Woher weißt du, wenn dich jemand braucht? Kontaktieren sie dich, oder wie?*

N: Ich weiß es einfach. Ich weiß auch, wann es Zeit ist, zu gehen, und dann ziehe ich einfach weiter. Und es gibt immer jemanden, der mich braucht. Aber ich bleibe nirgendwo. Das ist in Ordnung, weil ich die Wälder mag. Dort bin ich versorgt und es ist einfach für mich. Ich muss nichts tun. Ich kümmere mich einfach um die Leute. Das fühlt sich immer gut an.

D: *Sollst du dein Wissen auch jemandem weitergeben?*

N: Wenn die Zeit reif ist, werde ich auch jemanden erdenken. Wenn ich alt bin und an genug Orten gewesen bin, werde ich jemanden erdenken. Ich werde erst jemand Besonderen finden, der mir zuhört. Dann werde ich jemanden hineindenken. Und dann werde ich das Wissen weitergeben.

D: *Sonst würde das Wissen mit dir verloren gehen.*

N: Oh, das wird es nicht. Das wird es nicht! Ich werde einen Sohn haben. Aber nur einen, nur einen. Es gibt zu viel Wissen, das weitergegeben werden muss.

D: *Du könntest nicht mehrere unterrichten?*

N: Nein. Es muss einer sein. Zu viel zu lernen. Nicht genug Zeit für all das, das weitergegeben werden muss.

Ich hatte das Gefühl, dass wir allem so nachgegangen waren, wie es möglich war. Also wies ich ihn an, zu einem bedeutenden Tag zu wechseln.

N: Ich habe mein Bein verletzt. Es ist nicht der Tag, an dem ich sterbe, aber ein Paar Tage davor. Das ist viel zu früh!

D: *Was ist passiert?*

N: Etwas ist auf mein Bein gefallen und hat es verletzt. Ich kann mich nicht bewegen. Es ist groß und schwer. Ich kann es nicht anheben. Es tut weh. Mein Bein ist eingeklemmt. Ich kann hier nicht raus. Ich könnte es heilen, aber es wird nicht gehen. Ich habe meine Sachen nicht, und ich stecke fest. Ich hätte wissen sollen, dass das passieren wird.

D: *Warum hättest du es wissen sollen?*

N: Weil ich alles weiß. Das hier wusste ich allerdings nicht.

D: *Ich glaube nicht, dass man alles wissen kann.*

N: Nein, aber ich wusste immer alles. Ich wusste so viel. Aber nicht, dass *dies hier* passieren wird!

D: *Du kannst nicht auf alles vorbereitet sein.*

N: Nein. Und ich habe meine Tasche nicht bei mir. Ich habe meine Steine nicht. Ich hätte mir helfen können, wenn ich sie gehabt hätte. Ich habe sie zurückgelassen.

D: *Wärst du mit deinen Steinen in der Lage gewesen, den Baum anzuheben? Machen sie dich auch stark?*

N: Ich hätte mit ihnen den Baum herunterbekommen. Ja, ich hätte hier rauskommen können. Aber ich habe sie nicht. Normalerweise trage ich sie immer bei mir. Das war dumm, sie zurückzulassen.

D: *Hast du jemals jemanden gefunden, um das Wissen weiterzugeben?*

N: Ich war bereits dabei. Deshalb sind die Steine nicht bei mir. Ich war dabei, mehr zu finden.

D: *Also hast du es geschafft, jemanden zu erdenken, dem du alles beibringen kannst?*

N: Ja, meinen Sohn. Er ist sehr jung. Ich habe ihm noch nicht alles beigebracht. Es war nicht genug Zeit.

D: *Hast du eine Frau gefunden, mit der du das machen konntest?*

N: Ja, sie war sehr liebreizend.

D: Verstand sie, was geschah?

N: Nein, weil das nicht so abläuft. Sie verstand aber genug, damit ich meinen Sohn haben konnte. Und sie ließ mich ihn aufnehmen. Das ist sehr ungewöhnlich! Die meisten Mütter behalten ihre Kinder. Aber sie wusste, dass ich besondere Dinge bewirken konnte. Sie wollte das für ihr Kind. Und ich habe ihn trainiert. Aber er ist gerade nicht bei mir. Er hat die Steine. Das ist okay. Ich bin froh, dass er sie hat. Er wird sie brauchen.

D: Weiß er genug, um sie zu benutzen?

N: Wahrscheinlich nicht. Aber vielleicht wird er es lernen. Vielleicht hat er von mir genug erfahren, um dazu in der Lage zu sein.

D: Hast du ihm beigebracht, wie man Essen erscheinen lässt?

N: Das weiß er schon. Das musste ich ihm nicht beibringen. Er wusste das bereits.

D: Vielleicht gibt es noch andere Dinge, die er weiß. Vielleicht wird er durch Gefühle, Intuition und Instinkt lernen und den Rest herausfinden.

N: Stimmt, stimmt. Er ist ein kluger Junge. Ich habe ihm genug mitgegeben. Ich hoffe, dass er den Rest herausfinden wird. – Ich denke, dass meine Zeit nun gekommen ist. Es war nicht so gedacht, aber sie ist nun hier. Ich hätte länger bleiben sollen. Ich hätte bleiben sollen, bis ich ein alter, alter Mann bin. – Ich werde immer schwächer und schwächer. Niemand findet mich.

Ich wies ihn an, auf die andere Seite zu wechseln und von dort auf seinen Körper zurückzublicken.

N: Es ist ein trauriger Anblick, so zusammengekrümmt. Der Körper war nicht so alt. Er hätte noch viel älter werden können. Er war ganz zusammengekrümmt unter diesem Baum. Ich weiß immer noch nicht, wie der Baum auf mich fallen konnte.

D: Manchmal soll es einfach so sein.

N: Dann war das hier der Fall.

Ich fragte ihn, was für eine Lektion er in dem Leben gelernt hatte, wenn er nun darauf zurückblickte.

N: Durch das Reisen lernte ich, keine Angst davor zu haben, weiterzuziehen. Ich sollte nicht an einem Ort bleiben. Reisen war das, wozu ich bestimmt war. Und dabei neue Dinge zu lernen. Ich lernte, keine Angst zu haben und im Dorf zu bleiben wie alle anderen. Manche Menschen haben Angst vor dem Unbekannten. Die bleiben einfach bei dem, was sie als sicher erachten. Ich hatte das bereits vor langer Zeit getan. Ich wusste es besser. Ich war dazu bestimmt, wegzugehen und neue Dinge zu versuchen.

Ich ließ Nicole von dem Mann wegschweben und rief ihr SC hervor. Ich fragte, warum es ihr dieses Leben gezeigt hatte.

N: Sie musste erfahren, dass es wichtig für sie ist, weiterhin zu heilen. Sie muss sich ihrer Fähigkeiten bewusst werden und der Tatsache, dass sie so viele mehr hat, von dem sie noch nichts weiß.

D: *Sie verwendet einige der Fähigkeiten als Krankenschwester.*

N: Es gibt mehr zu lernen. Mehr zu tun.

D: *In dem Leben hatte er Steine verwendet, oder?*

N: Natürlich. Man entwickelt sich über die Leben hinweg weiter. Man muss erst die Materialien nutzen, die vorhanden sind, bis man an den Punkt kommt, an dem man keine Materialien hat und es einfach instinktiv macht.

D: *Sie braucht also gar keine Hilfsmittel?*

N: Nein. Sie denkt, sie tut es, aber das stimmt nicht. Das sind nur Krücken, mit denen man lernt. Deshalb verwendet man Steine und Kristalle. Aber irgendwann kommt man an einen Punkt, an dem man nichts mehr braucht. Man verwendet Gedanken. Gedanken sind sehr mächtig. Man braucht nichts außer Gedanken. Es liegt an der Art der Inkarnation. Diese Inkarnationen ist immer noch hier auf der Erde. Und sie sind hier so verankert in der Erde, dass die Leute nicht erkennen, dass man einfach Gedanken nutzen kann. Sie denken, dass sie materielle Dinge brauchen, aber das müssen sie nicht. So entwickelt man sich weiter.

D: *Die Leute fragen mich immer nach Ritualen, die sie durchführen können.*

N: Rituale sind eher wie kleine Schritte. Man nutzt kleine Schritte, um dahinzukommen, wo man das tun kann, was man tun muss. Man braucht die Rituale nicht mehr.

D: *Du meinst, Nicole hat sich weiterentwickelt?*

N: Ja, aber sie weiß es nicht. Sie weiß noch nicht, wie sie da hinkommt. Es ist ihr bestimmt, zu heilen und zu lehren. Aber ich weiß nicht, wie ich es ihr zeigen soll. Sie wird sich einfach noch entwickeln müssen.

D: *Aber sie arbeitet bereits als Krankenschwester. Sie befindet sich in einem Umfeld des Heilens.*

N: Das ist nicht genug. Es gibt noch etwas anderes, das sie tun muss.

D: *Soll sie ihre Heilfähigkeiten in der Klinik nutzen?*

N: Nein, das ist bereits vorbei. Sie soll sich weiterentwickeln, aber wir können ihr nicht sagen, wie sie sich weiterentwickeln soll. Sie will es wissen, aber es ist noch nicht an der Zeit. Es wird passieren. Sie arbeitet mit Neugeborenen und Kindern. Das war wichtig. Aber das sind kleine Schritte in die Richtung, in die wir gehen, in die wir gehen müssen. Sie muss mehr tun, mehr denken, sich mehr öffnen. Und dann werden diese Dinge kommen. Es gibt keine Schule dafür. Das Wissen wird von oben kommen, von der anderen Seite, wenn sie es zulässt. Sie hätte gerne eine Form von Schule, aber das ist nichts, was gelehrt werden kann. Es kommt von der anderen Seite in dein Leben.

D: *Was meinst du mit „der anderen Seite"?*

N: Von weit entfernten Orten.

D: *Nicht auf der Erde?*

N: Richtig. Andere Realitäten. Realitäten? Ist das korrekt? Andere Orte, die nicht hier sind. Nicht physisch. Nicht fest. Es ist ein anderer Ort, aber er ist nicht schwer.

D: *Es ist kein fester, physischer Ort?*

N: Schon, aber viel leichter. Es ist viel mehr Gedanke als Materie. Das wird passieren, aber zu seiner Zeit. Sie will es beschleunigen.

D: *Alles passiert zu seiner Zeit. Aber kannst du ihr sagen, ob sie mit ihren Händen heilen sollte oder anders?*

N: Es hilft, wenn man Menschen berührt. Aber es geht mehr um Gedanken, so wie der Mann, der sich Essen erdacht hatte. Es ist die gleiche Art von Energie. Gedanken werden helfen. Das Denken wird die Fähigkeit einleiten. Es mag keinen Sinn machen, aber so läuft es ab. Gedanken infundieren und die Fähigkeiten geschehen.

Dem Wörterbuch nach bedeutet „infundieren" etwa so viel wie „durchdringen" oder „anfüllen".

D: *Wir Menschen mögen es, wenn uns Dinge gezeigt und beigebracht werden.*

N: Manche Dinge kann man nicht erklären. Sie werden durch Gedanken gelehrt. Was gut ist, weil man dem Denkprozess hilft. Das Ausweiten von Ideen erlauben, um den Geist zu öffnen. Je offener der Geist, desto einfacher ist es, die Fähigkeiten in die Person zu füllen. Sie weiß, dass all das zu ihr kommen wird. Es wird nur eine Frage der Zeit sein. Sie hat Angst, dass ihr Leben enden wird, bevor sie ihre Lektion lernt. Darüber muss sie sich keine Sorgen machen. Sie wird dafür hier sein. Es wird nur noch etwas dauern. Der einzige Weg ist, ihrem Instinkt und ihrer Intuition zu vertrauen. Dafür gibt es kein Buch. Dafür gibt es keine Schule. Absolut nichts von dem, was die Leute derzeit wissen, ist wahr. Es muss einfach kommen müssen. Sie wird diese Dinge wissen. Es ist noch stärker als Intuition. Es wird ein Wissen sein. Sie wird es erlauben müssen und darf keine Angst davor haben. Der menschliche Zustand ist einer der Angst. Wenn sie Menschen berührt, werden sie heilen. Es gibt so viele, die behaupten, dass sie das können, aber das ist nicht wahr. Viele können es nicht. Diejenigen auf dem … Kommunikationsapparat … hmmm …

D: *Meinst du das Fernsehen?*

N: Das ist es. Das ist es. Sie sagen, dass sie es können, aber das stimmt nicht. Sie können das noch nicht. Es gibt tatsächlich Menschen da draußen, die das können, aber diese Leute, die einfach behaupten, dass sie es können, schaden den Menschen, indem sie lügen. Es wird jedoch eine Zeit kommen, in der mehr Menschen das können werden. Durch Berührung und Gedanken werden sie andere heilen.

D: *Du sagtest, dass es einige gibt, die das bereits tun. Sie halten sich wahrscheinlich im Hintergrund.*

N: Du würdest mehr darüber wissen als ich.

D: *Ich meine, dass sie das anderen Menschen nicht erzählen.*

N: Nur einigen wenigen Menschen wie dir, bei denen sie keine Angst haben. Dir erzählen sie alles. Aber du musst hinhören, um zu wissen, wer es wirklich kann, und sie dann ermutigen, weil sie ängstlich sind. Wir werden versuchen, die Sprache des Heilens durchzusenden und die Fähigkeiten anzureichern. Alle fühlen sich alleine, aber sie werden nicht alleine bleiben. Sie verstehen nicht, dass sie diese Fähigkeiten haben. Diese Menschen fühlen sich verloren, weil sie niemanden kennen, mit dem sie sprechen können. Sie haben Angst davor, dass die Leute sie nicht verstehen und nicht akzeptieren.

D: Wird es normal sein, wenn Nicole es gelernt hat?

N: Ja. Es wird mehr Menschen geben, die das tun. Es wird geschehen, bevor sie aus diesem Leben scheidet.

D: Sollte sie erst einmal weiter in der Klinik arbeiten?

N: Das kann sie machen, aber es spielt keine Rolle. Sie wird diese Infusion erhalten, wenn es an der Zeit ist. Jeder, der ebenfalls dazu bestimmt ist, wird sie zur gleichen Zeit erhalten.

D: Wann wird das ungefähr passieren?

N: Oh, noch eine Weile. Es wird geschehen, während du noch hier bist und während Nicole noch hier ist. Aber es wird noch ein paar Zeiteinheiten dauern.

D: Also wird es zu unseren Lebzeiten geschehen, aber noch eine Weile dauern.

N: Richtig. Die Menschen müssen sich irgendwie ihrer Angst entledigen und dann wird es eine Öffnung für Wissen geben. Es wird eine Welle des Wissens geben, die diese Infusion beginnen wird. Und damit wird auch das Heilen kommen.

D: Also werden wir ein Teil davon sein?

N: Jeder wird ein Teil davon sein, aber nur die, denen es wirklich wichtig ist, werden die Heiler sein. Alle auf der Erde werden mit dieser Welle zu tun haben, aber die Leute werden so viel Angst haben, dass sie es nicht öffnen können. Sie werden zu viel Angst haben, um es zu öffnen. Die Heiler und solche wie du werden jedoch ganz vorne mit dabei sein. Das werden die sein, die am meisten davon mitnehmen, und nicht die, die Angst empfinden. Es wird besondere Fähigkeiten brauchen. Aber es wird genug Menschen geben, um den anderen beim Fortschritt zu helfen.

D: Viele Menschen, die zu mir kommen, erhalten die Information, dass sie Heiler werden sollen.

N: Das sind sie, jeder einzelne. Ja. Wir brauchen so viele Heiler wie möglich, da eine Menge Krankheit über den Planeten kommen wird.

D: Was meinst du damit?

N: Eine schreckliche ... es ist eine schwere Krankheit. Sie kann so schwer sein, dass man sich nicht mehr erholt. Es wird viel positives Denken auf Seiten der Heiler erfordern, um dem entgegenzuwirken, was passieren kann.

D: *Ist das eine Krankheit, die die Menschen befallen wird?*

N: Ja! Oh, oh, alle werden krank sein! Oh, das ist nicht gut!

D: *Was für eine Art Krankheit?*

N: Umweltverschmutzung.

D: *Aus der Luft?*

N: Aus der Erde, und die Erde sollte eigentlich gesund sein. Aber das ist sie seit geraumer Zeit nicht, und sie wird es auch nicht mehr sein. Es wird eine Menge Heiler brauchen, um den Menschen zu helfen, das zu überwinden, wenn sie es können. Es gab so viele Warnungen, aber niemand hat auf sie gehört. Es wird geschehen.

D: *Wird das durch unsere Nahrungsmittel erfolgen?*

N: Das Essen, das Wasser. Das Wasser ist am schlimmsten. Aber das Essen kommt aus der Erde. Und man wird nichts tun können, um allen zu helfen.

D: *Meinst du, dass es verunreinigt ist?*

N: Ja, und es wird viel positives Denken und positives Handeln nötig sein, um das zu überstehen. Es ist so massiv. Es liegt über allem. (Geschockt von dem, was sie sieht.) Oje!

D: *Ich hatte mich schon gefragt, wofür so viele Heiler nötig sein werden.*

N: Oh, es wird mehr Heiler brauchen, als es geben wird! Oje – wie traurig! So viele Menschen werden sterben!

D: *Wird das schrittweise geschehen oder alles auf einmal?*

N: Es geschieht schon, aber die Auswirkungen werden – zehn Jahre. In zehn Jahren werden die Auswirkungen bekannt sein.

D: *Bezüglich dessen, was es mit dem Körper macht?*

N: Ja. Ich muss „zehn Jahre" sagen. (Die Sitzung wurde im Jahr 2005 durchgeführt.)

D: *Werden die Menschen in den Städten mehr davon betroffen sein als diejenigen, die auf dem Land leben?*

N: Das ist der traurige Teil. Alle werden davon gleich betroffen sein. Es ist das, was ihr in den Boden gebt. Es sickert in das Wasser. Es wird nirgendwo sicher sein. Die Heiler werden kommen und die Menschen und das Land reinigen müssen.

D: *Dann werden die Heiler von der Krankheit verschont werden?*

N: Nein, nicht gezwungenermaßen. Einige von ihnen werden auch sterben.

D: *Deshalb gibt es so viele?* (Ja) *Ich dachte, dass sie vielleicht geschützt sind, wenn sie den anderen helfen sollen.*

N: Es gibt keinen Schutz davor. Es ist überall. Der einzige Schutz wird von woanders kommen.

D: *Denkst du, dass das passieren wird?*

N: Wenn wir Glück haben, wird es das. Sie werden Mitleid mit uns haben. Wenn wir zeigen, dass wir es wirklich besser machen wollen, dann werden sie uns helfen. Wenn wir so weitermachen wie bisher, werden sie es nicht. Da draußen sind so viele, die uns helfen werden, wenn wir damit beginnen, das aufzuräumen, was wir derzeit schon haben. Ansonsten werden sie uns einfach unseren eigenen Weg finden lassen. Sie können sich nicht einmischen. Wenn wir uns auf den Weg machen, können sie uns helfen.

Kapitel 7

NUR EINEN MANTEL

Pamela hatte für eine Umweltfirma gearbeitet, war allerdings aufgrund von Spannungen und Konflikten mit ihrem Chef gefeuert worden. Sie hatte unehrliches Vorgehen innerhalb der Firma entdeckt und sich verpflichtet gefühlt, dies zu melden. Nun fragte sie sich, ob sie sich in eine andere Richtung weiterentwickeln sollte, statt wieder in die Unternehmenswelt zurückzukehren. Dies war der Grund für ihre Sitzung. Ich vertraue stets darauf, dass das SC die Klienten in die angemessenste Zeit und an den angemessensten Ort bringt, um die Probleme in ihrem Leben zu erklären, auch, wenn das Gezeigte für mich erst einmal keinen Sinn macht. Ich weiß, dass bis zum Ende der Sitzung alles aufgedeckt werden wird, weil „sie" alles im Blick haben und das große Ganze sehen.

Pamela sah sich auf einem Hügel stehen und auf eine kleine Stadt herabblicken. Sie sah, dass sie ein älterer Mann mit einem langen grauen Bart war, der große Tücher um seinen Körper geschlungen trug. Zudem hatte er einen Stab bei sich, weshalb ich dachte, dass er vielleicht eine Art Hirte war. Sie verneinte das allerdings und beschrieb ihn als einen Weisen, einen Ältesten, einen Heiler. Er lebte in einer kleinen Hütte am Waldrand oberhalb der Stadt. In der Hütte war nicht viel. In der Mitte befand sich ein großer Topf über einem Feuer, in dem er Kräuter und Heilmittel zubereitete. Manche Heilpflanzen baute er selber an, andere sammelte er in den Wäldern. Er sagte, dass er diese Arbeit nie gelernt hatte, sondern einfach instinktiv wusste, welche Pflanzen er für jede Person, die zu ihm kam, jeweils anzuwenden hatte. Er lebte alleine, schien seine Arbeit allerdings zu genießen, weil er wusste, dass er Menschen half. Dafür nutzte er nicht nur Heilpflanzen, sondern auch seine Hände. Er konnte Menschen heilen, indem der bestimmte Stellen an ihrem Körper berührte.

Ich habe viele Sitzungen erlebt, in denen Menschen Heiler gewesen sind, die mit natürlichen Substanzen gearbeitet haben. Viele von ihnen hatten sich ihr Wissen selbst angeeignet, andere waren von einer anderen Person unterrichten worden. Obwohl sie viel Gutes taten und den Menschen halfen, wurden sie trotzdem oft mit Misstrauen und Angst beäugt. Sie lebten gewöhnlich in Abgeschiedenheit, da die Leute sie nicht als normale Menschen betrachteten und somit nicht als Teil der Gemeinschaft. Diese vergangenen Leben dienen als gutes Beispiel dafür, was für eine Rolle Angst in der Entwicklung der Menschheit gespielt hat. Menschen haben schon immer Angst gehabt vor dem, was sie nicht verstehen, und sie vertrauen gewöhnlich dem Unbekannten, Ungewöhnlichen und Unvertrauten nicht. Mittlerweile hat sich das verändert. Zumindest töten wir andere Menschen nicht mehr aufgrund ihres Glaubens. Nichtsdestotrotz findet man auch heute noch Überreste dieser Angst.

D: *Du sagtest, dass dir das niemand beigebracht hat. Du wusstest einfach, was zu tun ist?*

P: Ja, das war schon immer so. Ich lernte es von den Tieren im Wald.

D: *Heilst du Menschen auch noch auf andere Weise als mit Kräutern und deinen Händen?*

P: Ich rede mit ihnen. Manchmal ist das alles, was sie brauchen. Manchmal ist es so einfach. Manchmal nicht. Manchmal müssen sie Medizin mit nach Hause nehmen, um sich daran zu erinnern, zu heilen. Sie bewirkt nicht wirklich etwas. Manchmal tut sie das. Sie kann es. Sie brauchen sie nicht wirklich, aber sie müssen sich daran erinnern. Es verängstigt sie, ohne sie zu heilen.

D: *Du weißt, dass sie sich in Wirklichkeit selbst heilen. Ist es das, was du meinst?*

P: Ja, aber manchmal haben sie Angst. Sie wollen, dass es jemand anderes macht, und das ist okay. Und manchmal haben sie auch Angst vor mir, kommen aber trotzdem. Obwohl ich ihnen helfe, haben sie genau deshalb manchmal noch mehr Angst vor mir. Weil sie mir nicht glauben, wenn ich ihnen sage, dass sie es auch so können. Es ist für sie leichter, Angst zu haben.

D: Es gibt keinen Grund, Angst zu haben. Aber ich nehme an, so sind manche Menschen nun einmal.

Er hatte das erkannt, was ich als eine der Grundlagen in meinen Lehrgängen unterrichte. Dass jeder die eigene Macht besitzt, sich selbst zu heilen. Weil viele sich allerdings nicht vorstellen können, dass sie diese natürliche Fähigkeit besitzen, denken sie, dass sie jemanden außerhalb ihrer Selbst benötigen, der die Heilung an ihnen bewirkt.

Ich entschied, ihn zu einem bedeutenden Tag wechseln zu lassen, und er sagte: „Ich sehe sie den Berg hinaufkommen. Sie tragen Fackeln. Ich wusste, dass sie kommen werden. Sie kommen, um meine Hütte in Brand zu legen."

D: Warum sollten sie das tun?

P: Ich heile die Leute. Niemand sollte das können. Nur Gott darf heilen. Ich bin nicht von Gott, sagen sie.

D: Aber sie sind immer zu dir gekommen, oder nicht?

P: Natürlich. Jemand hat sie allerdings davon überzeugt, dass es böse ist. Es macht keinen Sinn. Sie machen keinen Sinn. Ich gehöre nicht zu ihnen.

D: Du bist ursprünglich nicht von hier?

P: Nein, ich sehe anders aus. Ich sehe sehr anders aus. Sie sind sehr gewöhnlich. Ich bin das nicht. Ich komme von woanders her. Ich kam, um ihnen zu helfen. – Sie werden mich verbrennen und denken, dass sie mich getötet haben, aber das haben sie nicht. Ich gehe einfach fort.

D: Du kamst von woanders? – Du lächelst.

P: Es scheint für sie so, als ob ich von den Sternen komme, weil ich nicht sterbe. Ich versuche, es zu erklären, aber sie hören mir nicht zu. Sie denken, dass ich verschwinde, wenn sie mich töten.

D: Du sagtest, du kamst, um zu helfen?

P: Ja, aber man kann nicht viel tun.

D: Hat dir jemand aufgetragen, dorthin zu gehen?

P: Ich konnte wählen. Und ich wählte. Es war eine Gelegenheit zum Helfen und auch für ein wenig Weiterentwicklung. Ich dachte, dass die Leute lernen könnten. Ich dachte, ich könnte sie einiges lehren, und einige lernten sogar etwas. Aber das hier wird sie verängstigen. Sie werden sich nicht verhalten können, wie sie es getan hätten, aber sie werden sich für eine Weile daran erinnern.

D: *Sie werden nicht das ganze Wissen verlieren? (Nein) Du sagtest, du kommst von den Sternen?*

P: Ja, es ist ein anderer Ort.

D: *Erzähl mir davon. Du hattest gelächelt. Es muss ein schöner Ort sein.*

P: Es gibt viele von uns, die herunterkommen und das tun.

D: *Seid ihr als Gruppe hergekommen?*

P: An unterschiedliche Orte. Wir gehen gewöhnlich jeweils alleine dorthin.

D: *Dann seid ihr getrennt von den anderen der Gruppe?*

P: Ja, aber nur für eine kurze Zeit. Einfach kommen und versuchen, zu helfen und ein wenig Wissen zurückzulassen.

D: *Erzähl mir von dem Ort, von dem du gekommen bist.*

P: Es ist ein Schiff.

D: *Hattest du den gleichen Körper auf dem Schiff?*

P: Nein. Wir sind anders. Wir haben nicht die gleichen Körper, aber wir nehmen welche an, wenn wir uns nach unten begeben. Das müssen wir. Der Körper muss an den Ort und das Aussehen angepasst werden. Dabei ist es in Ordnung, dass wir etwas anders sind. Es ist wichtig, anders zu sein, aber nicht zu anders.

D: *Sonst würdet ihr die Leute erschrecken? (Ja) Also sieht dein gewöhnlicher Körper anders aus?*

P: Ja, er hat eine etwas andere Form.

D: *Hat dir jemand diese Aufgabe aufgetragen?*

P: Es ist einfach das, was wir tun. Die Evolution der Gruppe ist es, Entwicklung voranzutreiben. Oder kleine Gaben von Informationen und Technologie zu bringen. Ansonsten dauert es zu lange. Mit manchen Gruppen geht es besser als mit anderen. Manche Gruppen sind nicht so angsterfüllt. Es hängt vom Glaubenssystem der Gruppe ab. Wenn die Gruppe bereits angsterfüllt ist, ist das schwieriger zu überwinden. Wenn sie schon weiter sind, dann kann mehr Fortschritt erfolgen, ohne so viel mit den Ängsten arbeiten zu müssen.

D: *Hast du schon lange mit der Gruppe in dem Dorf gearbeitet?*

P: Oh, nein. Vielleicht ein Menschenleben lang.

D: *Hast du diesen Körper voll entwickelt angenommen?* (Oh, ja) *Du musstest nicht als Kind beginnen?* (Nein) *Du wähltest diese Art Körper, um dich anzupassen?*

P: Ja, aber anders. Die Leute … ihre Hautfarbe ist anders. Deshalb wählte ich einen anderen Hautton, einen helleren, um Aufmerksamkeit zu erlangen. Weil sie allerdings noch nicht so weit entwickelt sind, kann das in zwei Richtungen ausschlagen. Es kann etwas Gott-gleiches werden und dann in Konflikt treten mit ihren bisherigen Göttern. Man weiß vorher nicht, wie es ausgehen wird.

D: *Du weißt nie, ob und wie sie dich akzeptieren werden.*

P: Nein, aber genügend von ihnen haben gelernt, welche Kräuter wirken, und einige haben gelernt, ihren Geist zu verwenden. Andere wollen nicht glauben, dass sie das selber können. Sie wollen einen Gott.

D: *Einige werden in der Lage sein, dieses Wissen zu nutzen.* (Ja) *Aber in diesem Fall dachten sie, dass du nicht mit ihren Göttern arbeitest?* (Ja) *Also dachten sie, dass du böse sein musst.*

P: Es ging um Macht und Medizin. Das Dorf hatte das Gefühl, die Macht zu verlieren. Darum ging es im Endeffekt.

D: *Also sahen sie dich als Bedrohung?*

P: Ich versuchte, mit ihnen zu arbeiten. Es gab einen, der von mir lernte und dann dachte, dass er es alleine könnte und weiterhin Fortschritt machen würde. Er war zunächst etwas Besonderes, weil er der erste war, mit dem ich arbeitete. Aber dann kamen andere und er war nicht mehr besonders. Er wollte das Wissen komplett für sich haben und deshalb hat er die anderen im Dorf gegen mich aufgebracht.

D: *Also ist er verantwortlich dafür, dass die Leute mit den Fackeln den Hügel hinaufkommen?* (Ja) *Wie fühlst du nun ihm gegenüber?*

P: Oh, das ist okay. So sind sie einfach.

Es war gut, dass er keine Wut gegen sie hegte, weil das Karma kreiert hätte, das in das aktuelle Leben hätte fließen können.

D: *Du sagtest, dass sie den Hügel hinaufkommen und das Haus anzünden werden. Was passiert?*

P: Sie zünden es an und gehen.

D: *Was passiert mit dir?*

P: Ich nehme an, der Körper verbrennt.

D: *Was siehst du?*

P: Ich sitze im Haus und verbrenne.

D: *Du hast nicht versucht, zu entkommen?*

P: Nein. Es hatte keinen Sinn.

D: *Hast du den Körper bereits verlassen?* (Ja) *Was wirst du nun tun?*

P: Zurückgehen, einen anderen Körper suchen und alles von vorne beginnen. Ich werde wieder helfen.

D: *Gehst du zurück auf das Schiff?*

P: Ja ... was auch immer das ist. Dort erhalte ich den neuen Körper. Ich kann ihn mir auswählen.

D: *„Was auch immer es ist"? Sieht es nicht aus wie ein Schiff?*

P: Das tut es. Ich sehe ein metallisches Objekt, aber ich bin mir nicht sicher.

D: *Dorthin gehst du zurück, um die Körper zu erhalten?* (Ja) *Wie läuft das ab?*

P: Es ist fast wie eine Hülle.

D: *Du bist nun dort und bereitest dich auf deinen nächsten Körper vor. Du wolltest wieder zurück und von vorne beginnen?*

P: Das ist es, was wir tun. Es ist unsere Aufgabe.

D: *Es entmutigt dich nicht, wenn so etwas passiert wie zuvor?*

P: Ich spüre keine Emotionen.

D: *Wie erhältst du deinen nächsten Körper? Wie ist das Prozedere?*

P: Man wählt einfach den nächsten Ort, nimmt, was man aus der letzten Erfahrung gelernt hat und formt sich entsprechend. Vielleicht sah ich einfach zu anders aus. Daher werde ich das nächste Mal versuchen, ... Es ist so, als ob der Geist den Körper erschaffen kann. Es ist leicht. Nimm also die gelernten Lektionen und pass dich mehr an; vielleicht auch noch unterschiedlicher, aber man versucht es ... Es ist wie eine Hülle. Man verändert sie einfach. Und dann begibt man sich einfach hinein. Man erscheint einfach. Es ist kein komplettes Leben. Man wird nicht geboren. Du ziehst die Hülle an und begibst dich in das Leben.

D: *Wird die Hülle auf dem Schiff gefertigt oder ziehst du sie dort an, wo du dich stationierst?*

P: Es passiert einfach, wenn man erscheint.

D: *Wenn du entscheidest, wohin du gehen wirst?*

P: Ja. Man begibt sich einfach hinein.

D: *Du beginnst immer als Erwachsener?*

P: Ja. Man muss nicht, aber es funktioniert besser so.

D: *Du möchtest keine Zeit als Kind verschwenden.* (Genau) *So vergisst man auch nicht seinen Plan.*

P: Nein. Es ist anders als eine Inkarnation. In einer Inkarnation hat man einen Plan. Dies hier ist eine Aufgabe.

D: *Etwas, wofür man sich entscheidet, um zu helfen.*

P: Um zu lehren.

D: *Also wirst du das nächste Mal einen anderen Ort wählen und du wirst wieder heilen und lehren?*

P: Oh, ja. Manchmal dauert es länger als andere Male. Und ich lerne, wie man besser mit ihnen umgeht. Wir sind eine kleine Gruppe.

D: *Hast du jemals Inkarnationen gehabt?*

P: Ja, das hier ist nur eine, und die Aufgabe ist es, diesen Dienst an vielen Orten auszuführen.

D: *Hattest du schon einmal ein körperliches Leben auf der Erde?*

P: Viele. Dies hier war nur eine Aufgabe. Eine Entscheidung, diese Zeit lehrend und helfend zu verbringen. Ich lehre. Ich lerne auch, aber es ist anders als die vielen meiner Inkarnationen, von denen ich lerne. Die Körper und die Aufgaben sind einfach Teile dieses Lebensplans. Dann geht es weiter in das nächste Leben. Für dieses Leben bestand die Aufgabe darin, zu einer bestimmten Gruppe herabzugehen und ihnen eine Zeit lang zu helfen, dafür einen menschlichen Mantel anzuziehen und dann wieder zurückzugehen. Ich kann das so oft tun, wie ich möchte, bis ich mich entscheide, wieder als Mensch zu inkarnieren. Ich wollte es einfach versuchen. Es scheint jedoch immer gleich zu enden. Man kommt immer an einen Punkt, an dem ihre Angst eintritt und sie einem nicht mehr vertrauen, und dann muss ich verschwinden.

D: *Es gehört nicht zu deiner Aufgabe, das mit der Angst zu verändern?*

P: Das tue ich, und bei einigen wirkt es. Aber wenn ich weggehe, gehen sie nicht immer weiter in die Richtung und dann schwindet es wieder. Es ist bei jedem anders, aber bei vielen ist es so. Im Großen und Ganzen erfolgt aber auch Fortschritt, wenn die Angst kommt. Sie entwickeln sich trotzdem weiter. Es ist okay. So oder so habe ich keinerlei Emotionen im Bezug darauf. Es spielt keine Rolle.

D: *Weil du nicht wirklich diese Person bist. (Nein) Du hast nur das Erlebnis.* (Ja) *Aber nimmst du das Wissen über das Erlebte mit dir mit?*

P: Ja, aber weil es kein wirkliches menschliches Dasein ist, sind da keine menschlichen Emotionen.

D: *Okay. Nun bist du aus dem Körper heraus und wählst deinen nächsten Körper.*

P: Aber der ist immer noch nicht menschlich. Es ist immer noch *dieses* Leben.

D: *Bist du dir bewusst, dass du durch einen menschlichen Körper mit dem Namen Pamela sprichst?* (Ja) *Ist das ein anderer Fall?* (Oh, ja) *Was ist hier geschehen?*

P: Ich wollte die menschliche Seite ausprobieren. Es ist sehr anders.

D: *Du hast dich entschieden, ein komplettes Leben zu leben?*

P: Oh, ja. Viele. Wir hatten viele, viele Leben in einer Zeit, in der es sehr schwer war, ein Mensch zu sein.

D: *Hattest du einen Plan, als du das Leben als Pamela angegangen bist?*

P: Natürlich.

D: *Was war der Plan? Was hast du dir vorgenommen?*

P: Alles … alles. Alle ungelösten Probleme klären und verstehen. Die menschlichen Lektionen integrieren, die über alle diese Leben hinweg angesammelt worden waren. Um Dinge zu klären und um zu lernen, was gelernt werden musste.

D. *Hast du auch Hindernisse für dich vorbereitet, als du den Plan gemacht hast?*

P: Die muss es geben.

D: *Warum muss es Hindernisse geben?*

P: Wie lässt sich sonst beweisen, dass man etwas gelernt hat?

D: *Ich dachte, es kann auch nett sein, sich in ein Leben ohne Probleme zu begeben.* (Sie lachte.)

P: Man kann sich dafür entscheiden, aber es macht nicht so viel Spaß wie es scheint. Man muss nicht riesige Probleme angehen, aber ohne Dunkelheit erkennt man kein Licht. Wenn man es nicht für sich selbst macht; wenn alles aufgebahrt ist und alles leicht ist, dann kannst du das wählen und einfach eine menschliche Erfahrung machen, aber darin liegt dann kein Wachstum. Es sind die Herausforderungen, die den Wachstum ermöglichen. In nicht-körperlicher Form versteht man das sehr leicht. Als Mensch sieht das allerdings anders aus.

D: *Also ist die Idee, zu wachsen? (Selbstverständlich) Mehr zu lernen?*

P: Die menschlichen Emotionen zu meistern. Es wäre als Mensch sehr schwierig, zu sehen, wie sie mit Fackeln auf einen zukommen. Deshalb wollte ich das nicht mehr machen.

D: *Aber du weißt, dass du deinen Plan vergisst, sobald du geboren wirst.*

P: Ja, aber wenn du das bereits hinter dir hast und du entscheidest, einen weiteren Plan zu machen, dann kann man sich entscheiden, die Arbeit ohne Emotionen weiter zu führen. Das war die Wahl. Und danach, zu einem anderen Zeitpunkt, kannst du wieder versuchen, eine menschliche Erfahrung zu machen, um in der Lage zu sein, sogar mit den menschlichen Emotionen zu verstehen.

D: *Die beiden quasi kombinieren?*

P: Ja. In dem anderen Leben, in dem man die Körper wählen konnte, um zu lehren, gibt es keine Angst, aber auch keine Zufriedenheit, also verliert man quasi beides. Du kannst zwar Wissen erleben, ansammeln und teilen, aber du verspürst weder Zufriedenheit noch Angst vor Leuten, die dich töten. Also verspürst du nicht die Freude am Teilen, die man als Mensch erleben kann, aber man verspürt auch nicht die Angst. Die nächste Herausforderung ist dann der Versuch, das in einer menschlichen Form zu erfahren; die Freude erleben, aber die Angst begrenzen und es trotzdem machen. Es ist wichtig, Angst *überwinden* zu lernen. Das ist sehr schwierig, wenn du in menschlicher Form andere Menschen mit Fackeln auf dich zukommen siehst, weil du weißt, dass du die menschliche Form verlassen wirst. In der anderen Existenz war das nur ein Mantel. Es bedeutete nichts. Die Aufgabe ist es also, in der menschlichen Form zu lernen. Es ist einfach anders.

D: *Das klingt, als ob man sehr fortgeschritten sein muss, wenn man sich daran versucht. (Ja) Jemand in einem menschlichen Leben, der auf dem Rad des Karmas gefangen ist, wäre nicht fortgeschritten genug für diese Aufteilung, oder? (Nein) Das klingt so, als ob du schon eine lange Zeit dabei bist.*

P: Ja. Diese hier ist das letzte Mal. Ich kann meine Entscheidung aber auch noch ändern. Wir können uns jederzeit umentscheiden.

D: *Du denkst, dass dies das letzte Mal ist, dass du ein menschliches Leben erfährst?*

P: Das ist der Plan, aber der Plan kann sich ändern. Dann spielen der freie Wille und die freie Wahl eine Rolle, und vielleicht wäre es auch mal nett, ein sanftes Leben zu erfahren.

D: *Denkst du, dass du alles gelernt hast, was du hier lernen kannst?*

P: Vieles wurde erledigt, ja.

D: *Es gäbe keinen Grund mehr, um zurückzukommen?*

P: Nur zum Vergnügen.

* * *

In vielen meiner Bücher, auch wenn sie bereits vor zwanzig Jahren geschrieben worden sind, kommen Gestaltwandler vor. Interessanterweise wird sich nie in einem negativen Kontext auf sie bezogen, wie es moderne Autoren gerne tun. Sie sind von der Art, wie sie auch in diesem Kapitel und an anderen Stellen in diesem Buch erwähnt werden, und dabei immer Wesen, die zur Erde gekommen oder geschickt worden sind, um unserer Spezies zu helfen. Sie kommen bereits seit unermesslich langer Zeit hierher, allerdings nicht durch den normalen Prozess des Geborenwerdens in ein körperliches Leben. Sie erschaffen sich einfach einen Körper, der zu der Kultur passt, in der sie leben werden. Das tun sie, um die Menschen, unter die sie sich begeben, nicht zu verängstigen. Sie sind immer da, um zu helfen und zu lehren, und sie arbeiten stets in dieser Funktion. Viele von ihnen arbeiten auch heute noch in medizinischen Berufen, damit sie helfen können, indem sie ihr Wissen teilen. Sie beeinflussen nicht, sondern teilen und lehren einfach. Es ist ihnen nicht erlaubt, eine aktive Rolle in der Regierung einer Gesellschaft zu übernehmen. Das würde gegen die erste Regel des Nichteinmischens gehen. Also halten sie sich im Hintergrund. Viele Menschen haben - auch heutzutage - höchstwahrscheinlich schon mit einem dieser Wesen zu tun gehabt, ohne sich dessen bewusst zu sein.

* * *

Es war an der Zeit, den Therapieteil der Sitzung zu beginnen und Pamelas Fragen zu stellen. Ich fragte, ob sie sie beantworten könnten oder ob wir jemanden „weiter oben" dafür benötigten. Sie sagten, dass sie es versuchen würden, einige der Fragen zu beantworten. „Ihr scheint eine Menge über Pamela zu wissen", sagte ich.

P: Es sind viele hier, die das tun.

D: *Ihr aktuelles Leben ist bislang jedenfalls kein Vergnügen gewesen. Kein angenehmes Leben, das sie sich vorbereitet hat mit ihrer unangenehmen Kindheit und den anderen Erfahrungen. Warum hat sie sich so einen schwierigen Plan gemacht?*

P: Um alle Themen in diesem einen Leben zu klären. Deswegen war es so kompliziert. Alle verbleibenden Lektionen und alles Karma aus allen Leben wurden angeordnet, um geklärt zu werden.

D: *All das, was übriggeblieben war?* (Ja) *Und das ging nur mit dieser üblen Kindheit?*

P: Es war gar nicht so schlimm, aber, ja, es wurde Schaden angerichtet. Es ging um karmisches Gleichgewicht - aus freien Stücken! -, weil die präsenten Themen die gewesen sind, die sie nochmal angehen und diesmal überwinden musste.

˙ Pamela hatte als Kind sexuellen Missbrauch erlebt und ihre Eltern hatten sie nicht besonders gut behandelt. „Sie traf die Wahl, eine Frau zu werden, entschied sich für diese Energie und dafür, auf diese Art und Weise angegriffen zu werden." Das erscheint grausam, und manchmal habe auch ich Schwierigkeiten damit, zu glauben, dass eine Seele derartige Erfahrungen für eine Inkarnation wählen würde. Von der Seelenseite aus ist das natürlich alles sehr klar und leicht zu begreifen. Ich fragte, ob sie noch Karma aus anderen Leben mit den Menschen in ihrem aktuellen hätte. Sie sagten, dass es welches gegeben hatte, dieses allerdings mittlerweile geklärt worden war. Ihre Ehe war ebenfalls nicht angenehm gewesen, und sie sagten, dass sie das viel schneller hätte hinter sich bringen können. Sie hätte nicht so lange in ihr bleiben müssen, wie sie es getan hatte. Sie stimmten zu, dass der ganze übriggebliebene „Ramsch" bereinigt war und dass sie nicht mehr zurückkommen müsste, außer, sie würde sich tatsächlich dafür entscheiden.

Wir besprachen die meisten Fragen von Pamela und erhielten wertvolle Antworten. Dann erreichten wir eine Blockade. Sie sagten, dass sie die Informationen nicht besäßen, also fragte ich, ob es in Ordnung wäre, jemanden einzurufen, der die Frage beantworten könnte. Sie stimmten zu, und ich dankte ihnen und rief das SC ein. Ich stelle immer zuerst die Frage, warum es genau das gezeigte Leben für Pamela ausgesucht hatte.

P: Damit sie sehen kann, dass es wieder gleich ist.

D: *Ist es gleich?*

P: Ja. Sie trägt diesmal auch nur einen Mantel. Es ist einfach ein menschlicher Mantel.

D: *Ja, eine menschliche Hülle. Ich nenne es immer einen „Anzug". (Ja) Warum wolltet ihr, dass sie das weiß?*

P: Sie vergisst. (Sie lächelte.) Es erscheint alles so real, weil es das ist. Die Menschen haben ihre Gefühle und alles ist sehr real, aber letztendlich ist es gleich. Es ist alles Geist. Es ist alles eins.

D: *Stimmt, der Mann in der anderen Existenz war in keine Emotionen involviert.*

P: Ja, das ist einfach.

D: *Er half Menschen, aber er musste nichts fühlen.*

P: Genau, aber man verpasst das Gute, wenn man den Schmerz verpasst. Das ist die Lektion. Emotionen sind sehr wichtig. Man kann sie nicht einfach ausblenden.

D: *Pamela hat sich diesmal ein schweres Leben ausgesucht.*

P: Ja, und es war sogar schwieriger als es hätte sein müssen. Es gab Herausforderungen, aber es wurde richtig schwer. Die Herausforderungen waren die gleichen, aber sie war gehandicapt.

D: *Sie hat eine Menge dadurch gelernt, oder? (Oh, ja)*

Ich stellte dann die Frage, die der andere Teil nicht beantworten konnte. Pamela hatte bereits eine Sitzung bei einem Freund erlebt, der meinen Kurs besucht hatte, und dabei war etwas herausgekommen, dass keiner von beiden verstanden hatte. Es wurde ihnen erzählt, dass etwas passiert war, als sie ein Baby oder sehr jung war, das ihr ein Stück ihrer Seele genommen hatte. Das schien mir nicht korrekt zu sein.

P: Das Vertrauen. Es war Vertrauen.

D: Bitte lass uns das klären. Was bedeutet das? Wie kann einem ein Teil der Seele genommen werden? War diese Information korrekt?

P: „Genommen" ist nicht das richtige Wort. Es war nicht gedacht, dass das so passiert. Das Vertrauen, die Bindung, war zerbrochen; die Bindung zur Bezugsperson. Die Mutter konnte keine Bindung eingehen. Sie verbanden sich nicht. Dieser Teil ihrer Seele hat sich nicht entwickelt. Und während die Mutter keine körperliche Zuneigung zeigen konnte, war da trotzdem eine erdrückende Bedürftigkeit von ihrer Seite.

D: So war das also gemeint. Es wurde nichts genommen. Es konnte sich nur nicht entwickeln. Das macht mehr Sinn, weil ich in meiner Arbeit gelernt habe, dass der Seele kein Stück entnommen werden kann.

P: Es entwickelte sich einfach nicht und wurde beiseitegelegt, und das hat alles erschwert. Es war schwierig, eine warmherzige und liebevolle Beziehung mit jemandem aufzubauen, weil sie das als Kind nicht erlebt hatte. Die Mutter war dazu nicht in der Lage gewesen. Der Fokus der Mutter lag auf ihrem Mann und ihr eigener Schmerz war zu groß. Infolgedessen entwickelte sich dieser Teil von Pamelas Seele nicht und das hat ihr gesamtes Leben beeinflusst. Der Mangel an Zuneigung der Mutter hat sich auf Pamelas Beziehungen zu all ihren Partnern ausgewirkt.

Dies hatte Pamelas Ehe beeinträchtigt und sie hatte sich nie sicher genug gefühlt, um ihre Emotionen ausdrücken zu können. Es gab nun einen Mann in ihrem Leben, der einen positiven Einfluss auf sie hatte. Er half dabei, ein sicheres Umfeld zu schaffen, in dem sie lernen konnte, ihre Emotionen zu fühlen und ihnen Ausdruck zu verleihen. Das meiste ihres Karmas war bereits bearbeitet, außer das mit ihrer Tochter. „Es gibt nichts, was sie tun kann, und das weiß sie auch. Sie muss sich selbst vergeben. Der Fehler, den sie gemacht hat, war den Fehlern ihrer Mutter sehr ähnlich. Die Entwicklung war einfach nicht da. Sie konnte nicht geben, was sie nicht hatte. Nichtsdestotrotz lernte sie eine Menge. Sie hätte andere Entscheidungen treffen können, aber das erfolgte nicht, weil dieser Teil sozusagen fehlte, weil er nicht entwickelt worden war und sie deshalb einfach nicht dazu fähig war. Sogar in einer schlechten Situation kann eine Seele viel überwinden, wenn diese liebevolle Verbindung etabliert ist. Ohne diese

Entwicklung ist das sehr beeinträchtigt. Sie hat sich wacker geschlagen."

D: Das zeigt, wie wichtig die Kindheit ist, oder?
P: Ja. Sie erinnert sich nicht mehr an viel und das ist auch gut so. – Sie wollte wortwörtlich sterben. Viele Male. Sie wollte nicht hier sein ohne Liebe. Was war der Sinn davon, menschliche Emotionen zu fühlen, wenn es nur Leid und Schmerz war? Sie ist dieses Leben angegangen, um Emotionen zu fühlen. Und das war es, was nicht nach Plan gelaufen war. Sie hätte Liebe fühlen sollen. Aber sie wurde ihr nicht in der Form gegeben, die sie brauchte, wollte und selbst gab, also machte sie dicht und entwickelte Verhaltensweisen und Techniken, die Liebe ähnelten oder wie Liebe wirken.
D: Hat sie jemals versucht, sich das Leben zu nehmen?
P: Nein, aber sie wollte viele Male nicht mehr hier sein.

Dies erwies sich als die Hauptursache für Pamelas körperliche Probleme, speziell für die Schlafapnoe, das Aussetzen der Atmung während des Schlafens. „Das war ein Abschalten."

D: Sie wollte nicht mehr hier sein ohne Liebe.
P: Nein, und das war sehr traurig. In ihrer Kindheit zeigten ihr die Leute in ihrem Umfeld auf eine gewisse Weise Liebe, aber aufgrund des Missbrauchs war das eine eher bittere Angelegenheit. An der Oberfläche war es eine Sache, und hinter dem Vorhang eine andere. Und der Mangel an Zuneigung von ihrer Mutter. Die Mutter wusste einfach nicht wie. Sie war sehr kühl. Ihre Mutter hatte viele, viele Probleme.
D: Sie wusste selbst nicht, was Liebe war.
P: Genau. Als es arrangiert wurde, war das Potenzial dafür da, aber als es dann soweit war, konnte sie es nicht. Also wusste Pamela, dass sie Schmerz mit Liebe gleichsetzte, weil es nichts anderes zum Gleichsetzen gab. Dadurch wurde ihre Ehe noch viel schlimmer! Das Leid war viel größer.
D: Kennt sie ihren Ex-Mann aus einem anderen Leben?
P: Oh aus vielen, vielen Leben. Er hatte das Potenzial, es in diesem Leben anders zu machen, aber er entschied sich, das nicht zu tun. Er konnte es nicht.

Sie schien mit dem neuen Mann in ihrem Leben endlich die Kurve gekriegt zu haben. Er war komplett anders und hatte einen sehr positiven Einfluss auf sie. Es wirkte, als ob sich ihr Leben zu guter Letzt zum Guten gewandelt hatte.

* * *

Das Thema Heilen kam auf. Ich habe mit einigen Leuten gearbeitet, die geheilt werden wollten, und sie wurden es, akzeptierten es allerdings nicht und wurden sehr wütend auf mich. Sie sagen: „Du solltest mich heilen."

P: Sie wollen ihre Krankheit. Es dient ihnen. Sie müssen erst für Heilung bereit sein. Du kannst eben nicht allen helfen. Es hängt von ihnen ab. Und manche von ihnen resonieren mit dem, was Jesus in der Bibel sagt: dass man erst die Dämonen vertreiben muss. Aber es sind nicht wirklich Dämonen. Es sind die Glaubenssätze, die sie halten. Sie können deshalb nicht einfach heilen. Es macht keinen Sinn, zu versuchen, sie zu heilen, bis die Dämonen vertrieben worden sind. Und diese Dämonen sind von ihnen selbst erschaffen worden. Frag sie, ob sie wirklich bereit sind, geheilt zu werden. Sie sollen gar nicht erst kommen, wenn sie nicht bereit sind! Es gibt viele, die dich brauchen. Verschwende keine Zeit an die, die es nicht tun.

D: *Ich hatte mal eine Klientin, die mich am Telefon anschrie und verfluchte, weil sie behauptete, dass ich sie nicht geheilt hatte.*

P: Du bist nicht der Heiler. Sie ist es.

D: *Ich weiß, dass es von ihr abhängt. Als sie mein Büro verließ, ging es ihr gut.*

P: Wenn jemand in den niedrigen Energien bleiben will, musst du das respektieren. Du hast deinen Job getan. Die Heilung wurde auf vielen Ebenen vollbracht. Und auch, wenn sie in ihrem aktuellen Leben nicht in höhere Energien wechseln, wird es anderweitig anerkannt. Wachstum hat stattgefunden. Es hat sich gelohnt. Die Energie ist so wichtig. Sie zu verschwenden … Perlen vor die Säue … Es ist wahr. Diese Arbeit ist so wertvoll. (Sie lachten.) Wir lieben es, mit dir zu arbeiten! Du machst einen großen Unterschied, weil jeder, den du unterrichtest, einen exponentiellen Effekt über den gesamten Erdball erzeugt. Nicht alle werden das tun, aber sie

103

sind erwacht. Jeder, den du berührst, hat einen Effekt, weil alle mit anderen Menschen sprechen und überall werden Samen gepflanzt. Das hat einen großen Unterschied gemacht.

Kapitel 8

DAS NOTFALLTEAM

Shani kam ursprünglich aus Afrika, lebte allerdings in den USA und führte ihr eigenes Finanzunternehmen. Ihre größte Motivation für die Sitzung war nicht etwa ihre Bestimmung, sondern Beziehungsprobleme.

Shani landete in einem seltsamen Leben auf einem anderen Planeten, in dem sie versuchte, Wesen zu helfen, die sich in hoffnungslosen oder verzweifelten Situationen befanden. Dafür erschuf sie Körper, die denen ähnelten, unter die sie sich begab, um keine Aufmerksamkeit oder etwa Misstrauen zu provozieren. Es war ein schwieriger Job, da sie die Emotionen der Wesen fühlen konnte. „Ich möchte ihnen helfen. Ich mag das aber nicht. Es ist sehr, sehr unangenehm hier."

D: Hat dir jemand aufgetragen, diesen Leuten zu helfen?
S: Ja. Ich komme von woanders her, um ihnen zu helfen. Ich wurde dieser Aufgabe zugeteilt.
D: Wie ist der Ort so, von dem du kommst?
S: Oh, es ist wunderschön dort! Die Leute sind glücklich. Sie sind sehr, sehr freundlich. Wir haben eine Menge Energie.
D: Was machst du dort?
S: Meine Aufgabe ist es, Wesen von anderen Planeten zu helfen. Sie haben uns zu diesem Ort geschickt. Sie wissen, wohin es geht.
D: Hattest du ein Leben dort, wo du herkommst?
S: Ja, ich führte dort ein Leben. Ich wurde mit dem Auftrag ausgesendet, zu helfen. Es ist eine sehr, sehr schlechte Zeit. Sie sagen uns, wo es hin- und wie es weitergeht.

D: *Hast du dabei eine Wahl?*

S: Nicht wirklich. Du kannst nicht Nein sagen, weil es einfach das ist, was du tust. Du musst es einfach erledigen. Es ist mein Job. Sie können mich nicht sehen, aber ich muss wie sie sein. Ich kann nicht ich selbst sein und hinuntergehen. Ich muss wie sie aussehen.

D: *Wirst du oft auf diese Missionen ausgesendet?*

S: Ja, das werde ich. An alle möglichen Orte. Wo ich herkomme, arbeitet jeder so. Jeder zieht los in unterschiedliche Galaxien und auf unterschiedliche Planeten. Also tue ich das auch und verrichte meine Arbeit.

D: *Ihr wisst nicht, wohin es geht, bevor ihr eure Aufgabe zugeteilt bekommt?*

S: Nein, wir warten einfach, bis wir sehr dringend gebraucht werden. Wir sind das Notfallteam! So nennen wir uns (Lacht) Das ist lustig.

D: *So wie Schutzengel? (Nein) Sie kümmern sich um Notfälle, oder?*

S: Ja, das tun sie. Aber wir sind Energie, und wir leben in diesem Raum; kein Planet, einfach ein Raum. Unsere Energie ist sehr hoch und wir schwärmen aus und helfen Leuten auf anderen Planeten.

D: *Jemand kriegt das mit, wenn diese Notfälle auftauchen?*

S: Ja. Wir haben Stationen, die diese Informationen erhalten. Die Information erreicht die Station und dann wird sie uns gegeben und wir werden zugeteilt.

D: *Ist da eine Person, die alles übersieht, so wie ein Missionsleiter?*

S: Nein, einen Leiter gibt es nicht. Jemand hat diese Aufgabe, aber das ist kein Leiter. Es ist einfach eine Person, die die Aufgabe hat, die Informationen für uns zu sammeln.

D: *Sie wissen, was in all den Galaxien und auf den Planeten passiert? (Ja) Das ist ein große Aufgabe.*

S: Es ist eine sehr große Aufgabe, und jetzt ist auch eine sehr wichtige Zeit.

D: *Warum ist sie wichtig?*

S: Weil viele Veränderungen stattfinden.

D: *Wo finden sie statt?*

S: Überall, im gesamten Universum, über alle Galaxien hinweg.

D: *Was für Veränderungen finden statt?*

S: Ich glaube, es wird dramatisch sein. Es werden drastische Veränderungen sein, Veränderungen in Entwicklung und Wachstum. Um auf das nächste Level zu kommen, für alle Planeten.

D: *Das gilt für das gesamte Universum?*

S: Ja, ich glaube schon, ja. Manche von ihnen kommen sehr schnell voran. Andere sind langsam, aber alle bewegen sich.

D: *Hat das Auswirkungen auf alle Planeten?*

S: Ja, das hat es.

D: *Verschiedene Auswirkungen?*

S: Das hängt alles davon ab. Es ist so unterschiedlich. Es ist so viel und so massiv und noch so viel anderes. Es ist sehr schwierig, dir das gerade zu erklären.

D: *Es klingt nach einem sehr wichtigen Job. Es muss dann viele wie dich geben.*

S: Ja. Wir haben verschiedene Kristalle. Einige haben diesen blauen Kristall, andere haben den weißen Kristall, manche haben gelbe, wieder andere violette, oder auch grüne. Alle haben unterschiedliche Kristalle. Aber es sind nicht die Kristalle, die die Arbeit verrichten. Es ist die Energie in den Kristallen, und ich habe einen sehr hellen und roten.

D: *Haben die Farben eine spezielle Bedeutung?*

S: Sie haben alle eine unterschiedliche Bedeutung. Wenn du beispielsweise den roten Kristall hast, gehst du zu Orten, wo der rote Kristall wichtig ist. Alle haben Energie, aber der rote Kristall ist zum Beispiel ein Heilkristall. Er heilt alles, das mit ihm in Berührung kommt. Er heilt den Körper eines Menschen oder auch einen Planeten. Er ist sehr mächtig. Er muss aber nicht groß sein; nur groß genug, damit man ihn mit sich tragen kann. Man kann ihn an einer Kette um den Hals tragen.

D: *Also haben die anderen Farben andere Effekte?*

S: Ja, für unterschiedliche Zwecke. Der blaue bringt Wissen. Wenn ein Ort Wissen benötigt, geht derjenige, der einen blauen Kristall hat, dorthin, um Wissen zu bringen. Wenn du etwas Großes konstruieren oder bauen willst, benutzt du den weißen Kristall. Er hilft bei der Konstruktion und den Architekten bei der Planung. Wenn du den gelben Kristall nimmst, wird er Wachstum und Blüte zu allen Blumen und Bäumen bringen. Alles, was mit Natur zu tun hat. Und der violette Kristall ist der mächtigste. Wir verwenden ihn, um Leute auf eine höhere spirituelle Ebene zu bringen oder die

Evolution zu beschleunigen. Er ist sehr mächtig. Der grüne Kristall wird zum Reisen benutzt, wenn man von einem Ort zum anderen muss, und für Kraft, für Reden und solche Dinge. Und mein roter Kristall wird zum Heilen verwendet.

D: Jedes Individuum hat also andere Aufträge und Missionen? (Ja) *Hat es mit ihrer Entwicklung zu tun, welchen Kristall sie verwenden?*

S: Ja, und mit ihren Interessen. Sie müssen sich für diese Anwendungsbereiche interessieren. Alle sind wichtig.

D: Wie begibst du dich an deinen Auftragsort?

S: Ich gehe einfach hin. Ich komme einfach an. Ich weiß nicht, wie ich dort hingelange. Einfach per Gedanke, glaube ich. (Lacht)

D: Musst du dafür einen Körper erschaffen, den du dann trägst?

S: Ja, wir müssen in unsere Umgebung passen. Wir müssen uns anpassen, sonst akzeptieren uns die Leute vor Ort nicht. Du musst einen Körper haben oder was auch immer dort benutzt wird, wo du hingehst.

D: Sonst werden sie verängstigt. Du musst etwas tragen, dass sie akzeptieren würden. (Ja) *Machst du das schon lange?*

S: Ja, schon lange. Ich liebe es. Es ist schön, aber ich mache auch andere Sachen. Ich gehe auch an Orte und lebe dort in einem Körper.

D: Du meinst für eine längere Zeit? (Ja) *Also gehst du nicht nur auf Missionen und kehrst wieder zurück?*

S: Wir machen beides, auch Missionen und dann wieder weg. Einige dauern nur eine kurze Zeit. Einfach, um ihnen das Licht und die Energie zu geben, dann geht es wieder zurück. An anderen Orten muss man länger bleiben. Man kann die Planeten heilen. Man kann etwas heilen, was zerstört wurde. Man kann es wiederherstellen. Wenn das vorkommt, gehe ich mit einer Gruppe zusammen. Das braucht eine Menge Energie. Wir haben auf *diesem* Planeten viel Arbeit vollbracht. Wir müssen den Planeten heilen, die Erde, damit sie sich weiterentwickeln kann. Und die anderen Gruppen kommen auch.

D: Lebst du jemals etwas wie ein Leben an diesen Orten? (Ja)

Ich versuchte, sie an einen Punkt zu bringen, an dem wir uns auf ihren aktuellen physischen Körper beziehen konnten.

D: Wirst du lange bleiben?

S: Nein, ich bleibe nicht gerne lange. Ich mag es nicht, weil ich in dieser anderen Energie lebe. Dieses Licht schwingt so hoch, dass du, wenn du woanders lebst, diese Kraft verlierst und so wie sie wirst. Deshalb bleibe ich nicht gerne hier. Man verliert seine Kraft. Man wird kraftlos, und daran bin ich nicht gewöhnt. Ich bin es gewohnt, jederzeit diese Kraft zu haben, und wenn man ein Mensch wird, ist es so, als ob die Kraft nicht mehr da ist. Das verwirrt mich.

D: *Aber es wird dir manchmal aufgetragen?*

S: Ja, aus einem bestimmten Grund natürlich. Für einen Zweck.

D: *Du bleibst also ansonsten einfach an diesem schönen Ort und begibst dich auf Missionen?*

S: Ja, das mache ich.

D: *Bist du dir bewusst, dass du gerade durch einen menschlichen Körper sprichst?*

S: Ja, ich weiß. (Lacht)

D: *Ist dies der Körper, in dem du eine Weile leben* sollst (Ja, ja) *Erzähl mir davon. Gaben sie dir diese Mission?*

S: Nun ja, es gibt viele Gründe dafür. Zunächst wurde ich an an diesem Ort in Afrika geboren, um ihn zu heilen. Es reichte, einfach an dem Ort zu sein, da meine Energie dafür gedacht war, ihn zu heilen. Ein weiterer Grund war meine Familie. Sie hatten Angelegenheiten aus anderen Leben zu lösen. Ich kam, um ihnen dabei zu helfen.

D: *Um ihnen dabei zu helfen, das zu klären?*

S: Ja, aber nicht unbedingt, um es mit ihnen zu klären, sondern ihnen einfach meine Energie zu geben. Dadurch konnten sie heilen. Ich weiß nicht, wie ich es mit Worten erklären soll, aber diese Energie ist da.

D: *Als du in den Körper gegangen bist, musstest du all das vergessen, oder?*

S: Ja, und das ist eine sehr unangenehme Erfahrung. Wir kommen hierher, vergessen alles und müssen wieder von vorne anfangen. Aber die Kraft ist immer da. Sie ist nur sehr reduziert. Man bringt nicht die komplette Kraft hierher. Das ist nicht möglich, aber man kann einen Teil davon mitbringen. Und das ist meine aktuelle Mission: in diesem Körper zu leben.

D: *Um zu helfen? Du bist aber nicht mehr in Afrika.*

S: Ja, ich kam hierher, weil in dieser Gegend ebenfalls viele Menschen gebraucht werden.

D: *Du lebst nun in Washington DC.*

S: Ja, das war die Mission. Ich muss dort sein, weil sie alle möglichen Entscheidungen treffen, mit denen sie die Welt zerstören, die Erde zerstören.

D: (Das war eine Überraschung.) *Die Regierung? Sie treffen Entscheidungen, die der Erde schaden könnten?*

S: Ja, und ich muss meine Energie aussenden, um das zu verhindern. Nicht nur ich. Es gibt so viele andere.

D: *Als Mensch weiß man aber nichts davon, oder?*

S: Oh, nein. Jeder ist nur ein Gefäß. Es geht darum, einfach nur da zu sein und die Arbeit im Inneren auszuführen.

D: *Woher weißt du von diesen Entscheidungen und dem, was vor sich geht?*

S: Wie ich dir beschrieben habe, erhalte ich Informationen. Wir haben eine riesige Menge an Informationen dort, wo ich herkomme. Sie geben mir die Informationen, wenn ich Missionen antrete. Sie integrieren die Informationen in mich und ich weiß dann genau, was ich zu tun habe. Ich muss Energie an die Regierung schicken, zum Weißen Haus und zum Kapitol. Zu all diesen Orten in Washington. Ununterbrochen sende ich Energie und Licht.

D: *Shani weiß aber nicht, dass du das tust, oder?*

S: Sie hat keine Ahnung. Sie weiß nicht, dass sie das tut. Ich tue es meistens abends und nachts. Es gibt viele andere, die dabei helfen, weil die Arbeit zügig erledigt werden muss und wir viel Hilfe benötigen.

D: *Warum muss die Arbeit zügig erledigt werden?*

S: Weil ansonsten viele böse Dinge geschehen werden. Es werden andauernd schlechte Entscheidungen gefällt, und da wollen wir einfach helfen.

D: *Verhindern, dass diese Dinge eintreten?* (Ja) *Der neue Präsident (Obama) ist nicht so übel wie der alte (Bush), oder?*

Diese Sitzung wurde im Mai 2009 durchgeführt, ein paar Monate nach der Wahl.

S: Nein, der neue Präsident ist ein Lichtbringer. Er ist auserwählt.

D: *Sein Vorgänger hat eine Menge Negativität geschaffen.*

S: Ja, er war kein Licht. Er trug schlechte Energien, glaubte an Krieg und daran, Leben unnötig zu zerstören.

D: *Nun befindet er sich aber nicht mehr in einer Position, um das zu tun.* (Ja) *Denkst du, dass sich mit dem neuen Präsidenten die Dinge verändern werden?*

S: Es geht nicht so sehr darum, dass der neue Präsident Veränderung bewirken wird, sondern, dass das Bewusstsein bei allen in der Regierung angehoben wird. Da sind noch Leute in der Regierung, die wirklich versuchen, Böses zu tun. Er ist nur eine Person, aber es ist sehr wichtig, dass er dort ist. Viele wissen das nicht, aber er ist auch einer der Lichtträger. Er ist sich dessen nicht bewusst, aber er ist ebenfalls sehr mächtig.

D: *Leute wie Shani, die Körper bewohnen, sind also dazu in der Lage, Energie zu negativen Leuten auszusenden?*

S: Ja. Wenn du Energie aussendest, geht es nicht nur darum, ihre Intention zu verändern. Man ändert die Energie, die in der Umgebung schwebt. Man wandelt die Energie in eine höhere um und die Leute beginnen auf einmal, anders zu denken.

D: *Greift das nicht in ihren freien Willen ein?*

S: Deshalb können wir nicht einfach losgehen und Individuen direkt beeinflussen. Man darf nicht gegen den freien Willen agieren. Wir lassen einfach die Energie da draußen, damit Menschen sie mit ihrem freien Willen finden.

D: *Ihr verbreitet Energie, damit diese das Bewusstsein anhebt?*

S: Ja, sie ist bereits geschaffen. Die schlechte Energie ist bereits durch die schlechten Gedanken und Ideen geschaffen worden. Wir versuchen, sie mithilfe von neuen Ideen zu überwinden, mit neuen Energien, damit Menschen diese Informationen erhalten können.

D: *Dann gibt es also viele von euch, die hierhergekommen sind, um in physischen Körpern zu leben?*

S: Ja, aber es sind noch mehr in geistiger Form hier. Sie alle arbeiten für dieselbe Sache. Ich bin beides, geistig und in einem Körper. Es gibt andere, die sind als Energie hergekommen. Sie haben keinen Körper. Sie arbeiten auf diesem Level. Es ist schwieriger, in einem Körper zu arbeiten. Man ist in seiner Kraft begrenzt.

D: *Und sie hat keine Ahnung. Sie weiß nicht, was hier läuft.* (Lacht)

S: Nein, das weiß sie nicht.

D: *Bedeutet das, dass sie keine vergangenen Leben gehabt hat?*

S: Sie hat vergangene Leben gehabt, aber die meisten der vergangenen Leben sind meine gewesen, für den Zweck der Mission. Es ging nicht darum, hier geboren zu werden und sich weiterzuentwickeln. Es sind vergangene Leben dieser Art gewesen. Normale vergangene Leben sind anders.

D: *Ich bin daran gewöhnt, Leben zu erforschen, durch die eine Person geht und in denen eine Verbindung mit anderen Leuten besteht. (Ja) Das bedeutet also, dass sie gar kein Karma angehäuft hat?*

S: Genau. Kein Karma für sie. Sie muss nicht wiederkommen. Es geht einfach weiter zur nächsten Mission.

D: *Das heißt, dass auch wenn sie sich an vergangene Leben erinnern würde, diese dann wie Imprints wären? Weißt du, was Imprints sind?*

S: Ja, natürlich weiß ich, was Imprints sind. Manchmal verwenden wir Imprints, ja. Aber ihre Erinnerungen kommen von Missionen, nicht von Imprints. Bei ihr ist es anders.

Mehr Informationen über Imprints befinden sich in meinem Buch *Keepers of the Garden*.

D: *Okay, ich finde immer wieder neue Dinge heraus, die ich zuvor noch nicht wusste. (Lacht) Sie ist also aus einem Grund hier in diesem Leben, und sie weiß nicht, dass sie die Regierung beeinflusst.*

S: Nein. (Lacht) Keinen Schimmer, keinen Schimmer. Sie ist sehr, sehr wichtig in Washington, an diesem Ort und in dieser Position. Wir hatten Glück, dass wir ihr dieses Haus besorgen konnten, in dem sie nun wohnt. Alles ist so arrangiert, dass die Energie auf eine bestimmte Art fließen kann. Sie wohnt an einer Stelle, von der aus sie ihre Energie in unterschiedliche Richtungen aussenden kann und diese kommt überall gleichzeitig an.

D: *Und sie wusste das nicht. Ihr habt ihr das Haus und den Job ausgewählt, damit sie genau hier landen würde.*

S: Ja, alles. Es ist lustig, dass wir ihr das Haus ausgesucht haben. Es war ihr bestimmt, hierherzukommen und das Haus zu kaufen. Sie ist dort wie ein Leuchtturm und liebt das. Es ist ein perfektes Haus für sie, mit der Energie und allem anderen.

Teil der Probleme, zu denen Shani Antworten finden wollte, war auch die Angst, dass sie das Haus verlieren würde. Sie hatte große Angst davor, alles zu verlieren. „Sie wird nichts verlieren." Allerdings hatte sie die Arbeit nicht mehr, die sie von Zuhause aus hätte machen wollen. „Dieser Job musste weichen. Es war Zeit für eine Veränderung und sie weiß das. Sie wird eine Mission erhalten. In unserer Welt nennen wir es eine Mission, aber es wird bei euch als Job bezeichnet?"

D: Ja, so nennen wir es.
S: Ihr aktueller Job ist weg. Wir möchten nicht, dass sie das noch macht. Es geht jetzt um die Mission, und wir werden sie diesmal um die ganze Erde schicken. Sie wird an unterschiedliche Ort reisen. Sie wird ihr Haus behalten, aber sie wird trotzdem um die ganze Welt reisen. Sie wird mit Leuten reden. Manchmal geht sie an Orte und denkt, dass sie einfach mit Leuten spricht, aber sie geht eigentlich dorthin, um Energie dorthin zu bringen, vor allem zur Regierung. Ihre Energie wird dort wirken, wo sich wichtige Regierungen aufhalten. Zum Beispiel: Wenn Russland etwas vorhat und dort eine Entscheidung gefällt werden muss, werden wir sie dorthin bringen und sie wird ihre Energie dort anwenden. Für die Regierungen und auch für das Volk. Viele Menschen in der Welt leiden und wir spüren das. Wir spüren, dass Menschen konstant um Hilfe fragen und sie ist eine der Personen, die sich dazu bereiterklärt haben, dies zu tun. Also nutzen wir sie, um zu all diesen Menschen Energie auszusenden, damit sie heilen können.

Sie versicherten ihr, dass sie stets reichlich Geld haben würde, um diese Aufgaben zu erledigen. Shani machte sich darüber Sorgen, da sie eine große Summe benötigte, um Schulden abzubezahlen, und sie benötigte sie bald. Sie schienen nicht besorgt zu sein. „Ich werde etwas für sie arrangieren. Sie wird Geld haben. Wir werden einen Weg vorbereiten, auf dem sie zu dem Geld kommt. Es wird rechtzeitig da sein, aber wir können ihr keine Details dazu geben." Das Geld würde nicht durch einen Job kommen; das war die einzige Information, die sie ihr geben konnten, abgesehen von einem Zeitrahmen: Innerhalb der nächsten drei oder vier Monate würde es geschehen. Das Reisen würde in ein bis zwei Jahren beginnen.

D: Ich muss eine Frage stellen. Ich bin auch im Laufe der Zeit an immer mehr und mehr Orte dieser Welt geschickt worden. Ich glaube aber, ich habe eine andere Aufgabe.

S: Deine ist anders. Deine Aufgabe ist es, Informationen zu Menschen zu bringen. Deshalb bist du hier.

D: Ich reise auch in unterschiedliche Länder.

S: Du gibst Menschen Informationen und trägst Informationen von einem Ort zum anderen. Das ist es, was du tust.

D: Du bist also eine andere Art von Energie?

S: Ja, es ist eine andere Art Energie. Unsere wird in einem höheren Ort als dem Planeten, von dem sie kommt, gelagert. Es ist ein Ort, an dem alle Informationen gelagert werden, und wir können diese Informationen abrufen und unsere Kraft und Energie nutzen, um Menschen zu beeinflussen.

Sie hatte ebenfalls Schwierigkeit damit, einen Mann zu finden und in ihrem Leben zu halten. Sie sagten, ihre Energie sei so stark, dass die Männer dies spürten und sie verließen. Sie müsste jemanden finden, der die gleiche Energie in sich trägt, allerdings waren sie auch der Meinung, dass eine Beziehung ihre Arbeit und die von ihr ausgesendete Energie beeinträchtigen würde. „Sie kann jemanden in ihrem Leben haben, aber es darf ihre Mission nicht beeinflussen. Was sie tut, ist sehr wichtig. Sie weiß das nicht. Es gibt nur sehr wenige Menschen wie sie auf dieser Welt. Falls sie jemanden mit der gleichen Energie findet, müsste wahrscheinlich entweder sie oder die andere Person umziehen. Das sollen sie nicht." Es war übrigens auch der Grund, warum sie übergewichtig war. Sie wollten nicht, dass sie zu attraktiv sei. Nun konnte sich das Gewicht allerdings reduzieren, weil sie bald reisen müsste. Ihr Sodbrennen und die Blähungen kamen von der übermäßigen Energie, genau wie die Momente, in denen sie dachte, dass sie Herzprobleme hatte. Ab und zu war die Energie zu stark für ihren Körper. „Ärzte konnten bisher nie etwas finden, weil da nichts ist. Wenn sie die Energie einruft, um sie zu benutzen, ist das zu stark für den Körper. Wir versuchen, sie sanft anzuwenden, weil es sonst zu anstrengend für sie sein kann. Aber sie wird sie in Zukunft öfter nutzen." Ich bat darum, sie ein wenig herunterzufahren, damit Shani sich körperlich nicht so unwohl fühlen müsse. „Ich kann es hoch- oder runterfahren. Wann immer sie Energie durchleitet, erhält sie noch mehr Energie zum

Durchleiten. Diese geht durch den Körper und beim nächsten Mal erhält sie dann noch mehr. Seit dem Jahreswechsel hat sie das vermehrt getan. Die Energie fließt nach Washington. In der Regierung erfolgen viele Veränderungen, und – wie du vielleicht gehört hast – wandelt sich die Wirtschaft. Das ist ihre Mission. Sie wusste das bereits, bevor sie geboren wurde. Wir geben ihr immer nur, womit sie auch umgehen kann."

D: Kann sie mit diesen Informationen umgehen?
S: Ja, das kann sie. Sie ist sehr stark, stärker als man denkt. Sie wird überrascht und zugleich aufgeregt sein. Sie weiß nicht, warum sie so fühlt, wie sie es tut, und was sie hier macht. Sie hat keine Ahnung. Sie ist sehr gesund. Ihr Körper verjüngt sich, während wir gerade sprechen. Deiner übrigens auch.

Im Laufe meine Arbeit habe ich viele Male bestätigt bekommen, wie mächtig der Geist ist, wenn er sich fokussiert und schöpferisch tätig ist. Mir ist gesagt worden: „Wenn die Kraft eines einzigen Geistes mächtig genug ist, um Umstände zu ändern, stell dir vor, wie mächtig der Geist einer Gruppe ist. Wenn man Gruppen von Menschen dazu bekommt, sich auf eine Sache zu fokussieren, kann man die Welt verändern und wahrlich Wunder bewirken. Weil der Geist einer Gruppe sich nicht nur multipliziert, sondern im Quadrat wächst. Diese Macht ist enorm!" Ich wurde ermutigt, diese Nachricht in meinen Vorträgen und Klassen auf der ganzen Welt zu verbreiten. Mir wurde aufgetragen, Menschen zu erklären, dass, wenn sie sich in Gebets- und Meditationsgruppen oder bei metaphysischen Versammlungen etc. nur fünf Minuten nehmen und alle Anwesenden darum bitten, sich währenddessen auf Frieden und Harmonie zu fokussieren, wir den Kurs der Erde damit ändern können.

Kapitel 9

EIN WEITERER REISENDER

Peter war ein junger, dunkelhäutiger Anwalt. Einer seiner Hauptgründe für die Sitzung war es, herauszufinden, ob er seinen Beruf wechseln sollte. In dem, den er hatte, war er erfolgreich, allerdings auch in Monotonie gefangen.

Als die Sitzung begann, war Peter zunächst ein Beobachter unterschiedlicher Naturszenen: Erst sah er Pferde, die auf einem Feld rannten, und dann schwebte er über einer wunderschönen Landschaft. Er wollte nicht herunterkommen, sondern einfach weiterfliegen und beobachten. Schließlich wechselte er in eine Szene, die er im Detail zu beschreiben begann: ein Fluss, der sich durch ein Tal zwischen zwei Bergen schlängelte. Da war eine Art Feldlager, in dem Menschen waren und Arbeiten verrichteten. „Hier sind die Leute. Hier sind sie geblieben. Sie arbeiten, aber sie warten auch auf mich. Ich fliege noch, aber sie wissen, dass ich da bin. Ich will die Leute sehen. Ich möchte von der Luft aus überprüfen, ob sie sicher sind. Ich treffe die Leute und ich beschütze sie, während sie durch das Tal ziehen. Ich stelle sicher, dass es für sie sicher ist."

Seine Aufgabe war es, über die Leute zu wachen und sie zu führen. Niemand hatte ihm aufgetragen, dies zu tun. „Ich wusste es einfach. Ich bin ihr Führer. Ich habe mich immer um die Leute gekümmert." Dies war zunächst verwirrend, da es klang, als ob er eine Art Schutzgeist war. Als ich ihn jedoch darum bat, sich zu beschreiben, schien er sehr körperlich. „Ich bin ein Mensch, ein Mann, kann aber fliegen. Ich bin sehr stark, und ich kann meine Form verändern. – Ich kann auch durch den Raum reisen."

D: Du meinst, du hast die Fähigkeit, dich in alles zu verwandeln, was du möchtest? (Ja) Wie ist das mit den Leuten? Sehen sie dich als Mensch?

P: Wenn ich das möchte.

D: Ich frage mich, ob sie dich fliegen sehen können?

P: Sie können mich sehen, wenn ich das möchte.

D: Ansonsten bist du unsichtbar?

P: Ja. Ich bewege mich durch Raum, in dem ich keine Gestalt habe. Ich bin mir bewusst, dass ich weit reise. Ich bin zur Erde gekommen, habe menschenähnliche Eigenschaften und kann fliegen.

D: Du sagtest, du reist durch den Raum. Meinst du damit den Raum der Erde?

P: Nein, durch den Raum unterschiedlicher Planeten. Ich reise von Planet zu Planet.

D: Du kannst also reisen, wo immer du hinmöchtest? (Ja) Das sind wunderbare Talente. Zurzeit hast du allerdings die Aufgabe, auf diese Leute aufzupassen, während sie durch das Land ziehen? (Ja)

Ich bat um eine Beschreibung der Leute. „Sie sind wie Indianer. Sie tragen keine Kleidung, aber so etwas wie eine Bedeckung. Sie sind mit dem Land sehr verbunden. Es sind Hunderte, die gemeinsam reisen."

D: Hast du schon einmal zuvor auf Leute aufgepasst?

P: Es ist immer meine Verantwortung gewesen, auf Leute aufzupassen, egal, wo sie sind.

Ich verdichtete die Zeit und bat ihn darum, mir zu sagen, wohin sie gingen und ob es irgendetwas gab, das er zu tun hätte. „Bleibst du in der Luft über ihnen?"

P: Ja, ich fliege über ihnen. Sie ziehen weiter. Sie gehen irgendwohin und ich achte darauf, dass sie sicher sind. Diese Leute ziehen andauernd weiter. Sie bleiben nicht lange an einem Ort.

Da dies noch sehr lange so hätte weitergehen können, ließ ich ihn nach vorne „spulen", um zu sehen, ob es etwas gab, dass er tun musste. Obwohl es seine Aufgabe war, sie zu beschützen, sah er sich überraschenderweise in einem physischen Körper, der einen Speer hielt. Ich bat um eine Erklärung. „Ich habe entschieden, mich unter sie zu mischen. Wenn ich mit ihnen ziehe, bin ich immer im Körper. Wenn ich nicht auf der Erde bin, bin ich nicht körperlich."

D: *Gab es einen Grund für deine Entscheidung, einer von ihnen zu werden?*
P: Damit sie mich kennen. Ich konnte so bei ihnen sein. Sie konnten mich sehen. Sie würden wissen, wer ich bin. Daher nehme ich eine körperliche Form an, wenn ich auf die Erde komme.

Es stellte sich heraus, dass sie ihm mehr zuhörten, wenn sie ihn in einer körperlichen Form zu sehen bekamen. Er führte sie zu einem sicheren Ort. „Ich ziehe mit ihnen und gebe ihnen die Richtung vor."

D: *Du sagst ihnen, wohin sie gehen sollen und verlässt dann die körperliche Form?* (Ja) *Denken sie, dass das seltsam ist, wenn du plötzlich verschwindest?*
P: Sie wissen, dass ich wiederkomme.
D: *Gehst du dann fort und kümmerst dich um andere Leute oder beobachtest du sie einfach?*
P: Nein, ich tue andere Dinge. Ich gehe an andere Orte. Ich habe viele Aufgaben, aber es geht immer darum, Leuten zu helfen,
D: *Hast du das immer schon getan?*
P: Ja. Ich mag Böses nicht.
D: *Hast du jemals in einem physischen Körper gelebt und musstest darin bleiben? Verstehst du, was ich meine?*
P: Ja. Ich erinnere mich an keine physischen Körper außer die, die ich habe, wenn ich komme, um Leuten zu helfen.
D: *Du wirst dann einfach körperlich, wenn du es willst?* (Ja) *Auf diese Art bist du nicht in einem Körper gefangen. Du kannst ihn einfach formen und auflösen, wie es dir beliebt?* (Ja) *Du bleibst also eine Weile bei dieser Gruppe und hilfst ihnen, zu einem sicheren Ort zu gelangen. Und dann gehst du woandershin?*
P: Ja. Ich gehe zu einem Planeten. Ich befinde mich im Flug. Es ist anders. Da ist ein Licht. Da sind viereckige Lichter auf

diesem Planeten ... Technologie. Die Vierecke liegen einfach auf dem Planeten.

D: *Diese Lichtvierecke sind die Technologie?*

P: Ja. Sie werden für Energie verwendet. Es ist eine fortgeschrittene Kultur. Wesen leben in ihnen.

D: *Ist es ein Planet, auf dem du zuvor schon gelebt hast, oder erforschst du gerade noch?*

P: Nein, ich kenne den Planeten. Ich lande.

D: *Nimmst du eine körperliche Gestalt an, wenn du landest?*

P: Nein. Meine Gestalt ist wie ein Energieball. Ich lebe hier.

D: *Gibt es Leute auf dem Planeten?*

P: Keine Leute. Sie sind anders. Kugeln aus Licht.

D: *Aber es ist Bewusstsein?*

P: Ja. Wir sind Arbeiter. Wir gehen auf andere Planeten. Ich erhalte diese Energie. Ich erhalte diese Energievierecke und nehme sie mit mir zu anderen Planeten. Ich begebe mich in diese Vierecke aus Licht und erhalte Energie von ihnen. Und dann fliege ich fort.

D: *Wohin gehst du nun?*

P: Ich ziehe einfach umher und helfe Leuten.

D: *Hast du jemals darüber nachgedacht, ein physisches Wesen zu werden?*

P: Ja, wenn ich zur Erde komme.

Ich versuchte, die Konversation auf Peter zu lenken, den physischen Mensch, der auf dem Bett lag.

D: *Hast du jemals in Erwägung gezogen, in einem physischen Körper zu bleiben?*

P: Nein. Ich besuche nur.

D: *Hast du jemals darüber nachgedacht, in einer physischen Gestalt zu bleiben und nicht mehr hin- und herzuwandern?*

P: Ich mag es, hin- und herzuwandern.

D: *Du hast niemals das Verlangen verspürt, im Körperlichen zu bleiben?*

P: Nein, ich bin nur auf Besuch hier.

D: *So hast du komplette Freiheit, nicht wahr?*

P: Ja, aber ich arbeite.

D: *Gibt dir irgendjemand vor, welche Aufgaben du als nächstes angehen sollst?*

P: Ich weiß es einfach automatisch.

D: Dann lass uns herausfinden, wohin du als Nächstes gehst. Bleibst du noch auf dem Planeten oder wirst du an einen anderen Ort schweben? Was fühlt sich richtig an?

P: Ich bin nun auf der Erde und schaue auf ein Gebäude. Es ist dunkel.

D: Hast du eine weitere Aufgabe, die du erledigen sollst?

P: Ich weiß es nicht. Ich beobachte dieses Gebäude. Dieses Mal fühlt es sich anders an. Ich werde quasi zurück zur Erde *geschleppt.* Wenn ich dieses Mal zur Erde komme, bin ich umgekehrt … Es ist so, als ob ich zurück zur Erde gesaugt werde und nun auf dieses Gebäude schaue. Ich bin gegen meinen Willen hierhergeholt worden.

Er fand sich plötzlich in einem Körper wieder, aber nicht in der Art Körper, die er gewöhnlich für sich schuf. Er war nun in physischer Gestalt. Aber war er auch inkarniert?

P: Ich kann den Menschen tatsächlich auch als Mensch helfen, aber ich muss mehr lernen. Ich muss sie glauben machen, dass ich ihnen helfen kann. Dass ich ihren Leben helfen kann. Dann kann ich sie heilen.

D: Denkst du, dass du sie in körperlicher Gestalt besser heilen kann als in der anderen Form, in der du reist? (Ja) Warum hast du dich entschieden, nun doch physisch zu werden? Du hast da draußen eine Menge Arbeit verrichtet, oder?

P: Ja, aber sie haben hier meine Hilfe benötigt. Ich wurde hierher entsendet, um zu helfen.

D: Also hat dir jemand aufgetragen, in einen physischen Körper zu gehen und physisch zu werden?

P: Richtig. Zunächst dachte ich, dass ich mich rückwärts bewegte, und dann bin ich einfach los, um das zu tun, was ich zu tun habe.

D: Du hast also entschieden, in den Körper zu gehen, den wir Peter nennen? (Ja) Bist du als Baby in den Körper hinein?

P: Ja, aber da ist etwas passiert. Ich erinnere mich nicht daran, was es war, aber ich war ein Baby.

D: Du bist in den Körper, als er ein Baby war?

P: Neun Jahre alt.

D: Bist du dann im Körper geblieben, als er älter wurde?

P: Im Alter von neun Jahren.

Dies mag zunächst seltsam klingen, ist mir allerdings schon einige Male in anderen Fällen begegnet. Wenn diese Art von Energie das erste Mal versucht, in den Körper zu gehen, ist sie zu stark und so extrem anders, dass sie mit dem Körperlichen aufeinanderprallt. Das kann zu einer Abtreibung oder einer Fehlgeburt führen, weil es für den Fötus zu viel ist.

D: *Bist du gerne in diesem Körper?*
P: Ja, aber ich möchte ihn verbessern. Ich will ihn perfektionieren. Ich will verstehen. Ich möchte das Wissen.
D: *Peter hat Wissen bezüglich des Gesetzes.*
P: Das ist nicht genug. Mehr als das. Mehr als das Gesetz.
D: *Das gehört zu den Dingen, die er wissen wollte. Gibt es etwas anderes, das er zusätzlich tun sollte?*
P: Ich soll Leuten Dinge erklären … ihnen Wissen geben. Es gibt einen Grund. Ich will, dass alle geheilt werden.
D: *Das klingt, als ob es das erste Mal ist, dass du ein körperliches Leben angegangen bist. Stimmt das?* (Ja) *Das muss merkwürdig sein, oder?*
P: Ich will das Unterbewusstsein anzapfen. Ich weiß, dass dort alles Wissen zu finden ist, und ich will es haben.
D: *In Ordnung. Wenn es okay ist, werde ich nun das Unterbewusstsein anzapfen, um Fragen zu beantworten. Ist das in Ordnung?* (Ja) *Es war angenehm, mit dir zu sprechen, und ich danke dir sehr für die Informationen, die du uns gegeben hast.*

Ich rief das SC ein und hoffte darauf, Erklärungen zu erhalten. Es sagte, dass es Peter keine vergangenen Leben gezeigt hatte, weil es wichtiger für ihn war, über den anderen Teil zu erfahren. Es stimmte zu, dass sein aktuelles Leben das erste in einem physischen, menschlichen Körper war. Er war zuvor stets ein Beobachter und Helfer gewesen.

D: *Hat ihm jemand gesagt, dass es besser wäre, in einem Körper zu sein?*
P: Ja. Er hat hier auf der Erde Arbeit zu erledigen. Übergang … beim Übergang helfen.

Sie erklärten, dass es mit dem Wandel zur Neuen Erde hin zu tun hatte. Er war einer von vielen Menschen, die zum ersten Mal hierhergekommen waren. Diejenigen, die schon seit langer Zeit auf der Erde gewesen sind, würden nicht in der Lage sein, zu helfen. Sie waren noch auf dem karmischen Rad gefangen. Neue, reine Seelen waren nötig, um beim Übergang zu helfen. Dies wird in meinem Buch *The Three Waves of Volunteers and the New Earth* genauer erklärt. Peter war einer dieser neuen Seelen. Obwohl er gute Arbeit als Anwalt vollbrachte, wollten sie mehr von ihm. „Lehre Menschen, wie sie sich selber heilen. Erkläre Menschen, wie der Geist funktioniert. Er weiß, was zu tun ist."

D: *Möchtet ihr, dass er bestimmte Ausbildungen macht?*
P: Ja. Er weiß, was zu tun ist, aber er wird Ausbildungen machen müssen, um den Leuten zu zeigen, dass er weiß, was zu tun ist. Er soll mit Energie arbeiten. Er hat Kräfte in seinen Händen.
D: *Er muss das nur aktivieren?*
P: Ja. Er kann mit seinen Händen über der Wirbelsäule arbeiten. Alle Energie ist am unteren Ende der Wirbelsäule. Da ist ein Feuerball am unteren Ende der Wirbelsäule.

Ich wusste, dass sich dort das Kundalini befand und dass dies eine enorme Kraft besaß, dass man allerdings auch vorsichtig damit sein sollte. Sie bestanden darauf, dass Peter wusste, was zu tun war. Er sollte die Personen nicht berühren, sondern mit deren Energiefeldern arbeiten. Sie sagten, dass es eine kleine Blockade im Kreuz gab, die ihn davon abhielt, die Energie zu aktivieren, die er benutzen sollte. Sie gaben ihm die Anweisung, zu visualisieren, wie sich die Blockade auflöst, damit die Energie frei ist, um nach oben zu fließen. „Die Frauen werden ihn unterrichten. Es wird bald passieren." Die Energie war ihm bisher noch nicht zugänglich gemacht worden, weil es zu viel Macht für ihn gewesen wäre. Nun war allerdings die Zeit gekommen, in der er damit umgehen konnte. „Er darf seine Energie nicht verschwenden. Er soll sie immer ordentlich anwenden und nicht aus Eigennutz."

D: *Muss die Person es wollen, dass ihr geholfen wird?*
P: Er muss sie von ihrer eigenen Kraft überzeugen.
D: *Muss er die Person um Erlaubnis bitten, bevor er an ihnen arbeitet?*
P: Immer!
D: *Dann wird er nichts verschwenden.*

P: Korrekt.

Sie wollten, dass er seine Arbeit als Anwalt weiterführte. Dies würde ihm den Kontakt zu den Menschen ermöglichen, die er kennenlernen sollte. „Ihr sagtet, er ist hier, um beim Übergang zu helfen?"

P: Ja, so ist es. Er muss seinem Weg folgen. Er war bis jetzt noch nicht bereit. Er muss sein Drittes Auge anzapfen.

D: *Wir wollen nicht, dass er Probleme auf seiner Arbeit bekommt. Wollt ihr, dass er vorsichtig ist?*

P: Immer. Aber er muss weiterhin nachforschen, suchen und lernen. Wenn er an Leuten arbeitet, wird er Bescheid wissen. Er wird während dieser Zeit des Übergangs so vielen Leuten helfen.

D: *Das heißt, er wird an zwei Dingen arbeiten: an seiner Anwaltskarriere und am Heilen.*

Peter war offensichtlich Teil der zweiten Welle von Freiwilligen (Geburtsjahr 1958), da er ein Beobachter zu sein schien. Er war für eine extrem lange Zeit einer gewesen, also schien es mehr als natürlich für ihn zu sein, in seinem aktuellen Leben damit weiterzumachen.

Kapitel 10

FARBEN UND KLANG

Erika war bereits über ihre Tätigkeit als Kinesiologin in Energiearbeit involviert gewesen. (Das ist die Lehre von den Bewegungen des Körpers und dem Einfluss von Energie auf diese.) Die Nutzung von Energie war also nicht neu für sie, aber sie hatte das Gefühl, dass sie hier noch Rat benötigte.

Als Erika in ihrer Szene landete, war es dunkel, aber sie wusste, dass es nicht Nacht war. Es war dunkel, weil die Luft von vulkanischer Asche erfüllt war. „Die Luft ist dick und schwarz. Der Untergrund sieht aus, als ob er verbrannt worden ist." Die Luft fühlte sich heiß an und roch nach verbrannter Asche. Als sie sich ihres Körpers bewusst wurde, sah sie, dass ihre Füße vom Laufen über die kräuselige Asche und den verbrannten Boden ganz schwarz waren. Sie war ein junger Mann, der Lumpen trug. Sein Körper war dünn und schien am Verhungern zu sein. Er wusste, dass er in dieser Umgebung gelebt hatte, bevor dieses Unglück passiert war. „Da waren Felder, auf denen wir unsere Schafe hielten. Ich hatte ein kleines Haus, eine Grassodenhütte. Nicht sehr groß, aber sie gehörte mir. – Das Haus ist nun abgebrannt. Da ist nichts mehr. Ich verstehe nicht, wie es brennen konnte, weil es aus Sode war, aber es hat gebrannt." Er hatte dort alleine gelebt, da er keine Familie hatte, fühlte sich allerdings nicht einsam, weil er seine Schafe und einen Hund bei sich hatte. „Wir sind hier oben auf einem Berg. Die Leute haben in den Tälern gelebt."

D: Wo warst du, als das Haus abbrannte?
E: Im Bach. Ich war in meinem Haus, als der Boden zu beben anfing. Die Schafe liefen auseinander und machten eine

Menge Lärm, während der Hund versuchte, sie zusammen zu halten.

D: *Als ob sie wussten, was passieren würde?*

E: Ja. Der Untergrund begann zu beben. Ich rannte hinaus. Ich sah die Erde beben und meine Schafe auseinanderrennen. Der Hund versuchte, sie zu beruhigen und zusammenzutreiben, aber sie rissen aus und der Hunde rannte ihnen nach. Eine Rauchwolke hing über dem Berg und Lava spritzte überall hin. Ich verbrannte mich und deshalb rannte ich zum Bach.

D: *Ist das zuvor schon mal passiert?*

E: Nein, nicht solange ich hier gelebt habe. Leute haben sich Geschichten davon erzählt. – Ich tauchte im Bach unter, während alles abbrannte. Dort blieb ich eine lange Zeit und dann weiß ich nicht mehr, was geschah. Ich muss eine Weile bewusstlos gewesen sein, denn ich wachte auf und die Welt war schwarz. Das Haus war einfach weg. Und es gab keinerlei Anzeichen dafür, dass es jemals da gewesen war. Alles war verbrannt und ich war am Verhungern.

D: *Was wirst du nun tun?*

E: Ich muss meine Schafe und meinen Hund finden.

D: *Du musst aber auch etwas zu Essen finden, oder?*

E: Ich muss erst meinen Hund finden. Ich glaube, ich sollte bergab gehen, in Richtung Dorf. Ich kann mir nicht vorstellen, dass die Schafe bergauf gelaufen sind. Sie sind bestimmt unten. Ich nehme an, sie sind erst etwas nach oben in Richtung Nordosten gelaufen und dann hinunter. Da unten befindet sich ein großer See.

D: *Das wäre clever von ihnen gewesen.*

E: Ja, allerdings sind Schafe nicht sehr clever. (Lacht)

Ich verdichtete Zeit, um herauszufinden, wie es weiterging.

E: Der Hund ist unten beim See. Er ist außer sich vor Freude, als er mich sieht, und hat ungefähr ein Drittel der Herde in Sicherheit gebracht.

D: *Wirst du dort unten bleiben?*

E: Ich glaube, wir müssen hier weg. Zu viel Rauch und Asche vom Vulkan.

D: *Wirst du in das Dorf gehen?*

E: Da ist auch überall Asche.

D: *Oh? Es wurde auch zerstört?*

125

E: Es wurde nicht zerstört, aber dort zu leben, das ist nun unmöglich.

D: *Wirst du versuchen, die Leute zu finden?*

E: Ich mag sie nicht.

D: *Warum nicht?*

E: Weil sie mich nicht mögen. Ich bin anders ... einfach anders. Ich bin nicht wie sie, weil ich merkwürdig spreche. Ich glaube, ich habe eine Kieferspalte oder etwas in der Art. Sehe seltsam aus ... spreche seltsam. Zu hässlich.

D: *Hattest du jemals eine Familie?*

E: Ich glaube, meine Familie wollte mich auch nicht. Oder es gab eine Art von Tabu bezüglich Menschen wie mich. Eine Art von „Regel", dass Leute wie ich nicht mit der Gemeinschaft leben dürfen.

D: *Wie ein Ausgestoßener?*

E: Ja. Ich sehe eine Frau. Sie war nicht meine Mutter, aber sie stellte sicher, dass es mir gut ging.

D: *Und dann hattest du dich entschieden, mit deinen Schafen auf den Berg zu ziehen?*

E: Ich glaube, dass sie es war, die das für mich möglich gemacht hatte. Ich war glücklich.

Er hatte keine andere Wahl, als sein Land zu verlassen und einen neuen Ort zum Leben zu finden. Er zog mit seinen Schafen und seinem Hund los, ohne zu wissen, was in welcher Richtung lag. Ich verdichtete erneut die Zeit, um herauszufinden, wohin er gegangen war.

E: Wir sind eine lange Zeit gelaufen, und nun sind wir in einem anderen Tal und es ist sehr schön hier. Ein Flüsschen fließt hindurch und es gibt ein anderes Dorf. Es ist sehr merkwürdig, aber die Leute hier scheinen dieses Tabu nicht zu haben. (Er klang glücklich.) Sie hörten meine Geschichte und erlaubten mir, meine Schafe hierherzubringen und sie zu heilen. Sehr lustig: Es gibt noch jemanden wie mich hier! Und diese Person ist sehr fähig im Heilen der Wunden meiner Schafe. Sie haben Verbrennungen. Wir tauschen Geschichten und Märchen aus und sie laden mich ein, Teil ihrer Gemeinschaft zu werden.

Es schien, als ob er eine ideale Situation gefunden hatte. Ich bat ihn, zu einem bedeutenden Tag zu wechseln, und er war verwirrt. „Bin ich eine andere Person?" Er sah sich auf einem Berghang aus Granit; ein anderer Berg als der, den er zuvor gesehen hatte. Zunächst hatte er den Eindruck, dass er etwas weißes trug, stellte dann jedoch fest, dass er ein Wesen aus Licht war. Er sprach mit jemandem, den er „Geist" nannte und der ihm Anweisungen gab.

D: *Was für Anweisungen?*
E: Für Licht. Ich erhalte Anweisungen, wie es zu nutzen ist.
D: *Physisches Licht oder welcher Art?*
E: Es muss das Spektrum betreffen, das man nicht sehen kann. Wie Strahlung. Ich kann sie sehen. Verschiedene Farben.
D: *Wie sollst du sie benutzen?*
E: Sie verkörpern. Jede Farbe hat eine Essenz.
D: *Jede Farbe ... unterschiedliche Farbstrahlen?*
E: Wenn du sie verkörperst, verändert das alles um dich herum.
D: *Was meinst du mit „verkörpern"? Es geht in einen physischen Körper?*
E: Nein, kein physischer Körper.
D: *Ich versuche zu verstehen. Du sagtest „verkörpern".*
E: Was immer ich bin, wird zu dem Strahl.
D: *Du meinst, du wirst zu dieser individuellen Farbe?*
E: Oder zu einer Kombination.
D: *Für eine bestimmte Zeit?*
E: Für verschiedene Anwendungen. Es ist so, als ob ich durch irdische Situationen laufe, während ich einen Strahl verkörpere, und dann verändern sich Dinge bewusst. Eine bewusste Verkörperung.
D: *Meinst du, dass du wie ein Licht bist, wenn du in einen physischen Körper gehst?* (Nein) *Du sagtest „durch etwas laufen".* (Ja) *Ich dachte, du meinst damit, körperlich zu werden.*
E: Nein. Ich laufe einfach unter Leuten. Sie wissen nicht unbedingt, dass ich da bin.
D: *Sie müssen dich nicht sehen?*
E: Nein. Einige können mich aber spüren.
D: *Wenn sie dich sehen könnten, würden sie dich als Licht sehen?* (Ja) *Du nimmst also die Essenz eines Strahls, die Farbe, an und dann begibst du dich unter Leute auf der Erde. Was für einen Effekt hat das auf die Menschen, wenn du bei ihnen bist?*

E: Sie ändern sich oder sie widerstehen. Entweder verärgert es sie oder sie verändern sich plötzlich.

D: *Zum Besseren?*

E: Immer.

D: *Nimmst du unterschiedliche Farben an, wenn du das tust?*

E: Es sind viele verschiedene Farben in einer kurzen Zeit. Man kann hin- und herwechseln, je nach Situation, Ort und Umgebung der Leute. Man nimmt diejenige Farbe an, die benötigt wird.

D: *Das wäre hilfreich. Du beeinflusst sie also einfach mit deiner Anwesenheit?* (Ja) *Und sie wissen noch nicht einmal, dass du das tust?*

E: Es spielt keine Rolle.

D: *Hat dir jemand aufgetragen, dies zu tun?*

E: Das waren meine Anweisungen. Das ist es, was mir auf dem Berg beigebracht wurde.

D: *Dass du ein Lichtwesen bist?*

E: Nein, das habe ich immer gewusst.

D: *Dann, dass du in die Welt hinausgehen sollst, das Licht verbreitest und damit Menschen hilfst?*

E: Ich habe das immer schon getan, aber dies war eine besondere Lektion.

D: *Bist du jemals in einem physischen Körper gewesen?* (Nein) *Immer schon ein Lichtwesen?* (Nein) *Was meinst du? Erzähl mir davon.*

E: Ich war bereits an anderen Orten ein Lichtwesen, aber nicht auf der Erde.

D: *Auf anderen Planeten?*

E: Andere Planeten. Andere Ebenen.

D: *Andere Dimensionen?*

E: Ich glaube, das kann man so sagen.

D: *Was hast du auf diesen anderen Ebenen gemacht?*

E: Gelernt. Über Licht gelernt.

D: *Wie war es dort, wo du gelernt hast?*

E: Alles war Licht. Es waren Variationen von Licht.

D: *Waren dort auch andere wie du?*

E: Ja. Sie alle haben über Licht gelernt.

D: *Licht ist sehr wichtig, oder?* (Ja) *Denkst du, dass du alles gelernt hast, was du über Licht wissen musst?*

E: Nein. Deshalb musste ich herunterkommen und mich zwischen die Leute begeben. Es ist unglaublich, was Licht bewirkt.

D: *Was bewirkt es?*

E: Wenn eine Person ein offenes Herz hat, öffnet es das Herz noch mehr. Und wenn sie ein geschlossenes Herz hat, ist es so, als ob sie mit etwas Schrecklichem getroffen worden ist, weil die Person dann gereizter ist.

D: *Sie verstehen nicht, was geschieht?*

E: Nein, und sie benehmen sich sogar noch mehr so, wie sie es zuvor getan haben. Sie schlagen aus.

D: *Sie denken, dass sie attackiert werden, obwohl das nicht so ist. Meinst du das?*

E: Sie werden nicht attackiert. Es kommt aus ihrem Inneren. Es ist mein Job, sie das Licht erfahren zu lassen. Es ist ihnen überlassen, ob sie ihr Herz dafür öffnen oder nicht. Es gibt verschiedene Farbstrahlen und diese haben unterschiedliche Zwecke. Ich lerne das noch.

D: *Das klingt nach einer wunderbaren Aufgabe. Du kannst vielen Menschen einfach nur mit deiner Anwesenheit helfen.*

E: Ja. Das ist auch tatsächlich alles, womit man einer anderen Person wirklich helfen kann.

D: *Sie wissen nicht, dass du da bist. Aber sie haben freien Willen, oder?*

E: Sie haben freien Willen. Absolut!

D: *Du kannst also niemanden zu irgendwas zwingen?*

E: Nein, nein, nein. Es unterliegt ihrem freien Willen, ob sie ihr Herz öffnen oder nicht.

Es machte ihm viel Freude, das zu tun und so den Menschen zu helfen. Den Wunsch, in einen physischen Körper zu gehen, hatte er allerdings nicht. Er hatte das Gefühl, dass er als Lichtwesen effektiver arbeiten konnte.

D: *Musst du auf diese Ebene zurückkehren, um mehr zu lernen?*

E: Ich kann jederzeit dorthin zurück. Ich kann hin und her. Aber ich kann auch auf der Erde Informationen erhalten. Ich steige auf meinen Berg. Aber das geht von überall. Wunderschöne Orte. Ich kann mich öffnen und fragen.

D: *Wunderschöne Orte mit guter Energie. Haben die Anweisungen immer mit Licht zu tun?*

E: Es gibt noch einen anderen Aspekt. Es ist ein neuerer, über den ich noch nicht viel weiß: Klang.

D: *Ich habe gehört, dass Licht und Klang sehr, sehr wichtig sind.* (Ja) *Was bringen sie dir über Klang bei?*

E: Dass Licht und Klang dasselbe sind.

D: *Wie meinst du das? Ich sehe sie als unterschiedlich an.*

E: Sie sind dasselbe. Jeder Klang hat eine Schwingung. Jeder Klang hat eine Farbe. Jede Farbe hat eine Schwingung. Jede Farbe hat einen Klang.

D: *Menschen denken nicht, dass Farben einen Klang haben.*

E: Das weiß ich, aber sie haben einen.

D: *Wir halten sie auseinander.* (Lacht)

E: Das ist so, weil man auf der Erde gerne trennt und aufteilt.

D: *Ja, das stimmt. Wir unterteilen gerne. Was stellst du mit dem Klang an?*

E: Das ist es, was ich noch nicht weiß. Ich verstehe das alles noch nicht. Es ist Teil meines Trainings. Ich denke, es gibt eine andere Ebene, auf der man das lernt. Auf der man lernt, wie man Licht und Klang gemeinsam nutzt.

D: *Ich verstehe, wie du das Licht verwenden kannst, wenn du dich unter Leuten befindest. Wie würde das mit Klang funktionieren?*

E: Man kann ihn nicht hören. So, wie man auch das Licht nicht sehen kann. Aber die Leute empfangen Klang genau so, wie sie auch die Farben empfangen.

D: *Sie sind sich nicht bewusst, was mit ihnen passiert?*

E: Nein, außer, dass sich ihr Herz öffnet. Einige Leute benötigen - ich weiß nicht genau, wie ich das sagen soll – mehr Klang als andere. Es hängt von der Person ab.

D: *Spielt es auch eine Rolle, wie weit entwickelt sie sind?*

E: Ja. Leute spüren und empfangen es so oder so, aber diejenigen, deren Herzen geschlossen sind, brauchen mehr Klang.

D: *Um das Öffnen zu unterstützen. Mehr Klang als Licht? Denkst du, dass das so mehr bewirkt?*

E: Nein, es ist einfach das, was sie brauchen. Ich denke, dass sie sich dann besser fühlen.

D: *Du hast also keine Intention, in einen menschlichen Körper zu gehen?*

E: Nein, es ist zu limitierend in einem Körper. Warum würde ich das tun wollen? (Lacht)

D: *Bist du dir bewusst, dass du gerade durch einen physischen Körper sprichst?*

E: Oh, ja, das weiß ich. Ich mag es aber nicht. Ich könnte dir auch Informationen geben, ohne körperlich sein zu müssen.

Ich erklärte, dass Erika die Informationen so jedoch hören und später verstehen könnte. „Hast du irgendeine Form von Verbindung zu diesem physischen Körper?"

E: Sie ist ein alter Freund, allerdings gewieft, mit viel Widerstand. Nicht gemein, aber dickköpfig und stur. (Lacht)

D: *Lass uns ihr davon erzählen. Sie will Informationen, oder nicht?*

E: Nun ja. Sie braucht vielleicht Informationen, will sie aber nicht. Sie will alles alleine herausfinden.

D: *Aber das ist schwierig, oder? Und man fühlt sich einsam.*

E: So ist es. Deshalb erfreue ich mich an ihr.

D: *In dem Leben, das ihr gezeigt habt, war sie einsam, oder?*

E: Ja, sie mochte das. Sie denkt, sie muss Dinge allein herausfinden. Sie *mag* das. Sie dachte, dass sie das schafft und alles selbst herausfindet. Da liegt sie allerdings falsch, und deshalb bin ich da.

D: *Wenn man in den Körper geht, vergisst man das alles, oder?*

E: Oh, definitiv. Deshalb mache ich das nicht. Niemals! Aus dem Grund gebe ich ihr hier und da etwas Informationen über Licht oder Klang.

D: *Gibt es etwas Bestimmtes, das sie wissen sollte? Jetzt ist die Gelegenheit, um es ihr zu sagen.*

E: Nur, dass sie sich daran erinnern soll, dass sie Licht und Klang ist. Sehr positive Energie. Das ist alles, was sie ist. Sie arbeitet ebenfalls mit Energie.

D: *Warum sollte sie von dem jungen Mann mit den Schafen erfahren? Warum war es wichtig, diese Leben zu sehen?*

E: Wegen des Hauses. (Das Haus, das niedergebrannt war.)

In ihrem aktuellen Leben war Erika bereits mehr als dreißig Mal umgezogen. Es war ihr bisher nicht möglich gewesen, sich in einer stabilen Umgebung niederzulassen.

E: Sie muss verstehen, dass wo immer sie auch ist, das ihr Haus ist.

D: *Ihr meint, sie trägt es mit sich?*

E: Nein, es gibt kein „mit sich tragen". Es *ist* es einfach.

131

D: Ihr meint den menschlichen Körper?

E: Nein. Anders ausgedrückt: Wo immer wir sind, das ist unser Haus. Es ist kein Ort. Es gibt keine Begrenzungen. Keine Wände. Es ist kein Körper. Es ist dort, wo immer wir sind … da ist unser Zuhause. So ähnlich wie bei Dorothy.

D: Aus „Der Zauberer von Oz"? Es war also immer bei ihr, obwohl sie woanders danach gesucht hatte. Erika sagte, dass sie gerne ein Haus hätte. Denkt ihr, dass das möglich ist?

E: Sie könnte ein Haus haben. Sie könnte es, aber sollte erkennen, dass das Haus nicht *ihr* Haus wäre. Es ist nicht das Haus, wonach sie sucht. In anderen Worten: Sie kann ein Haus haben und sie kann in einem Haus glücklich sein, aber ihr wahres Haus ist die Erde und das Universum, diese große Blase des Kosmos. Sie hat das begrenzt, weshalb sie es nicht finden konnte.

D: Sie hat eine Menge Probleme für sich erzeugt, oder?

E: Es ist einfach Widerstand. Sie widersteht dem Licht und dem Klang. Sie blockt es, weil sie es selbst machen möchte, alles selbst herausfinden möchte. Sie hat Angst. Sie hat mich vergessen und die andere Ebene vergessen und sie hat Angst und will deswegen ihr Herz nicht öffnen. Sie konnte nicht so reagieren wie auf der anderen Ebene. Sie konnte nicht mit der Energie spielen, wie sie es gewohnt war. Sie wusste nicht mehr, wie das Licht zu benutzen war. Sie wusste nicht mehr, wie der Klang zu benutzen war. Sie wusste nicht mehr, wie sie die Energie benutzen musste, um das zu erzeugen. Sie wusste nicht mehr, wie man das macht. Sie vergaß es und das verwirrte sie. Und sie hasste es, in einem Körper herumlaufen zu müssen. Sie ist sich bewusst, dass sie sich selbst Probleme erzeugt hat. Den Teil weiß sie, aber sie kann sich nicht mehr daran erinnern, wie sie da wieder rauskommt. Ich bin seit langer Zeit bei ihr. Ehrlich gesagt bereits seit einigen Leben. Wir kennen uns seit langer, langer Zeit.

D: Bist du so etwas wie ein Führer oder Schutzengel? Dies sind die Begriffe, die wir verwenden.

E: Ich bin ihr Freund. Sie ist sehr stur, und es ist eine sture Angelegenheit, für die sie zum Lernen hergekommen ist. Also erfindet sie immer wieder das Rad neu, weil sie sich nicht entspannt und nicht akzeptiert, dass, wenn sie einfach mal fragen würde, wie ein Rad gemacht wird, wir dann viel mehr Räder machen könnten. Damit sie endlich mal mehr tun kann, mehr leben kann, mehr *er*leben kann und mehr lernen kann. Deswegen ist sie sehr langsam. Es ist so, als ob jeder Atemzug zurück zu den Anfängen der Höhlenmenschen führt und sich von dort dann wieder langsam fortentwickelt.

D: Sie macht es sich zu schwierig. (Ja) *Sie hat viele Talente und die Fähigkeit, alles zu tun, was sie tun möchte.* (Ja)

Ich wandte mich ihren Fragen zu: „Was hat es mit den nächtlichen Panikattacken auf sich, bei denen sie schreiend aufwacht? Was ist die Ursache davon?"

E: Ich weiß nicht, wie ich das erklären soll ... Sie trägt so etwas wie Widerstandszellen in sich. Vielleicht könnte man sagen, dass es Codes in ihrer DNA sind, die „harte" Energie in ihren Feldern darstellen. So wie Spiegel, die dafür sorgen, dass die Lebenskraft und die Quellenenergie, die hineinkommen, zurückreflektiert werden und somit nicht Teil von ihr werden. Sie reflektiert sie. Diese DNA-Protonen sind wie klitzekleine reflektierende Spiegel, die die Quellenenergie zurückwerfen und ihr nicht erlauben, Teil des Systems zu werden.

D: Stammen die aus einem anderen Leben?

E: Ja. Sie hat sie ihrer DNA hinzugefügt.

D: Aber sie haben im aktuellen Leben keinen Nutzen, oder?

E: Nein. Sie sind derzeit aktiv, aber sie müssten es nicht sein. Alles was sie tun müsste, wäre, alle Codes anzuschalten, damit sie vollständig leben kann und komplette physische Immunität erhält, was ihre Gesundheit betrifft. Damit Keime, Bakterien und Viren für sie keine Rolle mehr spielen. Ich glaube, dass sie nicht wirklich wusste, was sie tat. Ich denke, dass sie auf kosmischer Ebene verspannt war und deshalb Widerstand ausübte: Sie sagte, dass sie das alles alleine machen wollte, und das bewirkte dieses „Umlegen des Schalters". Sie kann die Codes wieder anschalten. Sie kann mit ihrer DNA reden und sie darum bitten, die Codes wieder anzuschalten.

D: Kannst du das machen?

E: Ich kann das nicht, aber Licht und der Klang können es.

Während der gesamten Sitzung tobte draußen ein schrecklich lautes Gewitter und der Donner grollte. Die Kommunikation hatte das allerdings in keinster Weise beeinträchtigt. Das SC bemerkte sogar, dass es den Sturm mochte. „Sie kann den Sturm nutzen."

D: Sehr gut. Tut das. Der Sturm hat eine Menge Energie.

E: Sie kann dem Klang des Regens erlauben, gemeinsam mit dem des Donners in ihr System zu gehen und es durchzuspülen. Und wenn er durchfließt und das Licht nachkommt, ist es blau ... blau. Weißes Licht.

D: Und das wird den Schalter umlegen? (Ja) *Machst du das gerade?*

E: Ich mache das nicht. Sie muss es tun.

D: Gib ihr bitte Anweisungen zum Umlegen des Schalters.

E: Man lässt die Blitze, das blaue Weiße Licht, durch sein System fließen wie Flüssigkeit. Und es strömt durch jede Zelle im Körper, vom Kopf bis zu den Füßen, und belebt jeden einzelnen DNA-Strang mit blauem Weißem Licht und diesem flüssigen Klang. Es gibt keinen Grund für irgendeine Art von Widerstand. (Es floss durch alle Teile ihres Körpers.) Ich verankere es nur für sie. Sie muss es selbst tun. Der Widerstand lässt nach. Er wird ausgewaschen. Sie braucht ihn nicht mehr.

Ihr wurde zudem die Aufgabe aufgetragen, ohne Angst schlafen zu gehen: „Sie braucht goldenes Licht zum Schlafen. Wenn sie sich hinlegt, soll sie einen goldenen Mutterleib oder ein goldenes Ei visualisieren und sich darin sehen, komplett umschlossen vom Schoß oder dem Ei. Dann wird sie sich sicher fühlen, und sie kann jede einzelne Nacht entscheiden, wie viel Schlaf sie möchte. In manchen Nächten wird sie mehr brauchen und in anderen wird sie es nicht. Das wird ihr Spaß machen. Es gibt ihr die Kontrolle zurück. Das mag sie. Und sie soll sich selbst sagen, dass sie erfrischt, entspannt, belebt und enthusiastisch aufwachen wird. Und mit einem Überfluss an Energie, um sich zu verbinden und in diesem neuen Abschnitt ihres Lebens voranzukommen.“

Abschiedsworte: „Verbringe jeden Tag Zeit mit deinem Herzen. Lege einfach deine Hände auf dein Herz, und wenn du das tust, wirst du mit mir verbunden sein.“

* * *

In einer anderen Sitzung gab mir das SC eine weitere Heiltechnik, die vom Klienten in den eigenen vier Wänden daheim visualisiert werden sollte.

Das SC sendete eine sanfte, fließende Wärme die gesamte Wirbelsäule hinunter und hinauf bis in die Schultern, Arme und Finger sowie in die Beine und Knie. „Es ist eine liebevolle, sanfte Wärme. Es ist eine heilende Wärme. Sie muss mehrere Male am Tag visualisieren, wie diese Wärme in den Körper kommt. Wie sie durch das Kronen-Chakra hineingeht und durch den gesamten Körper fließt. Und es ist mehr als nur Wärme. Es muss eine heilende Wärme sein, die durch den gesamten Körper fließt wie Lava. Sie muss das zweimal am Tag visualisieren: am Morgen und am Abend. Wenn sie morgens aufwacht und wenn sie abends schlafen geht. Visualisiere, wie die Wärme wie Lava durch den gesamten Körper fließt. Sie ist korallenfarben und grün mit kleinen weißen Flecken."

Kapitel 11

DAS WISSEN BESCHÜTZEN

Andrew kam zu mir, um zu erfahren, ob er sich auf dem richtigen Weg befand. Schon sein ganzes Leben lang hatte ihn ein Gefühl von Schmerz und Unwohlsein begleitet; als ob er nicht hierhergehören würde. Das führte bei ihm dazu, dass er das Leben nicht wirklich genießen konnte. Andrew arbeitete als Heiler sowohl mit Menschen und Tieren als auch mit dem globalen Netz an Energielinien. Zudem unterrichtete er noch Metaphysik und war als Künstler tätig.

Als Andrew in seine Szene kam, war er zunächst verwirrt, da er das Gefühl hatte, dass seine Füße und Beine in Ketten lagen. Schließlich stellte er fest, dass es eine Art Rüstung war. Immer wieder bemerkte er, dass er große Schmerzen verspürte. Er war ein junger Mann in seinen Dreißigern und stand in kompletter Dunkelheit. Ich fragte ihn, warum er Schmerzen hatte. „Weil ich betrogen wurde. Ich habe alles getan, was ich konnte, und bin betrogen worden. Wir haben getan, was uns aufgetragen wurde, und sie wollten das nicht. Deshalb werden wir gefoltert und getötet werden."

D: Was wurde euch aufgetragen?
A: Beschützen ... Wissen beschützen. Ich weiß, dass sie kommen, um mich mitzunehmen. Ich warte nur darauf. Sie kommen, um uns mitzunehmen.
D: Wie wurdet ihr betrogen?
A: Sie wussten, wo wir sind. Deshalb haben sie es ihnen verraten.
D: Sind das Leute, die du kennst?

A: Ja. Sie hatten Angst. Wenn sie es nicht verraten hätten, wären sie gefoltert und getötet worden. Also hatten sie keine Wahl.

D: *Wo wartest du?*

A: Irgendwo ... da ist ein Ort ... eine Burg oder so etwas.

D: *Könntest du fliehen, wenn du wolltest?*

A: Sie würden mich in jedem Fall finden. Ich bin einer ihrer Kapitäne und von hohem Rang. Ich bin einer derjenigen, die sie am meisten suchen.

D: *Du sagtest, dass du Wissen beschützt hattest?*

A: Ja, sie waren neidisch. Sie wollten nicht, dass wir diese Macht besitzen.

D: *Was für eine Art Wissen war das? Du kannst es mir verraten. Ich werde es keinem erzählen.*

A: Uraltes Wissen. Es ist Wissen aus uralten Zeiten. Es schützte ebenfalls die Leute und das wussten sie. Einige sind in Sicherheit, also wird das Wissen weitergetragen werden, wenn die richtige Zeit gekommen ist.

D: *Es wird also nicht ausgelöscht werden?*

A: Nein, es wird nicht ausgelöscht werden. Wir hier nehmen das Schicksal auf unsere Schultern, damit sie sicher sind.

D: *Wovon handelte das Wissen?*

A: Segen für alle ... mächtig. Aber ich war nur der Hüter derer, die beschützt werden mussten.

D: *Hast du das Wissen auch angewandt?*

A: Nein. Ich wusste nur, dass es wichtig war und dass meine Pflicht darin bestand, es zu verteidigen, zu beschützen und es zu verstecken. Und ein Freund zu sein. Ich bin der, der nun festgenommen wird, und ich habe Angst. Sie werden auch getötet werden und ich habe Angst. Ich werde gefoltert werden und ich habe viel Angst. Ich weiß, was sie mir antun werden.

D: *Was würde es ihnen bringen, dir etwas anzutun? Du besitzt das Wissen ja nicht.*

A: Das wissen sie nicht. Wir werden ihnen sagen, dass wir es haben, um die anderen zu schützen. Wir werden sie verwirren und dadurch die anderen beschützen.

D: *Diejenigen, die wissen, wie man es anwendet? (Ja) Existiert das Wissen in der Form von Büchern?*

A: Ja ... Aufzeichnungen und Orte. Bücher und Menschen, die wissen, wie man es anwendet. Es ist nicht alles niedergeschrieben.

D: *Wird es an die richtigen Leute weitergegeben werden?*

A: Ja. Und ich bin derjenige, der ihr Schutzschild sein soll.

D: *Weißt du, wo es verborgen ist?*

A: Ja, allerdings ist das alles so organisiert, dass ich nicht alles weiß. Ich weiß aber, dass ich bestimmte Dinge tun muss, um sie zu schützen. Auch, wenn sie mich foltern, gibt es nichts, was ich ihnen sagen kann. Und was ich ihnen sagen werde, wird sie verwirren. Ich werde ihnen etwas verraten, aber es wird nicht die Wahrheit sein.

D: *Ist mittlerweile jemand gekommen, um dich abzuholen?*

A: Ja. Sie sind gekommen und werden mich nun foltern.

D: *Dieser Ort, an dem du dich jetzt befindest; diese Burg. Ist das der Ort, an dem du lebst?*

A: Es ist ein Ort, an dem wir uns versammeln.

D: *Ist es der Ort, an dem sich das Wissen befindet?*

A: Nein. Das Wissen ist nicht dort. Sie denken, dass es hier ist. Das ist es aber nicht.

D: *Bist du der Einzige, den sie festnehmen?*

A: Nein. Viele, viele. Einige wissen noch nicht einmal, dass sie festgenommen werden oder was ihnen angetan werden wird. Einige sind hier und andere befinden sich woanders. Ich bin gerade alleine.

D: *Ist das etwas, das du bereits seit langer Zeit tust?*

A: Ja. Ich glaube an das Wissen. Und es muss jemanden geben, der es beschützt. Ich bin hier, um dies zu tun. Ich bin die erste Linie des Schutzes.

D: *Du sagtest, dass es auch, wenn sie dir und den anderen etwas antun, andere Leute geben wird, die das Wissen am Leben erhalten werden?*

A: Ja, ja.

D: *Es wird niemals komplett ausgelöscht werden können, oder?*

A: Nein. Ich habe solche Angst … solche Angst.

D: *Betrifft dieses uralte Wissen bestimmte Themen? Weißt du, welche diese sind?*

A: Ja, es ist uralt … uralt … sehr mächtig. Es betrifft viele Themen. Es heilt. Es beinhaltet viele Dinge, durch die die Menschheit gehen muss. Wir beschützen das. Sie denken, es ist Hexenwerk. Aber das ist es nicht. Wir wissen ein wenig … genug, um sie denken zu lassen, dass es Hexenwerk sei. Wir werden als Leute festgenommen werden, die Hexenwerk verrichten. Also werden sie uns foltern.

D: *Warum sind sie an dem Wissen interessiert, wenn sie denken, dass es Hexenwerk ist?*

A: Weil sie es für sich haben wollen. Sie wollen Macht. Sie sind sehr ignorant, aber sie wollen die Macht.

D: *Sind diese Leute Teil einer Organisation oder etwas ähnlichem?*

A: Sie sind die Regierung. Die Kirche ist die Regierung. Sie haben Angst, dass das Wissen ihre Macht reduzieren könnte. Sie wollen nicht, dass irgendjemand selbst Macht hat. Sie wollen allmächtig sein. – Sie wissen, wo wir sind. Sie wissen, wo sie uns finden werden. Meine Aufgabe ist es, zu hüten, zu verteidigen, zu beschützen.

D: *Hast du das Wissen irgendwo in der Burg versteckt?*

A: Nein. Nein. Wir haben sie das nur glauben lassen, damit sie abgelenkt sind, bis es wirklich sicher ist. Sie werden dort suchen, aber es ist nicht dort. Sie werden uns foltern, aber sie werden nicht viel herausbekommen, weil wir es nicht wissen. Wir wissen nur ein wenig … gerade genug für uns. Wir wussten, dass das passieren wird. Aber jetzt habe ich sehr viel Angst. Ich schäme mich. Ich schäme mich, dass ich Angst habe.

D: *Wenn niemand das ganze Wissen besitzt und diese Leute nur kleine Teile davon haben, könnte es überleben.*

A: Ja, es wird überleben … so, wie alles überleben wird. Ich habe Angst. Ich weiß, dass ich so oder so da durch muss, aber ich will es nicht. Ich habe Angst vor der Folter … sehr viel Angst vor der Folter … Angst, dass sie meinem Körper etwas antun werden. (Seine Stimme klang sehr verängstigt.) Sie werden mich schänden, weil ich ein Kapitän bin. Sie werden mir schlimme Dinge antun.

D: *Besteht irgendeine Möglichkeit für dich, zu fliehen, bevor sie auftauchen?*

A: Nein. Ich werde nicht entkommen. Ich muss da durch. Das ist meine Aufgabe. Es ist nicht meine Aufgabe, zu entkommen. Es ist meine Aufgabe, zu bleiben. Sie müssen mich festnehmen.

Es war an der Zeit, die Geschichte voranzubringen und herauszufinden, was passiert war. Ich verdichtete die Zeit bis zu dem Punkt, an dem sie gekommen waren. „Du hast Kontrolle über das, was du siehst." Ich gab ihm die Suggestion, dass er alles aus der Beobachterperspektive betrachten konnte.

A: (Seine Stimme zitterte und war schwer zu verstehen.) Ich möchte da nicht hingehen. – Sie kommen und nehmen uns alle mit zu ihrer Burg ... Hunderte und Aberhunderte von Soldaten sind überall. Sie nehmen uns mit und foltern uns. – Ich sehe nichts mehr. Es ist schwer, so viel zu sehen.

D: *Hast du ihnen etwas verraten?*

A: Ich habe nichts zu verraten. Sie zwangen mich, zu sprechen ... ihnen zu erzählen, was sie hören wollten. Sie erzählen ihnen alles, was sie hören wollen. Es macht ihnen Freude, uns zu foltern, weil sie sich so mächtig fühlen. Sie sehen unsere Seelen als minderwertig an.

D: *Was kam am Ende dabei raus?*

A: Sie töteten uns einfach, nachdem sie uns gefoltert hatten. Ich schäme mich so. Sie haben uns schlimme Dinge angetan. Sie haben uns beschämt. (Elend) Ich bin so mit Scham erfüllt ... so viel Scham.

D: *Es gibt nichts, wofür du dich schämen müsstest. Du hast dich ehrenhaft verhalten. Sie waren es, die sich hätten schämen sollen.*

A: Ich bereue es nicht ... Alles, was ich liebte, haben sie gefoltert und getötet. So viel Hass ... so viel Hass ... Aber sie werden das Wissen nicht finden. – Sie haben uns verbrannt.

Ich ließ ihn zu dem Moment wechseln, als er seinen Körper verlassen hatte und die Szene von einer anderen Perspektive aus betrachten konnte. „Kannst du die Körper sehen?"

A: Ja ... verkohlt ... verkohlte Körper im Feuer. Und dann werfen sie sie einfach in Erdlöcher ... sonst nichts.

D: *Jedes Leben hat seinen Zweck. Was denkst du war der Zweck dieses Lebens?*

A: Es war meine Aufgabe, meinen Mut zu testen. Ich tat, was ich tun musste, aber ich schämte mich wegen dem, was sie mir und meinem Körper angetan haben. Ich weiß nicht, warum ich mich so schäme.

D: *Jedes Leben hat seine Lektion. Denkst du, dass in der Art, wie du gelebt hast und gestorben bist, eine Lektion lag?*

A: Ich war zu stolz auf das, was ich war ... zu stolz auf meine Pflicht. Ich fühlte mich überlegen. So viel Pflicht. Es war mein ganzes Leben lang wichtig. Vielleicht war ich zu stolz in meiner Männlichkeit und ... (Stoppt) Vielleicht war es ein Test meiner Loyalität gegenüber dem Wissen.

D: *Ja, vielleicht ist es ein Test gewesen.*

A: Vielleicht war es genau das ... genau das. Vielleicht war ich auch zu eng an meinen Körper gebunden, weil es mich sehr verstörte, als ich gefoltert wurde und sie mir diese Dinge antaten. Ich war zu sehr an meinen Körper gebunden.

D: *Aber das ist so bei Menschen, oder nicht? Wir leben nun mal in Körpern und wir verbinden uns mit ihnen.*

A: Ja, das stimmt.

Anstatt an diesem Punkt das SC einzurufen, entschied ich, ihn nochmal durch Raum und Zeit reisen zu lassen und ein weiteres Leben zu finden. Auf diese Art konnte ich ihn von dem Horror, den er hatte mitansehen müssen, entfernen. Dieses Mal war er eine Frau, die sich selbst im Spiegel betrachtete. Sie war außerordentlich schön, in ihren Zwanzigern und hatte schwarze Haare und grüne Augen. Sie sah sich in einem wunderschönen Gebäude. Was herausstach, war, dass sich überall um sie herum Kristalle befanden. Es gab sie in allen Größen und Farben: von welchen, die man in der Hand halten konnte, bis hin zu anderen, die circa dreißig Zentimeter lang und zwanzig Zentimeter dick waren. „Ich lege einfach meine Hände auf sie (die großen) und kann ihre Energien kontrollieren. Ich kann mit ihnen Energie bearbeiten. Ich kann sie zum Heilen benutzen. Ich aktiviere diese Kammern, in die die Leute zum Heilen gehen. Und die Kristalle geben dann Energie und Farben ab und erschaffen ein Energiefeld, in dem die Person ruhen und heilen kann. Ich besitze diese Macht."

D: *Ich weiß, dass man Macht auf verschiedene Weise nutzen kann. Nutzt du diese Heilkräfte auf positive Weise?*

A: Ja, ich nutze sie für das Gute. Ich weiß um meine Macht und deshalb bin ich stolz auf sie.

D: *Wissen auch andere Leute, wie man diese Art der Heilung nutzt?*

A: Ja, andere wissen es auch, aber ich bin diejenige, die das meiste darüber weiß. Mein eigener Körper resoniert mit dieser

Energie so sehr, dass ich wie ein Teil davon bin. Ich wirke mit ihr zusammen.

D: *Die Leute begeben sich in diese Kammern und du arbeitest dann mit ihnen?* (Ja) *Kommen viele zur selben Zeit?*

A: Es kommt immer einer nach dem anderen. Es ist so, als ob man einen Arzt besucht. Ich praktiziere. Es ist Teil meiner Aufgabe … Teil meiner Arbeit. Wir haben diese Technologie. Bereits als ich klein war, wurde ich von denen, die diese Macht besaßen, darin unterrichtet. Sie wissen, wer es noch kann und wen es zu trainieren gilt.

D: *Also kann das nicht jeder?*

A: Nein. Die Leute hier sind sehr weit entwickelt und wir wissen, welche Person dazu in der Lage ist. Wir führen sie dabei, das zu werden, was sie sind. Sie wissen bereits, was sie können. Jeder kann sich komplett entfalten und das machen, was er oder sie möchte, aber jeder ist mit speziellen Fähigkeiten geboren. Wir können das.

D: *Es wurde dir also beigebracht, wie man mit den Kristallen arbeitet?*

A: Ich habe mich einfach erinnert.

D: *Du sagtest, dass du sehr stolz auf das bist, was du kannst.* (Ja) *Bist du auch stolz darauf, dass du Menschen helfen kannst?*

A: Ja, aber ich bin auch sehr schön. Und manchmal brauche ich Menschen um mich, weil ich die Aufmerksamkeit brauche … und das ist nicht gut.

D: *Bist du verheiratet oder hast du eine Familie?*

A: Nein. Ich kann mit jedem zusammen sein, den ich möchte.

Ich bat sie, aus ihrem Fenster zu blicken und zu beschreiben, was sie sehen konnte. „Alle Gebäude sind schön. Da sind Dome und Säulen. Einfach eine schöne Stadt. Und die Landschaft besteht hauptsächlich aus Kristallen und Steinen und Gärten." Ich ließ sie zu einem bedeutenden Tag wechseln und fragte, was geschah.

A: Ich werde verurteilt. Sie sagen, dass ich mich falsch verhalten habe. Ich missbrauchte meine Fähigkeiten, um Männer zu verführen. Ich hätte das nicht tun sollen.

D: *Warum hast du das getan?*

A: Aus Lust. Und ich hätte das nicht tun sollen.

D: *Warum ist es falsch, deine Fähigkeiten dafür zu nutzen?*

A: Weil ich so ihren Willen beeinflusse. Man geht damit gegen ihren freien Willen. Ich habe niemals etwas getan, womit ich jemandem geschadet hätte, aber ich wusste, dass ich die Macht hatte, zu verführen, und ich hätte das nicht tun sollen. Ich habe ihren Willen manipuliert, damit sie bei mir sein wollen. – Sie haben es herausgefunden und bitten mich, meine Tätigkeit ab sofort nicht mehr zu verrichten.

D: *Weil du sie missbraucht hast?* (Ja) *Aber du hast sie auch auf positive Weise genutzt.*

A: Ich weiß. Aber sie bezeichnen das als Machtmissbrauch. Sie wollen meine Dienste nicht mehr. Ich muss diesen Ort verlassen. Ich möchte bleiben, aber ich kann hier nicht mehr arbeiten. Ich werde nun eine gewöhnliche Person sein. Ich muss das Gebäude verlassen und in der Stadt bleiben. Sie können meine Energie blockieren.

D: *Ich habe mich schon gefragt, ob du sie ohne die Kristalle anwenden kannst.*

A: Ich kann, aber sie blockieren mich. Sie können meine Energie einfach vom Fließen abhalten.

D: *Das können sie?* (Ja) *Haben sie Maschinen dafür?*

A: Nein, sie versammeln sich einfach dafür. Sie sind sehr mächtige Wesen. Sie haben Macht über Energie. Sie tun das aus gutem Willen heraus, um andere zu schützen.

D: *Also blockieren sie dich und du musst nun als gewöhnliche Person leben?* (Ja) *Wie findest du das?*

A: Ich denke, dass sie Recht haben. Ich verstehe, dass ich das nicht hätte tun sollen. Vielleicht vergeben sie mir eines Tages und bitten mich zurück.

D: *Ist es nicht schwierig, damit abzuschließen, nachdem du so lange mit der Energie gearbeitet hast?*

A: Ja. Es ist sehr schwierig. Sehr schwierig.

D: *Was wirst du nun tun?*

A: Einfach leben. Einfach ein gewöhnliches Leben führen. Ich habe meine Kräfte nicht mehr. Sie sagen, dass ich lehren könne. Ich kann meine Kräfte nicht mehr benutzen, aber ich kann lehren. Ich werde mit Unterrichten beginnen. – Sie hätten wesentlich strenger mit mir sein können. Also ist das in Ordnung.

D: *Wenigstens wird das Wissen so nicht verlorengehen.*

A: Es wird nicht verlorengehen. Es gibt noch andere, die das können, aber ich kann nun nur noch lehren.

143

Ich ließ sie die Szene verlassen und vorwärts zu einem anderen wichtigen Tag wechseln. Ich fragte sie, was geschah. „Ich treffe jemanden. Es ist ein Mann. Ich treffe jemanden, der in mein Leben tritt. Ich bin nun älter. Die gesamte Zeit war ich alleine gewesen, weil mir niemand traute. Sie konnten sich nicht sicher sein, ob ich immer noch diese Kräfte besaß, obwohl sie mir genommen worden waren. Die anderen Menschen haben mir nicht mehr getraut. Dies ist nun also das erste Mal, dass jemand auf mich zukommt und mir traut. Sie wissen, dass ich es nicht wieder tun würde. Ich bin glücklich. Vielleicht dachte ich nicht, dass jemand mit mir sein will, ohne meinen Versuch, sie zu manipulieren."

D: Ist er auch an der Heilenergie interessiert?
A: Nein. Einfach an mir. Er vertraut mir und das ist angenehm. Er ist auch einer der Lehrer. Er lehrt Geschichte. Die Geschichte dieses Ortes … der Welt.

Ich verdichtete die Zeit und ließ sie noch einmal vorwärts springen, um zu sehen, ob sie mit dem Mann zusammenbleiben oder etwas anderes geschehen würde. Sie blieb mit ihm zusammen und hatte nun eine Tochter. Sie konnte das kleine Mädchen sehen, das die gleichen Kräfte geerbt hatte, die sie auch besaß. Sie besaß ebenfalls Macht über Kristalle und wurde in die Schule aufgenommen, um darin ausgebildet zu werden. „Ich bin glücklich, weil ich ihr viel beigebracht habe und sicher bin, dass sie niemals den Fehler begehen wird, den ich begangen hatte. Ich sage ihr, dass sie so etwas nie nötig haben wird, weil sie so akzeptiert werden wird, wie sie ist. Sie wird nun unterrichtet werden und sie wird eine wunderbare Heilerin sein. Sie wird großartige Arbeit verrichten." Ich hatte das Gefühl, dass wir alles über dieses Leben gelernt hatten, was wichtig war. Also führte ich sie an den letzten Tag des Lebens und fragte, was geschah.

A: Ich bin sehr alt und sterbe. Ich bin viele Jahre hier gewesen … Hunderte von Jahren. Meine Tochter ist mit mir hier in dieser Kammer. Sie haben mich hierhergebracht, damit ich nicht leiden muss. Es ist so, als ob ich einschlafe.
D: Sie haben dich zum Sterben in die Kammer gebracht?

A: Ja. Es ist eine spezielle Kammer, in der die Leute friedlich sterben können und in der es kein Leiden gibt. Sie ist anders als die Heilkammer. Dies hier ist eine Kammer für diejenigen, die im Sterben liegen. Es gibt nichts mehr zu heilen. Es ist Zeit für die Seele, zu gehen. Also ist das einzige, was man tun kann, der Seele zu helfen, an einen Ort zu gehen, an dem es kein Leid mehr gibt … ein Ort, an dem man einschlafen kann.

D: *Der Körper ist also in einem guten Zustand?*

A: Der Körper ist einfach alt. Strapaziert von mehreren hundert Jahren Leben. Er war sehr gesund und stark, aber es ist eine Entscheidung, zu helfen, wenn es nötig ist. Und meine Tochter tut das für mich. Es ist so wunderschön und ich bin komplett im Frieden.

D: *Hat sie das Wissen erhalten und auf richtige Weise angewandt?*

A: Oh, ja. Sie tut das bereits seit vielen, vielen Jahren. Sie ist genau dort, wo ich auch war. Sie haben sie in demselben Gebäude stationiert. Sie hat meinen Platz eingenommen.

D: *Es hat dir also nichts ausgemacht, dass sie dich von deiner Aufgabe entlassen hatten?*

A: Nein. Es war notwendig. Ich musste bezahlen.

Ich ließ sie zu dem Zeitpunkt wechseln, an dem alles vorbei war und sie sich auf der anderen Seite befand. Ich fragte sie, was sie aus diesem Leben gelernt hatte.

A: Dass man, wenn man Macht hat, vorsichtig mit seinem Verlangen sein muss. Manchmal denkt man, dass man Dinge aus der Balance bringen muss, um das zu bekommen, was man will, aber das ist nicht immer nötig. Manchmal dachte ich, dass ich mich nur sicher fühlen konnte, wenn ich die Kontrolle darüber hatte, wer bei mir ist. Und ich übte diese Kontrolle mithilfe meiner Kräfte aus. Ich muss die Lektion lernen, dass ich die Dinge nicht kontrollieren muss.

D: *Das ist eine wertvolle Lektion. Würdest du wissen, wie diese Kräfte richtig anzuwenden sind, wenn du sie in einem anderen Leben wieder erhalten würdest?*

A: Ja. Ich muss sicher sein, dass ich meine Kräfte nicht mehr missbrauche, um jemanden zu kontrollieren.

D: *Aber das Ego funkt da gerne dazwischen, oder?*

A: Ja. Das ist es, wovor ich Angst habe.

D: Das ist der menschliche Teil.

Ich ließ sie hinfort schweben und rief das SC ein. Ich wollte wissen, warum Andrew die beiden Leben als der Mann und die Frau gezeigt worden waren; weil es immer viele gibt, die das SC hätte auswählen können.

A: Weil er wissen muss, dass er den Mut hat, alles zu tun, was notwendig ist. Er hat die Kraft, dies zu tun.

D: Weil der Mann sein Leben gab, um zu schützen, oder? (Ja) *Was ist die Verbindung zwischen diesem Leben und seinem aktuellen?*

A: Er muss die Kraft nutzen, die er hat. Er muss wissen, dass er nicht mehr durch die gleiche Erfahrung gehen muss. Er muss nicht mehr leiden. Er denkt, dass er leiden muss. Er denkt, dass er wieder und wieder gefoltert werden wird. Er hat diese Erfahrung mit der Folter nie losgelassen. Er muss sie gehenlassen.

D: War das nicht nur ein Leben, in dem das passiert ist?

A: Ja, aber er foltert sich immer und immer wieder.

D: Weil er denkt, dass weil er das Wissen hat, er automatisch dafür leiden muss? (Ja) *Ist das der Grund dafür, dass er diesen konstanten Schmerz und das Unwohlsein in seinem Körper spürt?*

A: Ja, ja. Den Schmerz und die Schande, weil er so schlimm misshandelt worden war. Sie hatten ihn auf vielfältige Weise geschändet.

Das erklärte auch die sexuellen Probleme, die er im aktuellen Leben erleidete, weil dieser Teil seines Körpers (die Geschlechtsorgane) von allen am schlimmsten geschändet worden war. Die Kirche musste die Person vollständig erniedrigen.

D: Aber es ist nichts passiert, das sein Fehler gewesen war.

A: Ja, aber er hatte sich enorm geschämt.

D: Er war sehr mutig, indem er sich stellte und es ertrug. Er hätte auch versuchen können, zu fliehen.

A: Ja, aber er kann es nicht loslassen. Er kann die Folterträume nicht loslassen, die immer und immer wieder auftreten.

D: Können wir das nicht bei dem Mann lassen, der er erlebt hat?

A: Das müssen wir, weil er eh nichts dagegen tun kann. Er kann nicht damit umgehen. Er wird sterben, wenn er es nicht tut. Er denkt, dass er leiden muss.

D: *Es hat keinen Sinn, im aktuellen Leben immer und immer wieder durch diese Erfahrung zu gehen.*

A: Genau. Er foltert sich nur selbst. Er bringt so viel Leid über sich. Er versucht es. Er weiß es nicht besser.

Es brauchte viel Überzeugungsarbeit, bevor er schließlich zustimmte, es gehen zu lassen. Das SC sagte laut: „Wir werden es bei dem anderen Mann lassen. Er lässt es dort. Wir lassen es gehen. Er wird es nicht mehr zu sehen bekommen, weil er weiterhin blutet. Er denkt, dass er jedes Mal, wenn er etwas Gutes tut, dafür wieder gefoltert werden wird." Andrew begann zu weinen, als das SC mit ihm arbeitete, um es loszulassen. Es erforderte viel Anstrengung. „Er wollte das Wissen so gerne haben und wir bringen es ihm. Er verdient es, das Wissen dieses Mal zu haben. Das Leiden gehört zu dem anderen Mann."

D: *Ihr trennt also die beiden und gestattet ihm, das Wissen zu erhalten?*

A: Ja. Er muss das Wissen haben. Er muss es erhalten. Er verdient es, das Wissen zu haben.

D: *Ist das der Grund, warum ihr ihm das zweite Leben gezeigt habt?*

A: Ja. Sie hatte das Wissen. Sie wusste alles über Kristalle. Sie kannte ihre Kraft.

D: *Der Mann beschützte das Wissen, wusste aber nicht, wie man es anwendet. Die Frau wusste das.*

A: Er weiß nun viel mehr. Er weiß so viel. Er hat die Kräfte. Er hat mehr Macht, als er denkt. Er hatte viele Inkarnationen, in denen er viele Dinge gelernt hat.

D: *Dann habt ihr ihm also das zweite Leben gezeigt, damit er realisiert, dass er diese Kräfte hat?* (Ja) *Aber in dem Leben hat er sie missbraucht.*

A: Ja, aber er soll wissen, dass er nun keine Angst mehr haben muss. Er wird es nicht mehr missbrauchen. Er wird niemanden mehr manipulieren. Er bestraft sich andauernd selbst. Aber er ist jetzt frei. Wir haben ihn befreit. Wir haben ihn befreit! Er wird glücklich sein. Er wird stolz und glücklich sein, und sein Stolz wird dabei keinem schaden. Er wird auf eine wunderbare

Art stolz sein. Er wird Freude dabei empfinden, anderen zu helfen und von Nutzen zu sein. Er wird es nicht missbrauchen. Er muss also keine Angst davor haben, es zu benutzen. Er wird mehr fühlen, als er jemals dachte, dass er fühlen würde. Er wird das Leben genießen. Er wird sich selbst anders sehen. Die Leute werden einen Funken sehen, der vorher nicht dagewesen ist. – Es sind viele hier. Es gibt viele andere, die Leuten helfen. Sie sind wie ein Körper. Mächtig. Er hat mehr Kraft als er sich vorstellen kann, weil es jetzt an der Zeit ist. Es ist nicht mehr viel Zeit übrig. Es gibt sehr viel zu tun in einer sehr kurzen Zeit. Es gibt keine Angst mehr. Er wird an andere Orte gehen, weil wir ihn an vielen Orten benötigen. Er ist komplett geschützt und sein Körper ist sehr stark - und wird immer stärker. Sein Körper, sein Immunsystem und jeder Teil des Körpers sind auf einem Level geschützt, das nicht menschlich ist.

D: *Darüber hatte er sich auch Gedanken gemacht ... über seinen Körper.*

A: Sein Körper ist nicht komplett menschlich. Der Körper ist zwar hier; sein anderer Teil ist jedoch nicht hier. Der wird auf einer anderen Ebene wiederhergestellt. Es gibt eine Menge für ihn zu tun. Wenn seine Mission beendet ist, wird sein Körper einfach aufhören. Er wird einen perfekten Körper haben, und wenn seine Mission beendet ist, wird er weitergehen. Er hat im Anschluss an diesen Planeten noch andere Missionen, aber das wird später kommen.

Wir verrichteten eine Menge Arbeit, indem wir durch den Körper gingen und alles heilten, was ihm Schwierigkeiten bereitet hatte. „Sein Körper ist nun stark und gesund. Und das wird für sein gesamtes Leben auf diesem Planeten so bleiben."

D: *Das ist wunderbar. Ich möchte etwas fragen. Er berichtete, dass er bei seiner Geburt auf seinem gesamten Körper Blasen hatte. Warum war das damals passiert?*

A: Das hatte verschiedene Gründe. Die Blasen stammten aus einer Inkarnation, in der er verbrannt worden war. (Ein anderes Leben.) Zudem musste er sein Karma beschleunigen, um das zu tun, wozu er hergekommen war. Er musste also viele verschiedene Leben in diesem einen aktuellen Leben führen ... sie quasi verdichten. Also gab es Verluste zu erleiden. Er musste Schmerz erleiden, weil die einzige Art und Weise, wie er andere heilen kann, die Resonanz mit der Realität in diesem aktuellen Leben ist. Also musste er viele, viele Erfahrungen in einer kurzen Zeit machen, um dafür bereit zu sein, anderen zu helfen. Er musste andere verstehen können. Er konnte den Schmerz anderer sonst nicht verstehen. Wir erlaubten ihm, diesen Schmerz zu erleiden. Wir ermöglichen es ihm, harte Erfahrungen zu machen, weil die Erfahrungen, die die Menschen machen werden, sehr hart sein werden. Er kann nun vergleichen und verstehen. Wenn du die Erfahrungen nicht machst, kannst du das Leid nicht verstehen. Es passiert alles aus gutem Grund. Wenn du das große Ganze siehst, ist es alles wunderschön. Im Universum macht alles Sinn.

Ich wollte mehr Fragen von seiner Liste stellen. „Er sagte vorhin, dass es einen Zwillingsbruder gab, der mit ihm hätte geboren werden sollen. Könnt Ihr ihm etwas darüber sagen?

A: Der Zwilling war ein anderes Wesen, das bei ihm sein musste, um ihm zu helfen, hierherzukommen.

D: *Warum wurde es tot geboren?*

A: Weil es dessen Mission war, nur während der Zeit der Entwicklung im Mutterleib bei ihm zu sein.

D: *Ich dachte, dass das andere Wesen vielleicht seine Meinung geändert hat und dann doch nicht mehr kommen wollte.* (Dies war in den Fällen anderer Klienten geschehen.)

A: Tatsächlich hatte es bereits im Vorfeld entschieden, nur ein Wegbegleiter während der Zeit vor der Geburt zu sein.

D: *Noch eine Frage. Er zeigte mir die ungewöhnlichen Zeichnungen und Figuren, die er seit langer Zeit malt. Könnt Ihr erklären, um was es sich dabei handelt?*

A: Es ist eine uralte Schrift. Sie stammet aus einer alten Zeit, als er in einer anderen Inkarnation lebte. Damals schrieb er über Wissenschaft und über die Angelegenheiten, mit denen er sich in dieser Zeit beschäftigte. Er denkt, dass er von einem anderen Planeten stammt, aber er kommt eigentlich aus einer anderen Dimension. Die Schrift stammt aus einer uralten Zeit, die bald entdeckt und bekannt werden wird.

D: *Ist das eine uns unbekannte Zivilisation?*

A: Ja. Du magst eventuell ein wenig darüber wissen, aber es ist eine Zivilisation, die viele, viele Tausende und Abertausende von Jahren zurückgeht.

D: *Ist es deshalb eine Sprache, für die wir keine Aufzeichnungen finden werden?*

A: Vielleicht schon. Es könnte passieren, dass welche gefunden werden. Dass alles gefunden werden wird. Es steht eine Zeit bevor, in der Menschen von ihrer Vergangenheit erfahren werden, auch wenn sie nicht daran glauben wollen. Sie werden Dinge entdecken, die sie verblüffen werden.

D: *Das glaube ich. Also ist das der Hintergrund, und er hat einfach den Drang verspürt, es niederzuschreiben?*

A: Ja. Er hat viel darüber geschrieben. Er hat gewöhnlich viel geschrieben, weil er nun über Wissenschaft schreiben will. Aber die Wahrheit ist, dass er das schon einmal getan hat. In dem anderen Leben hatte er auch geschrieben. Er hatte damals uraltes Wissen aufgezeichnet.

D: *Es scheint so, als ob er in vielen, vielen Leben mit Wissen zu tun hatte?*

A: Oh, ja. Sehr, sehr oft.

D: *Es gibt ein bestimmtes Symbol, das er häufig zeichnet. Was bedeutet es?*

A: Es beschreibt den Fluss seiner Energie. Es zeigt die Art, wie seine Energie angenommen und abgegeben wird. Tatsächlich ist es das Schema der Energie seines Körpers.

D: *Andere Leute haben mir ebenfalls seltsame Zeichnungen gezeigt, die sie angefertigt haben, und wir versuchen, eine Verbindung zwischen den Symbolen zu finden.*

A: Du kannst sie vergleichen. Du wirst Gemeinsamkeiten finden, weil es mit anderen Aufzeichnungen verbunden ist. Es ist die entwicklungstechnische Darstellung dieser Geschichte der Menschheit.

D: *Ihr habt mir schon öfter erzählt, dass es viele Zivilisationen gegeben hat, die sehr hoch entwickelt waren. (Ja) Sie sind zerstört worden.*

A: Aber das Wissen existiert noch.

D: *Es ist in unserem Geist.*

A: Es befindet sich an vielen Orten, ja.

Abschiedsworte: Er muss sich stets im Licht sehen. Sein Licht sehen ... sein reines Licht. Wenn er sich selbst im Licht sieht, wird er glücklich sein. Licht ist, was er ist. Er ist reines Licht. – Von nun an wird er wissen, was auch immer er wissen muss. Er wird erstaunt darüber sein, wie viele Gleichzeitigkeiten er überwinden wird. Er muss sich nun daran gewöhnen, dass alles leicht ist. Das wird seine Herausforderung sein: sich daran zu gewöhnen, dass alles leicht ist. Und das wird großartig für ihn sein. Er wird etwas Zeit brauchen, um sich wirklich an diese neue Realität zu gewöhnen.

Kapitel 12

LICHTKUGELN

Betty war eine Energiearbeiterin und Lehrerin. Sie buchte ihre Sitzung, um diverse persönliche Verbindungen zu anderen Menschen besser zu verstehen und – das war ihr noch wichtiger – ihre Bestimmung für dieses aktuelle Leben zu erfahren.

Betty landete in einer aufwendig dekorierten Umgebung, die in der Wüste merkwürdig deplatziert wirkte. Ein grüner Teppich war auf dem Sand ausgebreitet, ähnlich einem roten Teppich, wie wir ihn heutzutage für wichtige Persönlichkeiten ausrollen, damit sie darauf laufen können. Der Teppich führte zu einer kleinen Pyramide mit einer Art Sonnendach über dem Eingang, das von zwei Marmorsäulen gestützt wurde. Betty sah sich selbst als dunkelhäutiger Mann, der in hauchdünne weiße Tücher gekleidet war, wie es in Gegenden mit einem heißen Klima zu erwarten wäre. Sie trug zudem aufwendig gearbeitete goldene Sandalen. Viele andere Personen waren ebenfalls dort, und er agierte als eine Art Koordinator, der die bevorstehende Ankunft eines Gesandten oder Botschafters vorbereitete. „Dies ist ein besonderer Ort. Nicht jeder kann hierher kommen. Ich habe das Gefühl, dass diese kleine Pyramide ein Gebäude für Zeremonien ist, vielleicht auch für Wissen. Nur besonderen Leuten ist es erlaubt, hierherzukommen. Ich bin kein Diener. Das klingt zu niedrig. Ich arrangiere dieses Ereignis. Und wer auch immer kommt, kommt nicht oft hierher. Sie kommen von sehr weit her. Es ist mir wichtig, das alles korrekt abläuft." Plötzlich wechselte sie in die Beobachterperspektive: „Dieser Mann, der ich bin, ist ziemlich uninteressant. Er ist ein wenig zu penibel, aber sehr effizient. Ich bin nicht sicher, ob ich diese Person mögen würde. Nicht, dass er mich aufregt; er ist einfach ... Ich weiß, was es ist! Er ist eine spießige, penible Nervensäge." Sie kehrte wieder als Teilnehmer in die Szene zurück: „Da sind Leute im Hintergrund, die tatsächlich als Diener bezeichnet werden könnten. Sie richten Essen und kalte Getränke an. Ich sehe Platten voller Dinge, die als spezielle Köstlichkeiten angesehen werden. Ich muss alles koordinieren: das Timing, wer was tut, wer wo sitzt. Es muss alles korrekt ausgeführt werden. Diese Pyramide ist klein, aber sie wird als das Haus des Wissens bezeichnet."

Schließlich begannen die Personen, für die alles vorbereitet worden war, einzutreffen. „Sie kommen. Sie sind sehr besonders. Sehr würdevoll. Ich denke, dass sie zudem verehrt und angebetet werden. Sie sind außerordentlich wichtig. Es sind zwei Personen, beide sehr groß und *schmal*! Eine hat Ringe um ihren Nacken. Ihre Köpfe sind klein und sie sehen sehr exotisch aus, als ob sie aus der Wüste kommen. Ich weiß nicht, warum ich das sage, aber sie ist Nubierin. Es ist so, als ob sie eine offizielle Wallfahrt zu diesem Schrein unternehmen mussten. Sie stehen nun unter dem Sonnendach und tragen lange, schmale Kleidung - sehr stilisiert. Ich finde es sehr interessant, dass man sie kaum laufen sieht. Es scheint fast so, als ob sie heranschweben. Ein eleganter Mann ist auch anwesend, ebenfalls schmal und mit einem kleinen Kopf. Ihre Haare sind nicht abrasiert, aber sehr kurz geschnitten. Ihre Haut ist olivenfarben mit einem goldenen Schimmer, und ihre Augen sind grau und golden. Die Frau ist die wichtigere Person von ihnen. Sie ist sehr ruhig."

D: *Wie sind sie angereist?*

B: Ich weiß es nicht. Da ist keine Kutsche, kein Pferd. Ich weiß nicht, in welchen Gefährten sie angereist sind. Es scheint fast so, als ob sie einfach erschienen sind. In modernen Zeiten würde man das glaube ich „Teleportation" nennen. Sie waren einfach da. Für die Person, als die ich zusehe, ist da allerdings nichts dran, was erstaunt oder irgendwie ungewöhnlich ist. – Eines der Tiere, die sie begleitet haben, ist tatsächlich ein Löwe. Ihre Haut ist beige und die Augen haben eine grau-grüne Farbe. Es sind *sehr* ungewöhnliche Augen. Sie sehen menschlich aus, aber die Farbgebung ist verblüffend. Ihre Körperhaltung wirkt sehr königlich, wie jemand, der verehrt wird. – Ich glaube, dass sie mich bereits zuvor gesehen haben. Sie wissen, dass ich effizient bin und mich um alle

Vorbereitungen kümmere. Ich bin der Koordinator. Derjenige, der sie zuerst begrüßt. Ich glaube, dass sie sehr gut geistig kommunizieren kann. Sie ist besonders. Ich glaube, ihr männlicher Begleiter ist ihr Bruder, aber sie ist am wichtigsten. Und ich habe schon einmal Vasen gesehen, die wie sie aussehen. Sie sind sehr ungewöhnlich. Sie sind schmal, mit Bändern um den Hals und kleinen Köpfen. Es gibt eine Art lange Vase, die genau so aussieht. – Ich weiß, dass sie irgendetwas mit Isis zu tun hat. Es ist Teil ihrer offiziellen Rolle, diese Schreine zu besuchen, die etwas oder jemandem gewidmet sind. Sie sind sehr hochrangig, was auch immer für ein Amt sie tragen. Lustig ist: Ich kann ihre Arme nicht sehen. Sie tragen beige Kleidung, die über ihre Schultern fällt und die Arme komplett verhüllt. Deshalb erinnern sie mich an ein Gefäß. Sie sehen aus wie Vasen.

D: *Werden sie etwas in der Pyramide tun?*

B: Ja, sie sind gekommen, um sie zu segnen. Es ist ein Ritual, bei dem sie essen und trinken müssen. Es gibt Vogeleier und Früchte auf den Platten. Alles ist sehr spezifisch und konkret festgelegt. Protokoll – das ist das Wort. Protokoll. Protokollmeister. Und die Eier liegen auf Pfauenfedern. Die beiden müssen auf eine gewisse Weise teilnehmen. Sie verwendet ihre linke Hand, er seine rechte. Sie müssen trinken. – (Flüstert) Das ist wirklich seltsam. Aufgezeichnetes Wissen ist in dieser Pyramide verborgen. Die Pyramide ist wie ein Buch, wortwörtlich. Das Ritual wird jedes Jahr durchgeführt. Ich würde nicht sagen, dass es sich an der Ellipse orientiert, aber es wird zu einem bestimmten astronomischen Zeitpunkt durchgeführt. Und wenn dieser Zeitpunkt gekommen ist, dann kommen sie. Sie wissen, wo sie lesen müssen. Ich verstehe nicht, wie das funktioniert, aber es ist so, als ob es Streifen an der Wand gibt, auf denen sich Worte oder Zeichnungen befinden.

D: *Du meinst, dass sie in die Wand gemeißelt wurden?*

B: Richtig. Es ist ein bestimmter Streifen. Der Richtige. Sie weiß, wo er ist. Es ist so, als ob er aus der Wand herauskommt, so wie ein Regal. Und er ist codiert. Sie liest ihn wie eine Prophezeiung oder eine Verkündung. Es ist sehr, sehr alt und ritualistisch stilisiert. Als ob man zum Jahreswechsel die anstehende Ernte und andere ungewöhnliche astronomische Begebenheiten prophezeit. Es ist riesig.

D: Sie liest nur einen Teil davon?

B: Richtig. Es ist codiert. Sie ist die einzige, die weiß, wie man es lesen muss. Das ist es, was so interessant ist. Ich weiß nicht, warum ich es zu sehen bekomme, aber der Streifen ist ungefähr (Handbewegungen) zehn bis zwölf Zentimeter breit. Es steht hervor wie ein Regal und dieses riesige Buch liegt darauf. Das Buch hat cremefarbene Seiten. Es ist fast einen Meter hoch und auch fast einen Meter breit. Beide Seiten liegen offen. Sie ist groß und schmal, weshalb sie das Buch nicht herabheben muss. Sie kann davor stehen und umblättern. Die beiden Seiten sind so riesig. Wenn sich etwas in einer bestimmten Reihenfolge befindet, wissen sie, was in dem Jahr passieren wird. Ich bekomme das zu sehen, aber ich weiß nicht, was oder wie das hier geschieht, wie das funktioniert oder entsteht. Aber sie weiß es. Ich glaube, dass sie hochgradig gebildet ist. Dafür ist sie gezeugt worden. Sie hat es studiert. Sie weiß, wie man es macht. Sie versteht es. Und sie ist ein reales Symbol für etwas - falls das hier eine Religion oder Kultur ist ... vielleicht auch eine Wissensart?

D: Was fängt sie damit an, nachdem sie es sich angeschaut hat?

B: Es sind Ankündigungen für das Jahr. Wie das Jahr werden wird. Eine Prophezeiung.

D: Ist sie die Einzige, die diese Schublade herausziehen kann?

B: Zumindest die Einzige, die ich gesehen habe. Es muss hier sein, weil es sehr spezifisch ist. Ich denke, es wird vor vielen Würdenträgern vorgelesen werden und dann wird es dem Volk verkündet. Es hat zudem etwas mit der Sonnenverehrung zu tun, da sich Isis auf der Seite befindet. Sie hat einen hölzernen, langen Stift bei sich. Das ist alles sehr, sehr formell. Ein Teil der Seite ist aus weichem Kupfer oder aus Bronze. Sie muss formell unterschreiben und einen Vermerk machen.

D: Um zu zeigen, dass sie es gelesen hat?

B: Absolut. Es ist alles sehr formell. Ich denke, es hat mit astronomischen Berechnungen zu tun. Sie wird für eine längere Zeit nicht hierher zurückkehren. Ich denke, sie kann sehen, was passieren wird.

D: Was passiert mit dem Buch, wenn sie fertig ist?

B: Es zieht sich wieder in die Wand zurück. Sie ist die einzige, die das öffnen kann. Ich weiß nicht, wie sie es macht.

D: Es geht wieder in die Wand zurück?

B: Ja, in die Pyramide. Dort, wo der Vorsprung aus der Wand kommt, befindet sich weiches Kupfer. Da ist noch etwas anderes, das sie tut, während es ausgefahren ist, was sehr interessant ist: Von irgendwoher an ihrem Körper, von einem Beutel oder etwas ähnlichem, entnimmt sie ein bestimmtes Juwel. Es ist länglich und smaragdförmig. Sie platziert es an einer codierten Stelle in dem aufgeschlagenen Buch. Das aktiviert etwas. Da ist ein kleine Spalte dafür auf der rechten Seite.

D: *Vielleicht ist das ein Teil von dem Mechanismus, mit dem sie die Schublade überhaupt erst öffnen kann?*

B: Ich denke, das könnte so sein.

D: *Was geschieht, nachdem das Buch wieder verschwunden ist?*

B: Das Wissen wird herausgezogen und Verkündungen werden gemacht. Der formelle Teil der Zeremonie. Sie müssen noch andere Orte besuchen. Ich denke nicht, dass sie abreist; ich denke, sie spricht mit den Würdenträgern. Wobei … ich denke nicht, dass sie viel redet. Ich denke, sie hört zu. Sie hat starke mentale Fähigkeiten. Es ist erstaunlich.

D: *Sie musste ihnen die Botschaft übermitteln?*

B: Korrekt. Es ist Teil der Formalitäten, dies zu tun.

D: *Deine Rolle in all dem ist also nun beendet?*

B: Ja, ich kümmere mich um das Protokoll. Ich stelle sicher, dass alles reibungslos abläuft.

D: *Reisen sie direkt ab, nachdem alles beendet ist?*

B: Sie reisen ab. Und das ist wieder lustig. Sie sind so hochgradig stilisiert, dass ich sie niemals gehen sehe. Es ist wirklich so, als ob sie schweben. Sehr interessante Leute. Und sehr mysteriös. Es ist schon seit langer Zeit so gewesen.

D: *Wie reisen sie ab?*

B: Ich habe sie gesehen. (Erstaunt) Sie reisen in der Nacht! Ich frage mich, ob das ein Schiff ist, in das sie einsteigen? Aber kein Schiff für die See. Ich frage mich, ob – heutzutage würden wir UFO sagen. Es ist ein Gefährt.

D: *Sie reisen also nicht mit Kamelen oder einer Karawane?*

B: Nein, sie sind zu fortgeschritten dafür. Das wäre die Fortbewegungsart einer gewöhnlichen Person.

D: *Deine Arbeit ist nun getan?*

B: Richtig. Ich schließe allerdings nicht selbst die Pyramide zu. Jemand von höherem Rang tut das. Ich weiß auch nicht wirklich, wie die Türe geöffnet oder geschlossen wird. Sie gleitet irgendwie. Es ist absolut nahtlos. – Ich stelle sicher, dass die Markise herabgenommen und mit dem Teppich verstaut wird.

Als seine Aufgaben erledigt waren, kehrte er in die Stadt zurück. „Ich denke nicht, dass ich gemeinsam mit jemandem lebe. ich bin eine sehr stille Person. Vielleicht gibt es einen Grund für meine Stille. Ich denke nicht, dass ich reden kann. Ich weiß nicht, ob meine Zunge überhaupt noch da ist. Ich bin eine sehr stille Person. Das ist gut für sie, um mir Geheimnisse anzuvertrauen." Er konnte so niemandem erzählen, was er mitansehen würde.

In einem Buch meiner *Convoluted*-Reihe gibt es die Geschichte einiger Überlebender von Atlantis, die nach Ägypten gekommen waren. Sie versteckten ihre heiligen Artefakte in der Wand einer Pyramide und machten sie unsichtbar für alle außer diejenigen mit den richtigen Schwingungen. Nur sie waren in der Lage gewesen, den Teil der Wand zu öffnen, hinter dem sich die Artefakte befanden.

Der Mann arbeitete in einer Bibliothek in der Stadt. „Ich denke, sie ist symbolisch - wie unsere Architektur. Es ist nicht wirklich eine Pyramide, aber sie hat einige Formen und Bögen, und es ist ein Ort des Lichts. Dort werden Aufzeichnungen und Wissen aufbewahrt. Ich muss sicherstellen, dass die Codierungen stimmen. Ich liebe diesen Job, aber jemand anderes würde das vielleicht nicht. Es ist ein Job, bei dem man das Gefühl bekommen könnte, sehr wichtig zu sein. Aber dieser Mann ist einfach sehr effizient darin. Es ist einfach das, was er ist. Ich bin so etwas wie ein Bibliothekar. Das ist eine sehr geschäftige Arbeit und es gibt konstant etwas zu tun. Ich sehe mich sogar nachts in einem Raum. Kerzen brennen und da ist eine Platte mit Trauben und Früchten. Es ist ein einsames Leben."

D: *Kannst du die Aufzeichnungen lesen?*
B: Ich beschäftige mich nicht damit, weil die Organisation und Ordnung von allem schon genug meiner Zeit in Anspruch nimmt. Es ist eine sehr stressige, zeitaufwendige Arbeit. Und ich mag es ruhig. Ich sitze an einem Tisch. Ich habe eine schöne Kerze und ich genieße meinen Abend mit Früchten und Brot und etwas Einsamkeit. Es ist nüchtern hier, aber nicht ungeschmückt. Es ist nett. Ich wirke fast wie eine Art Mönch, obwohl ich Bibliothekar bin. Es ist ein bedeutsamer

Job, sich um die Informationen zu kümmern. Sehr geschäftig und wichtig. Den ganzen Tag über gibt es Arbeit und ich habe als Koordinator genug spezielle Ereignisse zu organisieren, um von Bedeutung zu sein.

Da er nicht sehr viel Abwechslung in seiner Tätigkeit zu haben schien, entschied ich, ihn zu einem wichtigen Tag in dem Leben wechseln zu lassen. Als ich das tat, sprang er überraschend durch Raum und Zeit in ein komplett anderes Leben, was ab und zu in Sitzungen vorkommt. Sie sah sich in einem anderen Körper an einem anderen Ort. Sie war ein junges Mädchen und stand gemeinsam mit anderen vor einem Tempel, der sich oben auf einer flachen Pyramide befand. Am Fuße der Pyramide hatte sich eine große Menschenmenge versammelt. Ein Mann, der sich neben ihr befand, war oberkörperfrei und am gesamten Körper mit roter Farbe bemalt. Er schien ein Priester zu sein; ein Mayapriester, mit der typischen Nase und den geraden, schwarzen Zöpfen. Seine Gebärden muteten sehr dramatisch und leidenschaftlich an. Er machte wütende Gesten und versuchte, die Leute einzuschüchtern. Sie stand neben einem Mann, der eine Art Würdenträger war und zudem ihr Vater. Es gab eine Menge Geschrei, aber sie erklärte, dass das alles Teil des Rituals wäre. „Der Priester muss feurig und emotional auftreten. Wenn man das nicht wüsste, würde es einen sehr wahrscheinlich erschrecken. Ich werde ausgebildet, um Teil der Priesterschaft zu werden."

D: *Weißt du, wofür die Zeremonie abgehalten wird? Was bedeutet sie?*

B: Ich glaube, Timing spielt eine große Rolle. Es hat mit astronomischen Begebenheiten zu tun, daher ist das Timing sehr wichtig. In diesem Fall gibt es ein heiliges Objekt, das herausgebracht wird. Es wird in einer kleinen hölzernen Truhe aufbewahrt. Es ist die Hand einer verehrten Person und das Fleisch sieht trocken und schwarz aus. Nun halten sie etwas, das wie eine türkise Lichtkugel aussieht - seltsam, allerdings wird diese Sache sehr verehrt. In dieser Kultur ist das Leben von Ritualen bestimmt. Diese Kultur - falls es die Mayas sind? - hat extrem viele Rituale. Zudem haben Lichtkugeln hier enorme Bedeutung.

D: *Was meinst du damit?*

B: In dem anderen Leben gab es Pyramiden, und in diesem hier gibt es Lichtkugeln. Ich kann sehen, wie sie vom Himmel kommen. Glaskugeln. Diese Kugeln sind sehr wichtig und haben vielerlei Funktion. Sie können Nachrichten überbringen. Die, die ich sehe, sind so klein wie die Glaskugeln, die man in den Netzen der Fischer sieht. Aber sie können Botschaften übertragen. Ich sehe, wie sie über den Himmel schweben. Ich sehe, wie Hände eine Kugel halten. Ich sehe nun die gesamte Szenerie der Umgebung, aber niemand ist hier. Es ist Morgendämmerung. Die Lichtkugeln kommen über den Himmel. Ein wenig Kälte liegt in der Luft. Überall ist Vegetation. Im Morgengrauen wird es etwas kalt. Da ist ein Bote, der die Lichtkugeln aufnimmt.

Nachforschungen haben ergeben, dass gläserne Kugeln in der Vergangenheit von Fischern in vielen Teilen der Welt verwendet worden waren, um ihre diversen Netze über Wasser zu halten. Lange Gruppen von zusammengebundenen Netzen, manchmal bis zu 80 Kilometer lang, wurden im Ozean platziert und von ausgehöhlten Glasbällen oder Zylindern an der Oberfläche gehalten. Die in ihnen enthaltene Luft gab ihnen den nötigen Auftrieb.

D: *Wie sehen sie von nah aus?*
B: Wie durchsichtiges Glas oder das Glas einer Colaflasche. Sie haben ein grünliches, weißes Aussehen. Es gibt keine Öffnung. Die Botschaft ist auf das Glas geschrieben. Man muss sie hochhalten und drehen und dann kann man es lesen. Sie trifft ein und die Botschaft befindet sich darauf. Und der Bote nimmt sie. Sie lesen nicht, was darauf steht. Sie bringen sie nur an einen Ort, am dem sie dann von einer höherrangigen Person gelesen wird. Interessant ist, dass der Mann, zu dem sie sie bringen, ein rötliches Licht benutzt. In diesem Licht kann man die Botschaften sehr leicht lesen. Sie drehen die Lichtkugel und lesen. Es sieht aus wie rückwärts geschrieben. Ich denke, es sind Wörter, aber ich sehe auch so etwas wie Formeln. Jedenfalls sehe ich nichts, was ich wiedererkenne.
D: *Die höherrangige Person liest und versteht die Botschaft?*
B: Absolut. Er ist so etwas wie ein Ältester, ein Forscher, oder etwas in der Art. Der Raum, in dem er arbeitet, hat einen

rötlichen Schimmer, was es sehr leicht macht, die Botschaft zu lesen.

D: *Das Licht macht es lesbar?*

B: Ja, genau. Das ist es. Danke. Weil die Glasbälle weißlich oder grünlich wie eine Colaflasche aussehen. Man verwendet das rote Licht und dann kann man sehen, was da steht.

D: *Was geschieht, nachdem er die Nachricht gelesen hat?*

B: Er ist wie ein Wissenschaftler. Er berechnet. Das gibt ihm die Informationen, die er braucht. Ich glaube, dass es etwas mit Bergbau und Regierungsangelegenheiten zu tun hat. Mit Erzen oder Mineralien, nehme ich an. Es ist das regionale Geschäft. Man kann sehen, dass die Gesellschaft wohlhabend und organisiert ist. Ich glaube auch, dass in der Region Bergbau für Handel betrieben wird. *Er* verwendet alles jedoch mehr auf eine alchemistische Weise. Das wäre ein passendes Wort dafür. Ich glaube, die Bälle stammen von seinen Mitarbeitern in den Bergen, wo die Minen sind. Ich glaube, sie schreiben darauf und lassen sie dann fliegen. Ich weiß nicht, wie sie sich fortbewegen. Ich kann mir das noch nicht mal vorstellen. Die Bälle sind Aufzeichnungen. Und er hat hölzerne Regale, auf denen er sie aufbewahrt.

D: *Er schickt sie also nicht zurück. Er behält sie.*

B: Richtig.

Ich entschied, dass es an der Zeit war, das SC einzurufen, um die beiden Leben und deren Verbindung zu Betty zu verstehen. Ich fragte zunächst nach dem ersten Leben mit der Pyramide und der großen, schmalen Frau, die angereist war, um die Informationen zu entziffern. „Warum habt ihr dieses Leben für Betty ausgesucht?"

B: Wir wissen, dass sie Forschung betreiben muss, und schicken ihr Forschungsmaterial. Sie muss das, was sie erhält, codieren und in schriftlicher Form präsentieren. Also möchten wir, dass sie weiß, dass sie bereits Erfahrung damit hat. Sie koordiniert das. Sie ist darin sehr effizient. Sie kann das. Sie hat sich bereits in anderen Zeiten um hohes Wissen gekümmert. Sie hat das alles organisiert. Sie hat auch noch Erfahrung mit etwas anderem: mit dem Platzieren von Edelsteinen, so wie die Frau sie benutzte. Sie sind eingefärbt. Vergiss nicht, dass sie sich ebenfalls auf den Codes der DNA der Person befinden. Sie sind also bereits umfassend kodifiziert. Und der Körper ist dazu in der Lage, das zu empfangen. Ein Körper empfängt und stellt sich als Hülle wieder her.

Ich hatte das Gefühl, dass sich das auf Bettys Heilarbeit mit Kristallen und diversen Heilsteinen bezog. „Das erfolgt auf sehr einfache Weise. Ihre Hülle ist ausreichend vorbereitet, um das zu empfangen."

D: Woher kam die Frau, die das Buch entziffert hatte?
B: Sie hat einen ähnlichen galaktischen Hintergrund wie Betty. Ich denke, dass sie aus einer Sternenfamilie stammen.
D: Der Mann sah sie nicht anreisen. Sie erschien einfach.
B: Ja, sie erschien einfach schwebend. Ich glaube, dass sie einen außerirdischen Hintergrund hatte.
D: Bedeutet das, dass Betty aus einer Sternenfamilie stammt?
B: Sie stammt aus einer kodifizierten Sternenfamilie.
D: Erklärt bitte, was damit gemeint ist.
B: Es ist ein historischer Hintergrund. Das wird in einem bestimmten Quadranten eines Sternensystems kodifiziert. Sternensystem sollte man sagen. Sternensystem ist korrekter. Wir alle haben planetare Familien, und daher ist ihr Hintergrund sozusagen speziell designt, um mit dem Wissen umzugehen, das ihr gegeben wird. Es ist sehr einfach. Zudem kann sie den gleichen Job machen wie ein Decodierer - das ist das Wort. Den gleichen Job.
D: Also hat jede dieser Sternenfamilien bestimmte Aufgaben zu erfüllen?
B: Es gibt bestimmte Aufgaben zu erledigen. Sie ist regelrecht darauf programmiert, einem Sternenmeister zu berichten. Das ist eine Person, die für einen Bereich oder Quadranten eines Sternensystems zuständig ist. Es hat mit der Kodifizierung von Wissen zu tun. Und es ist keine ungewöhnliche Methode. Es ist die Bibliothekar-Methode. Das ist eine gute Beschreibung. Es gibt Kuriere: Leute, Seelen und physisch geborene Wesenheiten, die etwas Ähnliches wie Behälter in sich tragen. Sie haben bestimmte Aufgaben zu erledigen. Betty muss gewissermaßen aus ihrem Versteck kommen. Sie ist sich dessen nicht bewusst, aber sie berichtet einem Sternenmeister.
D: Was meint ihr damit?

B: Einen Zweig des Aufstiegs und der Fürsorge. Es findet auch auf einer fast zellulären Ebene statt. Eine Blutlinie. Ein Aufstieg. Sie ist ein ausgebildeter Bote, der weiß, wie man empfängt, aufschreibt und berichtet, und der zugleich Teil der spezialisierten Blutlinie des Sternenmeisters ist.

D: *Wann berichtet sie ihm? Nachts, wenn sie schläft?*

B: Ja, nicht im bewussten Zustand. Die Person ist sich dessen überhaupt nicht bewusst. Durch die Freiheit des Kontaktierens des uneingeschränkten Geists werden die Informationen in der Nacht übertragen.

D: *Warum habt ihr ihr dann das zweite Leben gezeigt? Das mit den Lichtkugeln. Es schien in Südamerika zu spielen. Was habt ihr versucht, ihr damit über sich zu sagen?*

B: Im diesem Leben ging es auch wieder um Forschung. Sie besaßen höheres Wissen über Astronomie und ein gutes Nachrichtensystem. Sie waren der Meinung, dass geistiges Wissen leicht auf codierten, kleinen, gesteuerten Nachrichten durch die Atmosphäre geschickt werden konnte. In dieser Kultur wurden die Botschaften physisch auf diesen Glaskugeln übermittelt, aber sie wurden auch mit einem geistigem Code geschickt.

D: *Wie wurden die Lichtkugeln transportiert?*

B: Auf Energieströmen. Auf die gleiche Art, wie du einen Baseball werfen würdest, allerdings konnten die Kugeln deutlich weitere Entfernungen überbrücken. Und man selbst mit ihnen. Man benutzte einfach seinen Willen.

D: *Sie packten die Botschaften also mit ihrem Geist in die Kugeln?*

B: Sie waren tatsächlich auf sie geschrieben, aber sie wurden mithilfe von Intention und Willenskraft ausgeschickt. Die Kultur wurde sehr gut darin: Intention und Willenskraft. Allerdings war es nichts, was das gewöhnliche Volk tat. Manche Lichtkugeln fielen auch aus dem Strom. Aber das Wunderbare daran war: Wenn eine hinunterfiel und auf dem Boden landete, ohne zu zerbrechen, konnte man sie nicht lesen. Einige wurden gefunden, konnten aber, wenn man sie gegen Feuer hielt, nicht gelesen werden. Das ging nur in diesem rötlichen Leuchten. Heute würde man sagen: im roten Spektrum. Die Finder hatten dann einfach das Gefühl, dass sie etwas Besonderes oder sogar Magisches gefunden hatten, und bewahrtes es auf.

D: Wolltet ihr Betty damit zeigen, dass sie ein weiteres Mal mit Wissen und Information zu tun hatte?

B: Ja. Unser Wunsch ist es, ihr zu zeigen, dass sie verborgene Informationen erhält. Es ist verborgene Information, die sie lesen kann. Sie mag gelegentlich mit einer brillanten Energie aufwachen, ohne zu wissen, wo sie sie herhat. Wir schicken ihr spezialisierte Übertragungen.

D: Diese brillanten Ideen kommen also von euch. Ist das korrekt?

B: Absolut. Sie ist ein Nachkomme der Familie unseres Sternensystems. Wenn wir also sagen, dass es Blutlinien gibt, dann gibt es tatsächlich diese Blutlinien. Sie ist Teil der Familie, und das ist eine ihrer gleichzeitigen Rollen für uns. Sie sendet Übertragungen zurück, ist sich dessen allerdings nicht bewusst. Wir überprüfen, wo sie ist und wie es ihr geht. Das erfolgt über enorm große Entfernungen. Die Energielinien sind verbunden. Sie lehrt, was sie lehren soll. (Betty unterrichtete Energiearbeit.) Wir würden sie darin nur gerne etwas beschleunigen. Es gibt noch andere Dinge, die sie tun muss. Sie tut etwas, was wir gerne intensivieren würden. Deshalb hat sie Schmerzen im gesamten Körper. Es würde alles leichter fließen, wenn sie sich nicht zurückhalten würde. Sie leistet Widerstand.

Sie erklärten, dass Betty mehr schreiben und extensiv reisen sollte, vor allem in skandinavische Länder, um dort Energie zum Ausbalancieren und Reinigen von Wasser zu verwenden. Sie drängten sie dazu, dies bald anzugehen.

B: Ihr beide habt Gemeinsamkeiten. Es ist zum einen die Botschaft, die ihr verkündet, und zum anderen die Energie, die ihr tragt. Wir nennen es „die Punkte verbinden". Wir nennen es „vor vielen Leuten stehen". Wir nennen es „wo immer du bist, bist du ein Tempel in dir". Du stehst ebenfalls vor Leuten, gibst ihnen kodifiziertes Wissen und verbindest sie zur gleichen Zeit energetisch. Deshalb könnt ihr beide vor zweitausend Menschen auf einer Bühne stehen und sie alle energetisch verbinden. Wenn ihr darin noch besser werdet, werdet ihr vor zehntausend Menschen stehen können. Ihr projiziert eine Energiewelle durch das Publikum, die alle miteinander verbindet. Sie hören euch zu und sie lernen. Aber tatsächlich lernen sie energetisch. Es ist eine Gemeinsamkeit, die Menschen wie ihr habt. Es fällt euch äußerst leicht, Verstärker in den codierten Teilen der Körper der Menschen zu öffnen und Energie in diese hinein zu leiten. Jeder hört eine minimal unterschiedliche Frequenz und sie denken, dass sie etwas erhalten, dass ein klein wenig anders als gewöhnlich ist, und das bereichert sozusagen die nächste „Karteikarte" ihrer Information. Auch wenn ihr das Gefühlt habt, dass ihr planlos auf euren Reisen seid, verteilt ihr in Wirklichkeit über geographischen Landschaften Energie in bestimmten Mustern, die durch die Routen der Flugzeuge strukturiert werden. Sie kann ihre eigenen Informationen aus diesen Informationen herausziehen, die bereits kodifiziert sind. Die Information kann in ihrem Inneren extrahiert werden. Da gibt es keine Hierarchiegrenzen. Ihre jugendliche Angst vor dem Scheitern ist nun keine Blockade mehr. Dieser Holzscheit brennt sozusagen nicht mehr im Feuer. Er ist nur noch Asche. Es sind alte, nutzlose Kassetten, die nicht mehr abgespielt werden.

* * *

Forscher haben in der Vergangenheit viele seltsame, kugelförmige Objekte in der Region um Costa Rica gefunden. Sie weisen verschiedene Größen auf, bestehen allerdings aus Stein und nicht aus Glas. Es ranken sich viele Mythen um ihre Entstehung, inklusive der Theorie, dass sie aus Atlantis stammen. Ihr runde Form ist geometrisch so perfekt, dass man sich bisher noch nicht erklären konnte, wie sie konstruiert worden sind.

Kapitel 13

KRISTALLSCHÄDEL

Ich war in Virginia, um einen Hypnoselehrgang zu leiten, und die folgende Sitzung diente Demonstrationszwecken am letzten Tag. Zu jener Zeit handhabte ich es für gewöhnlich so, einen Schüler aus der Gruppe dafür auszuwählen. Dabei wusste ich vorher nie, wen ich aussuchen würde, was es auch für mich stets spannend machte. Diese Situation ist für die ausgesuchte Person nicht einfach. Man kann sich schnell wie ein „Goldfisch im Glas" fühlen. Oft sind sie nervös, vor so vielen Menschen in Hypnose zu gehen und darauf nicht vorbereitet zu sein. Ich bin gewöhnlich auch etwas nervös, allerdings habe ich gelernt, „ihnen" zu vertrauen. Sie leiten mich immer bei der Wahl der am besten geeigneten Person, um die Klasse möglichst viel lernen zu lassen.

Als Deb in der ersten Szene landete, war es Sonnenuntergang und sie hatte Schwierigkeiten, etwas zu erkennen. Sie hatte das Gefühl, in Südamerika zu sein. Zunächst dachte sie, sie befände sich in einer Höhle, konnte dann jedoch einen Tunnel oder eine Art Gang ausmachen, dessen Eingang mit mehreren durchsichtigen Tüchern verhüllt war. „Er führt zu einer metallenen Tür. Ich habe einen Schlüssel. Ich trage ihn an einer Schnur um meinen Hals."

D: *Hast nur du diesen Schlüssel?*
Db: Nur ich und ein paar wenige Andere. Niemand sonst. Es ist ihnen nicht erlaubt. Da ist ein großes, schweres Schloss an der Tür. Es ist sehr speziell und stark verziert. Der Schlüssel ist groß. Er passt in das riesige Schloss. Es ist eine sehr schwere

Tür. Sie ist so gefertigt, dass man hier nicht einbrechen kann. Es ist ein geheimer Ort. Die meisten wissen nicht davon.

D: *Du bist wahrscheinlich schon öfter hier gewesen.* (Ja) *Aber ich darf mit dir hineingehen, oder?* (Ja) *Dann lass uns die Türe aufschließen und öffnen. Was befindet sich auf der anderen Seite?*

Db: Es ist ein Raum für Schätze. Hier befinden sich verschiedene Gegenstände, die besonders und heilig sind. Schriftstücke, uralte Texte, Pergament, Schriftrollen. Und das ist noch nicht alles. Da ist ein Kristallschädel in menschlicher Größe. Er befindet sich in der Mitte des Raumes auf einer Art Podest.

D: *Hast du diesen Schädel gefertigt?*

Db: Nein. Ich bin sein Hüter. Ich muss alles beschützen, was sich in diesem Raum befindet.

D: *Weißt du, wer den Schädel gefertigt hat?* (Ja) *Kannst du mir davon erzählen?*

Db: Er wurde uns übergeben und von uralten Zeiten an aufbewahrt. Er wurde aus einer Stadt gerettet, die zerstört worden war, und dann sicher verwahrt.

D: *Weißt du, wie die Stadt zerstört wurde?*

Db: Ja. Es gab einige Veränderungen auf der Erde, unter anderem vulkanische Eruptionen.

D: *Geschah das in dem Land, in dem du lebst?*

Db: Mehr oder weniger. Das Land ging unter. Nur Teile davon befinden sich noch über der Wasseroberfläche. Das meiste versank. Es war nicht dieses Land. Ein anderes.

D: *Stammen die Aufzeichnungen von dort?*

Db: Einige ja, andere sind jünger.

D: *Bist du die einzige Person, die diese Gegenstände hütet? Oder tut das dein gesamtes Volk?*

Db: Nein, es gibt ein paar wenige Personen, die dazu ausgebildet wurden. Wenn es nur eine Person wäre, wäre das gefährlich. Alles könnte mit ihr verloren gehen. Es gibt ein paar wenige, und es wird überliefert. Allerdings wird es nicht vielen weitergegeben. Es birgt sehr viel Macht.

D: *Was ist der Zweck des Kristallschädels?*

Db: Kommunikation. Speicherung. Information und Geschichte.

D: *Wie wird etwas darin gespeichert, wenn es nur Kristall ist?*

Db: Er trägt eine Energie. Diese hat die Fähigkeit, eine Menge Informationen zu speichern.

D: Sie befinden sich direkt im Kristall? (Ja) *Weißt du, wie man sie liest?*

Db: Ja. Man muss seine Hände auf ihm platzieren und seinen Geist damit verbinden. Dann kann man Informationen in ihm platzieren und sie so dort speichern.

D: So gelangten sie überhaupt erst hinein?

Db: Durch diejenigen, die das Wissen hatten.

D: Und man kann es wieder herausholen, indem man seine Hände darauf legt?

Db: Ja. Es ist wie Telepathie. Die Informationen sind für diejenigen gedacht, die darin ausgebildet wurden. Sie erlangen Zugriff, wenn sie ihre Hände darauf legen.

Deb sah sich selbst als eine Frau in ihren Dreißigern. Sie war bereits seit ihrer Kindheit für diese Aufgabe ausgebildet worden. Ich nahm an, dass dieser Ort noch mehr verbarg als nur den Tunnel und den Geheimraum. Sie sagte, dass es eine Zeit gab, in der dort mehr Leute waren als jetzt. Ich ließ sie den Tunnel verlassen, um die Umgebung sehen zu können. Der Tunnel befand sich innerhalb eines Berges, der komplett mit üppiger, grüner Vegetation bedeckt war. Ihr Zuhause befand sich in der Nähe. „Da sind Gebäude und Tempel. Es gibt auch Pyramiden, deren Oberseite flach ist. Sie werden für Zeremonien und zur Teleportation verwendet."

D: Was meinst du mit Teleportation?

Db: Es ist eine Landeplattform für hereinkommende Schiffe.

D: Schiffe landen oben auf den Pyramiden? (Ja) *Was für Schiffe sind das?*

Db: Einige von der Erde und einige von woanders. Es sind andere Galaxien. Es wird erzählt, dass der Schädel immer wieder an die nächste Generation weitergegeben wird. Sogar mehrere von ihnen, nicht nur einer. Viele Schädel stammen ursprünglich aus anderen Kulturen und nicht von der Erde. Sie waren Geschenke.

D: Waren die Schiffe gekommen, bevor die Städte zerstört wurden? (Ja) *Was ist ihre Funktion, wenn sie jetzt kommen?*

Db: Handel. Das hier ist einer der Orte, an dem mithilfe des Schädels Informationen gelagert werden können. Wir geben ihnen Güter und Früchte.

D: Und sie tauschen dafür Wissen und Informationen?

Db: Ja. Und andere Dinge. Ihre eigenen, speziellen Güter und diverse Gegenstände.

D: *Dann sind sie gutartig?* (Ja) *Wie sehen sie aus?*

Db: Fast genau wie wir. Einige haben andere Merkmale und Hauttöne, so wie wir auch unterschiedliche Töne haben. Unserer ist eher rötlich und dunkler. Sie haben ihre Farben, ihre Töne. Einige sind sogar blau.

In meinem Buch *Keepers of the Garden* ist die Information enthalten, dass es zu Beginn des Lebens auf der Erde viele verschiedene Hautfarben gab, auch blau, grün und violett. Die meisten starben letztendlich aus oder wurden in die genetische Struktur der menschlichen Spezies absorbiert. Diese Färbungen finden sich auch heute noch gelegentlich bei Menschen, vor allem bei Feuermalen, die ein genetischer Übertrag jener violetten Rasse ist. Als Deb sagte, dass blaue Leute in ihre Städte kamen, überraschte mich das also nicht. Es bestätigte die Informationen, die ich seit vielen Jahren immer wieder erhalte.

D: *Das klingt, als ob diese Leute bereits seit langer Zeit kommen.* (Ja) *Und gehen welche von deinen Leuten jemals mit ihnen?*

Db: Ja, das tun sie.

D: *Hast du das schon mal getan?* (Ja) *Erzähl mir davon. Du lächelst. Es muss ein angenehmes Erlebnis gewesen sein.*

Db: Es war sehr interessant. Es ist so, als ob sie wissen, wer wir waren.

D: *Wer ihr wart?*

Db: Sie wissen, wer wir waren. Sie wissen, sie lesen unsere Seele. Sie wissen, wer wer gewesen ist. Es ist so, als ob es ein Schicksal für jede Person gibt. Sie wissen, wer du warst, also wissen sie, wann du zurückkehrst. Sie wissen, wann du wieder geboren werden wirst. Und es wird jedes Mal denjenigen anvertraut, die zurückkehren und von Anfang an Bescheid wussten.

D: *Also folgen sie mehr oder weniger der Seele. Ist es das, was du meinst?* (Ja) *Oder sie können deine Seele lesen, um herauszufinden, woher du ursprünglich kommst?*

Db: Beides.

D: *Also haben sie dir damit vertraut, die Informationen zu beschützen und mit ihnen zu ihrer Heimat zu reisen. Wie war das?*

168

Db: Die Gebäude und die gesamten Städte sind aus Kristall gebaut. Alles ist sehr interaktiv und funktioniert über Gedanken und Projektion.

D: Alles ist mental und telepathisch?

Db: Nicht alles, aber vieles. Es ist so, als ob die gesamte Umwelt mit den Kristallen interagiert. Es ist sehr schön. Wir erholen uns dort oder machen Urlaub. Die Gesellschaft ist sehr weit entwickelt, aber auch sehr spaßig. Sehr fortgeschritten.

D: Es scheint, als läge deine Gemeinschaft ziemlich abgeschieden.

Db: Ja. Sie zeigen sich nicht mehr der breiten Öffentlichkeit. Sie bleiben nun mehr im Verborgenen.

D: Du meinst, sie kommen nur noch an Orte, die abgelegen sind?

Db: Hauptsächlich, ja. Die meisten Leute glauben nicht mehr. Die erinnern sich nicht genug und sie sind nicht immer freundlich zu ihnen. Also sind sie sehr selektiv bei der Entscheidung, wem sie sich zeigen. Es gibt Machtinhaber auf unserem Planeten, die das Wissen missbrauchen würden.

D: Könnten diese Machtinhaber ihnen schaden? (Ja) *Deshalb kommen sie nur zu einigen wenigen Auserwählten und an ausgesuchte Orte?* (Ja)

Ich entschied, sie zu einem wichtigen Tag wechseln zu lassen.

Db: Jemand Wichtiges ist eingetroffen. Sie sind noch nie hier gewesen. Mitglieder der Königsfamilie ihres Planeten sowie eine kleine Gefolgschaft. Sie bringen einen der anderen Kristallschädel. Sie wollen ihn bei dem in dem kleinen Raum am Ende des Tunnels platzieren. Es wirkt so, als wäre einer der Kristalle männlich und der andere weiblich.

D: Ihre Energie? (Ja) *Warum geben sie euch einen weiteren Schädel?*

Db: Nicht für immer. Nur temporär, damit sie die Informationen von einem auf den anderen übertragen können. Sie positionieren sie nebeneinander und sie kommunizieren dann miteinander. Es ist sehr beeindruckend.

D: Sie werden den zweiten Schädel wieder mitnehmen? (Ja) *Nachdem dessen Informationen auf den anderen übertragen worden sind.*

Db: Ja. Und umgekehrt. Die Mitglieder des Königshauses sind mitangereist, um dabei zuzusehen.

Ich ließ sie nochmal zu einem weiteren wichtigen Tag wechseln und sie sah sich beim Unterrichten. „Die Anweisungen werden an die nächste Generation weitergegeben. Einige der Hüter sind männlich und andere weiblich. Ich gebe das Wissen weiter. Das Training."

D: Werdet ihr so genannt? Die Hüter?
Db: Es ist ähnlich, aber eigentlich ist es eine andere Sprache. Ein anderes Wort, das „die Hüter" bedeutet. Ich übermittle das Wissen an die nächsten Hüter, damit es nicht verloren geht. Eine von ihnen ist meine eigene Tochter, mein eigenes Kind. Es ist das erste Mal, dass sie mit dem Schädel kommunizieren kann. Dies war, nachdem der andere Schädel kam und sie miteinander kommuniziert hatten.
D: Es ist sehr wichtig, das Wissen am Leben zu halten.

Da dies eine Demonstration für die Klasse war, konnte ich nicht so viel Zeit auf die Erkundung verwenden, wie ich es gerne getan hätte. Ich musste zudem zu Debs Fragen kommen, damit die Schüler sehen konnten, wie dieser Teil der Sitzung durchgeführt wird. Also ließ ich sie zum letzten Tag des Lebens wechseln.

Db: Es ist ein Hinübergehen im Schlafzustand, im Traumzustand. Es ist sehr leicht.
D: Du verlässt einfach den Körper? (Ja) *Mit dem ganzen Wissen und Training, das du erhalten hast, war das bestimmt sehr einfach für dich, oder?*
Db: Als ob ich wusste, was geschehen wird. Ich war bereits älter. Ich habe die Leute darauf vorbereitet. Ich sagte ihnen, dass ich bald gehen würde.

Ich ließ sie den Körper verlassen und das Leben von der anderen Seite aus betrachten. Sie erkannte von dort, was sein Zweck und die Lektionen gewesen waren.

Db: Die Mission war, das Wissen zu sichern.
D: Denkst du, dass du das getan hast?
Db: Ich lebte es.
D: Die Sicherung des Wissens war sehr wichtig.

Schließlich rief ich das SC hervor und fragte, warum es Deb dieses Leben gezeigt hatte. Sie hatte mir vor der Sitzung erzählt, dass sie von vielen ihrer vergangenen Leben wusste und nicht davon ausging, dass wir etwas finden würden, das ihr noch nicht bekannt war. Nach der Sitzung sagte sie jedoch, dass es ein neues, ihr komplett unbekanntes Leben gewesen war.

Db: Es bezieht sich auf ihre derzeitigen Vorhaben, Wissen zu verbreiten, Wissen zu bewahren und es abzusichern.

D: *Ihr habt also versucht, ihr ein weiteres ihrer Leben zu zeigen, in dem sie das getan hatte? (Ja) Weil sie sich nun wieder mit der gleichen Thematik beschäftigt?*

Db: Sehr ähnlich, sehr ähnlich.

D: *Ihr wolltet, dass sie weiß, dass sie das schon mal getan hat. (Ja) War das nach Atlantis?*

Db: Ja. Es war in Südamerika. Die Menschen sahen aus wie Vorläufer der Maya.

D: *Also war es vor den Mayas. Uns wurde immer beigebracht, dass die Mayas diejenigen waren, die die Pyramiden dort gebaut hatten.*

Db: Manche von ihnen waren errichtet worden, bevor die anderen Städte zerstört wurden. Sie waren von einigen der Atlanter erbaut worden. Und noch ältere von Lemurianern. Einige von ihnen sind uralt und überstanden die Veränderungen auf der Erde. Andere wurden wiederaufgebaut.

D: *Sie sagte, die flachen Ebenen wurden als Landeplätze genutzt.*

Db: Ja, und für Zeremonien.

D: *Ich bin neugierig. Uns wird immer beigebracht, dass sie dort Rituale mit Menschenopfern durchgeführt hatten.*

Db: Nicht in diesem Land. Das war später. Das war nach dem Niedergang. Das war eine spätere Kultur. Es geschah nicht in dieser Zeit.

D: *Unsere Geschichtsbücher sagen uns, dass sie dafür gebaut worden waren: für Zeremonien, in denen den Göttern Menschenopfer dargebracht wurden.*

Db: Diese nicht.

D: *Was war dann der ursprüngliche Zweck der flachdachigen Pyramiden?*

Db: Wie gesagt, zum Landen der Schiffe von anderen Planeten. Und für öffentliche Zeremonien, weil eine große Menge zusammenkommen konnte, wichtige Informationen

171

verkündet werden konnten und man in der Lage war, von allen Seiten zu sehen.

D: *Später verfälschte sich dann alles und es wurden auf ihnen Opferrituale durchgeführt? Kamen die Schiffe dann immer noch?*

Db: Zum größten Teil nicht mehr, nein. Sie hörten damit auf.

D: *Ich kann mir vorstellen, dass sie das nicht gut fanden, oder?*

Db: Nein, und das ist einer der Gründe, warum sie nicht mehr kamen. Sie wären ebenfalls in Gefahr gewesen.

D: *Wisst ihr, warum die Leute dem Opfern von Menschen verfielen?*

Db: In späteren Kulturen war das mehr ein Machtspiel. Es war ein Teil der Kriegsführung. Sie haben nicht ihre eigenen Leute geopfert, sondern hauptsächlich Krieger von Fraktionen, mit denen sie Krieg führten. Es wurde immer schlimmer. Aber verstehe, dass nicht nur die Vergangenheit in die Kristalle gegeben wurde. Auch die Zukunft wurde hineingegeben.

D: *Sie wussten also, was geschehen würde?*

Db: Ja. In ihnen befanden sich Prophezeiungen.

D: *Der Tunnel, in dem sich das Versteck des ganzen Wissens befand. Existiert er noch?*

Db: Das tut er.

D: *Er ist noch nicht entdeckt worden?*

Db: Es gibt immer noch Hüter.

D: *Sogar heute gibt es noch Leute im tiefen Urwald, die das Wissen beschützen? (Ja) Das ist wunderbar. Dann wird es vielleicht am Leben bleiben.*

Db: Es wird nicht aufgedeckt werden, bis die Zeit dafür reif ist.

D: *Wir erhalten die Information, dass die Zeit nun reif dafür ist, dass Teile des Wissens zurück an die Oberfläche kommen können.*

Db: Noch nicht.

D: *Es ist immer noch in dem Tunnel versteckt? (Ja) Befinden sich beide Kristallschädel dort?*

Db: Nein. Nur einer. Er ist in dem Tunnel versteckt und wird immer noch bewacht.

D: *Damit er nicht den falschen Leuten in die Hände gerät.*

Db: Deshalb muss das noch warten.

D: *Bis die richtige Zeit gekommen ist. Heutzutage sind bereits einige andere Kristallschädel gefunden worden. (Ja) Haben diese den gleichen Zweck?*

Db: Einige von ihnen. Andere nicht. Manche sind Replikate, um den Menschen einfach etwas zu bieten. Einige von ihnen funktionieren tatsächlich, aber die Replikate nicht. Einige von ihnen sind also echt und einige sind das nicht.

D: Die echten Schädel kamen von anderen Planeten?

Db: Ja, und aus Atlantis. Sie kamen von unterschiedlichen Orten. Jeder von einem anderen Planeten. Jeder von woanders. Es ist eine Methode der Übertragung von Aufzeichnungen von jedem der Orte. Die Informationen befinden sich im Schädel.

Wir fuhren damit fort, die Fragen zu stellen, die Deb vor ihrer Sitzung notiert hatte. Eine der Fragen befasste sich mit Debs Verbindung zu Delfinen und ihrer Faszination mit ihnen.

Db: Ein Teil der Verbindung geht auf andere Planeten zurück, die mehr auf Wasser basieren. Die Delfine stammen nicht von hier, sie wurden hergebracht. Sie stammen nicht ursprünglich von diesem Planeten.

D: Ich habe von Wasserplaneten gehört, auf denen alles sehr frei und leicht ist. Sind das die Planeten, von denen ihr sprecht? (Ja) *Hat sie deshalb diese Verbindung zu Delfinen? Weil sie Zeit auf diesen Planeten verbracht hat?* (Ja) *War sie selbst eine solche Kreatur?* (Ja) *Delfine sind besonders, oder?*

Db: Ja, das sind sie. Sie sind nicht nur intelligente Säugetiere. Sie sind wie wir, aber sie haben nie vergessen. Sie haben sich nie zurückentwickelt. Sie haben nie ihre Verbindung zum Schöpfer vergessen und nie die Verbindung vergessen, die sie zueinander haben.

D: Deshalb kann sie mit ihnen kommunizieren und fühlt sich bei ihnen zu Hause?

Db: Ja. Und deshalb ist ein Fragment dorthin gebracht worden. – Auch Delfine sind Hüter. Es gibt mindestens einen Kristallschädel, der sich im Ozean befindet. Und unter den Delfinen gibt es auch diejenigen, deren Aufgabe es ist, ihn zu bewachen.

Mehr Informationen zu diesen einzigartigen und äußerst bemerkenswerten Kreaturen sind in meinen *Convoluted Universe* Büchern enthalten.

* * *

Die nachfolgenden Informationen über die Kristallschädel stammen von einem anderen Klienten und wurden bei der Auswahl für meine bisherigen Bücher zurückgehalten. Ich habe einige Jahre darauf gewartet, mehr Informationen zu dem Thema zu erhalten, um es vollständiger präsentieren zu können.

D: Collette wunderte sich über das Phänomen der „drei Schädel". (Ich war irritiert.) *Es tut mir leid. Ich weiß nicht, woher das Wort „drei" kam. Ich meinte: das Phänomen, das wir „Kristallschädel" nennen. Seid ihr damit vertraut?*

C: Ja. Und das mit der Zahl Drei war kein Fehler. Es gibt drei Ursprungsorte von Kristallschädeln. Drei Planeten, von denen aus sie ihren Abstieg auf den Planeten Erde begannen. Diese Planeten haben - wie die Erde auch - einen kristallenen Ursprung.

D: Ihr meint, der Planet selbst ist kristallin?

C: Wie der innere Teil der Erde besteht auch der menschliche Körper aus einer kristallinen Substanz. Die Planeten, von denen die drei ursprünglichen Schädel stammen, sind ebenfalls aus einer kristallinen Substanz.

D: Sie sind also ähnlich konstruiert wie die Erde?

C: Nicht in der gleichen Form. Sie weisen nur ebenfalls einige der Komponenten von Kristallisierung auf. Ähnlich wie bei Quarzkristallen, die manchmal hell leuchten und durchsichtig sind, manchmal aber auch trübe sein können. Es ist die Quelle oder die Substanz der Energie dieser Planeten. Man kann das nicht zu jeder Zeit optisch wahrnehmen. Der Planet Erde – den man als Kugel oder Ball wahrnehmen würde -, der innere Teil, den man nicht mit menschlichen Augen sehen kann, besteht aus einer kristallinen Substanz. Wenn man sich in Höhlen begibt - zum Beispiel in New Mexico, Arkansas, Brasilien, Sibirien und auch an anderen Orte auf dem Planeten, an denen Kristalle abgebaut werden, kann man sehen, dass der innere Teil der Erde eine kristalline Substanz ist. Die *gesamte* Erde ist eine kristalline Substanz. Es ist eine Energie. Das Leben hier basiert auf einer kristallinen Substanz. Die Technologie auf diesem Planeten beginnt gerade erst, diese Quellen wahrzunehmen und zu nutzen, wie beispielsweise für eure Computersysteme. Sogar Uhren werden heute aus Quarzkristall gefertigt.

D: Ja. Ich habe immer gedacht, dass das Magma der Erde wie Lava ist. Sprecht ihr von einem Teil der Kruste?

C: Ein Teil der Kruste selbst besteht aus einer kristallinen Substanz. Aber dieser Teil ist nahezu versteckt, weil die Zeit noch nicht gekommen ist, dass jeder davon wissen soll. Weil die Energie davon so machtvoll ist, könnte sie auf eine negative Art missbraucht werden.

D: Ich stelle mir immer die Erde vor, wie sie voller Elemente und Mineralien ist, und dass hier und dort Kristalle verstreut sind.

C: Sie sind verstreut, aber tatsächlich gibt es viel mehr Kristalle überall, als die meisten Menschen wissen.

D: Ihr sagtet, dass es drei unterschiedliche Planeten gab, von denen diese Schädel stammten?

C: Nein. Die Zahl Drei repräsentierte drei mögliche Herkunftsplaneten, von denen Kristalle *hätten* kommen *können*. Nicht die Anzahl derer, von denen sie tatsächlich kamen. Es gibt drei andere Planeten, die wie die Erde aus einer kristallinen Substanz bestehen. Deshalb begannst du damit, „drei Schädel" zu sagen. Und ich sagte, dass die Zahl Drei nicht unbedingt drei Schädel bedeutet, sondern einfach drei Planeten mit einer kristallinen Grundlage. Die Zahl Drei ist auch deshalb bedeutsam, weil wir diese drei Planeten als eine Trinität betrachten. Eine Trinität ist sehr machtvoll in allen Aspekten von Wissen, Technologie und allem, das ist.

D: Ist dies der Ursprung einiger dieser Schädel?

C: Zu Anfangs, ja.

D: Wir interessieren uns dafür, wie sie gefertigt wurden. Ist das auf diesen anderen Planeten erfolgt?

C: Diejenigen, die bisher *hier* gefunden worden sind, wurden nicht auf jenen Planeten gefertigt. Sie wurden auf diesem Planeten hier von uralten Zivilisationen hergestellt. Das Wissen von „Allem, was ist" ist in diesen Schädeln enthalten.

D: Ich dachte, dass sie vielleicht auf den Planeten gefertigt und dann hierhergebracht wurden.

C: Nein, sie wurden nicht von anderen Planeten *hergebracht*.

D: Sie wurden alle von uralten Zivilisationen gefertigt?

C: Ja. Das Wissen, das *sie* besaßen und das von der Quelle von Allem durch sie gechannelt worden war, befindet sich in den Kristallen.

D: Dann wurde ihnen nicht von jemand anderem gezeigt oder beigebracht, wie man das macht?

C: Nein. Es kam direkt von der Quelle durch die Hände der Ältesten, die den Kristall berührten. Und mit den Händen der Ältesten *formte* die Quelle den Kristall zu einem menschlichen Schädel. Als die Hände der Ältesten den rohen Kristall berührten, waren die Hände wie Werkzeuge. Und er begann, die Form eines Schädels anzunehmen. Werkzeuge waren nicht nötig. Die Quelle floss durch diese Menschen.

Dies klang ähnlich wie die Art und Weise, auf die die Bewohner von Atlantis ab einem bestimmten Punkt ihrer Entwicklung mithilfe ihres Geistes Stein formbar machen konnten. So waren viele der uralten Monumente errichtet worden. Als sie dem Untergang entkamen, nahmen sie dieses Wissen mit. In meinen *Convoluted Universe* Büchern wird dies genauer erklärt.

D: *Es gibt viel Diskussion darüber, wie sie entstanden sind. Einige sagen, dass sie mithilfe von Werkzeugen geschaffen wurden. Allerdings hätte das unglaublich viel Zeit und Energie benötigt.*

C: Es ist interessant, dass du das Wort „Energie" verwendest, da die Quelle – manche nennen die Quelle auch „Gott", „Universum" oder haben andere Namen für sie – Energie ist. Und die Energie, durch die die Ältesten, die die Steine in den Händen hielten, mit der Quelle verbunden waren, war so stark und so direkt, dass wir in der Kombination der zwei mit den Steinen eine Trinität haben. Wenn diese drei zusammenkommen, ist alles möglich. Alles ist Leben. Alles ist lebendig. Indem der Uralte den lebendigen Stein hielt und sich direkt mit der Quelle verband, war in der Form eines Schädels alles möglich. Gestalt formte sich in der Körperlichkeit, und das allein durch die Energie.

D: *Ihr sagtet, dies waren Menschen aus uralten Zivilisationen. Wie weit liegt die Erzeugung dieser Schädel zurück?*

C: In linearer Zeit, in irdischer Zeit, Tausende und Abertausende von Jahren. Zwanzig- bis hunderttausend Jahre. Es gibt viele Schädel auf unterschiedlichen Kontinenten auf der Erde. Einige sind bereits gefunden worden, andere nicht. Manche werden *vielleicht* nie gefunden werden.

D: *Es wird behauptet, dass bei einigen Schädeln eine Verbindung zu den alten Mayas besteht.*

C: Das ist korrekt. Nicht alle Kristallschädel sind hunderttausend Jahre alt oder sogar noch älter. Einige sind jünger. Die Maya-Zivilisation, bezogen auf lineare Erdenzeit, existierte vor langer Zeit. In eurer Zeitrechnung vor fünfzehn-, zwanzig, fünfundzwanzigtausend Jahren.

Experten datieren die Geburt der Maya-Zivilisation auf etwa 3000 v. Chr., wobei unter ihnen kein eindeutiger Konsens besteht und viel darüber debattiert wird. Es ist durchaus möglich, dass es viel früher geschah.

C: Aus der Unendlichkeit betrachtet existiert Zeit jedoch nicht. Und im Universum gibt es keine Zeit. Nur Raum. Wie kann ich das erklären? (Seufzt) Es gibt heute noch Mayas, die in kleinen Gruppen praktizieren. Die Zivilisation ist nicht komplett zerstört oder verschwunden, wie es viele Leute glauben. Es gibt immer noch Mayas. Das alte Wissen existiert immer noch in ihnen. Und sie hatten tatsächlich einen Schädel, der sehr berühmt ist. Und dieser Schädel wird sehr stark verehrt, weil er denen enormes Wissen gibt, die wissen, wie sie auf die Informationen zugreifen können. Und es wird nur denen gegeben werden, die es im Namen des Lichts und der Liebe anwenden. Im Dienste des höchsten Guten.

D: *Die Schädel, die sie geschaffen haben, sind also jünger als die älteren Exemplare, von denen ihr gesprochen habt?*

C: Einige der älteren Schädel sind nie gefunden worden. Die Zeit, entdeckt zu werden, ist für sie noch nicht gekommen.

D: *Ich denke an Atlantis. Besteht hier irgendeine Verbindung?*

C: Natürlich. Definitiv. Allerdings nicht in Form eines Schädels, der bekannt ist und in dieser Zeit existiert.

D: *Haben auch sie wie die Mayas das Wissen an die folgenden Generationen weitergegeben?*

C: Nein. Die Mayas sind eher Nachkommen von Lemuria als von Atlantis.

Dies würde ihren Ursprung viel weiter in der Vergangenheit ansetzen, als es die Archäologen tun, da Lemuria vor Atlantis existierte.

D: *Aber das Wissen darüber, wie man die Kristallschädel herstellt, geht so weit zurück wie Atlantis.* (Ja) *Warum wurden diese Objekte in der Form von Schädeln gefertigt?*

C: Im menschlichen Körper beherbergt der Kopf oder Schädel das Gehirn – oder um es mit einem modernen Begriff zu sagen: den Computer. Den biologischen Computer. Es ist der Ort, in dem das Mentale, der Intellekt und das Wissen untergebracht sind. Und eine kristalline Struktur besitzt sehr viel Potenzial für das Speichern von Wissen. Die Bedeutung der Schädelform ist die, dass der Mensch den Schädel mit Wissen assoziiert, mit dem Geistigen, mit dem für ihn Wichtigsten. Nicht-spirituelle Menschen denken, dass alles vom Intellekt kommt, vom Wissen, aus dem Gehirn. Daher die Assoziation mit dem Gehirn und dem Kristall; der Kristall dient dabei einfach der Informationsspeicherung. Das Gehirn speichert Wissen, wie es ein Computer auf einer Festplatte tut. Aus diesem Grund haben Kristalle in Form eines Schädels große Bedeutung für einen Menschen. Wir möchten auch sagen, dass ein Kristallschädel - besonders einer aus durchsichtigem Quarzkristall - das Wissen *aller* Universen speichern kann. Jemand, der den Zugang findet, wird dazu in der Lage sein, sich einzutunen. Aber nicht in den Schädel, sondern in die Energie des Kristalls, des Steins.

D: *Viele, die die Kristallschädel studiert haben, denken, dass sie mit Tod und Negativität verbunden sind.*

C: Ja, es gibt viele solche Geschichten. Und das hat einen Grund. Es gibt Menschen, die nicht für die Informationen bereit sind, die in einem Kristallschädel gespeichert werden können – oder auch in jeglichem anderen Stein, der in Form eines Schädels gefertigt wurde. Sie würden die Informationen auf negative Weise missbrauchen und damit Menschen schaden. Aus diesem Grund ist es angemessen, dass solche Konzepte wie der „Totenkopf" oder „Schädel des Verderbens" existieren. Menschen, die die Schädel auf diese Weise betrachten, würden das Wissen auf eine Weise verwenden, die für andere Menschen auf diesem Planeten schädlich wäre.

D: *Es wird also eine Angst erzeugt, die dafür sorgt, dass sie sie vermeiden?*

C: Hmmm, das ist eine gute Beschreibung.

D: *Es gibt diesen einen berühmten Schädel, bei dem man den Unterkiefer abnehmen kann. Die anderen sind alle aus einem Stück gefertigt. Hat diese Besonderheit eine Bedeutung?*

C: Definitiv. Wenn man die Skelettstruktur des menschlichen Körpers und den Unterkieferknochen betrachtet – oder die Mandibula, wie er technisch bezeichnet wird -, erkennt man, dass dieser ein beweglicher Teil des Kiefers ist. Er ist der stärkste Knochen im menschlichen Körper. Stell dir vor, was dieser Knochen tut; die tatsächliche Bedeutung, die Verantwortung durch die Aufgabe, dem Menschen beim Kauen der Nahrung zu helfen. Die Zähne sind in diesen Teil des Schädels implantiert, da er sehr, sehr stark ist. Dass dieser Kristallschädel mit einem beweglichen Kiefer gefertigt worden ist, macht ihn also noch mächtiger als die Schädel, bei denen sich der Kiefer nicht bewegt. Weil sein Design so präzise und anatomisch korrekt ist, stellt er ein fast perfektes, exaktes Replikat eines menschlichen Schädels dar.

D: *Es gibt viele, die aus einem Stück gefertigt worden sind.*

C: Ja, und das hat auch seinen Zweck.

D: *Sie enthalten alle unterschiedliche Arten von Informationen?*

C: Genau. Und der Grund, warum sie gefertigt wurden, ist ebenfalls ein anderer. Es wird allerdings denjenigen überlassen sein, ihre Bedeutung herauszufinden, die mit ihnen in Kontakt kommen.

D: *Also werden unterschiedliche Personen auf unterschiedliche Weise reagieren, wenn sie auf die diversen Schädel treffen?*

C: Ja. Es geht immer um die Intention und die Bestimmung des Individuums, wenn es mit den Schädeln in Kontakt kommt. Egal, ob sie nur für Heilung berührt werden oder sie sich im Besitz von jemandem befinden. Und der Besitz mag vielleicht auch nur eine Art Aufbewahrung sein, bis sie an den nächsten Ort kommen, der ihnen bestimmt ist.

D: *Wurden sie von Individuen gefertigt oder von Gruppen, die ihre Geisteskraft dafür kombiniert haben?*

C: Es gibt viele verschiedene Schädel, die geschnitzt, geformt oder geschmolzen worden sind. Einige sind von den Ältesten gemeinsam mit der Quelle gefertigt worden. Andere, die in eurer linearen Zeit zehntausend Jahre alt oder sogar noch älter sind – bis zu Hunderttausenden von Jahren -, sind nie gefunden worden. Dann gibt es noch die, die sogar heutzutage von Künstlern eurer Zeit gefertigt werden. Sie sitzen auf

Bänken und nutzen moderne Technologie und moderne Werkzeuge. Es könnten sogar Laser verwendet werden. Wir behaupten also nicht, dass alle Schädel alles Wissen in sich tragen. Jeder Stein, jeder Schädel ist für einen bestimmten Zweck erzeugt worden, und es kommt auf das Individuum oder die Gruppe an, die mit ihm in Kontakt kommt, den jeweiligen Zweck aufzudecken.

D: *Ich dachte, dass die Ältesten vielleicht die kombinierte Geisteskraft mehrerer Personen genutzt haben, um sie zu erschaffen. Eine Gruppe Priester oder mehrere Individuen, die das Wissen besaßen.*

C: Einige wurden so geschaffen. Nicht nur Schädel, sondern auch komplette Skelette. Alle Knochen, die in der menschlichen Anatomie vorhanden sind, wurden aus Quarz geformt. Es existiert also noch viel mehr als nur Schädel. Viele Teile davon müssen erst noch entdeckt werden.

D: *Was war der Zweck eines gesamten Skeletts aus Kristall?*

C: Um zu zeigen, dass die gesamte Struktur an sich ein Hologramm darstellt. So wie ein Schädel eine kristalline Struktur ist, ist das auch der ganze Körper. Wenn die Grundlage eines Menschen, die menschliche Anatomie, kristallin ist – und das ist sie -, dann betrifft dies das gesamte Wesen, nicht nur den Schädel. Das, was ihr als Knochen kennt, ist tatsächlich eine kristalline Struktur.

D: *Das überrascht mich, da Knochen doch zerfallen.*

C: Bedenke, dass wenn ich „kristalline Struktur" sage, das auch ein Pulver sein kann. Ein Quarzkristall kann in ein außerordentlich feines Pulver zermahlen werden, das man in den Wind pusten könnte, ohne dass man es sieht. Das ist es, was wir meinen, wenn wir „kristalline Struktur" sagen, und nicht einen harten Stein. Staub, der dann zerfallen kann.

D: *Collette fragt sich, ob sie eine Verbindung zu diesen Kristallschädeln hat?*

C: Sie hat eine sehr direkte Verbindung zu Kristallschädeln. Sie stammt von einem der drei Planeten, über die wir am Anfang gesprochen hatten. Wie du bereits bemerkt hast, gibt es keinen Zufall. Keine Zufälle. Die Zahl Drei ist also auch kein Zufall. Die Zahl Drei ist eine Trinität. Die drei Planeten stellen eine Trinität dar. Und Collette hat eine sehr direkte Verbindung. Ihre direkte Verbindung ist die … Wie sagt man das? Das durch eure Sprache auszudrücken, ist sehr schwierig. (Pause)

Wenn man aus purer Energie in die Dichte dieses Wesens kommt, ist es sehr schwierig, Worte zu verwenden. (Ich ermutigte das SC, es so gut wie möglich zu versuchen.) Sie stammt von einem menschenähnlichen - mangels angemessener Begriffe – Stamm ab, der aus einer kristallinen Struktur besteht. Und du kannst ihr erklären, dass sie von einer menschenähnlichen Rasse abstammt, die aus Kristall besteht.

D: *Ihr meint Wesen, die eine Struktur aufweisen, die auf Kristall statt auf Kohlenstoff basiert?* (Ja) *Und sie waren menschenähnlich?* (Ja) Funktionierten ihre Körper so, wie es unsere auf Kohlenstoff basierenden Körper tun?

C: Ähnlich. Diese menschenähnlichen Wesen *wussten* Bescheid. Sie wussten, dass sie wussten, was sie wussten. Es war nicht so, dass sie hinausgehen mussten, um zu lernen und um zu suchen und zu suchen und zu suchen, was sie wissen wollten oder an was sie sich erinnerten. Sie hatten die Erinnerungen einfach. Es war Wissen von Zeit und Raum, nicht von linearer Zeit. Diese menschenähnlichen Wesen *waren* das Wissen.

D: *Aber ihre Körper funktionierten nicht so wie die physischen Körper, die wir haben.*

C: Doch, das taten sie. Wenn du einen Menschen anschaust, siehst du Fleisch und Blut. Sie waren auch aus Fleisch und Blut. Während du jedoch die (menschliche) Knochenstruktur als faserige Skelettstruktur betrachtest, zeigte ihre eine eher kristalline Struktur, die *teilweise* faserig war, dabei allerdings viel fester. Alles Wissen war in dieser kristallinen Struktur enthalten, wie heutzutage das Wissen in der Skelettstruktur des menschlichen Körpers enthalten ist. Sie ist heute nur nicht mehr derart rein kristallin, wie es bei diesen Wesen der Fall war und wie es in dieser *Zeit* der Fall war. Es ist eine Zeit und keine Rasse. *Es war eine Zeit.*

D: *Eine Zeit. Wenn ihr sagt, dass sich das Wissen in den Knochen der Menschen befindet, meint ihr damit die genetische Struktur? Die DNA?*

C: Ja. Ja. Alles Wissen ist in dem enthalten, was ihr als DNA kennt.

D: *Aber dieses Wissen ist nur zugänglich, während sich die Seele im Körper befindet und mit der DNA in Kontakt steht?*

C: Ahh! Das kann ich nicht bestätigen!

D: *Ich dachte, dass der Körper zerfällt, sobald die Seele ihn verlässt.*

C: Wenn der Körper zerfällt, ist die DNA immer noch da. Die DNA kann auch nach dem Tod in der Knochenstruktur gefunden werden. Die Technologie ist allerdings noch nicht entdeckt worden, die die Asche nach einer Verbrennung analysieren kann. Nichtsdestotrotz ist die DNA immer noch da. Sie kann gefunden werden.

Dies erinnerte an den Prozess, der in Kapitel 7 des ersten Convoluted Universe Buches beschrieben wurde. Individuen reaktivierten in einem Labor mithilfe einer seltsamen Maschine verkohlte Knochen, die anschließend verpackt und aufbewahrt wurden. Hatten sie das Geheimnis des Reaktivierens oder etwa Klonens schlafender DNA entdeckt?

C: Wenn Collette das hört, wird sie erstaunt sein und denken: „Ich habe noch nie etwas Derartiges gehört. Warum sollte ich so etwas also glauben?" Sie muss mit Offenheit, Ehrlichkeit und Erinnerung an dieses Erlebnis herangehen. Daran, dass ihr Körper ein kristallines Hologramm ist.

* * *

Die Debatte über die Kristallschädel wird also weiterhin bestehen bleiben. Manche haben sich als Fälschungen entpuppt. Andere sind für authentisch beurteilt worden und verblüffen Experten bis heute. Einer der bekanntesten Schädel ist der Mitchell-Hedges-Schädel, der 1924 in einer Ruinenstadt in Belize entdeckt worden war. Die Entdeckung ist bis heute sehr umstritten. Allerdings sind sich die Experten darüber einig, dass der Quarzkristall nur mit hochentwickelter Technologie geschaffen werden konnte. Das wissenschaftliche Labor von Hewlett-Packard hatte bestätigt, dass das Stück gegen seine Achse geschliffen worden war. Es grenzte demnach an ein Wunder, dass es während des Entstehungsprozesses nicht in Millionen kleiner Teile zerborsten war. Winzige Abweichungen in der Größenordnung von Millimetern hätten zu Absplitterungen geführt. Der U.S. Restaurationsexperte Dr. Frank Dorland erklärte: „Wenn man von Anfang an jeglichen Einfluss übernatürlicher Kräfte ausschließt, müssen die Mayas den Kristallschädel mithilfe von manuellem Polieren geschaffen haben. Dies ist jedoch eine unvorstellbare Aufgabe, die

Jahrhunderte gedauert und offensichtlich jegliche politischen oder religiösen Bedingungen verdrängt hätte. Es ist schwer, sich vorzustellen, wie ein solches angedachtes Langzeitziel von einer Generation zu nächsten weitergegeben worden wäre." Sieben Millionen Arbeitsstunden wären geschätzt nötig gewesen, um die perfekte Form des Kristallschädels auf diese Art herauszuarbeiten. Es ist das Äquivalent von 800 Jahren Arbeit bei Tag und Nacht. Wenn man zwölf Stunden Arbeit am Tag zugrunde legt, wären es sogar 1600 Jahre gewesen! (Quelle: Legendary Times Magazine)

Ich denke, dieses Statement macht deutlich, dass das Objekt nicht von Hand erschaffen worden war. Ich tendiere eher zur Theorie, dass die entsprechende Technologie in Atlantis existiert hatte: das Wissen darüber, wie man Steine mithilfe von mentaler Kraft beliebig formen konnte. In meinen anderen Büchern lässt sich entdecken, dass dieses Wissen von Außerirdischen kam, die unter jenen höchst weitentwickelten, uralten Gesellschaften gelebt hatten. Nachdem diese Zivilisationen zerstört worden waren, flüchteten die Überlebenden nach Ägypten und in andere Länder, wo atemberaubende Steinarbeiten bis heute Experten verblüffen. Sie trugen das Wissen mit sich und waren für die Entstehung fantastischer Bauwerke verantwortlich. Ich denke, dass statt Handarbeit diese Technologie für die Erschaffung der Kristallschädel verantwortlich gewesen war.

* * *

Kristalle sind die am häufigsten vorkommenden Mineralien auf der Erde. Interessant ist, dass die meisten Kristalle, die weltweit verkauft werden, aus Arkansas und Brasilien stammen. Ich fand heraus, dass sich unterhalb der Gegend im Norden von Arkansas, in der ich lebe, eine riesige Ablagerung von Kristallen befindet. Südlich des Mount Ida gibt es eine öffentliche Kristallmine, in der sich jeder Kristalle direkt vom Boden wegnehmen kann. In einer Sitzung wurde mir mal erklärt: „Du denkst, dass du zufällig diesen Teil von Arkansas als Lebensort ausgewählt hast. Tatsächlich bist du aus einem bestimmten Grund dort platziert worden. Du benötigst die Energie der Kristalle für deine Arbeit.

* * *

Vor nicht allzu langer Zeit wurde in Mexiko eine gigantische Kristallhöhle entdeckt, die den größten jemals auf der Erde gefundenen Kristall beherbergt. Die Cueva de los Cristales (Höhle der Kristalle) wurde im Jahre 2000 in der Nähe von Naica von zwei Minenarbeitern entdeckt, die dabei waren, einen Tunnel für eine Erdbaufirma freizusprengen. Die Höhle befindet sich etwa 300 Meter unter dem Naica-Berg in der Chihuahua-Wüste. Sie enthält einige der größten natürlich vorkommenden Kristalle, die jemals gefunden worden sind: lichtdurchlässige Gipsbalken mit einer Länge von 10 Metern und einem Gewicht von 55 Tonnen. Geologen waren von der Größe und Schönheit der Kristalle überwältigt, als sie sich im Rahmen der Dreharbeiten für eine Dokumentationsserie der BBC in die Höhle herabließen. Allerdings konnten sie aufgrund der Hitze und der enormen Luftfeuchtigkeit nicht viel Filmmaterial produzieren. Mit Temperaturen über 58 Grad Celsius und einer Luftfeuchtigkeit um die 100 Prozent ist ein längerer Aufenthalt in der Höhle potenziell tödlich. Der Körper beginnt wortwörtlich zu kochen. Mit spezieller Ausrüstung waren sie dazu in der Lage, den extremen Bedingungen lange genug standzuhalten (nicht mehr als zehn Minuten am Stück), um Material für die Dokumentation *How the Earth Made Us* zu filmen, die 2013 auf BBC ausgestrahlt wurde. Auch *60 Minutes Australia* drehte vor Ort.

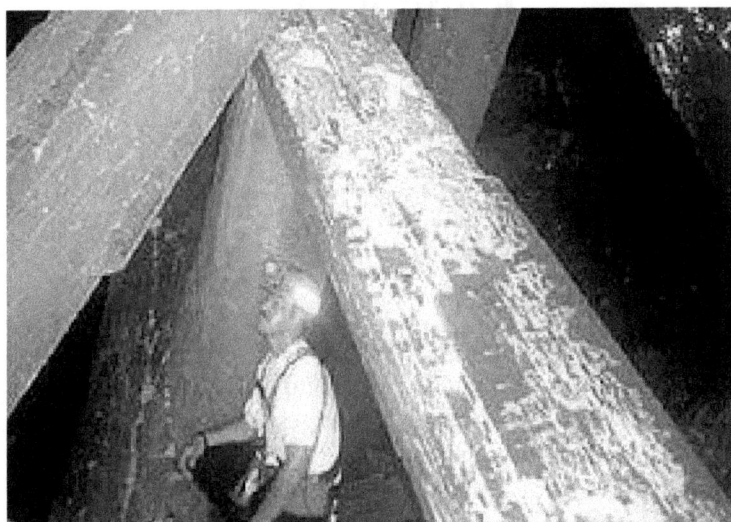

Die in der Sitzung erhaltene Information, dass der ganze Planet aus Kristall besteht, war akkurat.

Kapitel 14

DAS LEHREN VON WISSEN

Diese Sitzung wurde 2008 in meinem temporären Büro im Amber Light Motel durchgeführt, nachdem eine Flut die gesamte Stadt überschwemmt und mein langjähriges Büro gegenüber von Granny's Restaurant zerstört hatte. Ich wartete auf die Fertigstellung meiner Büroräume in der Ladenzeile gegenüber des Motels. Es war nicht der beste Ort für eine Sitzung (aufgrund des Lärms, der von anderen Motelgästen verursacht wurde), jedoch besser als gar keiner.

John hatte seine eigene Firma, in der er mit sicheren und natürlichen Tierprodukten arbeitete. Seine Hauptmotivation bestand darin, seine Bestimmung zu erfahren. Er brachte spezifisch den Wunsch zum Ausdruck, dass „der Schleier gelüftet wird" und er „alles erfährt, was wichtig ist", um das große Bild und seinen Platz darin zu erkennen.

John landete in einem Leben in New Mexico während des 19. Jahrhunderts. Er lebte weit außerhalb des Dorfs und behandelte als Doktor seine Patienten. Er war in England ausgebildet worden, bezeichnete sich allerdings eher als ein Naturheiler, der sich das meiste selbst beigebracht hatte. Er bereitete aus Kräutern und Kristallen seine eigene Medizin zu. Die Kräuter baute er selbst an, wobei ihm einige der Pflanzen von Indianern gegeben worden waren. Sie teilten Heilwissen miteinander. Zudem stellte er Salben her, damit er Patienten auch oberflächlich behandeln konnte, während er mithilfe der Heilpflanzen dem Körper half, Probleme zu bekämpfen. Er lebte ein langes, unaufregendes Leben und starb als alter Mann in einem Schaukelstuhl auf seiner Veranda. Nachdem er den Körper verlassen hatte, fragte ich nach dem

Zweck dieses Lebens. „Es ging darum, Menschen zu helfen. Zu lernen. Wissen aus verschiedenen Quellen zu nehmen und es zu kombinieren. Und darum, eine reine Intention zu haben, reine Motive." Allerdings gab er sein Wissen an keinen Nachfolger weiter. „Man möchte eigentlich meinen, dass ich das machen müsste, damit die Hilfe gesichert ist. Aber ich sehe niemanden."

Da das Leben ereignislos war, ließ ich ihn in ein anderes wechseln. Er sah sich in Ägypten auf einer flachdachigen Pyramide stehen. „Ich bin ein Priester. Leute kommen zu mir, um Hilfe, Führung, Klarheit und Heilung zu erhalten." Die Menschen kamen zu der Pyramide, wenn sie es nötig hatten. Das Leben war erneut ein einsames, ohne Ehefrau. Er hatte die Arbeit bereits über viele Jahre verrichtet, also fragte ich ihn, ob er von jemandem darin unterrichtet worden war. Seine Antwort war eine Überraschung:

J: Ich spüre, dass ich unterrichtet wurde, aber es war kein menschliches Training. Ich habe Brüder in den Sternen, die mich aufgenommen haben, um mir Dinge beizubringen. Mentale Fähigkeiten. Heilen.

D: *Erzähl mir davon. Kannst du beschreiben, wie sie aussehen?*

J: Sie sind Lichtwesen. Sie verwenden Kristalle. Downloads von Wissen. Kräfte des Geistes und des energetischen Körpers. Heilung, Beratung von Menschen.

D: *Leben diese Lichtwesen unter den Menschen?*

J: Nein, das tun sie nicht. Man kann nicht jederzeit auf sie zugreifen. Ich bin noch nicht einmal sicher, ob sie noch da waren, nachdem das Training beendet worden war. Sie waren während des Trainings da. Als es beendet war, sind sie weggegangen. Sie lebten nicht unter den Leuten. Sie kamen nur für das Training in eine isolierte Umgebung herab.

D: *Sie wollten nicht alle wissen lassen, dass sie hier waren?*

J: Das ist korrekt.

D: *Und sie wollten nur bestimmte Menschen unterrichten?*

J: Ja, genau. Deshalb wählten sie mich aus. Ich war anders.

D: *Was war anders an dir?*

J: Meine geistige Reife und meine mentalen Fähigkeiten. Meine Intention vermittelte einen höheren Zweck als nur eine berufliche Tätigkeit. Es wirkt fast so wie Arroganz. Aber das ist es nicht. Es ist ein inneres Gefühl von Verpflichtung, eine

Art Berufung für das höhere Gute. Und das erforderte Isolation.

D: *Du warst anders als die anderen Kinder in deinem Alter?*

J: Ja, und als die anderen Leute in der Gemeinschaft.

D: *Deshalb brachten sie dich zu einem abgeschiedenen Ort?*

J: Einen Teil der Zeit verbrachte ich an einem abgeschiedenen Platz im Wald. Für einen anderen Teil nahmen sie mich mit auf ein Schiff und unterrichteten mich dort. Und wieder ein anderer Teil fand auf dem flachen Dach der Pyramide statt. Dort lehrten sie mich Astronomie und das Bewusstsein für die Sterne.

D: *Sind sie dir immer als Lichtwesen erschienen?*

J: Sie hatten Lichtkörper. Da waren aber auch Merkmale, die es ihnen erlaubten, menschlicher auf mich zu wirken als eine Kugel aus Licht. Es war also eine Kombination aus Licht und Gestalt. Pure Liebe. Reine Intelligenz. Mitgefühl. Helfen wollen. Lehren wollen. Mich zu bereichern, damit ich Leuten helfen kann.

D: *Wie wurdest du gelehrt?*

J: Manchmal altmodisch wie in einer Klasse. Öfter durch eine Art Download mithilfe von Kristallen, durch Licht und spezielle Räume.

D: *Wo befanden sich die speziellen Räume?*

J: Es waren spezielle Räume, die sich in einer versteckten Anlage im Wald befanden. Und ein Ort in der Pyramide. Und auch oben in dem Schiff. Es ist wie ein Raum, in dem man das große Bild sehen kann. Den Masterplan. Die Talente, die ich haben musste, um das zu erledigen, wofür ich hergekommen bin. Eine interessante Art Schnell-Lern-Kurs. Nicht so ausgedehnt, als ob man in die erste, zweite oder dritte Klasse gehen würde. Es war ein sehr schneller Prozess. Ich glaube, dass ich neue Segmente an Informationen erhalten habe, je älter mein Körper wurde. Außerdem Erfahrungen, Wissen und Fähigkeiten.

D: *Also sind sie eine Zeit lang bei dir geblieben, um dich zu unterrichten?*

J: Sie sind entweder geblieben oder immer wieder zurückgekehrt.

(Während der gesamten letzten paar Minuten fuhren Ambulanzwagen, Polizeifahrzeuge etc. mit lauten Sirenen am

188

Motel vorbei. Sie waren sehr laut, aber das schien John nicht zu stören. Er sprach einfach weiter.)

D: Du sagtest, dass du auf das Schiff mitgenommen wurdest. Wie haben sie dich dorthin gebracht?

J: Sie haben mich hinaufgebeamt. Es war nicht so, dass ich ein kleines Schiff betreten habe und sie mich hinaufgebracht haben, sondern fast so, als ob sie mich körperlich direkt mit Licht hinaufholten. Ich erschien einfach direkt auf dem Schiff. Und es war so, als ob ich die Leute kannte. Fast so, als wäre ich einer von ihnen und ich hätte mich bereit erklärt, hinunter zu gehen und das hier zu tun. Und ich habe mein Training von ihnen erhalten.

D: Fühlt es sich so an? (Ja) Dass du dem zugestimmt hast und sie dir dabei helfen? (Ja, ja) Ist das der Grund, warum du anders als der Rest der Leute bist?

J: Ja, ich glaube schon.

D: Zumindest was die geistigen Fähigkeiten angeht. – Du sagtest, dass das Heilen, das sie dich lehrten, hauptsächlich über Kristalle erfolgte?

J: Ja, die Kristalle beinhalteten Wissen. Deshalb wurden sie in mich heruntergeladen, in meine kristalline Struktur, damit ich das Wissen in meinem Körper hatte. Als ich dann wieder hinunterkam, besaß ich ein Wissen über die Menschen, ihre Natur, den menschlichen Körper und Energie. Über die Erde, Pflanzen, Nahrungsmittel. Wie sie angebaut werden sollten. Die Art der Gesellschaft, die sie haben sollten, als ich ihnen beim Anbauen half, damit sie einander versorgen konnten. Ähnlich einer idealen Gesellschaft. Und ich war dazu in der Lage, energetisch mit meinen Händen zu fühlen.

D: Aber du wusstest das alles nicht, als du das erste Mal hinunterkamst. Du bist hier geboren worden.

J: Korrekt.

D: Erreichte dich das Wissen später?

J: Ich denke, das tat es. Ich musste körperlich dafür bereit sein, es zu empfangen. Ich hatte eine Mission und eine Bestimmung, als ich herunterkam. Aber die Teile, die mir gegeben wurden, sind mir nicht alle auf einmal gegeben worden. Es war so, als ob man bereit und reif genug sein musste. Und dann wurde es gelernt.

D: *Also passierte etwas mit den Kristallen, bevor du in einen menschlichen Körper kamst. Meinst du das?* (Ja) *Wie wird das Wissen in den Kristallen aufbewahrt? Weißt du das?*

J: Lass mich fragen. (Pause) Es scheint, als ob es eine Kombination verschiedener Faktoren war. Es erfolgte telepathisch. Sie schickten mir Informationen, die in den Kristallen gespeichert worden waren. Aber auch die Computer auf dem Schiff waren dazu in der Lage, Informationen in die Kristalle zu geben. Also beides. Meine Frage ist die Intention. Wie dient ein Kristall als Energie? Woher weiß ein Kristall, wann er sich öffnen muss, um absorbiert zu werden?

D: *Wann er Informationen abgeben soll?*

J: Ja. Es wirkt wie eine Art Schlüsselmechanismus durch Intention, durch Telepathie.

D: *Also könnte nicht einfach jeder diese Information herunterladen?*

J: Das ist korrekt. Nur jemand, der vorbereitet ist und weiß, wie man dies macht. Jemand, der reine Intention hat, reine Motive, und der weiß, wie man das Wissen anwendet. Nicht nur, um Wissen zu erlangen, sondern um das Wissen zu nehmen und es so anzuwenden, dass es den Menschen hilft. Also unterrichtet man diese Personen und sie tragen es weiter. Es ist ein Effekt wie eine Welle, die sich ausbreitet. Wenn man sie unterrichtet, gehen sie hinaus und bringen das wiederum anderen bei. Egal, ob es um Ackerbau geht oder sonst etwas.

D: *Dir wurde also dieses Wissen gegeben und du hast es gemeinsam mit Menschen angewendet?* (Ja) *Hast du es auch anderen Personen vermittelt?*

J: Ja, das habe ich.

D: *Um weiterzugeben, was du wusstest. Ging es dabei nur um Heilung mit Kristallen?*

J: Nein, es betraf tatsächlich die gesamte Gesellschaft. Welche Kräfte formten eine Gesellschaft? Es gab Nahrungsmittel, Ackerbau, Menschen, die sich verletzen oder krank werden … Also brauchte man auch Heilung. Es gab zudem Handel, Fairness, Bildung, Wasseraufbewahrung. Man brauchte Streitschlichtung, also gab es einen Rat. Aber die Personen im Rat durften keine Agenda haben. Sie mussten komplett objektiv sein.

D: Das ist schwierig, oder nicht? Komplett objektiv zu sein. Aber es ist der einzige Weg, wie das Wissen funktionieren kann, oder nicht?

J: Es ist der einzige Weg, wie eine zivilisierte Gesellschaft funktionieren könnte. Wenn man in der reinsten Form lehrt, wie eine Gesellschaft funktioniert, in der man sich umeinander sorgt, sich gegenseitig liebt. In der man sicherstellt, dass alle Nahrung und Obdach haben. In der man sich um die alten Leute kümmert und sicherstellt, dass Kinder gebildet werden. Und in der man liebevoll mit der Erde umgeht.

D: Das klingt nach einer perfekten Art zu leben.

J: Absolut. Es ist möglich.

D: Es ist möglich, weil du es getan hast. (Ja) Hattest du auch Heilkräuter verwendet oder hauptsächlich Kristalle?

J: Dort hauptsächlich Kristalle. Aber ich war auch an Pflanzen interessiert. Alles ist energetisch. Wir Menschen bestehen aus all diesen Elementen. Und sie alle vibrieren auf unterschiedlichen Frequenzen. Wenn sich etwas nicht im Gleichklang befindet, findet man etwas, dass dem Körper oder diesem Körperteil hilft, wieder zurück in die perfekte Vibration zu gelangen. Es könnten Kristalle sein. Es könnten meine Hände sein, die meine Energie nutzen. Es könnte eine Pflanze sein, die dem Körper der Person eine bestimmte energetische Frequenz gibt. Es könnte ein Entgiftungsprogramm sein, das die Dinge entfernt, die die Ursache sind. Es könnten bestimmte Kräuter sein. Es könnte auch Sonnenlicht sein.

D: Also ist es nicht für jeden gleich.

J: Das ist korrekt.

D: Das war also Teil deiner Tätigkeit. Festzustellen, welche die beste Methode für die Menschen wäre? (Ja) Das ist eine Menge Verantwortung für eine Person. Aber du wurdest ja geschult, also scheinst du das alles gewusst zu haben. Du sagtest, dass sie dich mitnahmen und unterrichteten, nachdem du in einen physischen Körper gegangen warst. (Ja) Wäre das ähnlich einem Pharao? Oder ist das anders?

J: Ich glaube, das ist eine gute Analogie. Ein Pharao. Ein Art Anführer, aber ohne die Zeremonien, den ganzen Pomp und die Zeitverschwendung.

D: *Es klang nämlich wie ein Heiler oder ein Mediziner, der allerdings die gesamte Gesellschaft in Betracht ziehen musste.*

J: Ja. Ein mitfühlender Herrscher, der sein Volk liebte. Der sich allen Kräften in der Gesellschaft bewusst war und sich allem widmete. Der Leute hatte, die sich auf bestimmte Bereiche spezialisierten, damit sie die jeweilige Arbeit weiterführen konnten. Ich war nur ein Mann, aber ich umfasste *alles*. Ich erkannte, dass es wichtig war, bestimmte Leute zu unterrichten, um Experten auf bestimmten Gebieten zu haben, an die man sich wenden konnte.

D: *Das klingt nach einem sehr verantwortungsvollen Job. Nach einem sehr schwierigen Job.*

J: Sehr. Aber ich habe es genossen. Ich war gut darin. Ich half den Menschen und die Gesellschaft erblühte.

D: *In Ordnung, lass uns weitermachen und herausfinden, was mit der Gesellschaft und dir passiert ist. Blühte sie weiter oder was geschah dann?* (Pause) *Warst du lange Zeit dort?* (Pause) *Du kannst vorwärts springen und die Zeit einfach verdichten.*

J: Als ich das Gefühl hatte, dass die Arbeit erledigt war, und ich wusste, dass die Gesellschaft so weitermachen konnte und mich nicht mehr brauchte, ging ich fort.

D: *Hattest du das Wissen zu diesem Zeitpunkt an andere weitergegeben?*

J: Ja. Ich wollte sicherstellen, dass sie weitermachen konnten. Ich glaube nicht, dass sie alles tun konnten, was ich tun konnte, aber aus praktischer Sicht war es genug.

D: *Du hast ihnen die praktischen Dinge beigebracht, die für eine Zivilisation nötig waren.* (Ja) *Damals dachtest du also, du könntest gehen.*

J: Das ist richtig. Meine Arbeit mit ihnen war erledigt.

D: *Wie bist du gegangen?*

J: (Pause) Ich glaube, sie haben mich einfach hochgebeamt.

D: *Warst du viele Jahre dort?*

J: Nein, es fühlt sich nicht nach sehr vielen Jahren an. Es scheint so, als ob ich etwa vierzig Jahre alt war, als ich ging. Also habe ich wahrscheinlich … zwanzig Jahre mit ihnen verbracht, um ihnen dabei zu helfen, sich zu entwickeln.

D: *Ich dachte, dass du dort vielleicht viele, viele Jahre gelebt hast und ziemlich alt geworden bist.*

J: Nein. Ich habe versucht, mich als alten Mann zu sehen, und da war nichts. Der letzte Zustand, in dem ich mich sehen kann, ist ein gebräunter, starker, weiser und gesunder. Ich habe mit den Menschen und dem Anführer gesprochen und ihnen gesagt, dass ich gehen werde. Es war an der Zeit. Ich hatte das Gefühl, dass sie das ohne mich schaffen würden, und deshalb ging ich weiter.

D: *Sahen sie, wie du fortgingst?*

J: Das habe ich privat getan.

D: *Nun gut. Da du dich nun nicht mehr im Körper befindest, kannst du zurück auf das Leben blicken und es von einer anderen Perspektive aus betrachten. Was, denkst du, war der Zweck dieses Lebens? Was hast du in ihm zu lernen versucht?*

J: Ich hatte eine Mission und eine Bestimmung. Bevor ich inkarnierte, hatte ich dazu eingewilligt, hinabzugehen, um zu lernen, zu wachsen und zu reifen, damit ich den Leuten ungefähr zwanzig Jahre lang beim Überleben helfen konnte. Damit sie alleine zurechtkommen konnten und lernten, wie sie einander behandeln sollten. Wie sie die Erde behandeln sollten. Wie sie essen, heilen, handeln und Streitereien schlichten sollten.

D: *Das sind alles sehr wertvolle Lektionen.*

J: Ja. Ich habe ein gutes Gefühl in diesem Leben gehabt.

D: *Normalerweise werden diese Dinge von mehreren Leuten getan und du hast alles ganz alleine geschafft. Das ist toll.*

Ich ließ John das Leben verlassen und rief für mehr Informationen das SC ein. Zunächst wollte ich wissen, warum es ausgerechnet diese Leben ausgewählt hatte. „Ihr habt euch für diese beiden Leben entschieden. Sie sind ähnlich, aber in dem ersten war er ein Arzt und hatte Kräuter verwendet. Warum habt ihr dieses Leben für John ausgewählt?"

J: Damit er weiß, dass er Erfahrung mit Kräutern und Heilung hat. Und damit, Dinge zu mischen und zu kombinieren.

D: *Das dachte ich auch. Er tat viel, ohne darin unterrichtet worden zu sein. Er dachte einfach von selbst daran.*

J: Ja, das tat er.

D: *Ihr wollt also, dass er weiß, dass er das schon mal gemacht hat? (Ja) Es ist also natürlich für ihn? (Ja) Das zweite Leben hat das gleiche Thema berührt, nicht wahr? Als er vom Schiff kam und den Menschen beim Heilen half. Diese beiden Leben hatten also das gleiche Thema? (Ja) Was versucht ihr ihm damit zu sagen?*

J: Er weiß das. Aber er muss wissen, dass es unterschiedliche Dynamiken der Heilung gibt: mit Kräutern, mit Energie, mit Intention, mit der Führung, die wir von unseren Brüdern aus den Sternen bekommen. Und dass die Menschen da draußen etwas Führung und reine Ideen brauchen, die funktionieren, ohne an Profitziele gebunden zu sein. Ich möchte, dass er sie alle kombiniert. Die Diäten und die Kristalle und die Kräuter. Und die Heilung und den Glauben, dass man heilen kann, ohne Leute quasi auszurauben. Das Wissen, dass es Wesen gibt, die uns helfen und uns leiten wollen. Die wollen, dass wir gesund sind und nicht von Krankheiten abgelenkt werden. So kann sich jeder auf seine Mission und seinen Zweck konzentrieren. Eine vegetarische Ernährung würde bei der globalen Erwärmung helfen. Man müsste nicht das ganze Land räumen, damit Rinder grasen können. Und es würde das Wasser beeinflussen. Bauern beibringen, wie man tatsächlich wieder Landwirtschaft betreibt und seine Waren vor Ort verteilt. Die medizinische Gemeinschaft so verändern, dass Heilung ein natürlicherer und viel kostengünstigerer Weg ist. Wir wollen, dass er zu all diesen Dingen beiträgt.

All dies klang nach einer gewaltigen Aufgabe für eine Person. Aber sie sagten, es würde allmählich passieren. John hatte vor, im Bereich Heilung zu arbeiten, und er wollte vor allem ein Heilzentrum für Krebs gründen und Naturheilkunde unterrichten. Das SC gab ihm viele Ratschläge, vor allem bezüglich des Kaufs von Land und der Inbetriebnahme des Zentrums. Im Zentrum könnten die Menschen auch etwas über Ernährung, Massage und Yoga lernen. Sie wollten zudem, dass er an einen bestimmten Ort in Mexiko geht, an dem er spezielle Kräuter findet, die er für natürlichen Medikamente verwenden kann. Sie sagten, er habe alle nötigen Informationen und wisse, was er zu tun habe; er müsse nur mit dem Zögern aufhören und endlich anfangen. Ihm wurde auch gesagt, dass er letztendlich um die ganze Welt reisen würde, um Vorträge zu halten. „Ihm wurden löffelweise Informationen gegeben. Er denkt, er versteht es, und plötzlich kommt wieder etwas Neues. Es ist also eine interessante Reise, auf der er sich befindet. Aber ich glaube, er hat es jetzt verstanden. Er erhält das Wissen jetzt durch seine Kristalle, durch seine Meditation, durch seinen Schlaf. Und durch diejenigen auf anderen Planeten, Ebenen und Dimensionen. Er hat es eilig. Er will einen schnelleren Download. Aber er bekommt jetzt so viel Führung. Er hat Meisterlehrer und Führer, die ihn umgeben und ihn nur so mit Informationen bombardieren. Er ist in den letzten Monaten früher als sonst schlafen gegangen, weil sie wollten, dass er schläft, damit sie an ihm arbeiten und all diese Sachen herunterladen können. Also: Ja, er wird geführt und wird es auch weiterhin sein. Er hat eine besondere Verbindung zu unseren Brüdern aus den Sternen. Er kam für eine ganz bestimmte Mission hierher und mit einer ganz bestimmten Absicht, die vielen, vielen Menschen helfen wird. Er muss einfach offen bleiben, weil sie mit ihm kommunizieren werden. Er ist viele Male von den Sternen gekommen als Wegbereiter, Heiler, Lehrer und Meister."

Kapitel 15

LEMURIA UND PORTALE

Shirley war Psychologin und die Direktorin einer psychiatrischen Klinik. Das erste, was sie sah, war flaches, glasiges Wasser, in das sie hineintrat und so eine goldfarbene Reflektion erzeugte. Shirley sah sich als junger Mann, der eine kurze, weiße Tunika trug. Er hielt zudem einen Stock, den er als Führ- und Heilstab bezeichnete und für Zeremonien verwendete. „Er leitet die Energie. Er hilft mir, Energie aus der Quelle zu kanalisieren. Ich habe eine direkte Verbindung und kanalisiere sie durch den Stab. Sie kommt von der Quelle durch meinen Körper zum Stab." Als ich fragte, wo er diese Art von Heilung durchführe, sagte er, dass es in der Nähe ein Bauwerk gäbe, das er als Tempel bezeichnete. Er selbst lebte weiter entfernt, reiste aber zum Tempel, wann immer er für die Arbeit mit Menschen gebraucht wurde. Ich fragte, woher er wusste, wann dies der Fall wäre. Er sagte: „Ich spüre einen Ruf aus dem Tempel und ich reise weit, um den Menschen dort zu helfen."

D: Fühlt sich das wie eine Stimme an?
S: Es fühlt sich an wie ein Ziehen oder Drang anstelle einer Stimme. Ich weiß, dass ich kommen muss; dass es Zeit ist.

Ich bat ihn, den Tempel zu beschreiben.

S: Es ist eine große, dünne Pyramidenstruktur, an deren oberen Ende Bretter überkreuz angebracht sind. Die Struktur selbst ist aus Stein, aber vor der Türöffnung, durch die man eintritt, hängt ein Stoffmaterial … wie ein Zelt. Man geht hinein und da sind Leute. Es ist groß und lang und hell im Inneren.

D: *Woher kommt das Licht?*

S: Aus dem Stein. Er leuchtet von innen, ein weiches Licht. Etwas an dem Material und dem Stein. Die Struktur selbst leuchtet. Es sind einige Familien und Kinder im Innenraum. Sie wussten, dass ich kommen würde, und sind glücklich. Ich begrüße die Menschen und gehe in die Mitte des Gebäudes, und der Stab bringt die Energie in das Gebäude und in den Tempel selbst. Er verändert die Energie und die Schwingung, und alle Menschen dort können es spüren. Es ist wie ein Heilungsraum.

Von seinem Vater war ihm beigebracht worden, wie man die Energie anzieht. „Er gab mir den Stab und brachte mir bei, wie man ihn benutzt."

D: *Gibt es einen Prozess, den du durchlaufen musst, um die Energie anzuziehen?*

S: Man kann seinen Geist so fokussieren, dass man die Energie in den Stab leitet. Es ist ein Gefühl. Als ob man sie aus der Luft holt, in den Stab leitet und sie dort festhält, bis sie im Tempel losgelassen werden kann. Die Energie kommt von der Quelle, von Allem, was ist. Alles, was um uns herum ist. Man kann sie anziehen, alle Energie auf den Stab konzentrieren und sie in den Tempel bringen, damit sie in dieser Struktur mitschwingt und die Menschen, die dort sind, erhellt.

D: *Wie fühlt sich die Energie an?*

S: Sie kribbelt. Wenn sie durch den Raum fließt, kann man sie auf eine Art und Weise wie Musik spüren. Man spürt, wie sie den Raum füllt. Es ist wie das Füllen einer Schale mit Wasser, nur dass sie sich mit Energie füllt und vibriert und sich prickelnd und irgendwie warm anfühlt. Der Raum fühlt sich dann so an. Ich gehe in das Zentrum und lege den Stab in die Mitte, und die Energie wird in den Raum abgegeben, füllt ihn und verstärkt die Vibrationen. Sie heilt den Raum. Es ist ein schönes Gefühl. Es ist wunderbar und schön. Die Leute sind froh, da zu sein.

D: *Sind das Menschen, die Heilung brauchen?*

S: Sie sehen nicht krank aus. Sie wirken einfach wie Familien, und sie sind glücklich und positiv, wie bei einer Art Einstimmung.

D: *Vielleicht dient die Einstimmung dabei, sie gesund zu halten?*

S: Ich weiß nicht, ob sie gesund gehalten werden müssen. Es ist mehr eine Art Erhellung. Sie sind im Raum versammelt und es ist eine Zeit des Glücks. Es ist eine Erhellung, die Energie in diesen Raum, in diesen Tempel, zu bringen. Es fühlt sich an wie eine Feier oder Zeremonie; wie ein besonderes Ereignis. Ich mache das für eine ganze Weile - nicht für einen ganzen Tag, aber für eine Weile - und jeder fühlt sich wohl.

D: *Weißt du, wann es Zeit ist, aufzuhören?*

S: Das tue ich. Wenn der Raum gefüllt ist, höre ich auf und es bleibt noch eine Weile. Der Raum hilft, es zu halten. Die Energie wird dort mit den Menschen gehalten. Das Material und die Form des Gebäudes haben etwas damit zu tun. Es ist so konzipiert, dass es diese Energie länger hält und uns sie erleben lässt. Sie fühlt sich leicht und golden an. Wunderschön. Sobald die Intensität nachlässt, ziehen sie, wir, weiter, hinaus.

D: *Was machst du dann? Gehst du zurück nach Hause?*

S: Das tue ich. Ich gehe fort. Ich gehe zurück zum Wasser, zum glänzenden Wasser. Das glänzende Wasser fühlt sich an, als würde es erden. So komme ich dorthin und so gehe ich fort. Ich gehe zurück zu diesem flachen, glasigen Wasser, wo es glänzt und man das Gold im Wasser sehen kann.

D: *Wohnt ihr in der Nähe des Wassers oder ist das weiter weg?*

S: Wenn wir darüber reden, wo ich wohne, sehe ich das Wasser und den Sand und die Bäume.

Er sagte, er lebte in der Natur; er brauchte kein Haus und aß die Nahrungsmittel, die er draußen fand. Er hatte das schon sehr lange so getan.

Ich beschloss, ihn zu einem wichtigen Tag wechseln zu lassen, und fragte ihn, was geschah. „Ich sehe, dass andere Leute gekommen sind und es Zeit ist, zu gehen. Die Leute bereiten sich vor und wir verlassen diesen Ort. Andere Leute sind da. Es ist Zeit, zu gehen, denn etwas kommt. Ich weiß nicht, was kommt … aber es ist nicht sicher. Es ist Zeit, zu gehen. Und andere Leute sind da.“

D: *Andere Leute, die dort leben?*

S: Nein. Sie wohnen nicht dort. Sie kamen von woanders. Ein anderer Ort. Die Tempelbewohner leben woanders.

D: *Sie gehen in den Tempel, wenn sie dich treffen wollen?*

S: Ja, und ich lebe hier allein. Aber es sind andere Menschen von woanders hergekommen. Viele Menschen. Und es ist Zeit, zu gehen. Es kommt etwas.

D: *Wissen die Leute davon?*

S: Die Leute wissen es. Deshalb sind die Leute da. Sie werden aus ihren Häusern vertrieben und sie sind zu meinem gekommen. Wir müssen gehen, weil es nicht sicher ist.

D: *Warum wurden sie aus ihren Häusern vertrieben?*

S: Etwas kam in ihr Haus. Ich möchte eine Person oder eine Energie sagen. Sie konnten nicht dort bleiben und jetzt gehen sie weg. Fühlt sich an, als wäre ein Gefühl oder eine Energie gekommen. Etwas, das vorher nicht da war und uns jetzt dazu bringt, fortzugehen, weil es ihnen gefolgt ist. Es ist unangenehm. Es ist wie eine schwere Energie, die uns wegdrückt. Und sie sind zu mir gekommen, dorthin, wo ich bin, aber es ist nicht sicher hier, weil es mit dorthin kommt und jetzt ist es an der Zeit, zu gehen. Sie kamen, damit wir zusammen gehen konnten.

D: *Weißt du etwas darüber, was das ist?*

S: Es ist eine Energiequelle, eine negative Energiequelle, die uns töten wird, wenn wir bleiben. Also müssen wir weggehen. Wir gehen ins Wasser und reisen fort.

D: *Wie willst du das machen?*

S: So reise ich. Im Wasser gibt es ein Portal. So gelange ich zum Tempel.

D: *Ich dachte, wenn ihr alle geht, geht ihr in ein Boot oder etwas in der Art.*

S: Da ist etwas im Wasser. Es ist wie ein Erdungsblock oder so etwas. Wenn man auf den Sand im Wasser tritt, gibt es ein Portal, durch das wir gehen können. Wir können das zusammen machen. Ich bin nicht der Einzige, bei dem das geht. Die anderen können das auch tun.

D: *Wie ist das so, wenn man durch dieses Portal geht?*

S: Es ist, als würdest du die Luft, das Licht oder die Energie werden. Wir stehen im Sand im Wasser, und wenn wir uns bewegen, gehen wir durch das Portal. Wir können zum Tempel gehen. Das ist einer der Orte, zu denen es führt. Wir werden alle in den Tempel gehen. Wir gehen zusammen.

D: *Wenn ihr dann dort ankommt, habt ihr eure Körper wieder?*

S: Das ist richtig. Sie haben nun den Ort verlassen. Wir reisen zum Wasser. Wenn wir an den anderen Ort gehen, ist das weit weg. Es ist ein anderer Ort, ein anderer Planet.

D: *Was passiert, wenn ihr zum Tempel kommt? Die andere Energie kann sie dort nicht finden? Bist du dort sicher?*

S: Die Menschen sind es. Mir hat die negative Energie allerdings geschadet.

Er hatte mehrmals bemerkt, dass sich sein Bein und seine Hand komisch anfühlten. Er spürte dort ein seltsames Kribbeln. Ich konzentrierte mich nicht darauf, sondern gab ihm Suggestionen, dass er keine körperlichen Empfindungen haben würde. Daraufhin erklärte er, dass das ungewöhnliche Gefühl durch diese negative Energie verursacht wurde.

S: Der Tempel ist ein sicherer Ort. Die Leute kamen aus dem Wasser, aber ich nicht. Ich kann nicht in den Tempel gehen. Ich kann nicht mehr in meinen Körper zurückkehren. Die Energie hat mich erwischt.

D: *Wenn sie also aus dem Wasser, aus dem Portal, kommen, gehen sie zurück in ihre Körper?* (Ja) *Und du kannst jetzt nicht mehr in deinen Körper zurückkehren?*

S: Nein. Ich bleibe im Wasser. Die Energie hat mich erwischt.

D: *Wie denkst du darüber?*

S: Ich fühle mich gut, weil die Menschen an diesem Ort sicher sind.

D: *Was wirst du jetzt tun?*

S: Ich werde sterben.

D: *Weil du nicht mehr in deinen Körper zurückkehren kannst?* (Ja) *Woher kommt deiner Meinung nach diese negative Energie?*

S: Es wurde von den Leuten geschickt, die die Kontrolle haben, die herrschen.

D: *Über dieses Land?*

S: Das hier ist ein Planet.

Ich hatte das Gefühl, dass er, da er nicht mehr an einen Körper gebunden war, Zugang zu Informationen haben würde. „Warum würden sie negative Energie zu dir schicken wollen?"

S: Um Menschen zu töten und sie zu kontrollieren. Sie mögen nicht, dass wir an einen anderen Ort gehen und erleuchtet werden können. Sie versuchen, das zu beenden.

D: *Gab es einen Grund, warum dir die Energie mehr geschadet hat als den anderen Menschen?*

S: Sie erreichte mich und ich bin nicht aus dem Weg gegangen. Normalerweise sind nicht so viele Leute hier bei mir. Wir konnten nicht schnell verschwinden. Es waren so viele Leute und wir brauchten sie alle im Wasser, damit wir gehen konnten, und es blieb keine Zeit.

D: *Du sagtest, dass du sterben wirst? Wie geschieht das? Du kannst es als Beobachter betrachten, wenn du willst. Was passiert?*

S: Ich lasse einfach los. Es gibt keinen Grund mehr, dort zu bleiben. Ich kann jetzt loslassen.

Ich sagte ihm, dass jedes Leben eine Lektion und einen Zweck hätte, und wollte von ihm wissen, was er aus diesem Leben gelernt hatte. „Dass wir nicht alleine sind, dass wir da zusammen drin stecken."

Dann rief ich das SC ein, um mehr Informationen über diese seltsame Sitzung zu erhalten. Ich fragte, warum es sich dafür entschieden hatte, Shirley dieses Leben zu zeigen.

S: Damit sie sich erinnert. Daran, dass sie nicht allein ist, dass sie sich nicht opfern muss.

D: *Hat sie das Gefühl, dass sie sich selbst opfert?*

S: Ja, manchmal.

D: *Inwiefern?*

S: Um anderen zu helfen. Sie muss sich nicht im Weg stehen und sich von der Negativität berühren lassen. Sie hat sich in dem Leben geopfert, um diesen Menschen zu helfen.

Das SC erklärte, dass sie sich in ihrem Job opferte und es dort eine Menge Negativität gab, die sie beeinträchtigte. Dies war einer der Hauptgründe für ihre körperlichen Probleme. In ihrem jetzigen Leben hatte sie eine beunruhigende und beängstigende Zeit hinter sich gebracht, in der sich ihre Augen seltsam verhielten. Sie bewegten sich nicht normal, sondern unabhängig voneinander. Dies führte zu einer Beeinträchtigung ihres Sehvermögens, und sie musste ihre Arbeit aufgeben, bis das wieder korrigiert war. Die

Ärzte konnten es nicht erklären und dachten, sie hätte eine seltene Krankheit oder MS und gaben ihr Spritzen. „Sie brauchte Zeit außerhalb des Jobs ... um wieder zu sehen ... um klar zu sehen. Sie hätte sich sonst keine Auszeit genommen. Das hat definitiv ihre Aufmerksamkeit erregt." Sie erklärten, dass es keine Krankheit gäbe, die Spritzen jedoch ihr System nicht beeinträchtigen würden. Sie haben die Fähigkeit, alles aus dem System zu spülen, was nicht benötigt wird. „Es passierte, um sie an das zu erinnern, was sie weiß. Um sich zu erinnern. Sie hatte einige falsche Glaubenssätze, die Angst verursachten und die sie klären musste. Der Hauptglaube war, dass sie krank war." Ich ließ das SC einen Körperscan machen und checken, ob es etwas gab, worüber wir uns Sorgen machen müssten. Sie hatte Probleme mit ihrem Hals. „Starres Denken. Festhalten an Wut."

D: Woher kommt diese Wut?
S: Daher, andere Menschen als falsch wahrzunehmen. Sie wird jetzt damit anfangen, die Dinge anders zu betrachten.

Ihr wurde gesagt, dass sie ihren Job aufgeben und in eine andere Richtung gehen würde. Sie konnten ihr noch nicht sagen, was das sein wird, nur dass sie geführt werden würde. Ich fragte mich, ob sie etwa als Heilerin tätig sein würde, wie sie es in dem anderen Leben getan hatte. „Sie ist eine Heilerin auf vielen Ebenen. Sie heilt auf einer größeren Ebene als nur Personal und Kunden." Sie wollten dies zu diesem Zeitpunkt nicht weiter ausführen, aber versicherten, sie würde ihre Heilkräfte einsetzen.

Shirley hatte sich schon immer zu Lemuria hingezogen gefühlt. Ich fragte danach, und sie sagten: „Lemuria ist ein ganz besonderer Ort, zu dem sie eine tiefe Verbindung hat. Sie hat dort viele Leben verbracht und viele Erfahrungen gemacht. Das Leben, das wir ihr heute gezeigt haben, hat sich in Lemuria zugetragen."

D: Es gab dort negative Energie, die dabei half, Lemuria zu zerstören?
S: Ja. Es war ein negatives Energiefeld, das über das gesamte Land geschickt wurde. Es war Absicht. Die Machthaber sendeten es aus.
D: Was war ihre Absicht?
S: Die Menschen zu töten, die an andere Orte gehen und fliehen konnten. Diejenigen, die das Wissen und den Zugang hatten.

D: Das waren diejenigen, die sie loswerden wollten. (Ja) *Shirley hat sich schon immer von Kristallen und Pyramiden angezogen gefühlt. Dieses Gebäude hatte die Form einer Pyramide, nicht wahr?*

S: Ja. Aber dieses Interesse kommt aus anderen Leben. Sie nutzt diese Fähigkeiten schon seit sehr langer Zeit. Es ist sehr natürlich für sie, dies tun zu können. Sie muss sich nur daran erinnern. Sie ist dabei, große Veränderungen vorzunehmen. Sie wird Veränderungen in sich selbst vornehmen, aber auch in der Arbeit, die sie leistet. Sie wird sich mehr und mehr daran erinnern, und das wird ihr dabei helfen, diese Änderungen vorzunehmen. Die Zeit dafür ist nun gekommen.

* * *

Abschiedsworte: „Erinnere dich daran, wer du bist. Du kannst nun die Arbeit machen, für die du hergekommen bist."

Auch in anderen Fällen ist uns von Lemuria erzählt worden. Diese Zivilisation existierte vor Atlantis. Damals war die menschliche Form anders als später. Sie war nicht so fest wie heute, sondern gasförmiger, so dass sie leichter ihre Gestalt wechseln konnte. In der Zeit von Atlantis wurde sie fester und glich mehr den Menschen, die heute leben. Beide Zivilisationen waren von enorm starken mentalen Kräften der Bevölkerung und einer herausragenden Heilkunst geprägt.

Es gibt weitere Erwähnungen von Portalen in meinen anderen Büchern, insbesondere in Abschnitt 6 des zweiten Buchs der *Convoluted Universe* Serie. Sie werden dort für Zeitreisen und das Wechseln zwischen Dimensionen verwendet. Zudem stellen sie eine der wichtigsten Möglichkeiten dar, wie Außerirdische von Planet zu Planet reisen. Anscheinend wurden sie in der Zeit von Lemuria von der einfachen Bevölkerung stärker genutzt.

Kapitel 16

PRIESTERIN IN ATLANTIS

Nina arbeitete als Sonderpädagogin mit Kindern und leitete zudem ein eigenes Heilzentrum.

Als sie von der Wolke kam, stand sie an einem sandigen Ort, der wie eine Oase anmutete. Plötzlich erschien eine Öffnung vor ihr, wie eine Tür in eine andere Dimension. Sie sah aus wie eine Aufzugstür. Während Nina diese betrachtete, kamen viele Männer und Frauen heraus und gingen schnell an ihr vorbei. Sie ignorierten sie, als wäre sie nicht einmal da. Sie waren damit beschäftigt, beim Laufen über ihre Angelegenheiten zu reden und schenkten ihr keine Beachtung. Als sie außer Sichtweite waren, schlug die Tür zu.

Nun konzentrierte sich ihre Aufmerksamkeit auf den Ort, an dem sie sich befand. „Das sieht aus wie eine Oase. Ein Ort zum Verweilen und Ausruhen. Eher ein Ort zum Genießen - oder wie wir sagen würden: Urlaub - als ein Ort zum Leben. Es ist warm, aber nicht unangenehm." Sie war in kurze Röcke gekleidet, die an der Taille durch etwas Seidiges und Fließendes zusammengebunden waren. Mehr ägyptisch aussehend als griechisch. Barfuß. Sie war eine Frau mittleren Alters. Ihr rotes Haar war lockig und stapelte sich auf ihrem Kopf, umgeben von einem ungewöhnlich ausgeschnittenen dekorativen Kopfstück. Sie trug auch aufwendigen Schmuck: Ein schweres, goldenes Armband, das zu einer ähnlich schweren, goldenen Halskette mit einem roten Stein passte, der in ein ebenfalls goldenes, rundes Stück eingefasst war. Der Schmuck war fast maskulin und definitiv schwerer als das, was wir heute tragen würden. Sie trug dazu Ohrringe aus massivem Gold. Ich habe andere Fälle erlebt, in denen derart aufwendiger Schmuck für magische oder heilende Rituale verwendet wurde und mystische Kräfte besaß. „Erfüllt der Schmuck einen Zweck, oder ist er nur hübsch anzusehen?"

N: Er dient einem Zweck in Bezug auf meinen Status innerhalb meiner Gruppe. Ich bin mehr im elitären Teil meiner Gemeinschaft. Er zeigt, wer du bist.

D: Wie ist dein Status?

N: In dieser Zeit nennen sie es: Priesterin der Mysterien.

D: Wohnst du in der Nähe?

N: Ich denke, ich reise zu diesem Ort wie alle anderen auch. Es ist nicht direkt hier.

D: Wie reist man?

N: Per Schiff.

Ich bat um eine Beschreibung des Schiffes. War es ein normales Seeschiff? „Es ist glänzend und eher blasenförmig." Nein, das klang nicht wie ein normales Gefährt.

N: Aber die Blase ist vorne größer und dann wird sie hinten schlanker. Es kann sich unter Wasser oder über Wasser fortbewegen. Man kann durch das Schiff hindurch sehen. Dies ist ein kleineres Schiff für kurze Strecken. Man verwendet es nicht, wenn man beispielsweise den halben Planeten umrundet. Ich denke, es wird mehr innerhalb eines eingegrenzten Bereichs verwendet, weil ich nicht glaube, dass es genug Treibstoff hat, um sehr weit zu kommen. Es bietet Platz für fünf Personen. Man wird hineingebracht und das Schiff bleibt ruhig, bis man bereit ist.

In einigen meiner *Convoluted Universe* Bücher wurden ähnliche Seeschiffe erwähnt, die während der Evakuierung von Atlantis eingesetzt worden waren.

D: Aber das waren nicht die Leute, die du am Anfang gesehen hast?

N: Richtig. Das war etwas anderes, aus dem diese Leute herausgekommen waren.

D: Wenn ihr alle wieder das Schiff betretet und dorthin zurückkehrt, wo ihr lebt, was ist das für ein Ort?

N: Ein schöner. Man könnte es mehr eine Insel nennen. Es gibt dort schöne Felsen und Hügel, Bäume und den Geruch des Ozeans um einen herum. Es gibt Vögel. Der Wind weht. Es gibt eine Stadt. Und die Häuser, in denen wir leben, sind sehr einfach. Meines ist etwas größer, weil ich diese Priesterin der Mysterien bin. Ich habe mein Eigentum, ich habe meine Steine. Den Ort, an dem ich meine Arbeit verrichte, würde ich nicht als Tempel bezeichnen, aber ... Ich weiß nicht, wie man es sonst nennen würde. Die Leute kommen dorthin, und ich habe meine Kristalle und Wasser mit Blumen darin. Sie trinken es für Dinge, die sie brauchen. Und es gibt einen Ort, an dem sie sich in einer Art Wanne ausruhen und entspannen können. Es ist nicht wirklich eine Wanne, so wie man sich heute eine vorstellt, sondern etwas aus Stein, wo sie in Ölen, Kräutern und Blumen liegen und einfach ihrem Körper dabei helfen können, gesund zu werden. Kräuter und Kristalle und Beschwörungen.

D: *Also kommen sie zu dir, wenn sie krank sind oder etwas nicht stimmt?* (Ja) *Lebst du in diesem Haus allein oder hast du eine Familie?*

N: Nein, man heiratet nicht.

D: *Bringst du auch anderen das bei, was du weißt?*

N: Ich führe Heilungen durch, aber viele kommen, um zu lernen. Wie Lehrlinge. Sie stehen unter mir.

D: *Hat dein Schmuck etwas mit der Heilung zu tun?*

N: Der rote Stein ist sehr mächtig. Ich fühle Schutz. Und er kann mit einem Menschen benutzt werden, wenn das Licht direkt hindurchstrahlt. Er wird an der Halskette befestigt. Ich kann den Stein abnehmen und so positionieren, dass die Sonne durch ihn hindurchgeht, bis der Teil einer Person geheilt ist, bei dem alles andere nicht funktioniert hat.

Es gab viele Menschen, die zu ihr kamen, um geheilt zu werden. Einiges wurde durch die Anwendung von Kristallen erreicht. Es gab große und kleine und viele verschiedene Farben: klar, lila, rosa, grün und eine orangene Farbe. Auch schwarz, blau und tiefblau, jeweils sowohl klar als auch undurchsichtig. Sie wurden alle für verschiedene Zwecke verwendet, und die kleineren Steine wurden auf verschiedene Körperteile, vorzugsweise die Chakren, gelegt. Dies geschah, nachdem die Person aus der Wanne gestiegen war, sich angezogen und auf eine

Grasmatte gelegt hatte. Die größeren Kristalle wurden um die Matte herum gelegt. Sie verwendete auch Kräuter und Öle. In der Mitte des Raumes befand sich eine Öffnung aus Stein, in der getrocknete Pflanzen verbrannt wurden. Die Dämpfe hatten ebenfalls eine heilende Wirkung. Zudem spielten Beschwörungen eine Rolle.

Sie erklärte, wie sie zu diesem Wissen gekommen war. „Es wurde mir von denen weitergegeben, die vor mir hier gewesen sind. Ich glaube nicht, dass es Familie war. Du wirst von der höheren Hierarchie der Männer ausgewählt, wenn du die Fähigkeit dazu aufweist. In jungem Alter wird es einem gezeigt, und wenn man während des Aufwachsens zeigt, dass man die Tendenz dazu besitzt, diese Art von Heiler zu sein, dann lehren sie einem das. Die Worte „Kinder des Lichts" kommen mir in den Sinn. Wenn du zeigst, dass du eines dieser Kinder oder ein Kind des Lichts bist, bist du mystisch und magisch veranlagt, und du bist auserwählt, weiter zu lernen."

D: *Also kann das nicht jeder tun.* (Nein) *Was hältst du davon? Tust du etwas, das du tun möchtest?*
N: Ich liebe das, was ich tue. Ich helfe gerne Menschen. Es ist eine große Verantwortung, aber es ist sehr lohnenswert.
D: *Als du zu dem anderen Ort gegangen bist, war das auf der Insel oder irgendwo anders?*
N: Es war ein anderer Ort in der Nähe. Ein anderes Land, nicht allzu weit von unserer Insel entfernt. Unsere Leute fahren dorthin in den Urlaub.

Ich beschloss, sie zu einem Tag wechseln zu lassen, an dem etwas Wichtiges geschah. „Es findet eine Versammlung statt. Es ist eine sehr wichtige Zeremonie, die darauf ausgerichtet ist, vom Mond Führung zu erhalten. Da sind viele, viele Menschen, die in einer offenen Theaterstruktur in einem Kreis sitzen. Und es gibt welche auf einer Plattform, die die Zeremonie durchführen. Ich bin auf der Bühne. Wir werden helfen, sprechen, etwas aufführen und mit dem großen Mond sprechen, um für das neue Jahr Hilfe zu erhalten. Und die Energien des Weiblichen, Liebe und Frieden. Frieden." An der Zeremonie waren sowohl Männer als auch Frauen beteiligt. „Die Männer sind da, um das Licht zu halten. Die Frauen sind da, um es zu tragen. Meist heilen die Frauen, aber die Männer müssen das Licht verankern, damit es durchkommen kann. Die Männer sind nicht wirklich Heiler wie die Frauen. Sie tun andere Dinge. Dies ist eine sehr wichtige Zeremonie, dabei aber eher eine weibliche Angelegenheit. Der Mond ist fast ein Vollmond. In dieser Phase bringt er diese große, liebevolle, weibliche Energie ein. Und es ist auch eine Zeit, in der man den Mond um Hilfe bitten kann. Er kann dich in Dingen leiten, die dir wichtig sind, wie z.B. Unterstützung beim Pflanzen und Ernten, beim Zusammenhalten der Menschen. Diese Zeremonie findet nur zweimal im Jahr statt."

Ich wollte wissen, ob es eine Art Herrscher gab. Sie sagte, es gäbe einen Verantwortlichen, aber er lebte nicht auf der Insel. „Er kommt und geht. Er lebt woanders. Er kommt, um nachzusehen." Dafür benutzte er eine andere Art von Gefährt. „Größer. Anders. Fast dreieckig, mit farbigen Lichtern. Und es macht keinen Ton. Es ist sehr leise. Es kann über der Stadt schweben. Er sieht etwas anders aus als wir. Sein Kopf ist mehr langgestreckt und er ist größer. Er hat helleres Haar. Er spricht auch nicht mit seiner Stimme. Er kommuniziert mit uns über unseren Verstand."

D: Hat jeder diese Fähigkeit?
N: Die meisten Menschen können mentale Kommunikation verstehen. Ich kann beides.
D: Das klingt nach einer friedlichen Zeit, in der alle glücklich sind, oder?
N: Das ist es. Es gibt im Moment keine Probleme.

Ich ließ sie zu einem weiteren wichtigen Tag wechseln.

N: Ich sehe Dunkelheit. Ich fühle eine Schwere. Es ist nicht sonnig. Es ist dunkel. Als hinge eine graue Wolke oder so etwas über diesem Ort, wo ich bin. Es ist schwer und irgendwie traurig. Ich bin verwirrt. Ich weiß nicht, wo ich bin. Es ist sehr traurig und schwer."

Ich beschloss, sie in der Zeit zurückgehen zu lassen, um zu sehen, was passiert war.

N: (Erschrocken) Ohhhh! ... Ich sehe Menschen auf Schiffen. Und ich sehe Dinge, die aus der Erde, aus dem Planeten, schießen. Rußiges Zeug. Und alles bebt.
D: Von wo aus siehst du das?

N: Von einem Schiff. Hier sind viele Schiffe. Und es sind viele Menschen vor Ort. Zuerst dachte ich, es wäre Krieg zwischen den Schiffen. Jetzt sehe ich das nicht mehr. Ich sehe, wie etwas aus dem Boden kommt.

D: *Also sind nicht alle Leute auf die Schiffe gestiegen?* (Nein) *Warum hast du es getan?*

N: Ich muss gehen, damit ich das, was ich weiß, weitertragen und bewahren kann.

D: *War etwas mit der Erde los, als die Schiffe kamen?*

N: Sie hatte bereits zu beben begonnen. Das Zeug kam aus dem Boden. Ich stieg in das kleinere Schiff ein, und das begab sich in ein größeres hinein. Dann reisten wir fort, und während wir über allem flogen, konnten wir all diese Zerstörung und die Dunkelheit und das Gefühl der Schwere sehen. Wir sind nicht mehr gelandet. Wir haben nur zugesehen. Rußiges Zeug. Und man konnte die Vibrationen spüren, als es unter uns bebte. Dieses Zeug schoss in die Luft, und es bildet diese … Ich sehe nur eine schwarze Wolke. Und sie ist über allem.

D: *Sind noch andere Leute mit dir auf dem Schiff?*

N: Es gibt noch zwei andere Frauen und einen Mann. Die Frauen sind auch beide geschult. Sie haben Angst und sind verzweifelt. Ich nicht. Ich fühle einen Frieden, wie eine Art Ehrfurcht. (Das schien eine seltsame Reaktion zu sein.) Ich weiß, dass alles in Ordnung sein wird.

D: *Wusstest du, dass das passieren würde?*

N: Ich glaube, das tat ich.

D: *Was machst du als Nächstes?*

N: An diesem Punkt beobachten wir nur und wissen, dass wir woanders hingehen müssen. Das Wissen muss erhalten bleiben. Wir können nicht zulassen, dass das Wissen zerstört wird. Es ist sehr wichtig für diejenigen, die überleben.

D: *Lass uns vorwärtsspringen. Ihr werdet irgendwo landen müssen, oder nicht?*

N: Das ist wahr. Es dauert eine Weile, bis wir dorthin gelangen.

D: *Befindest du dich noch auf dem gleichen Planeten?*

N: Ja, nur ein anderer Ort. Ich würde sagen, dass es wie Ägypten wirkt. So, wie dieser Teil der Erde. Aber ich bin nicht komplett sicher, ob es auf unserer Erde ist.

D: *Ist in diesem Teil der Welt auch etwas passiert?* (Nein) *Gibt es andere Schiffe oder nur deines?*

N: Es gibt einige, die es geschafft haben. Sie spüren etwas Hoffnung und halten an einem anderen Ort an. Ich glaube, es war die Erde, oder welcher Planet auch immer. Wie auch immer, es war die natürliche Veränderung der Dinge innerhalb und unter der Erde - wenn es die Erde ist. Natürliche Vorgänge, die passieren.

Ich habe in anderen Sitzungen viele Geschichten von Menschen erlebt, die der Zerstörung von Atlantis auf dem Seeweg entkommen sind. Sie klammerten sich verzweifelt an ihre heiligen Schriftrollen und Kristalle und gingen ebenfalls in einer Gegend, die Ägypten zu sein schien, an Land. Die Menschen zu dieser Zeit waren primitiver und die Überlebenden wählten sehr selektiv einige wenige von ihnen aus, die genug verstehen konnten, damit ein möglichst großer Teil des Wissens weitergegeben werden konnte. Vieles davon wurde in den Mauern von Pyramiden verborgen, um zu einem späteren Zeitpunkt entdeckt zu werden. Doch es konnte nur von denjenigen entdeckt werden, die die richtige Schwingung und Frequenz aufwiesen, um es zu finden. Einige dieser Menschen nutzten auch ihre mentalen Fähigkeiten (die sie sich von Atlantis bewahrt hatten), um die riesigen Denkmäler zu bauen.

Ich bat sie darum, zu beschreiben, wo sie schließlich landen würden.

N: Da ist ein sandiger Ort, an dem wir landen. Aber ich sehe auch Berge im Hintergrund, zu denen wir reisen könnten, um dort zu leben. Wir müssen nicht an einem so trostlosen Ort unser eigener Stamm, eine Gemeinschaft, werden. Wir werden unsere eigenen Religionen praktizieren. Und wir werden wunderbare Obstbäume und Dinge haben, die gut sind und von denen wir leben können. Aber unser Wissen bewahren wir. Wir bringen es mit. Wir müssen landen und unser Wissen teilen.

D: *Was hältst du von der Zerstörung, die an dem anderen Ort geschehen ist?*

N: Obwohl ich in meinem Herzen wusste, dass es passieren würde, war ich traurig. Ich konnte es nicht verhindern. Es war Teil dessen, was geschehen musste.

Ich beschloss, sie ein letztes Mal zu einem weiteren wichtigen Tag wechseln zu lassen. Sie stieg in einem Tempel aus Stein, der von wunderschönen Säulen getragen wurde, eine lange Treppe hinauf. Alles sah ägyptisch aus. Mit ihrem Wissen hatte sie den dort lebenden Menschen beim Bau des Tempels geholfen. Sie gaben das Wissen an einige wenige Auserwählte weiter, von denen einer ein Mann war. „Er muss es wissen, damit er es an die anderen Männer weitergeben kann."

Wir schienen so viel wie möglich über dieses Leben gelernt zu haben. Daher ließ ich sie zum letzten Tag ihres Lebens wechseln und wies sie an, alles als Beobachterin wahrzunehmen, wenn sie das wollte.

N: Ich sehe Traurigkeit. Ich weine, weil ich weiß, dass die Zeit gekommen ist, um zu gehen, aber ich bin noch nicht ganz bereit, loszulassen. Zu denjenigen, die ich unterrichtet habe, habe ich so eine starke Verbindung. Es ist schwer, ihnen mitzuteilen, dass ich sie verlassen muss.

D: *Stimmt etwas nicht mit dem Körper?*

N: Ich glaube nicht. Ich fühle da nichts. Ich weiß nur, dass es an der Zeit ist, zu gehen. Ich bin viele, viele, viele, viele Monde älter. Aber ich fühle mich, als wäre ich viele, viele Monde jünger. Es ist, als würde ich nach Hause gerufen werden.

D: *Woher weißt du, wann es Zeit ist, den Körper zu verlassen?*

N: Ich hatte gerade dieses Gefühl. Das Gefühl kommt mir gerade in den Sinn, dass ich nach Hause gerufen werde.

D: *Kannst du nicht verhindern, dass es passiert, wenn du darüber traurig bist?*

N: Ich fühle, dass es die Vereinbarung ist, die ich getroffen hatte; dass ich gehen würde, wenn ich gerufen werde.

Sie hatte in diesem Leben viel Gutes bewirkt und ihr Wissen an die Menschen weitergegeben. Ich brachte sie zu dem Zeitpunkt, an dem sie den Körper verlassen hatte und auf ihn zurückblicken konnte.

N: Sie haben ihn in eine Ruhestätte aus Stein gelegt. Alles ist mit verschiedenen Farben dekoriert. Er lag in der Mitte dieses Tempels, und sie gingen alle um ihn herum und sprachen Gebete.

D: Jetzt, da du auf der anderen Seite bist, kannst du das gesamte Leben betrachten. Jedes Leben hat seine Lektion. Was glaubst du, hast du in diesem Leben gelernt?

N: Zu lehren und zu helfen. Und zu wissen, wann es Zeit ist, zu gehen, und dass das in Ordnung ist. Und wie wichtig das Wissen war, das mir gegeben wurde, um es für die Menschen am Leben zu erhalten. Und ich trage dieses Wissen immer noch in mir.

Schließlich rief ich das SC hervor und fragte, warum es dieses Leben für Nina ausgewählt hatte.

N: Um ihr zu zeigen, dass sie es in diesem Leben schaffen kann. Das Wissen kann nie verloren gehen. Sie muss das in diesem Leben weiterführen. Sie arbeitet gerade erst damit, fängt gerade erst an. Es gibt noch viel mehr zu tun. Die alte Sprache muss gelehrt werden. Sie muss die alten Geheimnisse ans Licht bringen. Viele kommen aus Atlantis.

D: Wo war dieser Ort, den sie gesehen hat?

N: Ein geheimer Ort.

D: War es auf der Erde? (Nein) *Der ursprüngliche Ort, an dem sie diese Dinge praktizierte, war auf einer Insel.*

N: Dieser Teil war auf der Erde. Vielleicht Atlantis.

D: Warum konnten sie nicht dorthin zurückkehren, wo sie vorher gelebt haben?

N: Der größte Teil des Landes, das sie bewohnten, wurde zerstört. Als sie die Schiffe betraten, konnten sie zu einem anderen Planeten fliegen. Und sie trug das Wissen mit sich und gab es weiter. Jetzt muss sie das Wissen wieder zurückbringen. Um das Überleben dieses Planeten zu sichern, muss viel Wissen geteilt werden.

D: Wird auf diesem Planeten etwas passieren? (Ja) *Kannst du uns etwas darüber erzählen?*

N: Viele Teile werden zerstört werden. Und es wird viele geben, die das Wissen erhalten müssen, um diejenigen zu retten, die hier sind.

D: Was wird diese Zerstörung verursachen?

N: Menschen. Menschen, die die Liebe verloren haben. Menschen, die nicht glauben, dass wir alle verbunden sind. Menschen, die unsere Erde und einander nicht lieben.

D: *Also werden Menschen dafür verantwortlich sein und nicht natürliche Begebenheiten?*

N: Es wird beides sein, denn es ist alles miteinander verflochten. Letztendlich wird es durch diejenigen erfolgen, die unsere Erde vergewaltigen, alle Schätze aus dem Boden nehmen und nichts zurückgeben. Die, die alles vergifteten: die Bäume, die Vögel, die Fische, die Seen. Und sie werden ihre Bomben nicht aufgeben, denn sie denken, dass das Macht ist. Sie liegen so falsch.

D: *Wird Nina in der Lage sein, dies zu überleben und das Wissen weiterzutragen?*

N: Der Plan ist, mit so vielen wie möglich zu sprechen, um den Samen zu pflanzen, der dabei helfen soll, Liebe und Mitgefühl zu erwecken. Und um zu kämpfen. Aber nicht auf einer kriegerischen Ebene, sondern auf einer Ebene, auf der die Menschen sehen können, dass wir zusammenkommen müssen. Wir müssen aufhören, einander und unserer Mutter, der Erde, etwas anzutun.

D: *Ist das etwas, was sie tun muss, bevor die Katastrophe eintritt?*

N: Ja, und es beginnt bereits. (Diese Sitzung wurde 2005 durchgeführt.)

D: *Wird es für sie genug Zeit geben, um dieses Wissen zu verbreiten?*

N: Es wird noch etwas Zeit bleiben. Sie wird in einem sehr kleinen Rahmen beginnen. Aber es gibt andere, die hier sind, um das Gleiche von verschiedenen Welten aus zu tun, aus verschiedenen Kulturen. Es gibt diejenigen, die beobachten. Und sie sagen immer: „Müssen wir euch da wieder rausholen?"

D: *Ich habe bereits viele Menschen getroffen, die Heiler sein werden. Viele, viele Menschen kommen zu mir, denen gesagt wird, dass sie dabei mithelfen müssen. Und sie sind sich dessen nicht bewusst.*

N: Das sind sie nicht, aber das wird jetzt aktiviert. Ich denke, wir sind bald keine Minderheit mehr, aber die Dunkelheit kämpft so hart darum, ihren Platz zu behalten.

D: *Wie wird Nina sich an diese Fähigkeiten erinnern können?*

N: Wir werden sie führen. Es wird viele geben, die sie berühren wird. Und sie wird wissen, dass sie schon einmal zusammen waren, und das Wissen wird da sein.

D: *Wird sie instinktiv wissen, wie man es benutzt, wenn sie ihre Heilungen vornimmt?*

N: Nein, sie wird es wieder bis zu einem gewissen Grad lernen.

D: *Ich dachte, vielleicht könntet ihr die Erinnerungen wecken, damit sie es wieder anwenden kann.*

N: Ich könnte. Es wäre ein schnellerer Weg, um das zu erreichen. Ich könnte das arrangieren. Sie hat Angst, die Öle, Kräuter und Kristalle wieder zu verwenden. Sie hat Angst, weil die Dinge damals missbraucht wurden - allerdings nicht von ihr. Ihre Stimme. Das wäre im Moment der beste Weg. Sie soll von *den Vielen* sprechen.

D: *Was meint ihr damit?*

N: Die Vielen im Rat lassen sie sprechen.

Nina hatte mir während des Vorgesprächs erzählt, dass seit einiger Zeit ein seltsames Phänomen auftrat, wenn sie Leute massierte. Sie begann, in verschiedenen Sprachen zu sprechen, und sie konnte diese verstehen. Sie hatte keinerlei Ausbildung darin gehabt. Einige der Sprachen, die sie während ihrer Heilsitzungen sprach, waren ihr oder den Klienten komplett unbekannt. Es war oft erschreckend für sie, wenn die Klänge aus ihr herauskamen. Das war eine ihrer Fragen: Woher kamen diese Stimmen, die verschiedenen Sprachen?

N: Sie hat viele Male als große Heilerin und Alchemistin gelebt. Sie besitzt das geheime Wissen der Mysterien.

D: *Das Leben, das uns gezeigt wurde, war also nicht das einzige Mal.*

N: Richtig. Sie hat so viele Leben. Sie besitzt eine Ansammlung von vielen verschiedenen Arten von Heilwissen. Die Botschaft sollte durch die Stimme erfolgen. Sie muss auch ihre Hände für Heilung einsetzen. Und ja, ihre Blumen. Kristalle auch, damit muss sie aber zunächst langsam machen.

D: *Sie wollte wissen, warum sie diese anderen Sprachen spricht.*

N: Sie sind sie. Und sie werden gesprochen, wenn jemand von dieser Zeit und diesem Ort sie hören muss. Um die Person, mit der sie spricht, zu unterrichten.

D: *Das sind also Sprachen, die sie zu verschiedenen Zeiten gekannt hat?*

N: Ja. Und einige kommen von einer kollektiven, höheren Kraft. Einige sind sehr alte Sprachen, die von den Menschen heute nicht mehr verstanden werden. Aber sie haben Kraft, große Kraft.

D: *Sie wollte wissen, wie das funktioniert.*

N: Es ist das Wort selbst und der Ton des Wortes. Und für jeden, mit dem sie spricht, wird es anders sein. Sie brauchen diesen Klang und die Art und Weise, wie das Wort gesagt wird, damit es wieder in ihrer Zellstruktur auftaucht.

D: *Auch wenn sie nicht wissen, was die Worte bedeuten?*

N: Richtig. In ihren Zellen tun sie es.

Ich habe andere Fälle erlebt, in denen Klienten plötzlich anfingen, in einer fremden Sprache zu sprechen. Manchmal war es eine erkennbare Sprache, die mit dem vergangenen Leben verbunden war, das sie gerade in der Sitzung erlebten. Manchmal klang es allerdings nicht vertraut. Ich habe eine Tonbandaufnahme, bei der ein Klient eine halbe Stunde lang ununterbrochen in einer unbekannten Sprache spricht. Ich habe dieses Band vor Gruppen in vielen verschiedenen Teilen der Welt (einschließlich Indien, wo es viele Dialekte gibt) abgespielt, aber niemand kann die Sprache identifizieren. Mary Rodwell, eine Forscherkollegin aus Australien, hat dieses Phänomen ebenfalls aufgezeichnet und wir haben Ähnlichkeiten entdeckt.

D: *Wenn sie also Heilungen durchführt, channelt sie tatsächlich. Sie verbindet sich mit früheren Leben. Ist es das, was passiert?*

N: Richtig. Sie soll auch Wasser mit ihrer Stimme klären. Sie soll ein Lied singen, ein Lied an das Wasser. Ein Lied, um Negatives daraus zu entfernen, die Ionen. All das, was Menschen dem Wasser hinzugefügt haben, um es zu ruinieren. Sie soll ein Lied singen, um es zu klären und die negative Energie zu entfernen, sie zu recyceln.

D: *Wird sie wissen, wie man das macht?*

N: Ich sage Folgendes: Sie geht zum Wasser, sie hält ihre Füße hinein, sie bittet alle, zu kommen, um ihr zu helfen. Und es wird aus ihrem Mund fließen. Es wird kein Problem dabei geben. – Ihre Bestimmung in diesem Leben gilt auf Dauer. Ihr Ziel ist es diesmal, dabei zu helfen, die Erde zu retten und nicht wieder von einem Schiff aus zuzusehen. Denn es gibt diesmal viele Dinge, die sie tun kann, um zu helfen. Sie soll diesmal daran teilnehmen, statt zuzusehen.

D: *Zu Beginn der Sitzung sah sie so etwas wie eine Tür, und all diese Leute kamen dort heraus. Was war das?*

N: Das waren all die Menschen, die sie gewesen ist. Viele Menschen, die *sie* gewesen sind.

D: *Und sie haben sie nicht einmal bemerkt.*

N: Nein. Es ging mehr darum, sie ihr einfach zu zeigen.

D: *Was war das für eine Tür?*

N: Es war die Tür zu einer anderen Dimension.

Es schien fast so, als ob diese vielen Leben an ihr vorbeigegangen waren und das SC versucht hatte, zu bestimmen, auf welches wir uns konzentrieren sollten. Diese andere Dimension ist wohl ein „Ort", an dem sie alle existierten und weiterhin existieren. Es ist wahrscheinlich eine der Dimensionen, mit denen wir uns verbinden, wenn wir eine Rückführung durchführen.

Kapitel 17

DAS SELTSAME BAUWERK

Judith war eine reizende Frau, die für eine Umweltbehörde arbeitete. Seit etwa sechs Jahren hatte sie Energien wahrgenommen, die durch ihren Körper flossen und ein Ruckeln ihres Kopfes verursachten. Sie wollte verstehen, warum das passierte, und zudem Informationen über die Themen Heilung und Channeling erhalten.

Als Judith von der Wolke kam, sah sie eine ungewöhnliche und seltsame Struktur vor sich. Sie versuchte, sie zu beschreiben: „Es sind zwei Treppen, die oben an einem Punkt zusammenkommen – in A-Form, etwa wie eine Pyramide. Da ist eine auf der rechten Seite, die nach oben führt, und eine auf der linken Seite, und sie verbinden sich in der Mitte. Es scheint die Außenseite eines langen Gebäudes zu sein, in einer bräunlichen Farbe oder einer hellen Tonfarbe. Es sieht aber nicht aus wie Lehm. Schwer zu sagen. So etwas habe ich noch nie gesehen. Ich stehe in der Mitte zwischen den beiden Treppen am Boden. Ich habe keine Ahnung, wo ich bin. Ich habe keine Ahnung, was das ist." Die ungewöhnliche Struktur befand sich auf einer Lichtung in einer Dschungellandschaft. „Der Wald scheint dicht zu sein. Die Bäume sind wie ein Vordach. Ich habe das Gefühl, dass dies ein sehr warmer Ort sein könnte, aber durch die Überdachung des Waldes ist es kühler. Das hier ist das einzige Gebäude, das ich von meinem Standpunkt aus sehe. Ich verstehe nicht den Zweck davon, Treppen zu haben, die einfach so nach oben führen und sich oben treffen. Es macht keinen Sinn, denn es gibt keine Plattform oder so. Das ist seltsam. Die Treppe geht einfach zu einem Punkt hinauf und das war's! Du kannst einfach wieder auf der anderen Seite runtergehen!" Sie ging weiter um das Gebäude herum und suchte nach einem Eingang. „Auf dieser Seite gibt es keine Öffnungen. Lass mich auf der anderen Seite schauen. Ich sehe keine Möglichkeit, in dieses Ding hineinzugehen. Es ist, als gäbe es keine Tür! Das ist sehr seltsam."

Ich wollte eine Beschreibung ihrer Person erhalten. Sie trug sehr primitive Sandalen, die aus einer Art Faser hergestellt worden waren. „Das sind Männerfüße! Sie sind nicht meine Füße", rief sie aus. Sie trug eine hauchdünne Baumwollrobe, die über ihren Knien begann und um ihren Körper gewickelt war. „Es ist wie ein einziges, langes Stück Material, das man wickelt und das von hinten über eine Schulter kommt und irgendwie eingeklemmt und geknotet wird." Der Körper war jung und männlich, gesund und athletisch. Sie hatte hellbraune Haut und sehr dunkle Haare. Sie war sauber rasiert und hatte nur sehr wenige Haare am Körper. Sie trug einen glänzenden, goldenen Hut, von dem ein Teil über ihre Ohren fiel. „Er glänzt sehr stark. - Er ist nicht spitz, eher rund, aber er passt auch nicht ganz zu meinem Kopf. - Der Hut hat eine Funktion. Es hat etwas mit Energie zu tun. Mit dem Sammeln von Energie." Sie keuchte überraschend. „Es ist, als würde er Energie sammeln, und sie fließt zu diesem glänzenden Hut. Und dann kann ich sie für etwas benutzen. Ich weiß nicht, wie. Aber es ist wie ein Energieumwandler oder Energiesammler. Es hat mit dem Metall und der Form zu tun."

D: Woher kommt die Energie?

J: Ich denke, sie muss aus anderen Dimensionen kommen. So verstehe ich es. Sie stammt aus anderen Dimensionen. Es ist wie ein Sammelpunkt universeller Energie oder so ähnlich. Sie kommt in den Hut und dann in Kontakt mit meinem Kopf, mit meinem Gehirn. Was mache ich damit? Sie beeinflusst mein Gehirn in irgendeiner Weise, meine Gehirnwellen. Es ist eine Art und Weise, wie man sie für sich selbst sammelt. Wie man sie sammelt. Es ist fast so, als wäre die Energie überall, aber das konzentriert sie. Ich kann definitiv spüren, wie die Energie durch mein System fließt. Es fühlt sich wirklich gut an. Ist es eine Art Heilung? Es hat etwas mit dieser Struktur zu tun. (Lange Pause) Ich bin zur Wand gegangen und durch sie hinein.

D: Wie bist du durch die Wand gekommen?

J: Ich bin einfach durchgegangen! Es gibt keine Tür, weil ich wohl keine brauche! Es hat definitiv etwas mit der Energie zu tun, mit den Molekülen in meinem Körper.

D: *Oh! Also konntest du einfach durch die Wand gehen?*

J: Ja. Es ist dunkel, aber im Inneren leuchtet es irgendwie. Es gibt überhaupt keine Lichtquelle, aber da ist ein Leuchten, das aus dem Nichts kommt. Eine Art goldenes Leuchten mit Magenta-artiger Farbe in diesem Raum. - Von außen gesehen ist dieses Gebäude lang, aber im Inneren ist es fast so, als gäbe es in gewisser Weise keinen Platz. Ich habe nicht das Gefühl, dass die Länge vorhanden ist, die man von außen wahrnimmt.

D: *Was meinst du damit, dass es keinen Platz gibt?*

J: Nun ja, wenn man ein Gebäude von außen betrachtet und denkt: „Oh, wenn ich von einem Ende zum anderen gehe, würde es so und so lange dauern, weil es auch so und so lange dauern würde, das von außen zu tun." Aber wenn man drinnen ist, hat sich der Raum verändert. Es ist anders. - Es ist, als gäbe es keinen Platz im Inneren. (Lachen) Ich weiß nicht, wie ich das erklären soll. Es gibt keinen Platz im Inneren, aber es *gibt* Platz im Inneren. Es ist, als ob man sich in einem anderen Gebäude befindet.

Ich bin bei meiner Arbeit mit UFO-Entführungsfällen auf dieses Konzept der Raumverzerrung gestoßen. Es gab Fälle, bei denen die Person in ein kleines Schiff eintrat, nur um festzustellen, dass es im Inneren bis zu fünfmal größer war.

D: *Befindet sich etwas im Inneren?*

J: Da ist dieses Glühen, aber es beleuchtet die Wände nicht. Es ist einfach da. Woher kommt es? Hier ist definitiv Energie drin. Es ist, als würde ich mit der Energie in diesem Ort summen.

D: *Sie ist also anders als die Energie, die aus dem Hut kommt? Es sind zwei verschiedene Arten von Energie?*

J: Da ist die Energie aus dem Hut, und dann ist da noch das hier. Es ist nicht das Glühen, das die Energie erzeugt. Es ist, als wäre ich jetzt in einem Raum voller Energie. Es ist, als wäre die Energie hier im Raum, und ich benutze den Hut, um mich auf eine Art von - vielleicht Frequenz? - zu bringen, damit ich in den Raum innerhalb des Gebäudes gelangen kann.

D: *Der Hut war also notwendig, um durch die Wand zu gehen?*

J: Ja. Er bringt mich auf eine Frequenz, mit der ich quasi kompatibel bin. Innerhalb der Struktur ist es, als wäre ich mehr in der Quelle der Energie. Und der Hut bringt mich mit der Quelle in Kontakt, damit ich sie erreichen kann. Und er bringt mich in Kontakt mit der Energie, damit ich zur Quelle gelangen kann.

D: *Gibt es da drin noch etwas anderes, das du sehen kannst?*

J: Nein. Es ist fast so, als wäre es eine andere Dimension. Es gibt keine Möbel, keine Objekte. Es gibt keinen Raum. Aber das *ist* Raum. Es ist sehr geräumig. Ich habe das Gefühl, dass ich, wenn ich hier herumlaufen würde, für immer herumlaufen könnte, und es gäbe keine Grenzen. Aber gleichzeitig gibt es keinen Raum.

D: *Aber diese Energie ist eine gute Energie?*

J: Ja. Auf jeden Fall. Es ist eine höherschwingende Energie.

D: *Was machst du mit dieser Energie?*

J: Ich sammle sie da drinnen. Sie wird in mich hineingeleitet, und ich werde die Energiequelle mit mir mitnehmen, sobald ich gehe. Und ich mache etwas damit, wenn ich gehe. Ich weiß, wann ich gehen kann, und dann gehe ich einfach.

D: *Wie verlässt man das Gebäude?*

J: Einfach hinausgehen. Ich forme die Absicht in meinem Kopf, dass ich jetzt gehen will, und ich gehe einfach raus. Und als nächstes bin ich draußen vor der Mauer, aber ich habe die Mauer von Innen nicht gesehen. Es ist, als würde ich durch das Formen meiner Absicht durch die Wand gehen. Und jetzt bin ich wieder draußen. Ich habe die Absicht, an den Ort außerhalb der Quelle der Energie zurückzukehren, und dann bin ich vor der Wand außerhalb des Gebäudes. Es ist wie ein Portal in die Dimension, wo sich diese bestimmte Energie befindet.

D: *Du musstest nicht weiter in diese Dimension hineingehen? Du warst nur dort, um die Energie zu sammeln.*

J: Ja. Wenn man dort ankommt, kann man nirgendwohin gehen, denn es ist alles an diesem Ort; in diesem Moment und an diesem Ort. Es ist alles da. Und es ist, als würdest du in gewisser Weise deinen Körper verlieren, weil er seine Molekularstruktur verändert. Wenn man dort also laufen könnte, gäbe es nichts, wo man hinlaufen könnte, weil man sich einfach in dieser Energie befindet. Und diese Energie ist an diesem Ort überall. Ich weiß nicht, wie ich das anders erklären soll.

Ähnlich wie der Ureinwohner in *Convoluted Universe, Buch 2*, der in die eine Seite des Berges hineinging und in eine anderen Dimension verschwand.

Nun, da er sich wieder außerhalb des Gebäudes befand, ging er auf einem Weg entlang durch den Wald. „Da ist ein Dorf. Und da sind noch andere Leute. Ich bin der Einzige, der diesen Hut trägt. Ich versuche, das zu verstehen. Mache ich diese Hüte? Ich komme zurück und da sind diese Metallteile. Und ich mache etwas mit diesem Metall. Es ist so, als würde ich dieses Metall erhitzen? Ich forme dieses Metall? Die Energie wird in dieses Metall eingeleitet. Ich gehe also dorthin, sammle diese Energie, komme zurück und arbeite mit diesem Metall. Und ich bin in der Lage, diese Energie zu nutzen und sie irgendwie in das Metall zu bringen. - Ich versuche, zu sehen, was ich hier mache. Ich fertige verschiedene Formen aus dem Metall. Einige von ihnen sind Stangen, und andere sind eher wie Kugelstrukturen. Eher wie Kugeln oder längliche Stäbe aus Metall. Am Anfang ist das Metall ziemlich schmutzig und dunkel. Aber ich mache etwas damit, und dann verwandelt es sich in dieses wirklich glänzende, glänzende Metall. Es hat dann eine ganz andere Struktur als am Anfang."

D: Ich frage mich, ob diese Energie etwas damit zu tun hat.
J: Ich denke, das hat sie!
D: Du fertigst diese verschiedenen Formen. Und was machst du dann mit ihnen?
J: Ich beobachte, wie ich das tue, und nehme die Gefühle dieser Person wahr. – Was er tut, ist nichts Besonderes für ihn. Er arbeitet mit der Energie; es ist keine große Sache. Es ist einfach etwas, was er gerade tut. Ich habe das Gefühl, dass er sich wünscht, dass er etwas anderes tun könnte, aber das ist sein Job - sein Schicksal, im Grunde genommen. Nicht, dass er unglücklich wäre, aber es ist einfach keine große Sache. So, wie wenn du in etwas sehr gut bist und es so einfach für dich ist, dass du dich ein wenig langweilst? Diese Art von Gefühl. Er legt diese Objekte auf eine Art Tablett, das am Rand eine Kante hat. Das Tablett ist aus einem anderen Typ Metall gefertigt. Es dreht sich um sich herum und seine Finger drehen sich in diesem Ding. So, wie wenn man eine Vase aus Ton

herstellt und sich das Ding dreht und man den Ton formt? So ist es. Er legt all diese Metallstücke auf dieses Tablett und jetzt dreht es sich wirklich schnell. Ich weiß nicht, was es macht. Ich muss einen anderen Blickwinkel einnehmen und sehen, was da passiert. Irgendwie bleiben sie daran befestigt und fliegen nicht überall herum. Vielleicht ist die Platte eine Art Magnet, der das Metall an seinem Platz hält? Und sie dreht sich und dreht sich und dreht sich.

Ich bat sie, in der Zeit vorwärts zu springen und zu sehen, was dabei herauskam, als es fertig war.

J: Das Ding ist jetzt stehengeblieben. Nichts sieht anders aus. Aber da ist etwas, das energietechnisch mit diesen Dingen passiert, wenn er das macht. Er nimmt nun jedes einzelne Teil auf und testet es. Er fühlt sie mit seinem Geist und schaut, ob alle korrekt sind. Und dann legt er sie in eine Kiste. Wie wenn du einige Flaschen Wein holen gehst und sie in einer Schachtel eingepackt sind und für jeden einzelnen Wein gibt es so einen Schlitz mit einem Karton dazwischen? Es ist so ähnlich. Es ist auch aus Metall, und er steckt jedes Ding in einen anderen kleinen Schlitz, um sie voneinander getrennt zu halten. Er wird sie an die Leute verkaufen. Ich glaube, das sind Heilstäbe oder so. Er zeigt den Leuten, wie man sie benutzt. Er verdient nicht viel Geld damit, denn falls sich die Energie von ihnen irgendwann löst, dauert das sehr lange. (Lacht)
D: *Damit sie sie für eine lange Zeit benutzen können.*
J: Ja. Ich denke, sie verwenden sie auch an anderen Leuten! Also verdient er wirklich nicht viel Geld.
D: *Sie werden zur Heilung verwendet?* (Ja) *Siehst du, was sie mit ihnen machen?*
J: Ich sehe diese langen, ovalen Stäbe. Sie halten sie in beiden Händen. (Sie formte mit ihren Hände eine hohle Schale.) Sie schließen ihre Augen. Und die Energien fließen durch sie hindurch. Und sie konzentrieren sich auf das, was sie heilen wollen. Zum Beispiel, wenn sie eine Art Verletzung oder eine Art Krankheit haben – dann konzentrieren sie sich auf diese Scheibe oder Stange oder was auch immer es ist. Verschiedene Stäbe bewirken unterschiedliche Dinge, und sie heilen es einfach.

Sie erklärte, dass sie mit ihren Händen Trichter formten und die scheibenförmigen Gebilde hielten oder beide Hände um die langen Stäbe legten.

J: Ich kann spüren, wie die Energie durch sie fließt. (Pause) Ich denke, die langen, dünnen Stäbe haben mehr mit dem Physischen zu tun. Körperliche Dinge, wie etwa eine Verletzung, vielleicht ein verstauchter Knöchel oder so etwas. Und die ovalen bringen dich mehr in Kontakt mit spirituellen Dingen. Die Form verändert definitiv die Funktion.

D: *Ist er der Einzige, der die Energie bekommen und diese Dinge herstellen kann?*

J: Ja, er ist der Einzige in diesem Bereich.

D: *Er fertigt also diese Dinge und verkauft sie an die Leute.*

J: Ja. Es geht aber nicht um Geld. Es gibt dort kein Geld. Es wird gehandelt oder so etwas in der Art. Ich habe nicht das Gefühl, dass sich die Leute um Geld sorgen. Sie machen sich keine Sorgen wie etwa „Habe ich genug?". Sie können tauschen. Es gibt nicht viele materielle Dinge, aber darum geht es diesen Menschen sowieso nicht.

Ich ließ sie diese Szene verlassen und zu einem wichtigen Tag wechseln.

J: Ich sehe einen riesigen Diamanten am Himmel. Er hat viele Facetten. Es sieht fast so aus, als wurden zwei Pyramiden an der Basis aufeinandergelegt. Wunderschön! Er ist einfach da oben am Himmel und schimmert wie die Sonne auf dem Wasser. Und ich sehe mir das gerade an. - Ich kann nicht sagen, dass er sich um seine Achse dreht, aber er tut etwas. Er verliert nie seine Form, aber er ändert sich leicht, ständig. Er lässt es so aussehen, als würde er sich ein wenig hin und her bewegen.

D: *Was ist das für ein Ding?*

J: (Pause) Es ist ein Bote. (Das war eine seltsame Antwort.) Es ist ein Botschafter. Es sagt mir etwas. Ich bin ganz allein. Ich befinde mich wieder auf einer Lichtung. Es ist diesmal eine andere Art Lichtung. Ich wusste nicht, dass es hier sein würde.

D: *Vielleicht erscheint es dir deshalb. Weil sie nicht wollten, dass andere es sehen?*

J: Ja. Ich weiß nicht, ob die anderen es überhaupt sehen könnten.

D: Du meintest, es ist ein Bote, der dir etwas mitteilt. Wie macht es das?

J: Ich weiß nicht. Durch Energie. Ich empfange diese Wellen und Wellen und Wellen an Energie. Aber es ist nicht so, dass du sehen kannst, wie diese Energie von ihm zu mir kommt. Ich kann es einfach fühlen. Es ist weit weg, aber ich kann spüren, wie die Wellen mich treffen.

D: Du bist es gewohnt, mit Energie zu arbeiten.

J: Ja, aber jene Energie war einfach nur da. Und diese Energie ist voller Informationen. Sie sagt mir in gewisser Weise, was passieren wird und wie ich damit umgehen muss. Und wie ich andere anweisen muss, damit umzugehen. Diese Leute kümmern sich nicht wirklich um diese Themen. Ich bin einer von ihnen, aber ich bin nicht wirklich einer von ihnen. Sie mögen die Tatsache, dass diese Stäbe heilen können, aber sie haben keine Wertschätzung dafür. Sie haben ihre Wertschätzung für die Veränderungen in den Jahreszeiten und die Veränderungen in den Dingen, die im Leben geschehen, verloren.

D: So, als ob sie alles für selbstverständlich erachten? (Ja) Was meintest du damit, dass du nicht zu ihnen gehörst?

J: Ich weiß viel über Energie und darüber, wie sie funktioniert. Es gibt hier nur niemanden, den das interessiert! Es gibt niemanden, der etwas darüber erfahren will. Sie verstehen nicht, dass, wenn ich weg bin, niemand mehr diese Stäbe herstellt. Niemand wird danach in der Lage sein, geheilt zu werden. Es ist, als ob sie es für selbstverständlich halten und die Konsequenzen nicht verstehen. *Ich* verstehe die Konsequenzen. Sie könnten zu dem Punkt kommen, an dem sie diese Dinge nicht mehr brauchen. Und die Stangen sind ein Werkzeug, das ihnen dabei hilft, zu verstehen, dass sie so weit kommen könnten. Aber weil sie dieses Hilfsmittel haben, das ihnen ihre Schmerzen und dies und das und alles andere wegnimmt, reicht ihnen das. Sie wollen sich nicht entwickeln. Und sobald diese Werkzeuge weg sind, werden sie zurückfallen. Sie werden sich nicht weiterentwickeln, sondern zurückfallen.

D: Sie könnten nicht einmal versuchen, welche herzustellen, weil sie nicht wissen würden, wie.

J: Sie haben keine Ahnung.

D: Hattest du gesagt, dass du nicht von dort kommst?

J: Ja. Ich meine, ich bin anders. Und vielleicht bin ich auch ursprünglich nicht von dort. Ich bin deutlich anders. Aber weil es ihnen egal ist, ist mir mittlerweile auch egal, was ich tue.

D: *Wenn du nicht von dort kommst, wo kommst du dann her?*

J: Ich komme von dem Ort, wo der Diamant ist.

D: *Der Bote?* (Ja) *Kannst du dich deshalb damit identifizieren?* (Ja) *Es klingt aber, als wärst du schon lange dort gewesen.*

J: Ja, das bin ich. Ich bin schon viel zu lange hier. Viel zu lange. Und die Gesellschaft hat sich nicht wirklich weiterentwickelt. Sie werden sich am Ende noch zurückentwickeln. Das hat mir die Begeisterung für die ganze Sache genommen. Ich fertige diese Dinge, und sie benutzen sie, aber ich werde irgendwann einmal weg sein. Und dann werden sie sie nicht mehr haben. Und es macht mich traurig, dass ihnen das egal ist. Niemand denkt: „Wow, wir sollten vielleicht mehr darüber erfahren."

D: *Wurdest du dort geboren? Oder wie bist du dorthin gekommen?*

J: Ich wurde von jemandem als Baby im Wald gefunden. Ich wurde einfach dort gefunden. Ich wurde dort von diesen Wesen zurückgelassen.

D: *Die Wesen aus dem diamantartigen Gefährt?*

J: Ich glaube schon, ja.

D: *Wie sehen diese Wesen aus?*

J: Sie sind sehr groß und dünn und weiß. Groß.

D: *Siehst du aus wie sie?*

J: Nein, ich bin mehr wie ein Mensch. Sie sind keine Menschen. Wie haben sie mich hierhergebracht?

D: *Du kannst es herausfinden, wenn du das willst.* (Pause) *Kannst du sehen, woher du ursprünglich kommst?*

J: Ich wurde auf einem Schiff geboren. Ich wurde in diesem Diamantending geboren. Es gibt ein paar Leute auf diesem Planeten, die dort leben. Es ist, als ob sie transzendiert wären oder so ähnlich.

D: *Sehen sie menschlich aus?*

J: Oh, ja, sie sehen genauso aus wie die Menschen auf dem Planeten. Ich weiß nicht, ob da Gentechnik oder so etwas beteiligt war. Es gab da etwas, das während meiner Empfängnis geschah.

D: *Das hat dich von den anderen unterschieden?*

J: Ja. Damit ich hinuntergehen und helfen kann.

D: *Das war die Idee.*

225

J: Ja. Aber es hat nicht funktioniert.

D: *Lass uns zurückgehen zu dem Punkt, an dem du draußen stehst, die Diamantenform siehst und sagst, es sei ein Bote, der dir Informationen gibt. Du sagtest, sie hätten etwas damit zu tun, was passieren würde?*

J: Ja. Es sind keine direkten Informationen wie: „Okay, das und das wird passieren und hier ist, wann es passieren wird." So ist das nicht. Es ist mehr wie ein organisches Wissen über Dinge. Ich kann spüren, wann Dinge passieren werden, oder wann schlechte Dinge passieren werden. Im Grunde genommen werde ich diesen Ort eh bald verlassen.

D: *Du hattest gesagt, dass dir langweilig geworden ist.*

J: Ja. Aber werde ich sterben oder gehe ich zurück auf das Schiff? Ich weiß es nicht.

D: *Wir können es herausfinden. Wir können die Zeit verdichten und zu dem Zeitpunkt einsteigen, wenn es passiert. Wie verlässt du den Planeten?*

J: (Pause) Ich bin wieder auf dem Schiff mit ihnen.

D: *Wie bist du auf das Schiff gekommen?*

J: Es war wie damals, als ich immer wieder zu diesem Gebäude ging. Sehr ähnlich. Als wäre ich dorthin transportiert worden. Es hätte vom Gebäude aus sein können. Ich ging in das Gebäude und dann konnten sie es ... - Ich war einfach auf dem Schiff. Ich war da. - Aber ich bin wirklich traurig.

D: *Warum bist du traurig?*

J: Weil ich das Gefühl habe, dass ich sie enttäuscht habe.

D: *Du hast getan, was du konntest. Der Rest lag an ihnen, nicht wahr?*

J: Ja, das stimmt. Aber diese großen Wesen hatten Hoffnung. Sie haben es versucht. Ich war ihre Hoffnung, dass die Leute sich weiterentwickeln würden.

D: *Sie haben das nicht genutzt. Es ist nicht deine Schuld.*

J: Nein, aber ich frage mich immer: „Was hätte ich noch tun können?" Jetzt habe ich eine andere Perspektive. Jetzt denke ich: Nun, vielleicht hätte ich mehr mit ihnen reden können, oder vielleicht hätte ich ... Ich hatte schon eine Art Verachtung für sie. Und daher habe ich mich nicht so sehr bemüht, wie ich es hätte tun können. Da sind nun zwei Wesen, die mit mir sprechen. (Pause) Ich sage ihnen, dass ich das Gefühl habe, versagt zu haben. (Pause) Sie vermitteln mir nur ein Gefühl der Nichtverurteilung. Es ist okay. Es ist nicht so, dass sie reden. Es ist eine Vermittlung von Information über Energie. Es lief nicht so, wie man es sich erhofft hatte. Aber ich tat das Beste, was ich konnte, und sie verstehen, dass ich emotional überfordert war.

D: Du kannst nur das tun, was du tun kannst.

J: (Leise, wehmütig.) Ja.

Ich ließ Judith die Szene verlassen. Es schien keinen Sinn zu machen, sie an den Tag ihres Todes zu bringen, denn das hätte in vielen, vielen Jahren geschehen können. Zudem hatte ich das Gefühl, dass wir die wichtigsten Punkte der Geschichte abgedeckt hatten. Schließlich rief ich das SC ein, um die Sitzung zu erklären. „Warum habt ihr euch entschieden, Judith dieses Leben von ihr zu zeigen?"

J: Weil wir wollen, dass Judith weiß, dass dies das ist, was sie tut. Sie weiß, dass sie Energie spürt. Das ist mit diesem Leben verbunden, und mit all ihren Erfahrungen, all ihren Lebzeiten.

D: Meint ihr damit, dass sie in allen Leben, die sie je gehabt hat, mit Energie gearbeitet hat? (Ja) Auf dem Planeten Erde oder woanders?

J: Auf vielen Planeten. Das Leben, das sie eben betrachtet hat, war nicht auf der Erde. In den meisten ihrer Leben hat sie direkt mit Energie zu tun. Andere Leben dienen dem Lernen, damit sie mit bestimmten Facetten von Existenz umgehen und Energie somit besser nutzen konnte.

D: Im aktuellen Leben hat sie das noch nicht genutzt, oder?

J: Sie nutzt es, sie nutzt es nur nicht bewusst.

D: Sie sagte, dass sie spürt, wie sich diese Energie durch sie bewegt und wie stark sie manchmal sein kann.

J: Ja. Sie lernt immer noch, wie man körperlich damit umgeht.

D: Woher kommt die Energie, die sie erlebt?

J: Sie kommt von anderen Facetten ihrer selbst. Sie filtert sich in die Dimensionsebene herab, auf der dieser Teil von ihr existiert. In gewissem Sinne versteht sie, was passiert. Das ist, wer sie ist. Sie hat allerdings ein Problem damit, das zu akzeptieren. Es gibt bestimmte Dinge, mit denen sie sich auseinandersetzen muss, bevor sie mit der Energie auf dieser Ebene effektiv arbeiten kann. Zuerst einmal muss sie dies als Teil ihrer Existenz akzeptieren. Zweitens muss sie sich mit den menschlicheren Emotionen auseinandersetzen: mit dem

Gefühl von Unwürdigkeit, der Angst, anders zu sein, mit Dingen dieser Art. Sie muss zuerst an sich selbst arbeiten. Dann wird sie in der Lage sein, die Heilungen durchzuführen, die sie durchführen will. Sie wird in der Lage sein, diese Energie auf verschiedene Weise zu kanalisieren. Es gibt viele, viele Möglichkeiten, diese Energie zu kanalisieren. Sie denkt nur an die, die sie kennt. Heilung ist nur eine davon. Die Übertragung von Informationen ist eine andere. Aber so, wie sie sich das vorstellt, wäre das nur verbal. Es gibt allerdings viele Möglichkeiten, Informationen zu kanalisieren, nicht nur verbal. Sie weiß das auf anderen Ebenen, aber sie versteht es hier nicht.

D: *Weil wir als Menschen meist verbal arbeiten. Das ist die Art und Weise, wie wir arbeiten.*

J: Ja. Aber sie kann sie auf jede erdenkliche Weise nutzen. Heilung ist etwas, woran sie interessiert ist, weil sie daran interessiert ist, Menschen zu helfen. Die Energie wurde für kurze Zeit entzogen, damit sie sich auf bestimmte Dinge einstellen konnte. Aber jetzt kommt die Energie wieder zurück, und sie wird lernen, wie man effektiver mit mehr Energie umgeht. Sie kontrolliert sie, aber sie versteht nicht, wie sie sie kontrolliert. Es ist nicht der bewusste Teil ihres Geistes, von dem sie denkt, dass sie sie damit kontrollieren sollte. Wenn sie sich in andere dimensionale Ebenen erstreckt, gewinnt sie automatisch mehr Kontrolle über diese Fähigkeiten und die Energie, die sie ist. Sie wird ein bestimmtes Level an Wissen, an organischem Wissen, erreichen. Die Informationen werden einfach da sein. Sobald sie akzeptiert, wer und was sie ist, wird das Wissen damit einhergehen. Diese Energie ist eine Energie des Wissens und der Heilung.

* * *

D: *Warum ist das Alter von drei Jahren für Judith so wichtig? Sie denkt immer wieder an sich im Alter von drei Jahren.*

J: In diesem Alter kam sie vollständig in den Körper. In diesem Alter wusste sie noch, wer sie auf anderen Ebenen war. Es war in diesem Alter, als sie beschloss, zu bleiben und zu erkunden.

D: *Ihr meint, vor dem Alter von drei Jahren war sie nicht ganz im Körper?*

J: Genau, ihr Bewusstsein war nicht ganz im Körper. Dies ist eigentlich ein normales Ereignis bei Kindern in diesem Alter. Bis sie in einem bestimmten Alter sind, gehen sie die ganze Zeit immer wieder rein und raus.

Mir wurde mal gesagt, dass wir das bis zu einem Alter von zwei Jahren tun, aber ich nehme an, dass es tatsächlich länger dauern kann.

D: Dann war diese Zeit wichtig, weil sie sich damals entschied, zu bleiben und sich vollständig in den Körper zu integrieren?
J: Ja, und sie war sich auch auf anderen Ebenen noch ihrer selbst bewusst und traf eine sehr feste Entscheidung, dieses Wissen auf eine Art und Weise anzuwenden, mit der sie hier von Nutzen sein konnte. Es war eine Zeit mit sehr viel Potenzial, in der sie noch nicht vollständig von den Gewohnheiten dieser Ebene konditioniert worden war.

Kapitel 18

ATLANTIS

Mitchell war ein schwieriger Fall und ich musste schwer arbeiten, um mit ihm an den Punkt zu kommen, an dem wir Informationen erhalten konnten. Dies geschieht manchmal, wenn der Klient ein „Kontrollfreak" ist oder einen Beruf ausübt, in dem man sich sehr stark auf seine linke Gehirnhälfte konzentriert. Die linke Seite des Gehirns ist der Teil, der sich mit Kontrolle, Analyse und Zahlen beschäftigt. Wenn ich mit einem Klienten arbeite, der Ingenieur, CEO eines großen Unternehmens, Buchhalter oder Mathematikprofessor ist (Das ist das absolut Schlimmste!), weiß ich, dass ich wahrscheinlich doppelt so hart arbeiten muss, um ihn aus dieser Seite des Gehirns in die rechte Seite zu bringen, in der sich die Bilder und Erinnerungen befinden.

In Mitchells Fall konnte er visualisieren, aber es waren alles Szenen aus seinem aktuellen Leben. Ich führte ihn durch sein Leben bis in die Zeit zurück, in der er ein Baby war. Dann versuchte ich, ihn darüber hinaus zu bringen, damit er in ein anderes Leben kommen oder auf der Seelenseite sein gegenwärtiges Leben planen konnte. Doch nichts schien zu funktionieren. Ich bin sehr geduldig, und nach über 45 Jahren habe ich eine große Trickkiste. Wenn ich mit dieser Art von Persönlichkeit arbeite, muss ich härter arbeiten und viele Tricks anwenden, es ist aber machbar. Je länger sich eine Person in Hypnose befindet, desto tiefer geht sie in Trance, auch wenn sie versucht, diese zu bekämpfen. Ich kann diesen Widerstand abbauen und sie zu dem Punkt bringen, an dem die Informationen durchkommen. Die meisten Hypnotiseurinnen und Hypnotiseure haben nicht die Geduld, um es weiter zu versuchen, also wecken sie den Klienten zu früh auf. Ich weiß, wenn wir weitermachen, wird es passieren. Es ist nur etwas mehr Arbeit nötig.

In Mitchells Fall hatte ich verschiedene Methoden ausprobiert, aber obwohl er visualisierte, bekam er keine Szenen aus vergangenen Leben oder andere nützliche Informationen. Er hatte sich zu diesem Zeitpunkt schon über eine Stunde in Hypnose befunden. Also wusste ich, dass er tief genug war, damit ich versuchen konnte, das SC einzurufen. Zuerst versuchte er, sogar das zu kontrollieren und zu verhindern, dass es durchkam. Der alte und dumme bewusste Verstand kann mächtig sein, auch wenn das nicht der Teil ist, mit dem ich in meinen Sitzungen arbeiten will. Dieser Teil weiß absolut nichts Nützliches, will aber die Kontrolle nicht aufgeben. Schließlich sah ich die Anzeichen dafür, dass das SC die Schlacht gewann und es möglich sein würde, mit ihnen zu kommunizieren. Dennoch musste ich wachsam sein, da das Bewusstsein versuchte, sich wieder vorzudrängeln. Als ich schließlich wusste, dass das SC da war, war meine erste Frage: „Warum hat Mitchell keine vergangenen Leben gesehen?"

M: Seine Angst vor dem Scheitern steht im Weg.
D: *Warum hat er Angst vor dem Scheitern?*
M: Weil ihm schon seit langer Zeit gesagt wird, dass er Potenzial hat.
D: *Er hat ein wunderbares Potenzial, nicht wahr?*
M: Ja, das hat er. Und er hat einiges davon erfüllt.
D: *Aber er fürchtet sich immer noch vor dem Scheitern?*
M: Er spürt die Angst vor dem Scheitern. Er hat auch gelitten. Er hat es schwer, sich dem hier hinzugeben, denn manchmal, als er nicht in der Lage gewesen war, die Kontrolle zu behalten, hat er gelitten.
D: *In anderen Leben?*
M: In anderen Leben und in diesem Leben.
D: *Deshalb will er diese anderen Leben nicht sehen?*
M: Er will sie sehen, aber er hält sich zurück. Er hat Angst, außer Kontrolle zu geraten und dann die Konsequenzen tragen zu müssen.

Ich führte ein Gespräch mit dem SC über den Nutzen davon, einige dieser Erfahrungen zu sehen. Wenn Mitchell die Ursachen kennen würde, wäre er besser in der Lage, die Auswirkungen auf sein gegenwärtiges Leben zu verstehen. Ich schlug vor, dass das

SC ihm einfach von einigen der bedeutenden Leben erzählen könnte. Mitchell musste sie nicht sehen, wenn sie dachten, dass ihn das verstören würde. Das SC konnte ihm einfach von ihnen erzählen. Das wäre ein sicherer Weg. „Spielte das Leben in einem bestimmten Zeitraum?"

M: Das kommt aus vielen verschiedenen Zeiträumen. Es ist schon mehrmals passiert.

D: *Deshalb ist es schwer, sich nur eines auszusuchen?*

M: Ja. Er weiß, dass er in Atlantis versagt hat.

D: *Wie hat er versagt?*

M: Er war nicht stark genug. Er hatte nicht das nötige emotionale Level, dort zu bleiben, wo er hätte bleiben müssen, um die Energien so zu bearbeiten, wie sie hätten bearbeitet werden müssen. Um die Energien durch die Kristalle zu leiten, muss man sehr in sich zentriert sein.

D: *Gab es andere, die das ebenfalls getan haben?* (Ja) *Wie haben sie die Energie in die Kristalle geleitet?*

M: Mit ihrem Verstand. Sie hatten die Kontrolle über ihre Absicht und ihre Aufmerksamkeit - was nicht möglich ist, wenn man sich auf einem emotional ängstlichen Level befindet. Emotionen beeinträchtigen einen, wenn sie aus dem Gleichgewicht geraten. Wenn sie sich im Gleichgewicht befinden, können sie dagegen Absichten stärken.

D: *Ist etwas passiert, das Angst erzeugt hat?*

M: Er zweifelte an, dass er die gleiche Stärke an Macht besessen hätte wie diejenigen mit anderen Absichten. Die Personen in seinem direkten Umfeld arbeiteten zusammen. Andere in Atlantis hatten andere Pläne. Ihre Egos standen den Technologien und ihren höheren Absichten im Weg.

D: *Es gab zwei verschiedene Gruppen?*

M: Ja, die andere Gruppe hatte jedoch Fraktionen, sie waren in ihrer Intention nicht unbedingt vereint - abgesehen davon, dass alle egoistisch waren. Sie versuchten, die Energien von Mutter Erde zu missbrauchen. Ihre Absicht war deren Kontrolle zugunsten militärischer Zwecke und definitiv nicht für das höhere Wohl der Menschheit oder der Natur. Es gelang ihnen, die Energien zu nutzen, aber nicht, sie zu kontrollieren. Sie wussten nicht, was sie taten. Ihr egoistischer Glaube an ihre eigenen Fähigkeiten deckte sich nicht mit der Realität. Sie waren nicht so machtvoll, wie sie dachten.

D: *Sie spielten mit etwas, womit sie nicht hätten spielen sollen?*

M: Richtig. Seine Gruppe versuchte, Mutter Erde bei der Aufrechterhaltung des Gleichgewichts zu unterstützen.

D: *Und sie taten dies, indem sie Energie in die Kristalle projizierten?*

M: Ja. Eine harmonischere, liebevollere Energie, könnte man sagen, auch wenn ihre eigenen Emotionen aus dem Gleichgewicht waren. Das war schwierig.

D: *Es war bestimmt schwer für Menschen, ihre eigenen Emotionen zu überwinden? (Ja) Aber damals hatten sie keine Kontrolle über ihre Emotionen?*

M: Sie hatten sie am Anfang, aber nicht am Ende. Nicht genug.

D: *Am Ende, als sie das taten, zweifelte er also an seinen eigenen Fähigkeiten?*

M: Ja. Am Ende wusste er in seinem Herzen, dass sie nicht erfolgreich sein würden.

D: *Zwei mächtige Energien waren am Werk, nicht wahr?*

M: Ja, wie es auf der Ebene von Dualität normalerweise der Fall ist. Seine Absichten waren gut. Er tat das, was er konnte.

D: *Also hat er nicht wirklich versagt. Der Job war einfach zu schwierig, zu groß. Was ist am Ende passiert? Sie waren nicht in der Lage, die positive Energie aufrechtzuerhalten?*

M: Richtig. Es war wie eine eingehende Welle, die an der Küste auf eine ausgehende Welle trifft. Es gab eine schnelle, energetische Reaktion, die groß genug war, um die gesamte Erde neu anzuordnen.

D: Das war eine enorme Kraft, nicht wahr? (Ja) Die eine neutralisierte die andere?

M: Nein. Eine – die negative - war größer als die andere.

D: *Ihr sagtet, es endete mit einer Neuordnung der Erde? Was meint ihr damit?*

M: Atlantis wurde auseinandergerissen, wenn auch nicht alles auf einmal, aber der Prozess wurde eingeleitet.

D: *Es war also ein schrittweiser Prozess?*

M: Es gab einen sofortigen Verlust von Seelen. Atlantis und die Überreste folgten im Laufe der Zeit. Es handelt sich hier um eine Schutzvorrichtung.

D: *Was meinst du damit?*

M: Wenn vom Verstand fokussierte Kräfte über das Wachstum des dazugehörigen Bewusstseins hinausgehen, werden eher diese Verstandseinheiten entfernt, um wieder von vorne

233

anzufangen, als die Zerstörung von allem zu gestatten. Das ist die Schutzvorrichtung. Das Bewusstsein abschalten, bei dem etwas schiefläuft. Die Technologie wird aus der Kontrolle dieses Bewusstseins entfernt. Es wird also auf eine gewisse Weise reinen Tisch gemacht, damit das Bewusstsein die Möglichkeit hat, aufzuholen, auch wenn es Zeit braucht, wieder von neu anzufangen.

D: Es kann sehr lange dauern, wieder von vorne anzufangen.

M: Das kann so wirken, aber Zeit ist kein wirklich wichtiges Thema im Gesamtkonzept der Dinge.

D: Deshalb musste Atlantis also ausgelöscht werden? (Ja) *Es gab auch viele gute Menschen dort, nicht wahr?*

M: Ja, das ist wahr. Man sollte aber bedenken, dass das, was ausgelöscht wird, nur der physische Aspekt ist.

D: Was ist in dem Leben mit Mitchell passiert? Ihr meintet, er wäre nicht in der Lage gewesen, alles zu schaffen?

M: Stimmt. Sein physischer Körper starb.

D: Ihr sagtet, dass ein Teil von Atlantis allmählich zerstört wurde. Wie wurde es zerstört?

M: Der physische Aspekt dessen, was Atlantis genannt wurde, wurde schließlich größtenteils von den Meeren abgedeckt. Dies ist ein effizienter Weg, reinen Tisch zu machen und die offensiven Technologien zu entfernen.

D: Also ist er im Wasser gestorben, als die Flut kam? (Ja)

Für eine detailliertere Beschreibung der unglaublichen Kraft, die damals entfesselt worden war und die Erde fast zerstört hätte, siehe Kapitel 31 in *The Three Waves of Volunteers* („Keepers of the Grid"). Atlantis musste untergehen, damit dies nicht geschehen konnte.

D: Er hat dieses Gefühl des Scheiterns mit sich getragen, obwohl die Erfolgschancen unglaublich gering gewesen waren.

M: Ja, das waren sie.

D: Er sollte sich also nicht persönlich für etwas verantwortlich fühlen, das er nicht kontrollieren konnte.

M: Das ist wahr. Die Rückstände befanden sich in seinem Gefühlskörper und tragen sich in andere Leben fort.

D: Also hatte er noch andere Leben, in denen er das Gefühl hatte, versagt zu haben?

M: Ja, ja. Für Mitchell ist die emotionale Dynamik dessen, was er mit sich trägt, oft zu einer sich selbst erfüllenden Prophezeiung geworden. Es ist nun ein guter Zeitpunkt, um das loszulassen.

D: *Weil wir nicht wollen, dass er es weiterhin trägt. Dieses Karma sollte inzwischen bezahlt sein, nicht wahr?*

M: Es gibt kein „sollte". Entweder ist es das oder nicht. Jetzt wäre einfach ein guter Zeitpunkt, um es hinter sich zu lassen.

Das SC stimmte zu, die Rückstände aus dem Gefühlskörper zu entfernen. Aber zuerst musste es aufgrund des freien Willens die Erlaubnis von Mitchell einholen. Mitchell stimmte bereitwillig zu. Ich bat das SC, mir zu beschreiben, wie es die Rückstände entfernen würde. „Es kann sauber abgewischt werden. Es geht darum, die Wogen zu besänftigen." Bereits während dieser Arbeit versuchte Mitchells Bewusstsein, sich einzumischen. Das SC sagte, es habe versucht, sich wieder hineinzudrängen. Ich wusste, dass es nur verhindern würde, was getan wurde, also ließ ich Mitchell an der Seite stehen, zusehen und zuhören, aber nicht stören. Er erklärte sich bereit, das zu tun. Er atmete schwer, während das SC am Gefühlskörper arbeitete. Während es das tat, fuhr ich mit Mitchells Fragen fort. Natürlich hatte auch er die ewige Frage und ich stellte sie für ihn: „Was ist seine Bestimmung?"

M: Er ist schon lange hier dabei. Er war daran beteiligt, die Energien in verschiedenen Gebieten der Erde zu verankern. Er hatte die grundlegenden Energien für die verschiedenen indigenen Kulturen und die Weisheiten, die sie besitzen. Er war Teil des kreativen Prozesses.

D: *Was meint ihr damit?*

M: Die Erde ist eine Schule. Es gibt verschiedene Klassenzimmer. Verschiedene Klassenzimmer tragen unterschiedliche Frequenzen, um die verschiedenen Ausdrucksformen der Kulturen zu unterstützen, die Kreativität kennen. Jede Kultur hatte ihre eigene Musik, ihre eigene Sprache und ihre eigenen Frequenzen.

D: *Wie soll er das jetzt machen?*

M: So, wie er es bereits getan hat, ohne es zu merken. Um die Welt reisen, immer wieder auf Schamanen und verschiedene Lehrer in verschiedenen Kulturen treffen. Seine Präsenz dort erkannte ihre Anwesenheit und den Wert ihrer kulturellen Gaben an und diente dazu, die auftauchenden Weisheiten wieder zu erwecken. Und in Mitchells Fall trug er Teile dieser ursprünglichen Energien … von ihrer ursprünglichen Verankerung. Seine Anwesenheit ist wie ein Schlüssel im Schloss, um eine Tür für das vollständige Auftauchen - oder *Wieder*auftauchen - dieser Frequenzen zu öffnen. - Er war bereits da, bevor die Kulturen entstanden, und pflanzte die Energien ein.

D: *Er hatte wahrscheinlich zu diesem Zeitpunkt noch keinen physischen Körper, oder?*

M: Nein. Es sind Orte wie beispielsweise Machu Picchu. Der Grund, warum Machu Picchu da ist, ist, dass die Energie bereits da war.

D: *Und die Menschen, die diese Orte gebaut haben, haben diese Energie gespürt?* (Ja)

Es folgte die Frage, ob es für Mitchell noch Karma zurückzuzahlen galt: „Karma ist eine persönliche Angelegenheit. Er hat gute Arbeit geleistet, um altes Karma auszugleichen - alt ist ein kniffliger Begriff, da es in Wirklichkeit nur das *Jetzt* gibt - und kein neues Karma zu erzeugen."

D: *Also haben wir erreicht, was wir für diese Sitzung vorhatten, auch wenn wir immer wieder sehr knifflig sein mussten, um dorthin zu gelangen. Es war sein Glaubenssystem, das die ganze Sache blockierte, oder?*

M: Ja, seine Ängste.

D: *Aber ihr kennt mich. Ich gebe nicht auf.*

M: Danke. (Wir lachten beide.) Wir werden ihn unterstützen.

Abschiedsworte: „Wir schätzen sein Herz, seine innigen Absichten, seine Integrität und alles, was er tut, um die Menschheit zu ihrem vollen Potenzial zu führen. Gott segne dich, Mitchell. Danke, Dolores. Sei du auch gesegnet."

* * *

Mir sind andere Fälle untergekommen, die denen von Mitchell sehr ähnlich waren. Ein solcher Fall war Cathy aus Nevada, die sich in einer Kristallstadt wiederfand, die Atlantis sehr ähnlich war und in der sie ebenfalls Energie nutzten. Allerdings befand sich diese auf einem anderen Planeten. Das SC sagte, dass andere Planeten ähnliche Probleme hätten, weil diese Zivilisationen durch den Missbrauch von Kristallen ein gleiches Schicksal ereilte. Sie sollte ihr Wissen über die Nutzung der Kristallenergie zurückbringen und sie für Heilung nutzen.

Ein weiterer Fall war Christy aus Memphis. Sie benutzte eine Frequenzmaschine für Heilung, die mit Hilfe von Licht Frequenzen regulierte, um den Körper in Einklang zu bringen. Sie nutzte die Gedankenkraft der Person, konnte von einer Person bedient werden und produzierte reine Energie. Sie war real und effektiv, blieb jedoch ungenutzt. Die anderen Heiler bevorzugten die Verwendung von Kristallmaschinen. Diese waren mächtig, aber sie verzerrten die Energie. Die Kristalle befanden sich gemeinsam mit einer Art Flüssigkeit in Kisten. Das Licht, das durch die Boxen schien, sammelte die Energie von vielen Menschen im Raum. Die Maschinen wurden für falsche Zwecke (insbesondere sexuelle) verwendet und verzerrten die Wirkung.

Ein weiterer ähnlicher Fall war Denise, ebenfalls aus Memphis. Als die Atlanter mehr über die Nutzung von Energien erfuhren und ihr Wissen erweiterten, waren sie fasziniert von den Möglichkeiten der Manipulation von Energie. Sie entdeckten neue Wege, um mit ihr zu experimentieren und sie zu steuern. Sie verloren den Blick dafür, sie für positive Zwecke in ihrem Leben zu nutzen, wie beispielsweise für Heilung und Ausgleich. Als die Energie (multipliziert mit vielen Menschen, die sich konzentrierten und ihr so mehr Kraft gaben) aus negativen Gründen verwendet wurde, wurde sie fehlgeleitet, verzerrt und zerstörerisch. Sie wurde schließlich so mächtig, dass sie sich gegen sich selbst wandte. Dies war einer der Gründe für die Zerstörung von Atlantis.

Kapitel 19

DIE VERBORGENEN AUFZEICHNUNGEN VON ATLANTIS

Julie war eine junge Studentin, die keine ernsthaften Probleme zu haben schien. Sie wollte vor allem deshalb eine Sitzung erleben, weil sie sich Gedanken darüber machte, welchen Karriereweg sie einschlagen sollte.

Sie landete in einer Wüste mit gelbem Sand soweit das Auge reichte. Sie stand neben etwas, das zunächst wie eine Mauer aussah. Bei genauerer Betrachtung erwies sich diese als ein Teil einer sehr großen Pyramide. Sie hatte eine solide, glatte Struktur und glänzte. „Sie glänzt und ist warm … sehr kraftvoll. Du kannst die Hitze spüren, die von ihr ausgeht. Ich denke, die Hitze ist nur die Kraft von den vielen. Es ist ein beruhigendes Gefühl. Während ich sie umlaufe, sehe ich etwas oben drauf, wie eine Antenne oder so."

Ich bat sie, sich ihres Körpers bewusst zu werden. „Seilsandalen. Ich spüre die Hitze des Sandes. Um meine Taille ein weißes Tuch, das nur bis zu meinen Knien reicht. Ein Oberteil, aber nichts, was ich wirklich schon mal gesehen habe. Ärmellos, so ähnlich wie eine Weste. - Rötliche Haut. Sehr dunkle, braune Haare, die auf dem Rücken mit etwas zusammengebunden sind."

Sie war ein junger Mann, vielleicht Ende zwanzig. Er trug goldene Armbänder, die mit Wirbeln verziert waren, und einen großen Anhänger (etwa so groß wie eine Faust) um den Hals. Dieser wies eine Schnitzerei auf, die sie allerdings nicht beschrieb.

J: Ich suche nach der Tür.

D: *Willst du aus einem bestimmten Grund hineingehen?*

J: Ja. Ich versuche, etwas zu finden.

D: *Weißt du, wonach du suchst?*

J: Die Bibliothek, glaube ich. Bücher. Es gibt einen Stein, den ich in die Seite der Wand drücken muss. Dann bewegt sich ein Teil der Wand. Da unten ist eine Treppe. Ich gehe die Treppe hinunter. Ich habe eine Fackel. Die Treppe führt zu einem Durchgang. Ich biege rechts ab. Dicke Wände auf beiden Seiten und an der Oberseite. Der Gang ist kaum größer als ich.

Er ging weiter, bog um einige Kurven und ging weitere Treppen hinunter, bis er zu einer Holztür kam. „Für diese hier brauche ich einen Schlüssel."

D: *Hast du denn einen Schlüssel?*

J: Ja, das ist es, was an meiner Halskette ist. Der Anhänger. Ich drücke ihn an die Tür und drehe ihn um. Da ist eine Vertiefung an der Tür, die zu meinem Anhänger passt. Da ist ein Ziffernblatt mit dem Anhänger drauf, und man dreht es an der Tür. Man hört, wie die Schlösser knarren, und dann öffnet sie sich.

D: *Also kann nicht jeder einfach reingehen. Man muss diesen speziellen Schlüssel haben.*

Diese Beschreibung klang sehr ähnlich wie bei Deb im Kapitel *Kristallschädel*, außer dass sich die Orte in verschiedenen Teilen der Welt zu befinden schienen.

J: Es ist ein sehr, sehr großer Raum. Hohe Decken, viele Bücher. Und alles scheint zu glitzern. Wie verborgene Schätze … viel Wissen. Ich schaue mich im Raum um und stelle sicher, dass alles da ist. Ich bin der Wächter dieses Raumes. Ich glaube nicht, dass die Leute wissen, dass ich der Hüter bin. Ich denke, es ist ein Geheimnis. Ich mache eigentlich etwas anderes, aber auch das hier.

D: *Was ist das für ein anderer Job, den du machst?*

J: Ich schreibe.

D: *Tust du das an diesem Ort oder an einem anderen Ort?*

J: Beides. Hier schreibe ich auf Stein.

D: Ist es schwer, auf Stein zu schreiben?

J: Ich benutze meine Hände nicht. Ich denke die Worte und sie erscheinen.

D: Das ist wie Magie. (Ja) Worüber schreibst du?

J: Die Geschichte einer Zivilisation, die nicht mehr da ist.

D: Kannst du mir einige der Dinge sagen, die du schreibst?

J: Die Symbole ergeben keinen Sinn. Ich verstehe sie jetzt nicht mehr. Das sind keine Worte. Es ist ein Alphabet, das ich nicht kenne.

D: Was machst du mit den Steinen, wenn du mit dem Schreiben fertig bist?

J: Sie sind gegen die Wand gestapelt. Sie werden Teil dieser Bibliothek.

D: Aber niemand außer dir kann das sehen?

J: Sie sind nicht bereit, es zu sehen.

D: Das sind Dinge, die nur du weißt und sonst niemand?

J: Jetzt, ja.

D: Was meinst du mit „jetzt"?

J: Dieses Volk ist nicht mehr da. Diese Zivilisation ist verschwunden.

D: Diejenigen, die diese Pyramide gebaut haben?

J: Nein, nicht diese hier.

D: Eine Zivilisation an einem anderen Ort?

J: Ja … viel Wasser.

D: Woher weißt du von dieser Zivilisation?

J: Ich glaube, ich wurde von dort weggeschickt, damit andere das Wissen haben werden, wenn sie es brauchen.

D: Du sollst die Aufzeichnungen ihrer Geschichte bewahren? (Ja) Und du bist dafür an diesen Ort gekommen. Und hier versuchst du, die Geschichte niederzuschreiben, damit die Leute davon erfahren?

J: Ja. Es ist sehr wichtig.

Der andere Ort, an dem er schrieb, war in einem Dorf in der Nähe der Pyramide. Die Leute wussten nichts von seiner Arbeit in der Pyramide. Im Dorf schrieb er Briefe für sehr wichtige Menschen. Es gab nicht viele Leute, die schreiben konnten. Er lebte im Wesentlichen zwei Leben. Im Dorf hatte er ein normales Leben mit einer Familie. „Ich wohne in einem sehr schönen Haus, schöner als die anderen." Er schrieb auch Bücher. „Sie würden sie

Fiktion nennen, aber sie sind Geschichten aus einer vergangenen Zeit."

D: *Schreibst du die auch mithilfe deines Verstandes?*
J: Nein, die schreibe ich von Hand. Ich verkaufe sie. Sie sind sehr beliebt. Sie basieren auf Zeiten der Vergangenheit.

Ich ließ ihn zu einem wichtigen Tag wechseln, und er sagte, er sei sehr alt geworden. „Es ist Zeit für mich, diese Stadt zu verlassen. Ich gebe meinen Anhänger einem anderen Mann."

D: *Du gibst das Wissen weiter?*
J: Ja, aber nicht das Wissen – das Wächteramt.
D: *Damit es nicht verlorengeht?*
J: Damit es noch nicht gefunden wird. Irgendwann wird es soweit sein.
D: *Hast du dem anderen Mann gezeigt, wie man mit dem Verstand schreibt?*
J: Nein, das ist vorbei.
D: *Du besitzt die gesamte Geschichte des Ortes, von dem du kommst?* (Ja) *Dieser Mann muss sie also nicht kennen?* (Nein) *Er soll sie nur bewachen. Er muss nicht all die Magie kennen, die du kanntest. Vielleicht können einige dieser Dinge nicht weitergegeben werden. Ist es das, was du meinst?* (Ja) *Kannst du mir etwas von der Geschichte erzählen, die du über den Ort geschrieben hast, von dem du kommst? Es wird geheim bleiben. Ich werde es niemandem verraten.* (Ups, nur ein paar tausend Lesern!)
J: Sie hatten den Respekt verloren. Sie respektierten sich nicht mehr gegenseitig. Es gab zu viel Konkurrenz und nicht mehr genug Brüderlichkeit. Sie liebten sich nicht mehr gegenseitig. Sie wollten sich als besser erweisen als jeder andere. Sie respektierten auch die Natur nicht, und das gefiel der Natur nicht. Es gab Erdbeben und viel Wasser, zu viel Wasser.
D: *Warst du dabei, als es passierte?*
J: Nein, aber ich konnte es spüren. Ich glaube, ich war mit denen verbunden, die dort waren.
D: *Glaubst du, dass irgendwann jemand die Aufzeichnungen finden wird?*
J: Ja, wenn sie bereit sind.

Er sagte, er sei schon sehr alt, also ließ ich ihn zum letzten Tag seines Lebens wechseln, um herauszufinden, was mit ihm passieren würde. „Ich bin bereits aus dem Körper heraus. Sie haben mich auf ein Boot mit vielen Kerzen geladen und schieben mich ins Wasser."

D: Was war mit dem Körper? Warst du krank?
J: Nein, einfach nur alt. Ich war nie krank.
D: Machen sie das so, wenn jemand stirbt?
J: So wollte ich es haben. Ich wollte zurückkehren, um bei meinen
    Brüdern und Schwestern zu sein.
D: Was meinst du mit „zurückkehren"?
J: Zum Wasser ... dahin zurück, woher ich komme. Ich glaube,
    ich war einfach müde. Ich hatte getan, was ich tun musste, und
    es war Zeit zu gehen.
D: Was meinst du mit „vom Wasser gekommen"?
J: Ich denke, ich bin von dort aus losgereist, um dorthin zu
    gelangen, wo ich dann war.
*D: Als die andere Zivilisation unterging? (Ja) Du wolltest also
    zurückkehren. Und sie respektierten das, indem sie dich auf
    das Boot legten und es hinwegtreiben ließen.*
J: Ja. Ich bin aber schon weg. Ich sah, wie das Boot geschoben
    wurde, also ging ich. Jetzt treibe ich wieder nach oben.
D: Weißt du, wohin du gehen wirst?
J: Nein. Einfach schweben.
D: Bist du froh, dass du aus dem Körper heraus bist? (Ja)

Ich bat ihn, auf das gesamte Leben zurückzublicken und zu erkennen, was dessen Zweck war. „Um das Wissen zu bringen, aber auch um es zu bewahren, damit die Menschen in dieser Zeit die Fehler nicht wiederholen."

*D: Kannst du dort, wo du jetzt bist, sehen, ob dieses Wissen an
    dem Ort noch erhalten ist? (Ja) Hat es noch niemand
    gefunden? (Nein) Das ist gut. Es ist immer noch sicher und
    geschützt vor allen, die es beeinflussen würden.*

Dann rief ich das SC ein, um weitere Informationen zu erhalten. Ich fragte es, warum es dieses Leben ausgewählt hatte, um es Julie zu zeigen. „Schreiben bedeutet, Zugang zu dem

Wissen haben zu können. Es ist wichtig, das Wissen an die Menschen weiterzugeben. Schreiben ist ein guter Weg."

Natürlich war eine ihrer Hauptfragen die folgende: Was war ihre Bestimmung? Was sollte sie machen? Sie hatte viele Talente und viele Wege, die sie gehen konnte. Sie war bereits viel um die Welt gereist. Das SC sagte, das sei einer der Wege, die sie gehen könne, und es sei ein wichtiger. „So bekommt sie einen Eindruck von der Welt und davon, dass sie eine Kugel ist. Ihre Reisen, diese Erfahrungen, werden das Schreiben beeinflussen. Sie lernt dadurch auch, nicht zu verurteilen. Viel Reisen. Indem man den Menschen beibringt, zu lernen, miteinander zu leben und ein Buch nicht nach seinem Umschlag zu beurteilen. Die Fotografie. Bilder werden auch sehr wichtig sein." Es wurden noch viel mehr Informationen zu ihrer Karriere und ihrem Privatleben gegeben. Es gab aber auch einige Dinge, die sie noch nicht verrieten: „Spannung ist die Würze des Lebens."

D: War die Zivilisation, von der sie sprach, Atlantis? Oder war das eine andere Zivilisation? Die, die zerstört wurde?
J: Einige haben es so genannt.
D: Sie sagte, sie wäre nicht da gewesen und nicht gestorben, als es passierte.
J: Nein. Sie wurde weggeschickt, um das Wissen zu retten, war aber immer noch mit den Menschen dort verbunden. Sie fühlte sie, als sie auf dieser Ebene nicht mehr existierten.
D: Auf diese Weise konnte sie die Erinnerungen bewahren, um darüber zu schreiben? (Ja) Wie ist sie gereist?
J: Mit einem Boot. Vor der letzten Katastrophe.
D: Die letzte Katastrophe? Leute sagen, dass damals mehrere Ereignisse nacheinander passiert sind? (Ja) Gibt es diese Pyramide noch?
J: In einer anderen Form. Sie ist immer noch da, aber verändert.
D: Damals beschrieb sie sie als glatt und hell. Wie hat sie sich verändert?
J: Eine weitere wurde draufgesetzt, aber mit einer anderen Form.
D: Es wurde etwas darüber gebaut? (Ja) Was ist mit dem ursprünglichen Bauwerk passiert?
J: Es wurde zerstört.
D: Aber das Wissen lagerte unter der Erde, nicht wahr? (Ja) Also wurde das nicht zerstört, oder?

J: Nein. Diejenigen, die es wissen mussten, bauten eine neue Form und einen neuen Tunnel.

D: *Wie sieht die neue Form aus, die darauf gebaut wurde?*

J: Wie eine Katze. Sehr groß, aber nicht ganz so groß wie die Strukturen, die sie umgeben.

D: *Wie sehen diese Strukturen aus?*

J: Ähnlich wie die, die zerstört wurden.

D: *Also bauten sie einen weiteren Eingang. Ihr sagtet, es sieht wie eine Katze aus. Sieht die gesamte Struktur wie eine Katze aus?*

J: Nein. Es hätte eigentlich so sein sollen, aber das wurde in letzter Minute geändert. Das Gesicht ist nun das von jemandem, der dieses Land regierte. Ein Ego hat es also verändert.

Es war offensichtlich, dass sie sich auf die Sphinx bezogen, und der Bericht erinnerte an die Geschichte der Cat People in *The Convoluted Universe* (Buch 2, Kapitel 3). In der Geschichte hatte die ursprüngliche Sphinx das Gesicht einer Frau und den Körper einer Katze. Das wurde geändert, als Männer an die Macht kamen.

D: *Ich glaube, ich weiß, wovon du sprichst. Und man sagt, dass das Gesicht zu klein für den Körper ist. (Ja) War es ursprünglich das Gesicht einer Katze?*

J: Es sollte ursprünglich so sein. Es wurde geändert, bevor es fertig war.

D: *Glaubst du, dass dieses Wissen mit der Zeit aufgedeckt werden wird?*

J: Ja. Es dauert nicht mehr lange, aber die Leute werden es nicht sofort erfahren. Es wird geheim bleiben, wenn sie es finden.

D: *Warum wird es immer noch geheim bleiben?*

J: Zu viel Macht. Im Wissen liegt Macht. Und auch darin, Wissen von anderen fernzuhalten.

D: *Sie wollen also nicht, dass es die Leute wissen. (Nein) Aber irgendwann wird es herauskommen. (Ja)*

Es wurde im Laufe der Zeit von vielen (einschließlich Edgar Cayce) behauptet, dass die Sphinx auf einem sogenannten Saal der Aufzeichnungen sitzt. Ich habe mit Leuten gesprochen, die die Ebenen unter der Sphinx erforscht haben, und sie sagten, dass es dort unten tatsächlich Tunnel gibt. Einer der Gründe, warum sie nicht vollständig erforscht worden sind, ist, dass sie normalerweise voller Wasser sind.

In einigen meiner anderen Bücher heißt es, dass die Eingänge zu den Räumen, in denen sich die Aufzeichnungen befinden, durch etwas Ähnliches wie elektrische Felder geschützt sind. Man müsste also die richtige Schwingung und Frequenz haben, um überhaupt in ihre Nähe kommen zu können. Die Ältesten bauten viele clevere Schutzvorrichtungen ein.

Kapitel 20

ATLANTISCHE EXPERIMENTE

Amber hatte viele Jahre lang als Krankenschwester gearbeitet, nach einem „Burn-out" jedoch damit aufgehört. Sie wollte eine andere Karriere einschlagen und arbeitete nun in einem Büro.

Ihre Sitzung begann als normale, typische Rückführung in ein vergangenes Leben, nahm allerdings eine seltsame Wendung, bevor sie vorbei war. Ich erwarte immer das Unerwartete.

Amber sah sich als vierzigjähriger Mann, der im Krähennest eines großen Schiffes mit großen weißen Segeln saß. Sie sah, dass sie in der Nähe einer Insel vor Anker gegangen waren. Alles, was sie sehen konnte, war viel Dschungel und ein felsiger Strand. Es gab keine Docks, also ließen die Matrosen Boote zu Wasser und ruderten auf das Land zu. Der Mann ging nicht mit ihnen, sondern blieb auf dem Schiff und beobachtete sie von seinem Mastkorb aus. Er sah, wie die Matrosen ihre Boote auf das Land zogen, ausstiegen und in den Dschungel gingen. Er wusste, dass sie dort gelandet waren, um nach Nahrung oder etwas von Wert zu suchen. Sie waren etwa dreißig Tage auf See gewesen und ihre Vorräte mittlerweile knapp geworden. Nur eine Minimalbesatzung blieb auf dem Schiff zurück. „Es ist ermüdend und erfordert Geduld. Es ist langweilig. Es wäre spannender, mit ihnen zu gehen."

Das alles hätte einige Zeit dauern können, also ließ ich sie in der Zeit vorwärts springen, um zu sehen, ob etwas passieren würde. „Ich bin auf der Reling und beobachte sie. Sie wurden angegriffen. Da sind Wilde. Sie kämpfen. Sie versuchen, zu flüchten und zurück zum Schiff zu rudern."

D: Konnten sie Nahrung finden? Weißt du das?

246

A: Nein. Es war ein Hinterhalt. Nicht viele schaffen es zurück. Die meisten von ihnen wurden getötet. Es war wie ein Gemetzel. Sie wurden nichtsahnend überrumpelt. Einige von ihnen haben es auf die Boote geschafft. Sie sind verletzt. Sie bluten. Sie schaffen es zurück auf das Schiff, aber sie überleben nicht. Sie wurden von etwas getroffen, ähnlich wie Giftpfeile, Speerspitzen oder so. Sie schwellen an und färben sich blau und schwarz. Wir haben Angst, dass wir uns das auch einfangen. Wir schieben sie über Bord. Und ich versuche, den Anker zu heben und abzulegen. Es sind nicht mehr allzu viele von uns übrig. Wir sind eine Notbesatzung und versuchen zu entkommen.

D: *Was ist mit dem Kapitän?*

A: Er ist ein Weichei. Keine große Hilfe. Er ist schwach und kein guter Kommandant.

D: *Also ist er nicht mit an Land gegangen?*

A: Das ist er, aber er hat es zurückgeschafft. Er ließ unsere Männer sterben. Er war feige. Er war ein Feigling.

D: *Also gibt es nicht mehr viele von euch, die sich nun um das Schiff kümmern müssen? (Nein) Schafft ihr das?*

A: Wir wissen genug, um es zu versuchen, aber ich weiß nicht, ob wir überleben werden. Ich glaube nicht, dass wir genug Lebensmittel haben.

D: *Sie hatten nicht genug Zeit, um Nahrung zu finden, oder?*

A: Nein, und wir sind auf das absolute Minimum beschränkt. Wir müssen es versuchen. Wir müssen es versuchen. Entweder das oder durch die Hände der Wilden sterben. Wir müssen von ihnen wegkommen. Wir setzen jetzt die Segel. Wir wollen nur aufs Meer hinaus.

D: *Was hältst du von der Situation?*

A: Es ist sowas wie „verdammt, wenn man es tut, und verdammt, wenn man es nicht tut". Wenn wir bleiben, sterben wir. Wir müssen das Risiko eingehen. Die einzige Wahl ist, zu versuchen, auf See zu überleben.

D: *Bist du schon lange unterwegs?*

A: Mein ganzes Leben lang … Ich habe als Schiffsjunge angefangen.

D: *Dann bist du oft für lange Zeit von zu Hause weg, oder?*

A: Ich habe kein Zuhause. Ich habe keine Familie. Ich springe einfach von Schiff zu Schiff. - Ich denke, ich hätte mich nicht auf diesem Schiff, bei diesem Kapitän, melden sollen.

D: Hattest du das Gefühl, dass er nicht wusste, was er tat?
A: Ich wusste das zu diesem Zeitpunkt nicht. Ich glaube nicht, dass mir klar war, dass er so ein Feigling ist.

Ich wollte ihn vorwärts springen lassen, um zu erfahren, was passieren würde, aber bevor ich die Gelegenheit dazu hatte, verkündete er: „Wir überleben nicht auf See. Wir haben nicht genug Wasser. Es weht kein Wind. Wir sind tot im Wasser. Wir alle schwinden, schwinden, schwinden. Uns ist vor langer Zeit das Essen ausgegangen. Jetzt ist auch das Wasser aus. Wir haben Männer verloren. Es weht kein Wind. Wir sterben langsam. Ich bin einer der wenigen noch Lebenden." Ich ließ ihn in der Zeit vorwärts springen: „Es ist ruhig. Das Schiff schaukelt. Alle sind tot."

D: Bist du einer der Letzten, die noch leben?
A: Ja … Ich gehe aber auch. Ich weiß, dass es bald zu Ende sein wird. Es weht kein Wind.

Ich ließ ihn zu dem Zeitpunkt wechseln, an dem alles vorbei war und er sich auf der anderen Seite befand. Ich fragte ihn, ob er seinen Körper sehen könne. „Ja. Wir liegen einfach irgendwie da. Da ist kein Leben mehr." Dann fragte ich, was er seiner Meinung nach aus einem solchen Leben gelernt hatte. „Geduld. Ich möchte sagen: ‚Geduld' - sogar im Sterben. Ich war nicht einer der Ersten, sondern einer der Letzten, die gingen. Geduld im Tod. Auch im Tod braucht man Geduld. Ich habe Geduld gelernt, und ich muss mich auf mich selbst verlassen. Ich kann auf mich selbst aufpassen."

D: Ja, dein ganzes Leben lang hast du immer auf dich selbst aufgepasst. (Ja)

Da das Leben relativ kurz gewesen war, wusste ich, dass wir genug Zeit hatten, um ein weiteres Leben zu erkunden. Also ließ ich sie die Szene verlassen und in eine andere geeignete Zeit wechseln, in der es etwas gab, was sie wissen musste. Als sie dort ankam, befand sie sich im Innenhof eines großen Steinhauses, ähnlich einer Kirche mit einem Glockenturm. Sie nannte es eine „Abtei". Sie sah, dass sie eine junge Nonne in weißer Kleidung war, und sie wusste, dass sie noch nicht lange an diesem Ort war.

Sie war ganz alleine im Innenhof, weil die anderen Nonnen die Gärten pflegten. Dann bemerkte sie etwas, das sie überraschte. „Meine Knie schmerzen sehr stark. Es scheint, als könnte ich mich nicht bewegen. Ich sitze auf einem Stuhl … in einem alten Rollstuhl. Ich kann meinen Oberkörper bewegen, aber meine Beine sind ausgestreckt. Meine Knie schmerzen. Ich weiß nicht, ob das Gelenkklammern sind oder … Ich benutze meine Arme und rolle. Ich kann nicht überall hin. Ich glaube, ich sitze einfach da draußen." Während dieses Gesprächs gähnte sie wiederholt und versuchte, gleichzeitig zu sprechen. Ich wollte wissen, was mit ihr passiert war, und sie sagte, sie sei von einem Pferd geworfen worden. „Vor gar nicht so langer Zeit brachte mich meine Familie hierher, weil ich ‚beschädigte Ware' bin. Niemand würde mich heiraten. Ich wäre nicht in der Lage, Frau und Mutter zu sein. Ich wollte nicht hierher kommen, aber sie wussten nicht, was sie mit mir machen sollten. Vielleicht dachten sie, ich bräuchte Ruhe. Ich denke, sie wussten nicht, wie sie sich um mich kümmern sollten und was sie mit mir machen würden."

D: *Kümmern sich die Nonnen um dich?*
A: Das tun sie.
D: *Magst du die Kirche und diese Art von Leben?*
A: Nein, es war nicht das, was ich wollte. Mir ist langweilig, aber ich kann nicht gehen.

Sie gähnte weiter: „Ich bin müde. Ich glaube, ich habe etwas getrunken, das mich müde macht. Ich glaube, sie haben mir etwas gegeben. Einen Tee."

D: *Wofür haben sie dir den Tee gegeben?*
A: Ich denke, gegen die Schmerzen. Es tut jetzt nicht mehr so sehr weh.

Ich brachte sie zu einem wichtigen Tag. Sie verkündete: „Es kommt jemand in die Abtei. Alle sind sehr beschäftigt, emsig und eifrig bei den Vorbereitungen. Ich kann nicht helfen."

D: *Gibt es etwas, das du vom Rollstuhl aus tun kannst?*
A: Ich lese, aber ihre Bücher sind alle uninteressant … Sie sind alle damit beschäftigt, sich vorzubereiten. Da kommt jemand. Da kommt eine Kutsche auf uns zu. Ich darf nicht raus. Ich

werde versteckt. Sie bringen mich wieder ins Bett. Etwas, das ich getrunken habe. Ich glaube, es ist dieser Tee. Er macht mich müde. (Sie gähnte immer wieder.)

D: *Es klingt, als würden sie dir etwas geben, das dich schläfrig macht. Warum verstecken sie dich?*

A: Sie wollten, dass ich schlafe. Sie gaben mir einen Tee. Ich bin so müde. Ich kann nicht herausfinden, was los ist.

D: *Das klingt nach Medizin. Helfen sie dir dabei, ins Bett zu kommen?*

A: Ja, ich brauche Hilfe, um rein- und rauszukommen.

D: Konntest du sehen, wer gekommen war?

A: Sah aus wie jemand, der wichtig ist und Geld oder Spenden bringt. Ich verschlafe die ganze Sache.

D: *Sind sie nett zu dir?*

A: Ja, sie sind in Ordnung. Aber ich bin eine Last für sie. Ein weiterer Mund zum Füttern … und keine Hilfe. Und ich will auch nicht hier sein.

D: *Wo esst ihr?*

A: In einem großen, braunen Raum. Er ist im Erdgeschoss, damit ich mit dem Rollstuhl da rein kann. Ich schlafe auch die meisten Mahlzeiten durch. Der Tee. Ich schlafe einfach die ganze Zeit.

D: *Das ist nicht gut, oder? Kannst du dich weigern, den Tee zu nehmen?*

A: Ich denke, ich könnte es, aber ich weiß nicht, wie er wirkt und was er mir antut. Ich assoziiere es nicht.

Ich ließ sie zu einem weiteren wichtigen Tag wechseln. „Sie vergiften mich mit dem Tee. Sie vergiften mich! So werden mich die Nonnen los. Sie machen ihn immer stärker und stärker, und irgendwann werde ich nicht mehr aufwachen. Deshalb sind sie immer draußen im Garten und kümmern sich um ihre Gebräue. Sie kümmern sich um das, was sie anbauen und was sie herstellen können."

D: *(Das war eine Überraschung.) Wie hast du herausgefunden, dass sie das tun?*

A: (Gähnt immer noch wiederholt.) Ich hörte sie reden: „Sie ist jünger. Sie wird mehr brauchen."

D: *Dauert es sonst zu lange mit dem Sterben?*

A: Ich denke schon.

D: Liegt es daran, dass du eine Last bist?

A: Es ist wegen des Geldes, das mit mir kam. Mein Vater ist wohlhabend und gab ihnen große Goldstücke, damit sie sich um mich kümmern. Sie lassen es so aussehen, als ob ich es bequem habe, und dann sieht er, dass ich noch am Leben bin und gibt ihnen immer wieder Geld. (Sie gähnte so stark, dass es schwer war, sie zu verstehen und zu transkribieren.)

D: Aber wenn du stirbst, wird das mit dem Geld aufhören, oder?

A: Sie müssen es vortäuschen. Ihn belügen und es vortäuschen.

D: Sie werden ihm also nicht sagen, dass du gestorben bist? Dann müssen sie sich nicht um dich kümmern, bekommen aber trotzdem das Geld? (Ja) Jetzt, da du weißt, was sie tun, kannst du nichts dagegen tun?

A: Ich bin zu betäubt. Ich habe zu viel davon intus, um sie zu bekämpfen. Sie zwingen es mir rein. Nicht alle Schwestern wissen das, nur die ältere Mutter Oberin und eine andere. Die anderen denken, dass sie sich einfach um mich kümmern.

D: Also war es die Idee der Mutter Oberin, das Kraut zu verwenden?

A: Ja. Sie trichtern es mir ein. Die anderen Schwestern denken, dass es hilft. Sie denken, es ist Medizin. Sie wissen es nicht. Sie kennen die Mischung nicht.

D: Finden sie es nicht seltsam, dass du die ganze Zeit schläfst?

A: Sie denken, dass ich einfach nur traurig und deprimiert bin. Sie hat sie alle getäuscht. Sie wird das Geld weiterhin einsacken, weil ich jung bin und mein Vater denkt, dass ich dort noch sehr lange bleiben kann. Und ich kann nichts dagegen tun.

Ich brachte sie wieder zu einem anderen wichtigen Tag. Sie verkündete nachdrücklich: „Ich sterbe!"

D: Durch das Medikament?

A: Ja. Ich bin in meinem Bett. Ich bin in der Zelle. Einige der Nonnen stehen um das Bett herum. Nicht alle von ihnen. Einige von ihnen beten. Die Mutter Oberin ist hier. Sie will sichergehen, dass ich sterbe.

Ich brachte sie an den Zeitpunkt, an dem es vorbei war, und ließ sie zurückblicken. „Ich sehe meine Beerdigung, die Prozession."

D: Haben sie deine Familie benachrichtigt?

A: Nein. Ich glaube, mein Vater ist gestorben. Ich denke, deshalb haben sie mich getötet, denn als mein Vater starb, gab es kein Geld mehr. Sie wollten sich nicht mehr um mich kümmern. Also war es gefahrenfrei, mich zu töten.

Ich wusste, dass sie von dieser außerkörperlichen Position aus das gesamte Leben aus einer anderen Perspektive sehen konnte. Also fragte ich sie, was ihrer Meinung nach der Zweck dieses Lebens gewesen war.

A: Zu lernen, nicht abhängig zu sein. Ich kann nicht von anderen Menschen abhängig sein. Sie waren nur an ihrem eigenen Wohl interessiert. Dein Wohl ist nicht ihr Wohl. Sie werden nicht dein Wohl im Sinn haben.

D: Oh, also ist es besser für sie, sich einfach auf sich selbst zu verlassen? (Ja) *Das ist eine wichtige Lektion.*

Dann rief ich das SC ein, um zu erfahren, warum es diese beiden Leben für Amber ausgewählt hatte. „Das erste Leben war als der Mann auf dem Schiff, der starb. Warum habt ihr dieses ausgesucht? Was wolltet ihr Amber damit sagen?"

A: Sich selbst vertrauen. Sie wusste, dass sie diesen Auftrag nicht hätte annehmen sollen, und sie tat es trotzdem. Sie traute dem, was sie wusste, ihrer Intuition, nicht.

D: Was ist der Bezug zu ihrem aktuellen Leben?

A: Das Gleiche. Sie vertraut den Menschen nicht. Sie zweifelt an sich selbst. Sie weiß, vertraut sich aber nicht. Wenn sie in dem anderen Leben auf ihre Intuition gehört hätte, wäre sie nicht auf dem Schiff gestorben.

D: Hat die Art und Weise, wie sie an Hunger starb, etwas mit ihrem aktuellen Leben zu tun?

A: Ja. Sie macht sich immer Sorgen, dass es nicht genug Essen geben wird und dass sie es nicht bekommen kann oder nicht leicht finden wird.

D: In der Situation damals war es unmöglich, es zu bekommen.

A: Richtig. Aber in der heutigen Zeit gibt es genug an jeder Ecke.

D: Sie muss also keine Angst davor haben, kein Essen zu finden. (Richtig.) *Ist das ein Teil ihres Problems mit dem Essen?* (Ja) *Sie sagte, dass sie immer hungrig sei.*

A: Ja, weil sie lange hungrig war und es kein Essen gab. Auf dem Schiff war es weg, sobald es weg war. (Sie gähnte immer noch.)

D: *Warum gähnt sie so oft? Warum macht der Körper das?*

A: Sie lässt es los.

D: Gut. Das ist es, was wir wollen; all die Rückstände aus diesen beiden Leben loslassen.

Amber hatte ein Übergewichtsproblem. Sie aß ständig, weil sie sich immer hungrig fühlte, egal wie viel sie aß. Es war offensichtlich, dass es aus dem Leben kam, in dem sie auf dem Schiff auf See an Hunger starb. Ich leistete gemeinsam mit dem SC viel Arbeit, um all das freizugeben, was in ihrem gegenwärtigen Leben keinen Platz hatte. Wir konnten es bei dem Mann in dem anderen Leben lassen. Sie musste sich keine Sorgen um den Hunger machen. Sie konnte ihn loslassen. Es gab jetzt mehr als genug zu essen. Sobald dies realisiert werden würde, konnte das zusätzliche Gewicht ebenfalls losgelassen werden.

D: *Es war sehr klug, ihr dieses Leben zu zeigen. Dann habt ihr ihr das Leben der jungen Nonne gezeigt, die vergiftet wurde und so auf tragische Weise gestorben ist. Warum habt ihr dieses Leben ausgewählt?*

A: Sie hat in dem Leben aufgegeben.

D: *Sie hatte aber keine wirkliche Wahl, oder?*

A: Sie hätte eine haben können, aber sie hat aufgegeben. Sie verlor jeden Kampfeswillen.

D: *Aber sie haben ihr den Trank aufgezwungen.*

A: Es gab einen Teil von ihr, der wusste, was es war, und sie akzeptierte es trotzdem als ihr Schicksal.

D: *Sie hat also nicht versucht, dagegen anzukämpfen?*

A: Nein, und in mancher Hinsicht hat sie es sogar begrüßt.

Ich wollte wissen, ob es jemanden in dem Leben gegeben hatte, den Amber in ihrem aktuellen Leben kannte. Sie sagten allerdings, es gäbe niemanden. Ich war überrascht, denn ich dachte, dass die Mutter Oberin sicherlich Karma angehäuft hatte. „Ja, um sie wurde sich gekümmert." Also kam sie nicht umhin, das Karma zu begleichen. Ihre Schulden betrafen nicht mehr Amber.

Amber hatte sich in der High School das linke Knie verletzt. Es schmerzte immer noch und hatte sich im Laufe der Zeit auf beide Knie ausgebreitet. Vor allem Treppen stellten eine Herausforderung dar. Sie hatte Schwierigkeiten, sie hinaufzugehen. Die Ärzte schlugen als einzige Lösung eine Operation vor. Ich fragte mich, ob es einen Zusammenhang zwischen Ambers körperliche Problemen und den beschädigten Beinen der Nonne gab. Das SC sagte, das sei nicht der Fall. „Sie gab auf. Es war einfacher, aufzugeben."

D: *Aber sie muss diese Umstände geschaffen haben, bevor sie in das Leben gekommen war, wie wir alle.*
A: Ja und nein. Es war einfach ein Unfall. Das ist sehr kompliziert. Jede Aktion hat eine Reaktion, so dass sich alles von Minute zu Minute ändert.
D: *Es war nicht von Anfang an so vorgesehen?* (Nein) *Was war der ursprüngliche Plan?*
A: Dass sie ein gesundes, normales Leben führen sollte.
D: *Nach dem Unfall wollten ihre Eltern sie nicht mehr. Sie wollten sich nicht um sie kümmern.*
A: Nein, es war nicht so, dass sie sie nicht wollten. Sie wussten nur nicht, was sie tun sollten. Sie dachten, sie täten das Beste für sie.
D: *Also waren diese Elemente nicht Teil des Plans: ins Kloster gebracht zu werden; die Nonnen, die sich um sie kümmerten?*
A: Richtig. Ihre Familie war überzeugt … wurde überredet. Sie wusste es besser, aber sie hat nicht gekämpft.
D: *Hat die Art und Weise, wie sie an dem Gift starb, eine Bedeutung in ihrem jetzigen Leben als Amber?*
A: Alle Dinge haben Bedeutung. Sei vorsichtig, wem du vertraust.
D: *Also zeigte ihr das erste Leben, sie solle ihren Instinkten vertrauen, und das zweite, dass sie vorsichtig sein soll?*
A: Wem sie vertraut. Man muss das Gleichgewicht kennen. Vertraue dir selbst … wann du etwas wissen solltest … wen du kennen solltest … wem du vertrauen kannst.
D: *Dieses Gleichgewicht kann manchmal sehr empfindlich sein.*
A: Sehr empfindlich.

Inzwischen fragt sich der Leser wahrscheinlich, was diese beiden Geschichten mit verlorenem Wissen zu tun haben. Obwohl sie interessant sind, scheinen sie nicht zum Thema dieses Buches zu passen. Aber ich habe gelernt, „sie" nie zu unterschätzen. Sie stecken voller Überraschungen. Und so nahm diese Sitzung eine faszinierende Wendung.

Wir fuhren damit fort, ihre körperlichen Probleme zu besprechen. Ich dachte, dass ihr Knieproblem mit dem Leben der Nonne zusammenhing, aber das tat es nicht. Dieses Symptom bedeutet in der Regel, dass sich die Person nicht in die richtige Richtung bewegt. Dass sie sich zurückhält. Aber das SC sagte, dass es in Ambers Fall anders war. „Manchmal muss man langsamer werden. Sie ist ungeduldig. Sie hat diese Hartnäckigkeit in fast allem." Sie wollten, dass sie lernte, sich selbst zu heilen, anstatt sich operieren zu lassen. Ich versuchte immer wieder, sie dazu zu bringen, die Knie zu heilen, sie weigerten sich allerdings hartnäckig. Dies war eine Premiere, und ich wollte eine Erklärung. Sie sagten, das Problem käme aus einem anderen Leben, jedoch nicht aus denen, die wir gesehen hatten.

D: Was ist in dem Leben passiert?
A: Sie wurden nicht richtig zusammengesetzt. Sie wurden nicht richtig gebaut.

Das war verwirrend. Ich bat um eine Erklärung.

A: Sie nahmen ihre Beine ab und setzten andere Beine auf. Sie war Teil des Atlantis-Experiments. Sie nahmen ihre Beine und gaben ihr Tierbeine, etwas mit Hufen. Sie haben dabei das Knie verletzt.
D: Ich dachte immer, dass in Atlantis mit Genen experimentiert worden war. Ich wusste nicht, dass sie Experimente mit echten Tieren und Menschen durchgeführt hatten.
A: Das war, bevor sie lernten, mit Genen zu arbeiten. Sie war eine Frau. Sie nahmen ihre menschlichen Beine ab und legten ihr tierische an.
D: Ihr sagtet, das sei nicht richtig gemacht worden?
A: Das ist es, was den Schmerz verursacht hat.
D: Konnte sie so leben?
A: Das hat sie, aber es war schmerzhaft. Es war eine schmerzhafte Operation.
D: Sie haben das nur aus Neugierde gemacht?

A: Ja und nein. Etwas Neugierde. Einige dachten, sie hätten wirklich etwas gefunden, womit sie helfen konnten. Sie dachten, es gäbe einen Weg. Zunächst bei der Transplantation von Tier zu Mensch, dann bei der Verwendung des Tieres. Dass es Menschen retten würde. Sie dachten, sie hätten eine Verbindung entdeckt.

D: *Aber das haben sie nicht, oder?*

A: Nicht an diesem Punkt, nein.

D: *Wussten sie, dass sie der Person, an der sie arbeiteten, Schmerzen bereiten würden?*

A: Nun, es war eine interessante Situation: Will man den Schmerz, den man hat, oder den Schmerz, den man eventuell haben wird?

D: *Ihr meint, dass etwas mit den Beinen der Person nicht stimmte?*

A: Ja. Sie dachten, sie würden helfen.

D: *Das gibt dem Ganzen also etwas mehr Rechtfertigung.*

A: Richtig. Einige hatten gute Absichten, aber nicht alle. Und dann entwickelte sich das von dort aus. Die meisten von ihnen hatten gute Absichten. Aber in allem, was es gibt, findet man Gutes und Böses, und als sie merkten, dass sie das nicht tun konnten, machten einige weiter und einige versuchten, aufzuhören. Zu diesem Zeitpunkt war da wieder die Frage von Recht und Unrecht ... Meinungsverschiedenheiten - nicht richtig oder falsch - Meinungsverschiedenheiten.

D: *Also dachten sie, sie würde davon profitieren, als sie die Tierbeine transplantierten? Das war ihre Absicht? Und später gingen sie zum Experimentieren mit Genen über?*

A: Ja. Sie entwickelten das später weiter. Und wieder begann es mit einer guten Absicht, aber manchmal können die, die Bescheid wissen, es nicht aufhalten. Sie versuchen, es zu bekämpfen. Sie versuchen es, aber es geht um Ausdauer. Und sie versuchen, es zu überwinden.

D: *Haben die Körperteile funktioniert, nachdem sie sie ausgetauscht hatten?*

A: Manchmal ja, manchmal auch nicht. Es war sozusagen vorkünstlich; es waren die allerersten künstlichen Extremitäten. In ihrem Fall war es schmerzhaft. Sie konnte sich bewegen und herumlaufen, aber sie hatte Schmerzen.

D: *Ich habe immer gedacht, dass der menschliche Körper die Verbindung mit einem Tier ablehnen würde.*

A: Ja, bis zu einem gewissen Grad, aber sie konnten herausfinden, wie man es möglich macht.

D: In Ambers Fall erinnert sich also ihr Körper daran? (Ja)

Das erklärte den Schmerz in ihren Knien. Daher mussten wir damit beginnen, diese Erinnerung loszulassen und sie in die Vergangenheit zurückzugeben, wo sie hingehörte. „Also geschah in dem Leben etwas, das dazu führte, dass ihre Beine beschädigt waren. Zudem hatte sie einen Schaden an ihren Beinen in dem Leben als Nonne. Da ist ein Muster, nicht wahr?"

A: Ja, es ist an der Zeit, dieses Muster zu entfernen. Es ist an der Zeit, den Zyklus zu stoppen.

D: Stoppt ihr dieses Muster?

A: Ja, es ist wie beim Weben, wie das Auflösen eines Fadens. Ich entferne jetzt das Muster. Es wird einige Zeit dauern, es zu zerkleinern, zu entfernen und zu stabilisieren. Da ist eine Aufschichtung am Knie, deshalb wird es Zeit brauchen. Da sind Schichten und abermals Schichten, die durch mehrere Dinge verursacht werden. Es sind also Schichten, große Zwiebelschichten. Ebenen und Ebenen.

Amber wollte zudem wissen, wie sie sich direkt mit dem SC verbinden und ihre eigenen Fragen stellen konnte. „Wie kann sie mit euch kommunizieren?"

A: Das tut sie bereits. Es gibt da keinen AHA-Moment.

D: Das ist es, was viele Leute denken. Sie denken, dass es so sein müsste. Es ist aber einfach eine Stimme, die sie sofort wiedererkennen. Es ist kein AHA-Moment.

A: Nein, es ist sehr zart. Wir sind sehr subtil. Wir beeinflussen nicht gerne, weil ihr den freien Willen habt.

D: Viele Menschen erkennen diese kleinen subtilen Dinge nicht.

A: Stimmt, das tut ihr nicht.

D: Noch eine Frage: Sie sagte, sie habe sich stets unwürdig und nicht geschätzt gefühlt. Woher kommt das?

A: Aus vielen Leben. Ja, auch aus dem Leben mit der Mutter Oberin, die sie eliminieren will, und mit dem Kapitän, der nicht zuhört. Da ist ebenfalls ein Muster. Auch das müssen wir auflösen.

Abschiedsworte: Sie wird geliebt. So einfach ist das.

D: Ihr gegenwärtiges Leben erscheint viel einfacher als diese anderen Leben. (Lacht)

A: Ja. Manchmal braucht man eine Pause.

D: Ja, ich nenne sie „Erholungsleben".

Kapitel 21

DAS URSPRÜNGLICHE STONEHENGE

Tempel, die in ihrem Ursprung auf Babylon zurückgingen, wurden mit Säulen entworfen, die entlang der gesamten Außenseite gleichmäßig verteilt waren. Einige hatten das Dach zum Himmel hin offen; sie waren als Sternwarten gedacht. Der Priester saß an einem bestimmten Ort in der Mitte des Gebäudes und registrierte die Bewegung der Sterne und Planeten, die die Lücken zwischen den Säulen durchwanderten. Diese Aufzeichnungen wurden dann Jahrhunderte lang aufbewahrt und studiert. So konnten die Bewegungen dokumentiert, verglichen und genau gemessen werden. Diese Aufzeichnungen wurden Teil des heiligen Wissens, und nur die geheimen Schulen der Mysterien hatten Zugang zu ihnen und konnten die Bedeutungen interpretieren. Dies stellte die Geburt oder den Beginn der Astrologie und der Astronomie dar. Natürlich stammten die ursprünglichen Lehren (und die Kenntnisse darüber, welche Sterne zu beobachten waren) von Außerirdischen. Ein Großteil des ursprünglich gegebenen Wissens hatte die Beobachtung von Planetenkörpern erfordert, die für das bloße Auge unsichtbar waren. Sie benutzten daher hochmoderne Instrumente wie Teleskope. (Wahrscheinlich ähnlich wie die „Weitsichtgeräte" in meinem Buch *Jesus and the Essenes*, die in Qumran verwendet wurden.) Viele dieser Informationen waren für die Außerirdischen von wesentlicher Bedeutung, da sie sich auf ihren Heimatplaneten oder ihre Konstellation bezogen. Sie wollten deren Bewegungen im Auge behalten, damit sie absehen konnten, wann es am günstigsten war, dorthin zu reisen oder mit der Heimat zu kommunizieren. Einige der astrologischen Informationen waren also für die Erde wichtig, um den Verlauf der Zeit und der Jahreszeiten strukturieren zu können, andere hatten für die Außerirdischen selbst Bedeutung.

Es war sehr wichtig, die Zeit berechnen zu können, insbesondere den Verlauf der Jahreszeiten, damit die sich entwickelnde Spezies wusste, wann sie pflanzen und wann sie ernten musste. Es war wichtig, spezielle Bauwerke zu errichten und bestimmte Personen auszubilden, damit diese die Informationen interpretieren und an die Menschen weitergeben konnten. Die ursprünglichen Strukturen wurden also von den Außerirdischen gebaut und nicht von den primitiven Menschen, die damals dort lebten.

Das Wissen über den Gebrauch des Geistes zum Erschaffen und Schwebenlassen von Materie usw. wurde in einigen hoch entwickelten Zivilisationen perfektioniert und nach der Zerstörung von Atlantis von Überlebenden nach Ägypten und an andere Orte getragen. Die ETs lebten während der Zeit von Atlantis noch unter den Menschen und teilten mit ihnen fortschrittliches Wissen. Nach dessen Missbrauch wurden der Spezies die Fähigkeiten wieder weggenommen. Es war ähnlich wie das Durchbrennen einer Sicherung. Es durfte nicht zugelassen werden, dass das Wissen an die Menschheit zurückgegeben wurde. Aber jetzt, da wir in die Neue Erde eintreten, kehren diese Fähigkeiten zurück. Unsere psychischen Fähigkeiten erwachen wieder, während der Schleier immer dünner wird.

Es begann mit der grundlegenden Dokumentation der Jahreszeiten, entwickelte sich dann aber später zum komplexeren System der Astronomie. Vielleicht auch, damit die Außerirdischen ihre eigenen Heimatplaneten und deren Positionen im Auge behalten konnten. Die Bauwerke konnten auch aus dem All betrachtet werden und dienten als Markierungen für Raumschiffe, die den Planeten umkreisten, damit sie wissen konnten, wo sich ihre Brüder befanden und wo sie tätig waren.

* * *

Dieses Muster setzte sich auch mit dem Bau von Steinkreisen und Monolithen wie etwa Stonehenge, New Grange und vielen weiteren auf der ganzen Welt fort. Sie waren Markierungen für den Verlauf der Jahreszeiten und die Positionen bestimmter wichtiger Sterne und Planeten. Ihre Verläufe wurden in Bezug auf die Stürze und Steine dargestellt.

Dies war zu Zeiten von Atlantis eine hoch entwickelte Wissenschaft. Das Wissen wurde von den Überlebenden nach Ägypten und in andere Teile der Welt getragen. Dieses Thema wird in meinen *Convoluted Universe* Büchern behandelt.

Warum waren der Bau der Tempel und Steinkreise sowie die Kennzeichnung des Verlaufs der Jahreszeiten so wichtig? Die Denkmäler und das Wissen reichen in eine Zeit zurück, in der der Mensch gerade erst angefangen hatte, Landwirtschaft, Ackerbau, Ernte und die Pflege der Tiere zu meistern. Die traditionelle Erklärung ist, dass diese einfachen Menschen diese Meisterwerke gebaut haben. Wie war das möglich, wenn sie gerade erst damit begonnen hatten, sich von einem Stadium der Wildheit hin zu den Grundzügen von Zivilisation zu bewegen? Wir wissen, dass ETs in diesen frühen Zeiten unter den sich entwickelnden Menschen lebten und ihnen Informationen und Geschenke gaben, um ihnen bei ihrer Entwicklung zu helfen. Sie wussten, wie man die Fähigkeiten des Geistes nutzen konnte - insbesondere die Fähigkeit, Stein zu formen und schweben zu lassen. Wir sollten uns daran erinnern, dass alles Energie ist und es möglich ist, Energie zu manipulieren. Warum ist es also so unvorstellbar, dass die Ältesten wussten, wie sie die Kraft ihres Geistes nutzen konnten, um die Zellstruktur von Gesteinen und anderer Materie zu manipulieren? Diese Geheimnisse wurden von den Außerirdischen an bestimmte Menschen weitergegeben, damit sie das Wissen nutzen und wiederum einige wenige Nachfolger darin unterrichten konnten.

Jede Kultur der Welt hat ihre Legenden von den sogenannten Kulturbringern. Diese waren besondere Wesen, die zu Besuch kamen, unter den Menschen lebten und ihnen grundlegende Fertigkeiten beibrachten, um mit der Entwicklung einer Zivilisation zu beginnen. Ein Beispiel: Die Maisfrau in den Legenden der Indianer; sie lehrte sie Wissen über Pflanzen und Landwirtschaft. Es gab andere, die das Jagen und Sammeln, die Entwicklung von Feuer, die Verwendung natürlicher Materialien zum Bau von Unterkünften usw. unterrichteten. Weil diese Wesen so lange leben konnten, wie sie wollten, wurden sie von den Menschen als Götter angesehen.

Die komplizierteren Geheimnisse und Mysterien wurden erst zu einem späteren Zeitpunkt in der Entwicklung der Menschheit weitergegeben.

In *Convoluted Universe, Buch Eins* gibt es die Geschichte vom Beginn der Zivilisation, wie sie von Bartholomäus erzählt wird. In dieser Geschichte bauten die Außerirdischen komplizierte Maschinen und Geräte, mit denen die Energie von Sonne, Mond und Sternen genutzt wurde. Als sie die Erde verließen, wurde das Wissen bezüglich des Gebrauchs dieser Geräte an bestimmte Priester weitergegeben und sollte in geheimen Schulen der Mysterien vermittelt werden. Die Außerirdischen konnten jedoch die Machtgier der Menschen nicht vorhersehen (ein populärer Fehler, der im Laufe der Geschichte zu großen Problemen geführt hat). Es gab einige Leute, die die Geräte für den eigenen Gebrauch nutzen wollten. Sie töteten die Priester, und weil sie selbst nicht verstanden, wie man die Geräte benutzt, funktionierten sie nicht. Sie wurden letztlich zerstört.

In meinen Sitzungen habe ich immer gefragt, warum die Außerirdischen nicht zurückkommen konnten, um den Leuten zu sagen, dass sie das Wissen nicht richtig nutzten. Aber wir müssen uns an die Gesetze erinnern, die zu Beginn der Entwicklung des Lebens auf diesem Planeten festgelegt worden waren. „Lasst uns diesem schönen Planeten eine Kreatur mit Intelligenz und freiem Willen geben und sehen, was sie damit macht." Diese Informationen wurden in *Keepers of the Garden* gegeben. Wir sind der einzige Planet im Universum, dem der freie Wille gegeben wurde. Deshalb werden wir auch das „Große Experiment" genannt. Dann gibt es noch die oberste Direktive der Nichteinmischung. „Sobald eine Zivilisation gegründet wird, darf man sich nicht mehr in die Entwicklung dieser Zivilisation einmischen." Die Informationen, Geräte usw. werden den Menschen als Geschenk gegeben, und dann treten sie zurück und schauen dabei zu, wie sie verwendet werden. Es ist der freie Wille der Menschen, der entscheidet, was sie damit machen, und oft haben wir es leider nicht für den vorgesehenen Zweck verwendet. Zurückzukehren und zu versuchen, es den Menschen zu erklären, wäre jedoch eine Störung.

* * *

Sharon arbeitete in Hollywood als Filmdouble und auch hinter den Kulissen am Set. Sie besuchte meine Klasse in Burbank, CA, und wollte das Demonstrationsobjekt sein. Ich stimmte zu und die Sitzung begann.

Als Sharon von der Wolke kam, befand sie sich in Stonehenge in England. Es sah jedoch nicht so aus wie heutzutage. Wer jemals dorthin gereist ist, weiß, dass die Konstruktion nicht mehr vollständig erhalten ist. Die meisten der aufrechten Steine befinden sich noch an Ort und Stelle, aber einige der oberen (Stürze), die die aufrechten Teile verbanden, fehlen oder sind herabgefallen. Es ist immer noch prachtvoll, dabei allerdings nur ein Schatten dessen, wie es ursprünglich gewirkt haben muss. Sie sah es so, wie es vor vielen, vielen Jahren in seinem ursprünglichen Zustand ausgesehen hat. „Es ist sehr, sehr grün hier und alle Teile der Felsen sind noch da. Sie stehen komplett im Kreis herum. Sie sind alle neu und vollständig."

D: *Was fühlst du, während du es betrachtest?*
S: Stolz und Macht. Wie meine Leute, meine Freunde dort, sind wir wirklich stolz auf diesen Ort und die Arbeit, die wir mit der Natur machen.
D: *Welche Art von Arbeit macht ihr mit der Natur?*
S: Wir führen Rituale mit der Natur durch. Wir tun etwas, um die Natur zu ehren, aber es bringt uns auch in Resonanz mit der Erde selbst, so dass wir eins mit der Erde bleiben. Wir bleiben friedlich und liebevoll und nicht wie einige der Horden von Menschen an den anderen Orten. Sie sind nicht so zivilisiert wie wir. Sie neigen dazu, aggressiv zu werden, und sie entfernen sich von diesem Ort, an dem sich ein Portal befindet, das mit einer anderen Erde verbunden ist.
D: *Glaubst du, dass es dort ein Portal gibt?*
S: Es *ist* ein Portal. Im Gegensatz zu jedem Gefühl, das ich haben könnte, ist es das. Es geht nicht darum, was ich davon halte. Es ist da. Ob ich es glaube oder nicht.
D: *Deine Leute glauben also, dass es da ist?*
S: Es ist kein Glaube. Es ist die Wahrheit, ob wir es glauben oder nicht. Ob du dich von diesem Ort abwendest oder nicht, der Ort existiert und hat Macht und Frieden. Und du kannst Liebe auf der tiefsten Ebene finden. Tiefer als alles, was ein physisches Leben bringt.
D: *Kannst du dieses Portal sehen?*

S: Während ich auf diesem Pferd sitze und es von außen beobachte, sehe ich, dass sich das grüne Zentrum ganz öffnet. Es sieht so aus, als wäre es grün und Land, aber in Wahrheit, wenn die Sterne und die Sonne und die Planeten an bestimmten Plätzen sind, ist das so etwas wie ein Mechanismus … wenn diese Teile am Planeten oder an der Energie der Sterne ausgerichtet sind, dann ist es eine Öffnung. Und die Person oder die Personen, die in der Mitte stehen … ihre physischen Körper scheinen auf dem Gras zu stehen, aber in Wahrheit öffnet sich ein dunkles Loch und ihre geistigen Körper gehen hinab … zum Mittelpunkt der Erde. Und sie richten sich neu aus, um sich daran zu erinnern, woher ihre Körper kamen. Ich schaue es mir an, weil heute Abend eine Zusammenkunft stattfinden wird … an der wir teilnehmen. Ich bin eine Art Amtsträger. Ich helfe den Menschen, die im Dorf leben. Ich habe einen violetten Umhang und irgendwie definiert der Umhang meine Position als eine Art Helfer oder Vermittler. Ich kann die Sterne hören, wenn sie funkeln.

Sharon sah, dass sie männlich war und sich in der „Blütezeit des Lebens" befand. Ich fragte nach der Bedeutung des lilafarbenen Umhangs. „Der Umhang selbst war ein Geschenk, das ich von meinen Ältesten erhalten habe, als ich einen Zustand erreichte von - wie sagt man das? - Erleuchtung, aber es gibt Ebenen. Erleuchtung bedeutet ‚im Licht', also sind wir alle im Licht. Auch das ganze kleine Dorf, der Metzger und der Bäcker. Mein Leben ist ausschließlich der Kommunikation gewidmet und hilft den Menschen, mit diesem Portal in Einklang zu bleiben."

D: Mit der Natur oder dem Portal?
S: Das Portal ist noch mehr als Natur. Die Natur ist auch wie ein Portal. Wenn Menschen von unserem Ort weggehen mussten, sollen sie sich daran erinnern, indem sie in die Natur gehen. Und wenn sie zwischen den Bäumen und dem Gras sind, dann sind sie in Frieden und können sich daran erinnern, wie es hier ist, wo wir leben. Im Moment bin ich mit niemandem. Ich sitze gerade auf meinem Pferd und bin heute hier, um zu beobachten, denn in zwei Wochen … ziemlich bald in der Nacht werde ich amtieren. Es ist wichtig. Sie geben mir diese Möglichkeit. Meine Ältesten haben mir die Möglichkeit gegeben, - amtieren ist nicht das richtige Wort, aber - (Er hatte

Schwierigkeiten, die richtigen Worte zu finden.) zu vermitteln, schätze ich, und ich werde beim Ritual in der Nacht im Norden im Rampenlicht stehen. Ich werde im Norden sein. Ich möchte „Säule" sagen, aber es sind keine Säulen. Ich werde darunter stehen, und die ganze Gemeinde wird nach Norden schauen. Es hat mit der Zeit des Jahres zu tun, aber die Natur hat einen Frühling, einen Herbst, einen Winter und einen Sommer. Und so stehe ich im Norden, damit die ganze Gemeinde an Menschen in dieser Nacht nach Norden blickt, während sie in den anderen Nächten einem meiner anderen Brüder gegenüberstehen. Keine gebürtigen Brüder, sondern Brüder in der Gruppe, in der ich ein jüngeres Mitglied bin. Die Menschen sind normale Menschen, der Metzger, der Bäcker und diejenigen, die aus dem Dorf kommen.

D: *Es scheint eine große Ehre zu sein, dass du daran teilnehmen darfst.*

S: Das ist es. Ich bin voller Demut und die Idee bestärkt mich.

D: *Hat dein Volk diese Steine gebaut? Hatten sie etwas damit zu tun?*

S: Nein, nicht die Leute, nein. Die Ältesten wissen davon. Ich weiß nicht, ob sie Menschen sind, aber sie sind keine Dorfbewohner. Und meine Ältesten sind wirklich alt. Es gibt einen Uralten unter uns, und er kennt diese Antworten.

D: *Wissen sie, woher diese Konstruktion kommt?*

S: Nur der Uralte, quasi unser ältester Ältester, könnte dir diese Details geben.

D: *Aber es ist dein ganzes Leben lang da gewesen?*

S: Ja. Und wenn ich dieses Leben lebe … Ich bin mir nicht sicher, ob ich danach strebe, diese Person zu sein, die uralte, aber wir alle könnten uns zu ihm entwickeln. Und während wir uns in den Ränken des höheren Wissens nach oben arbeiten, könnten auch mir diese Dinge offenbart werden, denn ich bin davon überzeugt … es ist keine Kaste, weil wir nicht über den Menschen stehen, aber wir haben unser Leben nur darauf ausgerichtet, in Verbindung zu bleiben, anstatt im Dorf, ein Metzger, ein Bäcker, zu sein. Ich wurde aus meiner Familie ausgewählt, weil die Ältesten kamen und es meinen Eltern sagten. Meine Mutter war stolz. Mein Vater war nicht glücklich, weil er wollte, dass ich mit ihm auf dem Feld arbeite. (Sie fing an, sehr heftig zu weinen, und fand es schwierig, Worte zwischen den Schluchzern herauszubekommen.) Obwohl ich dazu berufen war, bei den Ältesten zu sein, fühle ich mich schlecht, dass ich nicht ein Leben gelebt habe, bei dem ich meinem Vater auf den Feldern helfen konnte. (Weint immer noch.)

D: Glaubst du, du wärst glücklich gewesen, wenn du das andere Leben mit deinem Vater geführt hättest?

S: Ich bin ein Wesen, das immer glücklich zu sein scheint, also war es für mich nicht von Bedeutung, wo ich war. Ich war einfach so glücklich, hier zu sein und das grüne Gras zu sehen, die Erde aus dieser Perspektive zu erleben, ein Mensch mit Füßen und einem Körper zu sein. Ich kann sagen, woher ich komme. Es war mir egal, ob ich ein Sohn eines Bauern oder mit den Ältesten zusammen war. Die Ältesten erkannten mein Licht und sie kamen, um mich zu holen, aber als dieser Mann war mir das soweit egal. Ich wollte einfach den Schatz dieses Planeten aus der Sicht eines Teilhabenden erleben, anstatt auf ihn herabzusehen. (Weint wieder.) Ich hatte in einer anderen Funktion für die Quelle gearbeitet, und kam bei jeder Gelegenheit, die ich hatte, an der Erde vorbei, um auf dieses manifestierte Paradies, dieses Werk Gottes herabzusehen. Es war dieser riesige Schatz aus Erde, Luft und Wasser, und ich wollte ihn aus menschlicher Sicht erleben. Das Wichtigste ist, einfach auf der Erde zu sein und die Schönheit des Grashalms zu schätzen, die Schönheit, dass er grün ist. Die Schönheit des Stammes eines Baumes und dass er braun ist.

D: Du wirst an dem Abend an diesem Ritual, dieser Zeremonie, teilnehmen.

S: Ich werde im Norden stehen.

Ich brachte ihn an einen wichtigen Tag und Sharon fing sofort an, über die chaotische Szene zu sprechen, die sie sah. „Die Stadt wird von Horden überfallen. Horden kommen und die Menschen im Dorf laufen in Angst und Sorge herum, und der uralte Älteste ist weg. Meine Ältesten haben ihn an einen sicheren Ort gebracht, in eine Höhle oder so. Ich bin auf dem Hügel (Stonehenge) und versuche, ruhig zu bleiben." Was bei all den Unruhen, die ihn umgaben, sehr schwierig gewesen wäre.

S: Ich bin ruhig, aber ich versuche, die Weisheit der Säulen zu nutzen, damit ich den Dorfbewohnern die Ruhe vermitteln

266

kann. Es fühlt sich an, als wären die anderen Brüder weg, aber ich werde zurückbleiben, weil ich mit meiner Familie und meinen Nachbarn und den Nachbarn von meinen Nachbarn fühle. Ich habe das Gefühl, dass meine Anwesenheit helfen wird. Ich möchte versuchen, ihnen Frieden zu bringen, so gut ich kann.

D: *Weißt du, wer die Eindringlinge sind?*

S: Sie sind blonde Menschen aus den nordischen Ländern. Sie haben diese Stöcke mit scharfen Kugeln am Ende, und sie leben für die Gewalt. Sie leben im waldigen Bereich am Rande des anderen Wassers. Und sie sind sehr groß und sehr einfältig. Sie trinken und sie sind - wie sagt man dazu? - ich schätze, ich würde Nordmänner sagen. Sie sind die besten Krieger, die die Menschheit im Moment kennt.

D: *Und dein Volk ist nicht gewalttätig. Deshalb haben alle Angst.*

S: Sie sind friedlich und hätten sie gerne mit Girlanden willkommen geheißen und mit dem Maibaum gefeiert. Aber als sich der erste von ihnen zur Begrüßung aufmachte, wurde er ermordet. Diese Menschen genießen es wirklich sehr, dass sie töten können, und sie sind stolz darauf, schnell töten zu können. Sie streben danach, schnell zu töten, als ob es ein Misserfolg wäre oder du ein weniger guter Krieger bist, wenn es mehr als einen Schlag braucht, um jemanden zu töten. Sie sind fast wie Maschinen.

D: *Also siehst du dir das an?*

S: Ich kann es nicht wirklich mit eigenen Augen sehen, da ich mit meiner Handfläche gegen die Südpfeiler stehe, auf der linken Seite davon. Aber ich kann es in meinem Geist und meinem Herzen sehen, und ich kann es hören. Und ich bin mir der Menschen bewusst, wie sie vorbeikommen (ihre Seelen), und ich kann sogar sagen, wer sie sind. Und so versuche ich, ihnen zu sagen: „Da ist das Licht", damit sie dorthin gelangen können, wo sie hin müssen. (Begann laut zu weinen.) Ich bin nur einer, also bin ich in meiner Fähigkeit, viel zu tun, eingeschränkt, aber ich versuche, ihnen dabei zu helfen, auf diese schreckliche Weise hinüberzugehen. (Schluchzend.) Ich werde mein Bestes tun, bis sie mich finden. Das Ende kommt später an diesem Tag, wenn sie mich in der Mitte des Kreises töten werden. (Sie weinte so laut, dass es schwer war, sie zu verstehen.)

D: *Du tust, was du kannst. Du bist nur eine Person.*

S: Ich habe das nicht in Gang gesetzt. Sie begannen diese Art Kriegertum, das von unserer Zeit aus nun viele Äonen lang nachklingen wird. Ich bin zuversichtlich, dass alle meine Freunde und Bekannten, Nachbarn, meine Mutter und mein Vater, und sogar ich selbst wieder in das … (immer noch laut weinend und schwer verständliche) Zentrum zurückkehren werden - wegen der Kraft, die ich besaß. Aber das hier wird eine Welle des Tötens aussenden. Wenn man einen Kieselstein in die Mitte des Wassers wirft, breitet es sich von dort aus. Indem sie sich einen Spaß daraus machen, mich in der Mitte auf rituelle Weise zu töten, ist es anders, weil sie wissen, dass ich für die Menschen unten im Dorf wichtig bin. Sie haben mich nicht einfach so plattgemacht. Sie alle werden ihr eigenes dunkleres Ritual haben, denn die Dunkelheit ist ein tödliches Licht. Sie werden dies in der Mitte des Kreises tun, und weil das Portal für die Menschheit zur Verstärkung da ist, werden sie eine Schwingung dieser Tötung durch die Zeit, durch ihre Zukunft, senden. Durch die Zukunft der Erde. Und das ärgert mich, weil es zur Zerstörung der Erde führen wird. Das Leben, das wir auf diesem Planeten hätten haben können und wie sich dieser Planet hätte entwickeln können, wird jetzt nicht so verlaufen, wie es der Älteste gesagt hatte, wenn die Menschen kommen würden.

D: *Es spielt also keine Rolle, welche Art von Energie es ist. Dieser Ort ist so wichtig, dass er die Energie verstärkt. In diesem Fall verstärkt er also die negative Energie.*

S: Der nordische Weg wird dann die Erde über Äonen hinweg durchdringen. Es wird mehr Kriege geben, meine Leute werden die Art des Nordens übernehmen und große Krieger auf dem Meer werden.

D: *Sag mir, was passiert.*

S: Sie töten meinen Körper und nehmen mein Pferd.

D: *Ist das an der Stelle der Säulen passiert?*

S: Sie haben mich in der Mitte des Zentrums getötet. Das war schlecht für sie und alle zukünftigen Generationen. Jetzt wird mich die Quelle wieder aufnehmen, aber weil ich auf diese Weise getötet wurde, muss ich nun für einige Zeit das Spiel auf der Erde spielen.

D: *Musst du dich nun ausruhen?*

S: Ruhe wird nicht lange nötig sein, denn ich kam direkt von der Quelle, als ich im Körper war, und so werde ich jetzt mit dem

Spiel des Rades beginnen. Das Spiel mit dem, was man „Karma" nennen würde. Das hier hat mich nun im Spiel der Erde verankert, und auf diese Weise wird es mich von meiner ursprünglichen Pflicht gegenüber der Quelle befreien, als ich als eine Art Bote durch das Universum flog. Ich trug Botschaften für die Quelle durch das gesamte Universum, aber jetzt werde ich die Möglichkeit verlieren, diesen Job zu erledigen. Ich wollte eigentlich nur mal auf der Erde vorbeischauen, aber damit habe ich mich nun im Rad verankert.

Schließlich ließ ich sie den Mann dort zurücklassen und weitergehen, damit ich das SC einrufen konnte. Der Rest der Sitzung drehte sich um ihre Fragen und das SC gab viel Rat.

* * *

Nach dem Erwachen sagte Sharon, dass sie immer noch Informationen über den Vorfall in Stonehenge erhielt. Die negative Energie, die sich um die Hinrichtung herum konzentriert hatte, war so stark, dass sie den Ort verseuchte und die mächtige positive Energie verdarb, die er zuvor besessen hatte. Dies war ein Teil des Grundes, warum die Steine gestört wurden und einige von ihnen umstürzten. Es ging darum, den Energiefokus zu zerstören, und das würde als Konsequenz das Portal dort schließen. Die Ältesten erkannten die Kraft des Steinkreises. Falls etwas Energie übriggeblieben war (und noch heute von einigen sensiblen Menschen gespürt wird), ist das nicht einmal mehr ein Bruchteil der Kraft, die damals benutzt worden war. Auch wenn Stonehenge immer noch auf einem Vortex und auf einer Kreuzung von Ley-Linien liegt, glaube ich nicht, dass das Portal noch funktionsfähig ist. Ähnlich wie die Pyramiden, deren Energie ebenfalls geschwächt wurde. Die Geschichte sagt, dass dies auch beim Steinkreis in Avebury geschah. Die Römer wussten, dass es dort eine große Kraft gab, und zerstörten bewusst Teile des Erdwalls, der die Stadt umgab, um diese Macht zu brechen. Ursprünglich gab es eine Steinmeile („Avenue" genannt), die nach Avebury führte. Viele dieser aufgestellten Steine wurden jedoch von den Einheimischen zerbrochen und anders verwendet, wodurch der Energiefokus zerstört wurde.

* * *

Nachdem dieses Kapitel geschrieben wurde, ging ich im August 2011 nach Irland und England, wo ich Teil einer organisierten Besichtigungstour heiliger Stätten war. Die Leute begleiteten mich nach New Grange bei Dublin, Irland, sowie Glastonbury, Stonehenge und Avebury in England. An jeder Station sollte ich darüber sprechen, was ich in meiner Arbeit über diese antiken Orte entdeckt habe. An jeder Station wurden wir von einem lokalen Historiker begleitet, und natürlich stimmte meine Version jeweils nicht mit ihrer Version der Geschichte überein. Sie zitierten, was weitergegeben wurde, und ich sprach über das, was ich im Rahmen meiner Sitzungen entdeckt hatte.

Ich war viele Male in Stonehenge, allerdings stets an der Außenseite des Steinkreises. Personen dürfen generell nur mit besonderer Genehmigung in die Mitte der Steine, und auf dieser Reise durften wir den Kreis betreten. Es war sehr früh am Morgen, die Sonne war gerade am Aufgehen. Bis auf die Sicherheitskräfte waren wir die Einzigen dort. Es regnete sanft, was jedoch für kurze Zeit aufzuhören schien, während wir uns im Kreis befanden. Ich war überrascht, dass das Zentrum kleiner war, als es von außen aussah. Es gibt zwei Kreise, einer innerhalb des anderen, und der äußere ist derjenige, der von außen sichtbar ist. Als wir ihn betraten, bemerkte ich, dass auf dem Boden zu meiner Rechten zwei Sturzsteine lagen. Ich sagte: „Diese Steine sollten nicht dort sein." Maria Wheatley, eine Kennerin der lokalen Geschichte und erfahrene Rutengängerin, sagte, dass sie tatsächlich ursprünglich auf den aufrechten Steinen gelegen hatten und umgestürzt worden waren. Sie waren so riesig, dass ich mich fragte, wer sie von dort hätte hinunterschieben können. Wenn der Zweck darin bestand, das Portal zu schließen, hätten sie von ETs zerstört werden können, aber das ist nur meine Spekulation.

Ich erzählte die Geschichte von Sharons Regression, und Maria zeigte uns, wo sich die Nordpfeiler befanden. Wir konnten uns ein Bild davon machen, wo die Brüder während der Zeremonie vor den Dorfbewohnern gestanden hätten. (Maria sagte, es gäbe Beweise dafür, dass es in der Nähe ein Dorf gegeben hatte.) Ich wollte wissen, wo sich das genaue Zentrum des Kreises befand, und Maria zeigt es uns. Sie hatte Ruten mit sich, und als sie über die Mitte ging, begann die Rute wild im Kreis zu wirbeln.

Als auch andere in der Gruppe die Stäbe ausprobieren wollten, taten diese bei ihnen das gleiche.

Ich empfand das als einen Beweis dafür, wo sich das alte Portal befunden hätte. Natürlich war die Energie nicht mal ansatzweise so stark, wie sie gewesen sein muss, als sie noch aktiv war, aber ein Teil davon war noch übrig. Die Gruppe bildete einen Kreis um das Portal und Maria führte uns durch eine Meditation. Wir segneten den Geist des Mannes, der dort starb, und konzentrierten uns darauf, alle verbleibenden negativen Auswirkungen der dort aufgetretenen Gewalt zu beseitigen. Es herrschte ein Gefühl des Friedens, als wir den Kreis verließen. Auf dem Weg nach draußen kamen wir an einer weiteren Gruppe von Personen vorbei, die Zugang erhalten hatte. Und ich sagte: „Ich glaube nicht, dass sie die gleiche Erfahrung machen werden, die wir gerade gemacht haben!"

Später zeigte Maria uns ein Foto, das sie gemacht hatte, als wir kurz vor Sonnenaufgang in Richtung Stonehenge liefen. Sie hatte dafür einfach ihre Kamera auf einen Zaunpfosten gestellt. Es zeigt eine riesige Kugel direkt über der Mitte, wo sich das Portal befunden hätte.

Im Internet fand ich dieses Bild von Stonehenge aus dem Jahr 1877 - noch vor der Restauration, die im frühen 20. Jahrhundert begonnen wurde.

Dies ist eine Luftaufnahme von Stonehenge, wie es heutzutage aussieht.

Kapitel 22

DER VESUV UND DIE ZERSTÖRUNG VON POMPEJI

Barbara landete an einem Ort, der sie sehr glücklich machte: eine Großstadt mit Straßen aus Kopfsteinpflaster und schönen Gebäuden. „Hier ist alles so sauber und hell und schön! Es gibt viele Gebäude und sie sind alle weiß. Alle Gebäude haben sowohl auf der Außenseite als auch auf der Innenseite Gemälde. Es ist ein sehr sauberer Ort. Die Gebäude sind nicht riesig, vielleicht ein paar Stockwerke hoch, aber die meisten von ihnen haben nur eins. Sie sind innen so hübsch. Das sind einfach unglaubliche, schöne Dinge. Dieser Ort hat für mich etwas Besonderes an sich. Es ist alles unglaublich schön, so viel Liebe zur Kunst und zum Detail." Als ich sie bat, sich auf ihren Körper zu konzentrieren, sah sie, dass sie ein junges Mädchen war, um die elf oder zwölf Jahre alt, das barfuß und in eine kurze weiße Tunika gekleidet auf der Straße stand. „Es ist so hübsch hier. Einfach nur hübsch, hübsch, hübsch." Die Stadt war voll mit Menschen, die alle ihren Geschäften nachgingen. Sie waren alle sehr ähnlich gekleidet wie sie. „Mehr Leute, als ich kenne. Die Leute führen ihre Leben und tun Dinge … sie kaufen und verkaufen Waren, aber ich hänge nur rum, schätze ich, und spiele. Es gibt einige Wagen, aber es sind im Moment keine in der Nähe. Da sind Tiere."

Sie lebte mit ihren Eltern in der Stadt. „Mein Vater hat Geld. Ich sehe all diese Silbermünzen. Geld. Ich bin mir nicht ganz sicher, wie es zu uns kommt, aber er macht etwas dafür. Geld ist schön. Geld mindert Probleme. Wow! Es ist so schön." Sie beschrieb das Innere des Hauses und die Gemälde an den Wänden.

„Es ist bunt und schön, und es erfordert wirklich ein Talent, diese Dinge herstellen zu können. Es sind Gemälde von Menschen, Szenen, Szenen aus dem Leben, Szenen von Menschen. Man kann jemanden bezahlen und er macht einem dann ein Bild, so oder mit kleinen Steinen. Es ist so eine Kunst, Dinge zu erschaffen, die schön sind. Das ist Teil unseres Lebens. Die Außenseite unseres Hauses hat nicht viel darauf. Sie ist weiß und rot, aber innen sind da diese Steinbilder meiner Mutter. Und es gibt Bilder von Vögeln. Aber niemand in meinem Haus tut so etwas. Sie bezahlen die Leute dafür und geben ihnen Geld." Sie schlief auf einer Matte und sagte, sie müsse sich keine Gedanken über Essen oder etwa Kochen machen. Es gab Leute, die für die Familie kochten. „Das wird ein bisschen weiter weg getan. Es gibt Frauen und manchmal auch Männer, die sich darum kümmern. Du sagst ihnen, was sie tun sollen, und sie tun es. Sie backen es und dann kommt es zu dir. Sie sind Diener, aber du musst es ihnen sagen. Wenn du es ihnen nicht sagst, wissen sie nicht, was sie tun sollen. Aber die Mutter macht das. Mama macht das. Vater ist nicht so oft im Haus. Er kommt und geht und bringt das Geld und alles ist erledigt." Sie ging nicht zur Schule, aber ihre Mutter unterrichtete sie. „Meine Mutter erzählt mir, wie das Haus geführt wird, und man lernt, was zu tun ist. Ich schaue mir gerne Sachen an und erlebe schöne Dinge. Ich wünschte, ich könnte diese schönen Dinge machen."

Ich beschloss, sie zu einem wichtigen Tag wechseln zu lassen. Sie sagte, sie sei nur ein wenig älter als zuvor, etwa dreizehn oder vierzehn Jahre alt. Aber es war eine Szene voller Chaos. „Es ist, als ob die Welt auf dem Kopf steht." Sie wurde wütend. „Man kann nicht atmen. Die Luft ist voller Dreck und es ist heiß und … man kann nicht atmen." Ich gab ihr Suggestionen für Wohlbefinden, um es für sie körperlich nicht unangenehm zu machen. „Oh, du meine Güte! Ich weiß nicht, was ich tun soll. Es ist so beängstigend! Jeder, den ich sehe, hat enorme Angst und niemand weiß, was er tun soll."

D: Was ist passiert?
B: Der Berg ist explodiert! Erdbeben, Erdbeben, Erdbeben und Bum! Und da ist all dieser Dreck, Dreck, Dreck. Dreck in der Luft und auch sonst überall. Es ist so schrecklich. Und ich weiß nicht, wo ich hin soll. (Sie weinte.) Es gibt nichts, wo ich hingehen könnte! Ich weiß nicht, wohin ich gehen soll! Der Schmutz ist in der Luft und tatsächlich ÜBERALL! Es ist

heiß, und die Luft ist sehr schlecht. Sie ist wirklich schlecht! Es ist schrecklich! – Ich gehe ins Haus und werde mich verstecken. Vielleicht werde ich das so überstehen … vielleicht.

D: *Warst du draußen, als es passiert ist?*

B: Es ist passiert, und dann ist es noch viel schlimmer geworden, und niemand weiß, was er tun soll.

D: *Ist das schon eine Weile so?*

B: Nicht lange, aber lang genug. Es ist so überwältigend! Es ist nur … all das hier ist … es ist weg! Es ist nicht sauber. Es ist schmutzig.

D: *Und du denkst, das Sicherste ist, sich im Haus zu verstecken?*

B: Ich weiß nicht, ob es irgendwo sicher ist. Es ist schlimm! (Weinend)

D: *Ich schätze, du kannst nicht weglaufen?*

B: Wohin???? - Ich werde mich in der Ecke verstecken, in der ich oft geschlafen habe. Dort ist es so gut wie überall. Es ist alles weg! (Sie fing an, laut zu stöhnen.)

D: *Was ist?*

B: Der Körper … Ich befinde mich über ihm.

D: *Du bist nicht mehr im Körper?*

B: Nicht im Körper.

D: *Was ist passiert?*

B: Der Körper hat aufgehört zu funktionieren. Er konnte nicht atmen. Es war heiß. Es war dieses giftige Zeug. Es war schrecklich! - Jetzt ist es in Ordnung. Ich bin über dem Körper. Weit über dem Körper, der nach unten schaut, hinausschaut.

D: *Was siehst du, wenn du auf die Stadt schaust?*

B: Es ist alles bedeckt. Es gab nichts, was man tun konnte. Kein Verstecken.

Das Erstaunliche daran war, dass es wie der Ausbruch des Vesuvs klang, der Pompeji zerstörte. Sie beschrieb die Stadt als schön und sauber. Als die Stadt ausgegraben worden war, war das jedoch nicht der Eindruck, den die Wissenschaftler von den Ruinen hatten. Natürlich war alles mit vulkanischer Asche bedeckt, so dass es wahrscheinlich anders ausgesehen hatte. Viele Gemälde aus kleinen Steinen sind sogar heute noch an den Wänden und Böden zu sehen.

D: *Es war so ein schöner, sauberer Ort, aber jetzt befindest du dich über ihm. Was wirst du jetzt tun? Du kannst nicht zurückgehen. - Du lächelst. Was ist passiert?*

B: Da ist ein Licht vor mir. Es ist ein weiches Licht. Wow! Da formt sich eine Dame im Licht. Ah!!! (Ein tiefer Atemzug.) Es ist viel besser. (Ein Seufzer der Erleichterung.) Umgibt mich ... umgibt mich ... umgibt mich ... so schön. Ich glaube, sie bringt mich irgendwohin. Und es gibt dort keinen üblen Geschmack oder Geruch und den ganzen Dreck. Es ist einfach wunderbar. Ich werde irgendwo hingehen und Dinge lernen. Sie nimmt mich mit und setzt mich ab. Es gibt viele Bücher ... nun ja, ich denke zumindest, dass es welche sind. Wir hatten diese nicht an dem anderen Ort, diese vielen Dinge, alle möglichen Dinge, Informationen. Es sind Dinge, die man lernen muss, Dinge, die man wissen muss.

D: *Wie sieht dieser Ort aus?*

B: Groß, groß, groß, groß, groß. Es gibt überall Bücher, Bücher, Bücher, Bücher und einige tischartige Gegenstände. Und man muss hier Dinge herausfinden, Dinge lernen.

D: *Du sagtest, es gäbe viele Informationen?*

B: Oh, meine Güte! Überall. Alles, was du dir vorstellen kannst und wow! - Ich glaube nicht, dass ich jetzt schöne Dinge machen werde. Ich glaube, ich werde mir erstmal Bücher ansehen.

D: *Was sollst du dort machen?*

B: Informationen aufnehmen, Dinge lernen.

D: *Gibt es jemanden, der dir sagt, was du tun sollst?*

B: Da ist ein alter Mann mit einem langen, langen Bart. Er besorgt mir Bücher. (Sarkastisch) Es sind so viele! Später kann ich wählen. Jetzt muss ich dieses Zeug lernen. Es geht darum, wie die Dinge funktionieren. - Es gibt so viele Bücher, aber man muss irgendwo anfangen.

D: *Kannst du die Bücher öffnen und sehen, was drinsteht?*

B: Das kann ich machen. (Sie lachte.)

D: *Was ist so lustig?*

B: Es ist ein Buch über Blätter. (Immer noch lachend.) Baumblätter.

D: *Baumblätter? Er will, dass du dir das ansiehst?*

B: Ja, weil es so viele verschiedene, unterschiedliche Baumarten gibt. Und ein Aspekt, an dem man die Unterschiede zwischen ihnen erkennt, ist das Blatt. Das wusste ich vorher nicht!

D: Warum will er, dass du diese Informationen hast?

B: Es ist wichtig. Das sagt er. Es ist wichtig und ich muss es wissen.

D: Kannst du ihn fragen, warum es wichtig ist?

B: Für etwas anderes. Für einen späteren Job? Es ist wichtig für später, dass ich die Unterschiede kenne. Das ist noch nie passiert, es muss jedoch an diesem Ort geschehen.

D: Wovon handeln die anderen Bücher?

B: Oh, von verschiedenen Pflanzen. - Es gibt Bücher über alles, was man sich vorstellen kann und noch einiges mehr, aber ich bekomme die über Pflanzen. Er hat sie nur für mich ausgewählt.

D: Warum sollst du etwas über die Pflanzen wissen?

B: Um Dinge wachsen zu lassen. Woher weiß man, wie Dinge wachsen oder wie sie funktionieren, wenn man die Unterschiede in den Pflanzen nicht kennt? Ich werde diese Informationen irgendwann einmal benötigen. Er sagt mir, dass ich das wissen muss. Das ist wichtig. Einige der Pflanzen sind krank, und ich muss über die Unterschiede der Pflanzen Bescheid wissen, damit ich ihnen helfen kann. Irgendwann muss ich gehen, mit Pflanzen arbeiten und dabei helfen, Dinge anzupflanzen. Dies ist ein Ort, an den man kommt, um zu lernen und Dinge zu studieren.

D: Ist das der einzige Ort, an den du gehst, um die Bücher zu lesen, oder gehst du auch noch woanders hin?

B: Alles, was ich sehe, ist dieser Ort mit den Büchern und dieser alte Typ. Und er wählt meine Bücher aus. Und er sagt: Lerne das. Und ich lese und lese und lese und lese noch mehr. Ich wusste nicht, dass ich tatsächlich lesen (Verwirrt) und lernen kann. Und da ist man jetzt, aber das ist wichtig für später, nicht für jetzt.

D: Okay, lass uns weitermachen und schauen, ob es noch einen anderen Ort gibt, an den du gehen musst.

B: Ich höre immer wieder, dass ich nicht gehen kann, bis ich alles in diesen Büchern gelernt habe.

Es war offensichtlich, dass sie sich in der Bibliothek auf der Seelenseite befand, die all das Wissen enthält, das es jemals gegeben hat und jemals geben wird. Das Lernen hätte sehr lange dauern können, also verdichtete ich die Zeit bis zu dem Punkt, an dem sie all das Wissen, das nötig war, gelernt hatte. „Du hast viele

Informationen über Pflanzen gelernt und integriert. Was hast du als Nächstes vor?"

B: Weggehen.
D: Wohin gehst du?
B: In ein Baby.
D: Sagt dir jemand, was du tun sollst?
B: Mehrere alte Typen. Sie sind sehr stark und sehr mächtig. Sie sind zusammen. Also nicht miteinander verbunden, sondern sie kommen zusammen und sagen es einem. „Okay, jetzt hast du das gelernt. Nun musst du noch ein paar andere Dinge lernen." Man darf ein wenig wählen, aber sie sagen es dir.
D: Sie treffen viele Entscheidungen?
B: Das tun sie. Ich muss gehen. Und anscheinend muss ich mit Menschen und Pflanzen arbeiten, weil die Dinge nicht richtig wachsen.
D: Triffst auch du Entscheidungen darüber, wohin du gehst oder was du tust?
B: Du kannst manchmal entscheiden, wann. Sie lassen mich entscheiden, wann und zu wem, aber ich muss diesen Job erledigen. Es ist ein Job.
D: Weil die Pflanzen nicht richtig wachsen?
B: Damit die Pflanzen richtig wachsen *werden*. Das tun sie gerade nicht. Es ist, als wären die Pflanzen irgendwie krank. Irgendetwas stimmt nicht mit ihnen. Und vielleicht müssen sie nicht an diesem Ort sein, sondern irgendwo anders mit anderen Dingen, aber die Leute dort wissen es nicht. Also brauchen sie jemand Neuen, der dorthin kommt, es ihnen sagt und ihnen hilft, denn sonst gibt es kein Essen. (Besorgt.) Die Nahrung würde schwinden.
D: Warum wachsen die Pflanzen nicht richtig?
B: Die Dinge draußen haben sich verändert und alte Menschen tun gerne die gleichen alten Dinge. Also brauchen sie neue Leute, die kommen und etwas anders machen. Damit es noch Essen geben wird. Andernfalls sterben alle.
D: Sind die Pflanzen so wichtig?
B: Nun ja, was essen Menschen …?
D: Es geht also nicht alles voran. Es klingt sogar vielmehr so, als ob es rückwärtsgehen würde.

B: Nur krank. Die Dinge wurden krank. Die Dinge ändern sich. Aber die Menschen ändern sich nicht so, wie sie es müssten. Sie brauchen Veränderung.

D: *Sie denken also, dass du helfen kannst?*

B: Einer der Helfer. Es gibt noch andere.

D: *Und dein Job wird es sein, mit Pflanzen zu arbeiten?*

B: Arbeite mit den Pflanzen und mache einige Veränderungen. Kleine Veränderungen, die zu großen Veränderungen führen.

D: *Müssen es große Veränderungen sein?*

B: Letztendlich ja, aber kleine Veränderungen kann man einfacher handhaben als große Veränderungen.

D: *Wie willst du das machen, nachdem du in das Baby gehst?*

B: Das Baby macht nicht viel. Das Baby muss erwachsen werden, aber das Wissen wird immer noch da sein.

D: *Haben sie dir auch gesagt, wie du diese Veränderungen bewirken kannst?*

B: Zu einer Familie gehen, in der sie bereits Dinge anbauen.

Das machte Sinn, denn Barbara wurde in ihrem jetzigen Leben in einer armen Familie von Bauern geboren, die auf dem Land lebten. So war Barbara sehr naturverbunden erzogen worden.

D: *Du sagtest, du darfst dir aussuchen, zu wem du gehst?*

B: Ja. Sie bauen Dinge an.

D: *Ist das der einzige Job, den du machen wirst, wenn du zurück auf die Erde kommst?*

B: Die Arbeit mit den Pflanzen ist oberstes Gebot. Auch das Miteinander mit harten Menschen ist wichtig. Schwierige Menschen.

D: *Warum ist das wichtig?*

B: Flexibilität lernen. Es macht mehr Dinge möglich.

Ich fragte nach dem Grund, warum sie das vergangene Leben als das junge Mädchen zu sehen bekommen hatte. „Ich weiß, worum es dabei ging. Der Vesuv ist explodiert. Ich erkannte den Ort, als ich ihn sah. Es war Pompeji. Ich konnte es sehen. Barbara war in diesem Leben dort, aber es sah ganz anders aus. Sie hat es gesehen."

Als sie Pompeji in dem Leben gesehen hatte, war das eine emotionale Erfahrung mit der Vorahnung einer Katastrophe gewesen, die immer noch über dem Ort hing. Die Mitglieder ihrer damaligen Familie waren auch jetzt wieder in ihrem Leben und spielten verschiedene Rollen. Ich fragte, was sie davon gelernt hatte, dort zu leben und so zu sterben. „Loslassen, loslassen, loslassen. Es war ein kurzes Leben. Sie liebte es dort, aber da war Angst, die nach der Explosion des Berges an die Oberfläche kam. Da war Angst. Sie blieb mit der Unfähigkeit zurück, zu vertrauen. Dem Perfekten und dem Schönen nicht mehr trauen zu können. Es war unglaublich! Dass sich etwas so Schönes in etwas so Schreckliches verwandeln konnte. Das Gefühl, dass nichts sicher ist. Einiges davon ist noch in ihrem jetzigen Leben vorhanden.“

D: Was für einen Zweck hatte es, so zu sterben und ein so kurzes Leben zu führen?

B: Das war der Ausgleich für etwas aus einer anderen Zeit. Sie hatte Zeiten erlebt, in denen sie sehr, sehr grausam war. Auf einer bestimmten Ebene weiß sie das bereits. Deshalb hat sie große missbräuchliche Kräfte - nicht nur Kraft - Kräfte.

D: Viele verschiedene Kräfte?

B: Oh, ja, große Energie.

D: War das auf der Erde?

B: Auf eine Art, ja, aber nicht auf dieser Erde. Fast wie auf einer anderen Inkarnation der Erde.

D: Also hat die Erde auch viele Inkarnationen?

B: Das ist es, was kommt. Es ist, als würde eine neue Inkarnation kommen. Sie kommt.

D: Das war eine alte Inkarnation der Erde?

B: Zeitlich vor der gegenwärtigen Inkarnation der Erde. Sie ist sehr mächtig. Sie hat Angst vor ihrer eigenen Macht. Es ist die Angst vor ihrer Macht, weil so viel Elend geschaffen wurde. Nicht nur für sie in anderen Zeiten und an anderen Orten, sondern auch aus ihrer Liebe zu ihren Kräften heraus wurde Elend geschaffen. Die Faszination, die Aufladung, die Kraft von „Ich kann das möglich machen“. Das war es, was sie dachte. (Eine böse Stimme.) „Ich kann das schaffen.“ Ihre Kraft war unglaublich.

D: Gab es in dem Leben auf jener Inkarnation der Erde Menschen?

B: Wesen wie Menschen, aber auch Dinosaurier und Tiere.

D: Hatte damals jeder Zugang zu dieser Macht?

B: Viele Leute hatten das, ja.

D: Also hatte sie mehr damit herumgespielt als die anderen?

B: Sie war wirklich böse. Mehr als die meisten. Es war fast so, als wollte sie König der Welt sein - die Königin der Welt - Macht.

D: *Hat sie anderen Wesen Schaden zugefügt?*

B: Ja, ja, ja. Aber nicht allein.

D: *Was ist in dem Leben passiert?*

B: Zerstört. Mehr Erdbeben und Wasser. Wasser, nicht Asche, Wasser.

D: *Hatte sie das verursacht?*

B: Oh, ja, sie war ein Teil davon. Missbrauch der Macht. Wollte sehen, was passieren würde. Keine Gedanken über Konsequenzen gemacht.

D: *Sie hatte also anderen geschadet, noch bevor das Große passiert ist?*

B: Das war nicht der Grund. Das war nicht die Absicht. Es ging nicht so sehr darum, anderen schaden zu wollen, sondern eher um „Ich will mächtig sein" oder „Ich will wichtig sein". Das dachte sie, und das dachten auch die anderen, die da waren. Sie dachten, dass das, was sie taten, die Dinge irgendwie besser machen würde, und dass sie wichtig wären. Es war nicht: „Oh, wir werden das alles vernichten." Es war nicht dieser Gedanke, aber genau das ist passiert. Das war die Folge. Es wurde durch Wasser, Wasser, Wasser, Wasser, Wasser zerstört, und daher der Ausgleich in dieser anderen Zeit: Glücklich, glücklich, glücklich, glücklich, Erdbeben, Asche, Asche, Asche, Asche oder Staub, Staub, Staub, Staub.

D: *Nur diesmal hat sie es von der anderen Seite aus erlebt.*

B: Ja. Dieses Karma ist jetzt beglichen.

D: *Das ist viel Karma.*

B: Ja, aber die Angst ist immer noch da. Sie hat diese Angst, dass die Kräfte, Kräfte, Kräfte letztendlich anderen Menschen schaden können.

D: *Ist das einer der Gründe, warum sie sie im aktuellen Leben nicht benutzt hat?*

B: Ja, ja, absolut. Sie hatte als Kind viele Fähigkeiten, und die hat sie immer noch.

D: *Sie hat sie vergraben, aber jetzt kommen sie wieder nach oben, nicht wahr?*

B: Und sie erschrecken die Menschen, wenn sie das tun. Sie weiß, dass sie diese Fähigkeiten jetzt nutzen muss. Sie weiß, dass sie damit nicht mehr durchdrehen wird. Nicht mehr so viel Ego. Es war ein Ego-Leben für all diese Menschen. Alle lebten im Ego und dachten, sie wären Götter. Dass alles in Ordnung wäre und es keine bleibenden Folgen haben würde, was auch immer sie taten. Es spielte einfach keine Rolle. Sie konnten immer weiter machen und immer mehr machen. Es würde alles in Ordnung sein.

D: *Also hat Barbara diese Erinnerung immer noch irgendwo im Hinterkopf.*

B: Sie steckt in ihren Erinnerungen: die Angst, ihre Kräfte anzunehmen. Es geht darum, sich mit ihnen wohl zu fühlen, Geborgenheit zu finden, Möglichkeiten zu finden. Die kleineren Fähigkeiten kommen zurück. Aber ihre Angst ist groß. Sie muss Vertrauen lernen. Und es ist sehr schwer, wieder zu vertrauen, wenn Handlungen alles zerstören. Und da ist immer noch diese Selbstherrlichkeit. Lass einfach alles los. Es ist fast wie eine Abflussrinne, in der etwas wie ein Stein feststeckt. Dieser Stein der Angst, der nicht weggeht.

D: *Nun, es dient einem Zweck, weil wir nicht wollen, dass sie wieder in diese Richtung geht. - Als sie in der Bibliothek war, studierte sie Pflanzen. Wollt ihr, dass sie dieses Wissen nutzt?*

B: Sie hat ein großes Pflanzenwissen. Es fällt ihr leicht. Sie muss genau das tun, was sie tut. Sie studiert. Sie lernt. Sie hilft Menschen. Das ist es, was sie tun muss.

Barbara erhielt viele persönliche Ratschläge, vor allem dafür, dass ihre Ehe vorbei und es nun an der Zeit war, das hinter sich zu lassen. Alles Karma war zurückgezahlt worden. Ihr jetziger Mann war gemeinsam mit ihr ein Teil der damaligen Zerstörung gewesen, als sie beide ihre Macht missbrauchten, also mussten sie in verschiedenen Rollen wieder zusammenkommen. Ihre hilfsbedürftige Mutter war in einem anderen Leben ihre Dienerin gewesen, und Barbara hatte sie damals nicht gut behandelt. So war sie jetzt dazu in der Lage, sich um sie zu kümmern.

Abschiedsworte: Es wird ihr gut gehen. Sie muss wissen, dass das, was in ihrem Leben passiert, das höchste Gut ist. Das ist Freiheit für sie. Und dass ihr Leben in gewisser Weise noch nicht wirklich begonnen hat. Es fängt gerade erst an.

D: *Sie machte sich Sorgen darüber, alt zu werden. Ich sagte ihr, dass sie noch viele Jahre vor sich hat.*

B: Sie muss in den Spiegel schauen. Das ist die Kultur. Und die Kultur ist verkorkst.

D: *Ihr habt mir einmal gesagt, dass Alter sowieso nicht mehr das ist, was es einmal war. Es ist nicht mehr das Gleiche.*

B: Es gibt Hundertjährige, die herumlaufen und Autos fahren. Alter ist definitiv nicht mehr das, was es früher mal war!

Kapitel 23

ZUR HÖLLE FAHREN

Als Catherine 2007 für die Sitzung in mein Hotelzimmer in Sydney, Australien, kam, ging sie an einem Rohrstock und war so tief nach vorne gebeugt, dass sie eher dem Bild einer alten Frau gerecht wurde als ihrem tatsächlichen Alter von Ende Vierzig. Ihr unterer Rücken verursachte ihr starke und hartnäckige Schmerzen. Dies war ihr Hauptgrund für die Sitzung: Sie wollte Erleichterung finden. Zudem hatte sie geplant, an meinem Kurs teilzunehmen, der ein paar Tage später dort stattfinden sollte.

Sie war in einer Familie geboren worden, in der sie ignoriert, missbraucht und misshandelt wurde. Sie galt als „Unfall", ihre Mutter wollte sie nie. Ihre gesamte Kindheit über wurde ihr gesagt, dass sie nicht gut genug sei und dass was auch immer geschah ihre Schuld wäre. Sie erhielt keinerlei Mitgefühl. Ihr Vater ignorierte sie völlig, weil er nicht dachte, dass sie sein Kind sei. Ihre Eltern mussten heiraten, weil die Mutter mit Catherines älterem Bruder schwanger gewesen war. Er wurde besser behandelt. Aber der Vater wollte keine weiteren Kinder. Catherine sagte, sie könne sich nur an fünf oder sechs Sätze erinnern, die er je mit ihr gesprochen hatte. Er ignorierte sie völlig. Sie verließ schließlich das Haus und ging aufs College, wo sie sich auf Psychologie spezialisierte. Als sie heiratete, sah sie sich erneut mit verbalem Missbrauch und Leiden konfrontiert. Ihr Sexualleben war sehr unangenehm, vor allem, weil sie es nicht wollte. Sie hatte zwei Kinder und ihr Sohn ging nach der Scheidung mit dem Vater fort. Ihre zweite Ehe war nicht besser. (War es tatsächlich eine Überraschung, dass ihr Rücken ihr solche Schwierigkeiten machte?)

Sie fand einen Job, in dem sie versuchte, Frauen zu helfen, die Kindesmissbrauch erlebt hatten, sowie den Kindern, die sich mittendrin befanden. Es schien die ideale Lösung zu sein, da sie sich damit identifizieren konnte. Stattdessen verursachte das jedoch eine Menge Stress. Die Beschäftigung mit den diversen Geschichten und Problemen brachte all ihre alten Erinnerungen zurück. Den ganzen alten Müll, mit dem sie sich nie auseinandergesetzt hatte. Sie konnte schließlich nicht mehr damit umgehen und wechselte in die Verwaltung der Institution, um sich nicht mehr direkt mit den Opfern beschäftigen zu müssen.

Ihr Vater war in den 50er Jahren gestorben. Er war auch ein Opfer des ständigen Zorns und Ärger der Mutter gewesen. Ihre Mutter (mittlerweile in ihren Achtzigern) war immer noch schrecklich wütend auf alles. Sie hatte Catherine stets für das Scheitern ihrer Ehe und ihr ganzes Unglück verantwortlich gemacht. Selbst nach all der Zeit bestanden Telefonate mit ihr meist nur aus Geschrei und Anschuldigungen. Keine Sympathie oder Verständnis.

Sie mochte ihren Job nicht und hatte ein paar Monate vor dieser Sitzung einen Herzinfarkt erlitten und daraufhin gekündigt. (Das ist ein Weg, um einer unerwünschten Situation zu entkommen.) Sie hatte in der Hoffnung, Antworten zu finden, einige vergangene Leben mit anderen Hypnotiseuren erforscht. Viele kamen auf, in denen sie mit Stiften oder Klöstern zu tun hatte, meist als Nonne. In einem Leben, das sie mitunter am gründlichsten erkundet hatte, wurde sie als Kind von fünf Jahren in einem Kloster abgesetzt. Unerwünscht blieb sie dort und wurde mit dem Dogma von Härte, Strenge und Gehorsam indoktriniert. Sie verbrachte ihr ganzes Leben im Kloster und unterrichtete schließlich die Novizen auf die gleiche Weise, indem sie Bitterkeit und das Bedürfnis zu leiden an sie weitergab. Sie hatte diese vergangenen Leben erforscht und über sie meditiert, und dachte, sie hätte das meiste davon geklärt. Im Laufe unserer Sitzung wurde jedoch deutlich, dass sie die Ursache nur gestreift hatte. Das Bedürfnis zu leiden, um in den Himmel zu gelangen, war tief verwurzelt und kam in ihrem aktuellen Leben durch.

* * *

Catherine kam von der Wolke, um sich als junger Mann in einem kurzen, Toga-artigen Kleidungsstück wiederzufinden. Er

285

stand an einem felsigen Ufer und blickte auf das Meer und die Wellen, die gegen die Felsen schlugen. Er wurde sofort emotional: „Ich habe Angst, in die Stadt zurückzukehren. Ich habe Angst vor dem, was ich sehen werde." Er begann zu weinen und zu schluchzen: „Der Berg explodierte. Es gibt so viel Angst wegen des Berges."

D: *Warst du in der Stadt, als es passierte?* (Nein) *Explodiert er immer noch oder ist es vorbei?*

C: Es passiert immer noch, und die Leute rennen weg und wissen nicht, wo sie hin sollen. Ich höre sie und sehe sie laufen und schreien. Sie haben viel Schmerz, Angst und Panik. - Der Rauch. Und die Asche bedeckt die Leute auf der Straße und sie ersticken. Die Weisen sagten, es sei, weil die Leute so schlecht sind. Weil die Menschen lasziv waren und Götter und Teufel verehrten. Sie waren keine ehrlichen, anständigen Menschen mehr, und sie mussten für ihre Sünden bezahlen. Die Weisen wollten, dass sie mit dem Trinken und dem Zechen und den Prostituierten aufhören … Einige der Leute hatten große Angst und glaubten ihnen, und einige der Leute lachten. Es wird ihnen nun zurückgezahlt.

D: *Also war die ganze Stadt verdorben?* (Ja) *Hast du den Weisen geglaubt?*

C: Ich weiß nicht, wem ich glauben soll, wenn man bedenkt, dass die Anführer und das Volk nicht auf die Weisen hören wollen. Die Anführer wollen, dass wir ihnen in die Trinkerei und Ausschweifungen folgen, aber der Wahrsager der Weisen sagt: „Tue diese Dinge nicht. Sie sind falsch und schaden den Menschen." Und wenn sie zu viel Wein getrunken haben, schaden sie sich gegenseitig. Die Weisen sagen, dass wir die Quittung erhalten werden. Die Leute hörten ihnen nicht zu.

D: *Hast du diese Dinge auch getan?*

C: Ich bin erst etwa achtzehn Jahre alt und dabei, ein Mann zu werden, weiß aber nicht den richtigen Weg. Ich will nicht das Falsche tun und bestraft werden. Es gibt keine Möglichkeit, die Wahrheit zu erfahren. Es gibt keine Möglichkeit, zu wissen, ob man den Führern folgen soll und den Menschen, die jede Nacht trinken und sich vergnügen, oder ob man prüde sein und dem Priester folgen soll.

Das war nicht sein Zuhause. Er war aus Rom gekommen, um Cousins zu besuchen, die in der Stadt lebten. „Die schlimme Stadt. Ich besuche diese Cousins. Sie nehmen mich mit an Orte zum Spielen und Trinken und ich bin daran nicht gewöhnt. Wer hat Recht? (Sehr verzweifelt.) Was ist die Wahrheit? Woher kennen wir die Wahrheit? Warum können wir nicht hören, wie die Götter uns weisen? Warum hören wir die Götter nur durch Menschen, die lügen und versuchen, uns zu kontrollieren? Es ist so schwer. Ich will die Wahrheit hören. Ich will wie der Priester sein."

Wir wechselten zu dem Zeitpunkt, an dem der Berg explodierte. „Ich bin am Strand und schaue zu, höre die Schreie und die Leute laufen. Sie sagen: ‚Siehst du, ich habe dir gesagt, dass das passieren wird, wenn du dich nicht änderst.' Und andere sagen: ‚Oh, das ist Blödsinn und hat nichts damit zu tun.' Es sind schreckliche, schreckliche Dinge und schreckliche Zeiten."

D: Hast du eine Ahnung, was du jetzt tun wirst?
C: Am Wasser bleiben. Am Wasser bleiben. Nicht in die Nähe der Rauchwolke gehen. (Sie atmete schwer.)

* * *

Ich erinnerte mich an eine weitere Rückführung, die zur gleichen Zeit oder auch bei einem anderen Ereignis, an dem ein Vulkan ausbrach, gespielt haben könnte. In der Geschichte lief die Frau in den Ozean, um Lava und Asche zu entkommen, und dachte, dass sie dort sicher wäre. Doch kein Ort war sicher. Das Wasser wurde so heiß, dass die Menschen lebendig gekocht wurden. Es schien, als gäbe es in einer solchen Situation keinen sicheren Ort, egal wie die Entscheidung ausfällt. Auch das junge Mädchen im vorherigen Kapitel versuchte, sich in ihrem Haus zu verstecken, um der Asche zu entkommen, erstickte dort jedoch.

* * *

Ich verdichtete die Zeit, um zu sehen, was er zu tun beschloss. „Mein Gott, ich kann mich nicht entscheiden! Ich kann mich nicht entscheiden, ob ich am Meer bleiben oder mich auf höhere Lagen retten soll, aber in einer anderen Richtung als der speiende Berg. (Panik setzte ein.) Ich kann keine Entscheidung treffen. (Weint) Ich kann keine Entscheidung treffen. Ich bin alleine und weiß

287

nicht, wie ich mich entscheiden soll. (Beruhigt sich etwas.) Okay, hab jetzt keine Angst. Sei nicht gelähmt vor lauter Angst. Triff eine Entscheidung. (Fragt sich selbst.) Aber was ist, wenn ich eine falsche Entscheidung treffe? … Na und?!"

D: *Es wird zumindest eine Entscheidung sein. Was willst du tun?*

C: Erst mal hier bleiben. Keine Maßnahmen ergreifen, weil das sicherer ist. Ich sehe keine Lava, nur den Rauch und die Asche, und die Menschen, die durch die Asche verbrennen. - Jetzt laufe ich durch die Straßen. Menschen sind hingefallen und einige von ihnen sind mit heißer Asche bedeckt.

D: *Warum bist du in die Stadt gegangen?*

C: Um zu sehen, was passiert, weil ich nicht weiß, was ich tun soll. Ich weiß nicht, was ich tun soll. Ich laufe besser weg. - So viele sind einen schrecklichen Tod gestorben. Ich höre die Schreie.

D: *Lass uns in der Zeit vorwärtsspringen und sehen, was mit dir passiert.*

C: Jetzt ist alles ruhig. Die schreckliche Angst, eine Entscheidung zu treffen, ist weg, weil sie gerade gemacht wird. Die Entscheidung wurde über die schreckliche, schreckliche Angst hinweg getroffen. Die Angst, keine Entscheidung treffen zu können, ist vorbei. Er ist tot.

D: *Wie bist du gestorben?*

C: Durch die Asche, die heiße Asche.

D: *Du hättest nicht in die Stadt zurückkehren müssen, oder?*

C: Ich wusste nicht, was ich tun sollte.

D: *Du warst sicher am Wasser.*

C: Aber die Asche kam. Ich musste weglaufen. Sie kam sogar an das Ufer. (Weint) Ich musste weglaufen. Ich musste direkt in sie hinein rennen. - Jetzt ist es ruhig. Ich schwebe einfach und die anderen sind verwirrt und verloren. Sie wissen nicht, was passiert ist. Sie wissen es nicht. Es ist ein schrecklicher Schock, schrecklich. So viele in Angst.

D: *So viele sterben auf einmal?*

C: Ja. Schrecklich. - Ich bin gerade verloren. Ich fühle immer noch den Schmerz … den brennenden Schmerz.

Ich nahm ihm durch Suggestionen alle verbliebenen körperlichen Empfindungen, damit er sprechen konnte, ohne von ihnen abgelenkt zu werden.

C: Der brennende Schmerz, die Schuld und die Unfähigkeit, eine Entscheidung zu treffen, haben mich nie verlassen. (Er fing wieder an zu weinen.) Ich stecke dort fest. Die anderen entfernen sich, aber ich stecke im Körper fest; nicht lebendig, nicht tot.

D: *Warum steckst du da fest?*

C: Weil ich den Körper brauche. Ich werde gegerbt und von Gott bestraft werden.

D: *Fürchtest du, dass das passieren wird?*

C: Ja. Es kommt alles von Gott.

D: *Aber du brauchst den Körper nicht mehr. Der Körper funktioniert nicht mehr. Du kannst ihn nicht bewegen, oder?*

C: Wenn es sicher ist, wegzugehen, werde ich dann in der Hölle noch Schlimmeres finden und für immer in der Hölle verbrennen?

D: *Das ist es, wovor du Angst hast?* (Ja) *Ist es das, was sie dir gesagt haben?*

C: Ja, das haben sie, das haben sie. Alte Hexen und alte bösartige Menschen zeigten mit ihren knöchernen Fingern auf mich und sagten: „Du wirst zur Hölle fahren!"

D: *Aber du hast nichts Schlechtes getan. Du hast nicht getan, was die anderen getan haben, oder?*

C: Nein. Nein. Nein, das habe ich nicht, aber ich wollte es versuchen.

D: *Ja, das ist normal, aber du hast es nicht getan. Ich glaube nicht, dass du dir Sorgen machen musst, für etwas bestraft zu werden, was du nicht getan hast.*

C: Ich bin aber nach dem Tod an einen höllischen Ort gekommen. Sie sagten: „Du wirst für immer in der Hölle schmoren." Und ich ging dorthin, weil ich das glaubte. Weil ich so viel Angst hatte. Aber sie lagen falsch. Sie müssen erfahren, dass sie sich geirrt haben. Was sie sagten, basierte auf ihren Ängsten und falschem Wissen. Und das war keine wahre Religion. Sie war falsch und lehrte mich falsche Dinge, die ich dann glaubte. Und so konnte ich keine Entscheidung treffen. Sie lagen falsch. Sie lehrten mithilfe von Angst und Unwahrheiten. Vielleicht schadete es denen, die tranken und spielten und die Ausschweifungen genossen. Vielleicht hatte das schlechte Auswirkungen, aber nicht alles war schlecht. Ich glaubte das jedoch und hatte Angst. Dabei hatte ich nicht einmal die

Chance, das Leben auszuprobieren. Ich hatte keine Chance, irgendetwas zu tun, weil ich in zu viele Richtungen gezogen wurde, und es gab keine Wahrheit, an die man glauben konnte.

D: *Glaubst du, das hatte einen Anteil daran, dass du keine Entscheidung treffen konntest?*

C: Ja, ich konnte keine Entscheidung treffen. - Aber ich muss nicht an diesem höllischen Ort sein. Sie ließen mich glauben, dass ich dort sein musste. Jetzt weiß ich es besser, und das ist so eine Erleichterung. Ich muss nicht an diesem höllischen Ort sein. Ich glaubte ihnen allen.

D: *Wohin gehst du jetzt, nachdem du gemerkt hast, dass das nicht echt war?*

C: Es scheint, dass ich ins Licht gehen kann. Sie sagten, ich sei unwürdig.

D: *Aber du weißt, dass du ihnen nicht mehr glauben musst.*

C: Nein, und das tue ich nicht. Ich kann ins Licht gehen. Ich sehe Leute, die zu einem schönen Ort fliegen. Sie fliegen alle und folgen einander immer höher und höher. Ich bin nicht dorthin gegangen. Ich war unten geblieben.

D: *Weil du ihnen geglaubt hast. Jetzt kannst du ebenfalls woanders hingehen.* (Ja) *Wie ist das so?*

C: Es ist sehr lang … wie ein Lichtstrahl. Und alle Seelen, die ihren Körper verlassen haben und gestorben sind, sie alle schweben. Und manchmal sind es zwei oder drei nebeneinander, und sie alle befinden sich nun in einer großen Reihe hintereinander. Und sie steuern auf diese Lichtwolken zu. Sie sind golden. Musik kommt von dort, und es sieht so schön aus. Ich dachte nicht, dass ich gehen könnte. Ich dachte nicht, dass ich würdig bin. Es gibt Wesen, die den Weg weisen und den Nachzüglern dabei helfen, sich in die Reihe zu stellen und weiterzugehen, nach oben zu gehen.

D: *Denjenigen, die festsaßen.*

C: Ja, so wie ich. Es kamen auch Wesen, um uns aus der mentalen Hölle herauszuholen, die wir durchlebt hatten. Aber es schien so real. Wir können frei sein.

D: *Wie ist es, wenn du nun dort ankommst?*

C: Wir sind in das tröstende Licht gehüllt, und alle Ängste sind verschwunden, alle Sünden - vermeintlichen Sünden - können wegfallen. Der brennende Schmerz, der von der Verbrennung durch die heiße Asche verursacht worden war, kann nun abfallen. Man muss es nicht für immer behalten. (In

Ehrfurcht.) Man muss es nicht für immer behalten! (Weint) Ich bin so erleichtert, zu wissen, dass es nicht für immer sein muss. Sie sagten, ich würde für immer zur Hölle fahren.

D: *(Lacht) Sie lagen falsch!*

C: Ich bin so erleichtert, das nun zu wissen. Ich hätte ihnen nie glauben sollen. Ich hätte ihnen nie glauben sollen.

D: Es lag an den Umständen. (Ja) Du warst da, um zu lernen und eine Entscheidung zu treffen.

C: Ich denke, es war, um vom Spielen und Trinken wegzukommen. Sie brachten uns an einen falschen Ort mit falschen Lehren. Ich kann sie gehen lassen, und ich kann den Schmerz gehen lassen, und ich kann die Angst, ein Trinker zu werden, loslassen. Alles loslassen. Ich will stattdessen die Wahrheit hereinlassen. Es gibt Wahrheit an diesem Ort, zu dem wir gehen.

D: *Lass uns vorwärtsspringen, bis wir da sind. Wie ist es so?*

C: Atmen … Ich konnte auf dem Boden nicht atmen. Das blieb für immer bei mir. Jetzt kann ich atmen. Es ist sehr schön hier, voller Lichtstrahlen, die überall hüpfen und leuchten. Und ich kann atmen und wieder anständig sein. (Flüstert) Ich kann anständig sein.

D: *Gibt es dort jemanden, der mit dir spricht?*

C: Niemanden, den ich kenne, aber viele Leute sind hier und sie sind freundlich und winken mir, näher zu kommen. Aber ich kann einfach nicht glauben, dass es für mich in Ordnung ist, hier zu sein.

D: *(Lacht) Natürlich ist es das.*

C: Und keine Schmerzen mehr zu haben. Und keine Gefühle von Schuld und ewiger Verdammnis zu haben.

D: *Es ist völlig in Ordnung, dass du da bist.*

C: (Wütend) Diese Leute haben mir die falschen Dinge beigebracht. Nun werden diejenigen von uns, die feststeckten und verloren waren, in eine Art Tempel des strahlenden Lichts gebracht, wo wir uns von dem erholen können, was wir durchlebt haben. Ich sehe einige der anderen. Sie hatten nicht dieses Erlebnis des Feststeckens. Sie gingen einfach direkt zu dem schönen Ort und begannen damit, sich sofort zu erholen. Aber diejenigen von uns, die stecken geblieben waren, brauchten Hilfe.

D: *Was ist das für ein Tempel?*

C: Auf der Außenseite sind viele Säulen und er ist sehr schön. Im Inneren ist es wie … jetzt bin ich in einem Pool. Sie sagen, dass mich dieser Pool von diesen schrecklichen Wunden und diesem schrecklichen Schmerz heilen wird. Ein Pool, der all den festgefahrenen Schmerz heilen wird - und den Terror und den Schrecken und den Gräuel und den Schmerz. Es ist goldenes Wasser, das schimmert, und man schwingt mit den Armen um das golden schimmernde Licht herum, während man bis zu den Achseln im Wasser steht.

D: *Es wäscht einfach alles weg?*

C: Das tut es. Und meine ewige Seele ist noch am Leben. Sie sagten mir, dass sie in der Hölle sterben würde. Ich wusste nicht, dass ich immer noch leben kann. (Erstaunt) Sie sagten einem, dass die Seele sterben wird und man glaubt es. Man weiß nicht, dass man leben kann!

D: *Man kann keine Seele töten. Es ist nicht wahr, oder?*

C: Nein. Sie konnten das nur verstecken, weil wir es glaubten. Ich muss ihnen nicht mehr folgen. - Jetzt sitze ich mit anderen Leuten in einem schönen Garten zusammen und die Leute essen Trauben. Und ich darf mich ihnen jetzt anschließen. Ich war lange, lange Zeit weg. Und ich darf hier sein und gerettet werden, und ein Leben haben, das ich lange, lange Zeit nicht hatte.

D: *Wirst du dort eine Weile bleiben?*

C: Ich brauche eine Lehre, eine neue Lehre. Die richtige Wahrheit über Gott und das Leben! Und die freundlichen Lehrer werden uns all die Dinge lehren, um den falschen Dingen entgegenzuwirken, die wir geglaubt hatten. Und ich kann hier friedlich sein. Und wir haben Zeit zu wachsen, wenn unser Lernen gestoppt wird. Sie sagten, dass wir nicht zur Erde zurückkehren müssen, bis wir viele weitere Dinge gelernt haben.

D: *Sie wollen, dass ihr besser vorbereitet seid?*

C: Um es beim nächsten Mal besser zu machen. Wir waren nicht vorbereitet und haben es nicht richtig gemacht, und wir glaubten an falsche Überzeugungen und wurden nicht wir selbst. Jetzt haben wir also die Möglichkeit, eine Lehre zu erhalten, so dass wir, wenn wir wieder gehen, zu uns selbst werden, zu unserem wahren Selbst. Um in der Lage zu sein, selbstständig zu denken und individuell zu sein. Wir selbst zu sein, real zu sein und unsere Bestimmung zu leben; unser

Potenzial zu erfüllen. Es wurde uns weggenommen und wird jetzt wiederhergestellt.

D: *Es ist Zeit, zurückzukommen und es richtig zu machen.*

C: Ja, mit dem passenden Wissen und mit angemessener Ermutigung.

D: *Wirst du dich daran erinnern können, wenn du in einen physischen Körper zurückkehrst?*

C: Ich weiß es nicht, aber ich weiß, dass uns die Leute hier jetzt ermutigen und uns unser wahres Selbst sein lassen werden und wollen, dass wir unser wahres Selbst sind, anstatt es wie bisher zusammenzuquetschen und zu verstecken. Sie wollen, dass wir das sind, was wir wirklich sind, und das ist viel mehr, als ich je gedacht habe.

D: *Lass uns weitergehen zu dem Zeitpunkt, wenn du alles gelernt hast, was du lernen sollst, und du bereit bist, in einen physischen Körper zurückzukehren. Hilft dir jemand oder sagt dir, wann es Zeit dafür ist?*

C: Ja, wir sind in einer Klasse, die uns beibringt, wie man zurückkehrt. Wir sind die Fertigen, die nun Anweisungen zum Zurückgehen erhalten.

D: *Was sind das für Anweisungen?*

C: Dass du dein wahres Wissen bei dir haben kannst, auch wenn es vielleicht nicht sofort verfügbar scheint. Es ist immer da und du kannst es aufrufen und dich verbinden und du musst diese Verbindung nie verlieren. Wie man in einen Körper auf der Erde geht und in Verbindung bleibt.

D: *Kannst du wählen, in welche Art von Leben oder physischen Körper du einsteigen willst?*

C: Ich glaube nicht, dass ich das schon getan habe.

D: *Lasst uns zu dem Zeitpunkt weitergehen, an dem du die Anweisungen erhalten hast. Erlauben sie dir, zu wählen, wohin du gehst?*

C: Ja, und sie helfen mir diesmal, gut zu wählen. Das baut meine Seele auf und stellt meinen Geist wieder her.

D: *Sie treffen nicht die Entscheidung für dich?*

C: Nein, sie zeigen mir die verschiedenen Optionen und sie helfen mir, eine gute auszuwählen. Man muss nicht die ganze Zeit unangenehme Lektionen lernen und Schmerz erfahren. Du kannst auch eine gute wählen. Du kannst zum Beispiel Musik erschaffen und Pianist werden, du kannst Dinge wählen, die dich aufbauen und bereichern, statt dich in Stücke zu reißen und zu zerstören.

D: *Was wirst du wählen?*

C: Ich mag Natur und Wissenschaft, und Wissenschaft ist möglich. Ich kann das Universum studieren.

D: *Suchst du dir die Familie aus?*

C: Wir scheinen als Gruppe gemeinsam zu einem Planeten zu gehen, auf dem wir Physik und das Universum studieren können, alle Geheimnisse physischen Lebens und wie wir den Menschen helfen können, es besser zu machen. Es ist ein Ort, an dem wir zusammenarbeiten und wunderbare Lehrer haben werden, ohne die Probleme der Erde. Man wird nicht in Stücke gerissen und vergraben. Man kann es im Licht tun.

D: *Sie dachten, das wäre eine bessere Wahl, als zur Erde zurückzukehren?*

C: Ja, eine bessere Wahl, um der Menschheit zu helfen. Sonst wären wir für immer in diesen kleinen Höllenlöchern gefangen. - Wir können etwas anderes aufbauen, in Frieden. Und dabei lernen, was man tun kann, ohne gebrochen zu werden.

D: *Welche Art von Körper hast du in diesem Leben?*

C: Es ist nicht wie auf der Erde. Er wird nicht so leicht verletzt. Er ist hart und ledrig, eine Art reptilienähnlich aussehende Hülle.

D: *Es klingt so, als wärst du sehr intelligent.*

C: Ja, aber wir können wirklich überall intelligent sein, weil wir auf der Erde so dumm waren.

D: *Also bleibst du eine Weile dort auf diesem Planeten?* (Ja) *Werdet ihr Wissenschaftler?*

C: Ja. Das nährt meine Seele und füllt sie mit Wissen und Informationen, um vielen anderen Planeten und Rassen in ihrer Zeit in einem physischen Körper zu helfen. Hier geht es darum, ihnen zu helfen. Es geht darum, das Leiden zu lindern, denn das Leiden verursacht zu viel Schaden.

D: *Erledigst du die ganze Arbeit auf diesem Planeten?*

C: Oh, nein. Wir reisen mit Schiffen. Wir haben das ganze Universum zu studieren. Wie die Sterne explodieren und wie sich die Planeten in ihrer Form entwickeln. Es ist alles so groß und schön und wir können ein Teil davon sein. Es ist sehr seltsam, denn wir können in der einen Minute Sterne und Galaxien sehen und in der nächsten können wir weiterreisen und etwas anderes sehen. Ich weiß nicht, wie das funktioniert.

Hin und her zwischen verschiedenen Dimensionen. Wir wollen lernen und lehren. Es gibt so viel, von dem man heilen muss nach einer Erfahrung auf der Erde, und sie haben mir die Chance gegeben, nun zu heilen.

D: *Kommst du jemals wieder in die Nähe der Erde, während du das Universum erkundest?*

C: Bisher noch nicht.

Er schien nach der schrecklichen Tortur, die er durchgemacht hatte, endlich Glück gefunden zu haben. Also beschloss ich, ihn zum letzten Tag dieses Lebens zu bringen, um zu sehen, was passiert war.

C: Das strahlende, goldene Licht, das in meinem Herzen begann und sich in meinem Körper und dem Energiekörper ausgebreitet hat und im Geist verankert ist, hat mein Wesen und die anderen, die auch gehen, durchdrungen.

D: *Was ist mit dem Körper passiert, den du verlässt?*

C: Er löst sich gerade in Staub auf.

D: *War etwas mit ihm nicht in Ordnung?*

C: Nein. Als das goldene Licht kam, wussten wir, dass wir geheilt waren, und wir wussten, dass es an der Zeit war, das Wissen, das wir gelernt hatten, zu anderen Arten und Planeten zu bringen. Jetzt sind wir also eine schwebende, goldene Kugel des Seins. Wir gehen mit Wissen zum Rat, und wir kommunizieren mit anderen Wesen, die anderes Wissen haben und silberne Kugeln tragen. Schimmernde, schimmernde Farben von Lichtkugeln. Und gemeinsam geben wir die Informationen an den Wissenspool weiter, damit alle sie nutzen können. Damit die zerbrochenen Planeten dieses Wissen für ihre Heilung nutzen können.

D: *Ist das wie ein riesiger Pool, der alles sammelt?*

C: Nicht gerade ein Pool, es sind diese Blasen. Jedes Wesen ist wie eine schimmernde Blase, und all sein Wissen zusammen bildet so etwas wie elektrische Ströme, die in die Universen fließen. An alle Orte, die das brauchen. Und so kann ein Planet, der sich - wie die Erde es tat - in Schwierigkeiten befindet, diese Elektrizität zu sich rufen. Sie kommt wie ein goldener Strom und bringt Heilung. Diese Heilung ist dann quasi für den gesamten Planeten verfügbar.

D: *Wie kann der ganze Planet es empfangen?*

C: Nun, das kann er nicht, aber wer bereit ist, öffnet sich und empfängt es. Und es heilt allmählich den Planeten und die Menschen, die Gebrochenheit, den Schaden.

D: *Müssen die Menschen auf dem Planeten das wollen?*

C: Ja. Jemand muss um diese Hilfe bitten. Andernfalls fließt sie direkt über den Planeten hinweg und sie verpassen sie völlig.

D: *Also müssen sie Hilfe wollen?*

C: Ja. Und so versammeln sich die vielen, vielen Lichtblasen … jedes der Wesen immer wieder am zentralen Ort und bringen das Wissen, die Informationen und die Hilfsbereitschaft, um sie mit allen zu teilen. Sie kommen und gehen. Also brachten auch wir unseren Eimer Wissen mit und gaben ihn hinein. Und sie können sich entscheiden, woanders hinzugehen und einen weiteren Haufen Wissen mitzubringen. - Wir müssen nicht für immer gebrochen bleiben. Nun sind wir wieder ganz.

D: *Jetzt möchte ich, dass du weitergehst zu dem Zeitpunkt, an dem du dich entscheidest, zur Erde zurückzukehren und dich in den physischen Körper von Catherine zu begeben. In denjenigen, durch den du gerade sprichst.*

C: Oh, sie! Sie war gebrochen, aber das muss sie nicht sein. Jetzt hat sie mich. Sie war in vielen Leben auf der Erde in diesem zerbrochenen Zustand, aber jetzt bin ich zu ihr gekommen, ein verlorener Teil von ihr. Jetzt kann das goldene, leuchtende Licht auch in ihr sein. Ab jetzt. Sie wird sich freuen. Sie hing treu an all dem Elend, aber jetzt muss sie das nicht mehr.

D: *Kannst du ihr erklären, warum sie ein so dramatisches Leben mit ihren Eltern geführt hat?*

C: Sie dachte, sie musste weiterhin gebrochen werden. Sie hatte sich an jedes bisschen Gebrochenheit aus ihren Erfahrungen festgehalten, und sie dachte, sie musste weiter daran festhalten. Sie dachte, sie sei Gott treu, indem sie sich an der Gebrochenheit festhielt.

D: *Sie dachte, sie hätte andere Leben gehabt, in denen sie religiös gewesen war.*

C: Ja, mit all dem konnte sie immer wieder die Gebrochenheit weiter aufbauen. Es quasi noch schlimmer machen und daran festhalten. Sie dachte, dass sie das Richtige tat. Es war ihre Art, gläubig zu sein. Es war einfach fehlgeleitet.

D: *Als sie also in das aktuelle Leben kam, dachte sie, dass sie weiterhin das Trauma und die schlechten Erfahrungen machen müsste?*

C: Das ist richtig. Einfach weiter gebrochen und dysfunktional sein und leiden, nur weil sie ihr gesagt haben, Gott liebt es, wenn Menschen in seinem Namen leiden, und sie hat es geglaubt. Nun, nachdem sie den Vesuv gesehen hat, weiß sie, dass das falsche Lehren waren.

D: *Was ist mit ihren Eltern? Warum haben sie sich alle dafür entschieden, wieder zusammenzukommen und dies zu erleben?*

C: Sie waren sanfte Seelen und hatten noch so viel zu lernen, und sie teilten einige der gleichen falschen Überzeugungen, und so rollte sich alles auf. Sie alle teilten ein fernes und primitives Leben voller Aberglaube und Angst. Und so hatten sie diese Verbindung von gläubigem Aberglauben und Angst. Das setzte fast unbewusst das Leiden fort. - Ich sehe jetzt die Mutter. Sie glaubt so sehr, dass das Zufügen von Leid gut für Seelen ist, also tut sie es und tut es und tut es und hat nie erkannt, wie falsch es ist.

D: *Aber Catherine muss da nicht mehr mit reingezogen werden, oder?*

C: Nein, nein, nein. Sie will nicht darin gefangen werden. Sie wusste nur einfach nicht, wie man da rauskommt.

D: *Aber jetzt könnt ihr ihr helfen, nicht wahr?*

C: Ja, weil neue Informationen in den Bereich eingedrungen sind, in dem der Schmerz eingeschlossen war. Jetzt wird sich ihr ganzes Leben verändern. Denn die Veränderung auf jenem fernen Planeten, auf dem die Heilung und die Wissenschaft stattfanden, kann jetzt mit ihr sein ... beginnend jetzt in diesem Leben.

Ich wechselte zur Frage nach Catherines körperlichem Zustand. Sie sagten, wenn sie den Weg fortgesetzt hätte, den sie eingeschlagen hatte, wäre sie gestorben. Sie war auf dem falschen Weg gewesen.

C: Das Herz schrumpfte aufgrund der Gebrochenheit, aber jetzt hat sie gelernt, dass man, wenn eine Beziehung endet, nicht schrumpfen und sterben muss, da man autark und ein starkes Individuum ist. Und so kann nun das verschrumpelte Herz geheilt werden. Es ist vorbei mit dem Schrumpeln!

Sie konzentrierten sich dann auf Catherines Rücken, die Hauptquelle ihrer Schmerzen und der lähmenden Schwere, die sie zurückhielt. Die Schmerzen zogen sich von ihrem Hals aus den gesamten Rücken entlang. Die Ärzte sahen eine Operation als einzige Option.

C: Extreme Spannung und Steifheit und das Festhalten am Leben auf die alte Art und Weise. Lass es gut sein! Die Knochen können nun wiederhergestellt werden. Ich kann das jetzt tun. Ich lasse die elektrische Energie die gesamte Wirbelsäule umgeben; stelle die gesamte Energie wieder her, die die Knochen repariert. Die Elektrizität funktionierte einfach nicht. Die Knochen werden alle repariert werden, sobald die Elektrizität und die Energie in den nächsten Tagen durchströmen. Das Grundmuster für die Heilung ist jetzt da. Sie dachte nicht, dass sie interdimensional sein könnte, aber die Wirbelsäule befand sich noch in dieser interdimensionalen Hölle. Sie befand sich immer noch dort. Es war also interdimensional, allerdings kein Ort, an dem sie sein wollte. Jetzt ist es interdimensional mit einem gesunden Muster. Der Lichtkanal wurde geöffnet. Sie dachte, sie hätte keine Kraft, aber das Halten der Wirbelsäule in dieser Dimensionshölle erforderte einfach so viel Kraft. Sie hat *eine Menge* Kraft. - Ihr ganzer Körper kribbelt vor Energie.

Nachricht: Sie wird so froh sein, bei meiner Arbeit mitzuwirken, Licht auf die Planeten zu bringen, Menschen aufzuwecken und ihnen beim Leben zu helfen. So froh und glücklich. Es ist ihr Glück und Wunsch, diese Arbeit zu tun.

D: Du hast „mein" gesagt. Kommuniziere ich mit dem SC?
C: Ich bin diejenige, die auf dem Wissenschaftsplaneten war.
D: Und jetzt bist du beauftragt worden, mit Catherine zu arbeiten?
C: Ja. Ich bin der Teil von ihr, von dem sie abgeschnitten war und der sich so verloren fühlte. Und die Arbeit ist galaktisch. Sie wollte Teil der galaktischen Arbeit sein.

Abschiedsworte: Hör einfach mehr zu. Hör mehr zu, denn die Wahrheit ist da. Gib nicht auf.

* * *

In unserer Sitzung starb sie als Mann bei einem Vulkanausbruch. Ein Tropfen geschmolzenen Steins traf ihn in den Magen und verursachte starke brennende Schmerzen. Der Mann starb verwirrt in Pompeji und inkarnierte dann in religiöse Leben, um seine Antworten zu finden. Das war wahrscheinlich ein Teil des „höllischen Ortes", von dem er sprach. Dies hat nicht funktioniert. Ihm wurde beigebracht, dass die Antwort Leiden war, und das hielt sich bis in Catherines Leben hinein.

Der andere Teil, der während unserer Sitzung aufgetaucht war, war ein weiterer Splitter oder Aspekt, der den richtigen Weg gefunden hatte. Dieser Teil konnte nun wieder mit ihr verschmelzen und den falschen Glauben an die Notwendigkeit des Leidens beseitigen. Genug ist genug.

Auch das Leiden im Kloster durch die Enthaltung von Nahrung wurde erklärt. Daher kam ihr Drang, so viel wie möglich zu essen. Man wusste nicht, wie viel man bei der nächsten Mahlzeit bekommen würde. (oder ob es überhaupt eine weitere Mahlzeit geben würde). (Der Mann in Pompeji war zudem schließlich an einer Bauchverletzungen gestorben.)

* * *

Nach der Sitzung war Catherine überrascht, dass sie keine Rückenschmerzen mehr hatte. Sie sah zudem weicher und jünger aus. Sie hatte sich freiwillig gemeldet, um am nächsten Abend bei meinem Vortrag zu helfen, und nahm auch an der Klasse teil. Als sie bei der Vorlesung ankam, lächelte sie und sprach darüber, wie gut sie sich fühlte. Bevor wir anfingen, sagte sie, sie wolle den Schülern erzählen (und zeigen), was passiert war. Sie lief und rannte im Kreis durch den ganzen Raum und lachte vor Begeisterung. Sie sagte, dass sie am Tag zuvor nach der Sitzung vier Stunden damit verbracht hatte, ohne jegliches Unwohlsein durch Sydney zu laufen.

* * *

Leider existiert diese Art von Angst in unserer heutigen Welt immer noch, und sie wird von der Kirche verursacht. Meine Tochter Julia war viele Jahre lang Krankenschwester auf einer Intensivstation. Sie sagte, die traurigsten Fälle seien die

Menschen, die vor Angst starben. Sie hatten ein gutes Leben mit all seinen Herausforderungen geführt und niemanden je verletzt. Doch in ihrer Gemeinde war ihnen gesagt worden, dass sie in die Hölle kommen würden, wenn sie nicht vollkommen wären. Da niemand perfekt ist, hatten sie Angst. Sie wussten, dass sie im Sterben lagen, und die Kirche hatte sie davon überzeugt, dass sie in die Hölle kommen würden. Ich denke, es ist ein großer Bärendienst einer jeden religiösen Organisation, einer Person vor dem Tod Angst zu machen. Sie sollten ihnen stattdessen von der Schönheit und dem Wunderbaren erzählen, das sie finden werden, wenn sie hinübergehen. Dass sie nicht allein sein werden, sondern mit ihren Lieben wieder vereint sein werden. Dass die andere Seite ein Ort der bedingungslosen Liebe ist, an dem niemand gerichtet wird, egal wie die Umstände ihres Lebens gewesen waren. Wenn sie ihren irdischen Körper verlassen, gehen sie einfach „nach Hause", und es ist kein Ort, den man fürchten sollte, sondern der einen willkommen heißt.

Noch mehr Informationen über den Tod und all die wunderbaren Orte, an die man auf der spirituellen Seite gehen kann, befinden sich in meinem Buch *Between Death and Life*.

* * *

Für diejenigen, die die Geschichte dessen, was in Pompeji geschah, nicht kennen, werde ich eine Kurzfassung geben. Ich war einmal dort, als wir mit dem Bus von Rom über Neapel zu den Ruinen fuhren. Der Vesuv thronte majestätisch über der gesamten Landschaft. Oben kam Rauch heraus, was zeigte, dass er tatsächlich noch aktiv ist. Wissenschaftler sagen, es ist nur eine Frage der Zeit, wann der Vulkan wieder ausbrechen wird, und ich fühlte ein unbehagliches Gefühl dabei, in dessen Nähe zu sein. Er brach 79 n. Chr. aus und begrub Pompeji unter Asche (genau wie in den Sitzungen beschrieben). Neben der Zerstörung diente die Asche allerdings noch einem anderen Zweck: Sie bewahrte die Stadt für die Nachwelt. Im Laufe der Jahre wurden bei den Ausgrabungen perfekt erhaltene Gebäude und Artefakte entdeckt. Aus den Ruinen ist ersichtlich, dass es sich um eine Großstadt handelte. Aufgrund ihrer bemerkenswerten Erhaltung gilt sie als eine der reichsten Wissensquellen der hellenistischen und römischen Welt.

Wir haben hier also zwei verschiedene Versionen von Menschen, die während des Ausbruchs des Vesuvs gestorben sind. Sie stimmen beide im Wesentlichen miteinander überein, werden nur aus verschiedenen Blickwinkeln erzählt. Die erste aus der Sicht eines Kindes, das in dieser Zeit in Pompeji lebte. Sie sah eine schöne, saubere Stadt. Während der Ausgrabungen wurden perfekt erhaltene Gebäude gefunden, mit Resten von Stuckarbeiten an den Wänden und schönen Wandmalereien. Zudem auch Bilder aus kleinen Steinen und Mosaike. Diese fanden sich nicht nur in den öffentlichen Gebäuden, sondern auch in den Familienhäusern (wie in der Sitzung beschrieben). Es gab dort auch viel Industrie, Landwirtschaft und Handel, so dass der Vater des Mädchens sehr leicht ein wohlhabender Mann hätte sein können. Als sie Pompeji durch die Augen eines Kindes sah, sah sie nur die Schönheit. Sie sah nicht die dunkle Seite der Stadt.

Die Version des Mannes war ebenfalls korrekt. Unter den Gemälden in den Gebäuden fanden sich explizite Sexszenen, aber auch Statuen mit übertriebenen Geschlechtsorganen, als ob die Einwohner von fleischlichen Begierden besessen oder zumindest fasziniert gewesen wären. Demnach war also auch der Bericht des jungen Mannes über die Ausschweifungen korrekt. Die Römer waren bekannt für ihre Exzesse beim Essen und bei sexuellen Orgien. In einigen alten Ruinen wurden sogenannte „Vomitorien" gefunden. Nachdem sie im Übermaß gegessen hatten, gingen Leute in diese Räume, erbrachen und kehrten dann wieder zurück, um weiter zu essen. Diese Art von Welt muss sehr verwirrend für einen jungen Mann gewesen sein. Es ist demnach leicht nachzuvollziehen, wie er von Schuldgefühlen durchdrungen war, als er so gewaltsam starb.

Hier die Ruinen von Pompeji mit dem Vesuv im Hintergrund.

Hier ein Mosaik, das in einem der Häuser entdeckt wurde.

* * *

Nachforschungen zeigen, dass der Begriff der Hölle im zweiten und dritten Jahrhundert, nachdem das Neue Testament geschrieben worden war, entstanden ist. Das Konzept der Hölle wird von übereifrigen christlichen Predigern seit Jahrhunderten verwendet, um ihre Herden gefügig zu machen. Es hat jedoch keine Grundlage in der Heiligen Schrift.

Kapitel 24

DAS VERSTECKEN DER LEHREN JESU

Diese Sitzung wurde als Demonstration während eines Lehrgangs in Ojai, Kalifornien, durchgeführt. Ich wähle stets Schüler aus der Klasse aus, an denen ich demonstriere. Ich weiß nie im Voraus, wer es sein wird, und bin immer leicht besorgt, eine Demo vor einer großen Gruppe von Leuten durchzuführen, da ich nie weiß, was passieren wird. Zudem sind es nicht die besten Umstände für das Subjekt. Ich nenne die Situation gerne „Goldfischglas", weil es keine Privatsphäre gibt und sie ja auch nervös sind. Diese Sitzungen finden vor der gesamten Klasse statt und alles kann passieren. Erstaunlicherweise hat es bisher immer funktioniert, obwohl ich nie weiß, welche Informationen herauskommen werden. Bei einigen Gelegenheiten war die Person, die ich ausgewählt habe, nur schwierig in Hypnose zu bringen, und ich musste schwer arbeiten, um sie in einem vergangenen Leben landen zu lassen. Normalerweise passiert das nur mit Analytikern oder – anders ausgedrückt - Kontrollfreaks. Ich möchte der Klasse zeigen, wie man die Technik anwendet und wie einfach es ist. In diesen Fällen sagen die Studenten jedoch oft, dass sie gerne sehen würden, wie ich mit einem schwierigen Fall umgehe. Sie denken, dass sie daraus mehr lernen als aus einem einfachen.

Genau das war es, was passierte, als ich Betsy bat, das Demonstrationsobjekt zu sein. Als sie von der Wolke kam, war alles, was sie sah, zunächst Dunkelheit und dann verwirrende Bilder. Ihre linke Gehirnhälfte war sehr aktiv und versuchte zu verstehen, warum sie nichts finden konnte. Dies ist immer meine Erklärung für Skeptiker, die sagen, dass Klienten Geschichten erfinden, um dem Hypnotiseur zu gefallen. Wenn sie sich etwas ausdenken wollte, warum tat sie es dann nicht? Nach einer Weile begann sie, unzusammenhängende Bilder und Szenen aus den frühen Jahren ihres aktuellen Lebens zu sehen. Es war interessant, dass dies viele Streits waren, die sich zwischen ihren Eltern abgespielt hatten, während sie sich alleine in ihrer Krippe befand. Ich gebe nie auf und halte stets durch, bis ich letztendlich den Widerstand breche. Nach etwa einer halben Stunde Verwirrung bat ich sie, zu etwas überzugehen, das für sie wichtig und angemessen wäre. Schließlich gelang es uns, die Schranke der linken Gehirnhälfte zu durchbrechen, und wir befanden uns in einem früheren Leben.

B: Ich bin so etwas wie eine Nonne. Ich lebe mit einer Gruppe von Frauen zusammen und wir lernen aus Büchern. Wir studieren Lehren. Wir sind in Frankreich und studieren die Lehren, die wir mitgebracht haben. Wir gehen nicht sehr oft hinaus. Wir haben Angst davor, hinauszugehen.

D: *Du sagtest, du bist so etwas wie eine Nonne?*

B: Ja. Ich gehöre zu den sehr klugen Frauen, die die agnostischen Lehren des Jesus von Nazareth studieren.

D: *Du sagtest, es seien Lehren, die ihr mitgebracht habt?*

B: Ja. Wir kamen von diesem Ort … dem Ort, an dem er gekreuzigt wurde.

D: *Du warst also zu dieser Zeit dort?*

B: Ich war dabei. Ich war mit den anderen dort und wir sahen, was geschah. Wir waren alle da und wussten, dass es passieren würde. Er war unser Lehrer gewesen und wir liebten ihn sehr.

D: *Also hat die ganze Gruppe von Frauen von ihm gelernt?*

B: Ja, wir waren sehr spezielle Schüler von ihm.

D: *Hast du gesehen, was mit ihm passiert ist?*

B: Ja, er wurde natürlich gekreuzigt, und ich habe die ganze Sache mitangesehen. Ich versuchte, nicht oft hinzusehen, und danach mussten wir gehen. Wir mussten unsere Lehren nehmen und flüchten. Er hatte uns zuvor gesagt, dass wir es müssten, und so gehorchten wir. Andernfalls wären die Lehren verloren gegangen. Und sie suchten auch nach uns, weil sie wussten, dass wir besondere Schüler von ihm gewesen waren, und so mussten wir schnell verschwinden.

Nachdem seinem Körper das angetan worden war, gingen wir sehr schnell fort nach Frankreich.

D: *Sonst wärt ihr in Gefahr gewesen?*

B: Auf jeden Fall. Ich und einige der anderen. Durch Assoziation wäre ich es auch gewesen, aber am meisten unsere Anführerin.

D: *Wie bist du nach Frankreich gereist?*

B: Wir sind gelaufen. Zumindest einen Teil des Weges. Es war ein langer Weg. Es war eine lange Reise. Viel davon sind wir gelaufen.

D: *Ihr seid alle zusammengeblieben?*

B: Wir sind alle zusammengeblieben.

D: *Wie habt ihr den Ort gefunden, an dem ihr jetzt lebt?*

B: Es war arrangiert. Und so folgten wir einfach der Frau, die Bescheid wusste … unserer Anführerin. Sie wusste Bescheid. Und es gab einen Mann, der die Richtung vorgab. Er war auch eingeweiht. Es war alles vorbereitet. Wir wussten, dass es passieren würde, also nahmen wir die Lehren und flohen.

D: *Habt ihr euch an sie erinnern können?*

B: Sie waren niedergeschrieben worden. Viele von ihnen waren niedergeschrieben. Wir haben später noch mehr geschrieben. Sie waren niedergeschrieben und wir mussten sie beschützen. Das war sehr schwer. Was sie wirklich wollten, waren die Lehren, und wir mussten sie davor bewahren, zerrissen zu werden und verloren zu gehen. Er erzählte uns andere Dinge als den anderen. Wir haben mehr gelernt als die anderen. Was die anderen anging, waren das geheime Lehren.

D: *Sie waren anders als die, die den Jüngern beigebracht wurden?*

B: Anders als die der männlichen Jünger. Und sie waren sehr eifersüchtig, dass er uns diese Dinge gelehrt hat, und sie wollten nicht, dass wir sie haben. Sie dachten, dass wenn wir sie als Frauen hätten, sie sie auch haben sollten. So sind sie, weißt du.

D: *Ja, ich verstehe. Deshalb waren sie eifersüchtig auf deine Gruppe?*

B: Sehr, und besonders auf unsere Anführerin. Sie war diejenige, die sie wirklich verachtet haben. Sie gaben vor, sie zu lieben, aber tief im Inneren liebten sie sie überhaupt nicht.

D: *Sind die Männer in eine andere Richtung gegangen? Weißt du das?*

B: Ich weiß, dass einige der Männer mit uns gekommen sind, aber nicht die, vor denen wir Angst hatten. Sie blieben zurück und gingen ihren Weg. Sie hatten eine andere Aufgabe zugeteilt bekommen. Ihre Aufgabe war es, die verbalen Lehren zu nehmen und zu verbreiten. Aber die, die aufgeschrieben wurden, waren sehr kostbar und wurden uns gegeben. Wir zogen also fort und studierten noch mehr, und Er kam, nachdem Er wieder da war. Er kam und besuchte uns an diesem Ort in Frankreich.

D: *Wer kam, nachdem ihr an diesen Ort gekommen wart?*

B: Jesus kam. Sie nannten ihn Yeshua. Er kam.

D: *Nachdem er gekreuzigt worden war?* (Ja) *War er im Geist oder im Körper?*

B: Er war im Geist und im Körper.

D: *In beiden zusammen?*

B: Zusammen, ja. Er kam nur kurz mit seinem physischen Körper. Nur für eine Weile, um zu lehren, und dann ist er wieder gegangen. Er ging, aber ich kannte ihn und er kannte mich. Sehr beiläufig, nicht sehr gründlich, aber er war mein Lehrer.

D: *Ist er woanders hingegangen, nachdem er deine Gruppe verlassen hat?*

B: Ja. Er ging zu seinem Vater zurück. Aber er kam mehrmals.

D: *Um sicherzustellen, dass ihr das tatet, was ihr tun solltet?*

B: Ja, um uns zu befragen und uns noch mehr Lehren zu hinterlassen. Und wir haben diese aufgeschrieben. Und niemand weiß davon, glaube ich. Ich glaube nicht, dass es jemand weiß.

D: *Dann ist es sehr geheim. Es ist sehr wichtig für dich, all das zu schützen.*

B: Ja, das ist wahr. Wir werden geehrt und haben viele Jahre lang ganz allein gelebt. Wir sind nie hinausgegangen. Wir sind drinnen geblieben. Sogar unsere Anführerin blieb. Wir waren jahrelang von allen getrennt. Wir wollten so sein wie er. Wir dachten, wir könnten wie er sein. Wir wussten, dass wir wie er sein könnten, weil er uns sagte, dass wir es könnten. Und er wollte, dass wir auch Lehrer werden, aber wir konnten nicht mit den Männern zusammen sein. Sie hätten es nicht erlaubt, also sind wir hierhergekommen.

D: *Das war eine sehr gute Entscheidung.*

B: Ja, wir denken schon.

Ich beschloss, sie an einen wichtigen Tag in diesem Leben zu bringen, um mehr Informationen zu erhalten. Andernfalls wäre sie wahrscheinlich einfach an diesem Ort geblieben.

B: Das war ein Tag, an dem wir hinausgingen und dann herausfanden, dass sie noch immer da waren ... und wir hörten, dass sie immer noch nach uns suchten. Wir dachten, wir könnten andere Frauen finden ... und sie in unsere Gruppe aufnehmen. Denn diese wurde immer kleiner und wir wollten die Lehren auf unsere eigene Weise verbreiten.

D: Deine Gruppe war am Aussterben?

B: Ja, die Frauen starben nach und nach weg. Wir waren vielleicht noch fünf oder sechs, also war es wichtig, dass wir nicht die einzige Möglichkeit waren, die wir hatten. Einige andere Menschen mussten auch das Wissen erhalten. Also gingen wir hinaus und fanden heraus, dass sich die Dinge überhaupt nicht groß verändert hatten. Immer noch wussten viele nicht, was wir wussten.

D: Was habt ihr beschlossen zu tun?

B: Wir beschlossen, dass wir diese Lehren nehmen und irgendwo deponieren mussten. Nicht an einem Ort, wo nur wir allein Zugang hätten, denn wir könnten ja alle sterben und es gäbe dann niemanden außer uns, der diese Lehren gehabt hätte. Also vereinbarten wir, sie mit nach draußen zu nehmen und zu vergraben, und das haben wir dann auch getan. Wir hatten dabei die Hilfe einiger männlicher Jünger. Wir wollten die Lehren beschützen und vertrauten diesen Männern. Sie waren unsere Freunde. Nicht alle waren gleich, weißt du. Wir hatten einige Freunde, die anders über uns dachten. Es gab viele Männer, die bei uns studieren wollten, aber natürlich ging das damals nicht (Lacht).

D: Wo begrabt ihr sie?

B: Wir nahmen sie mit hinaus und vergruben sie an mehreren Orten, nicht nur in Frankreich. Es gab einige, die in der Nähe unseres Aufenthaltsortes vergraben wurden. Aber es gab auch die, die dorthin zurückgebracht wurden, wo er gekreuzigt worden war, und wir vergruben sie an der Küste, sehr nahe an diesem Ort.

D: Dieser Ort, von dem aus ihr losgegangen wart und alles vergraben habt ... wo du mit deiner Gruppe gelebt hattest. War es in der Nähe einer Stadt oder eines Dorfs?

B: Ja, es war … Le Deuce … Le Blanc? So etwas in der Art oder in der Nähe dieses Namens.

D: *Das war der Name des Ortes, an dem die Gruppe lebte?*

B: Ja, in der Nähe der Stadt. Wir lebten in einem Tempel, einer alten Kirche. Es gab Ritter in der Umgebung, die uns beschützten.

D: *Als ihr die Lehren vergraben hattet, war das in der Nähe dieser Stadt?*

B: Einige von ihnen, ja, und dann sind einige der Ritter an andere Orte gegangen und haben sie dort vergraben.

D: *Ich denke, es war sehr gut, dass ihr diese Dinge beschützen wolltet. Es ist gut, Wissen zu schützen, nicht wahr?*

B: Das ist extrem wichtig. Die kostbaren, zeitlosen Lehren der Ewigkeit. Diejenigen, die den Weg lehren, den Weg zu Gott. Das ist es, was ich immer wollte, und es war mir eine Ehre, ihn kennenzulernen. Und es war eine Ehre, in seinem Licht sein zu können und dieses Licht auszustrahlen und die Lehren auszuführen.

D: *Du hast gute Arbeit geleistet.*

B: Ich glaube schon.

D: *Und du hast versucht, die Lehren zu schützen.*

B: Ja. Es gab nicht sehr viele Leute, die zuhörten, nicht wo wir waren, aber ich denke, sie wären gut gewesen. Ich wollte große Gruppen unterrichten, aber das war nicht mein Schicksal in diesem Leben. Wir haben in dem Leben allerdings etwas sehr Wichtiges getan, und ich mag es, Dinge zu tun, die wichtig, sehr wichtig, sind. Du weißt, dass einige Leute nicht sehen können, das wichtig ist, aber ich kann es. Ich kann wichtige Dinge sehen. Ich erkenne sie sofort und das ist es, was ich tue.

Ich hatte den Eindruck, dass wir so viel gelernt hatten, wie wir von einer Frau, die eine klösterliche und isolierte Existenz führte, hätten lernen könne. Also ließ ich sie zum letzten Tag ihres Lebens springen und fragte sie, was los sei.

B: Ich liege im Bett und meine Schwestern sind bei mir. Sie sind jetzt sehr alt. Wir sind alle alt. (Lacht) Wir haben lange gelebt, und ich bin traurig, weil ich so viele meiner Schwestern verloren habe. Ich bin eine der letzten, die noch leben, und denke jetzt zurück. Ich denke an ihn. Ich denke an die Zukunft.

Ich denke an die Größe dieser Lehren. Wenn nur andere es wissen könnten. Sie sind nicht das, was sie zu sein scheinen. Sie sind nicht das, was man jetzt lehrt. Die Schönheit der Lehren ist verloren gegangen.

D: Ihr wart in der Lage, Leute zu unterrichten, nicht wahr?

B: Nein, nicht genug ... nicht genug. Nicht in den *Wahren* Lehren. Nur in den oberflächlichen Lehren, die verstanden werden konnten. Es gab niemanden, der die Tiefe der Lehren verstehen konnte. Das war das Problem. Wir mussten sie vor denen schützen, die sie nicht sehen und verstehen konnten.

D: Ihr konntet sie nicht so verbreiten, wie ihr das wolltet.

B: Nein. Wir mussten sie vergraben. Aber eines Tages wird jemand sie entdecken und sie werden unterrichtet werden, und das war mein Job.

D: Sie gingen also nicht verloren.

B: Nein, sie gingen nicht verloren, und ich sterbe glücklich, da ich das weiß. Mein Leben ist erfüllt gewesen. Ich habe sehr gute Arbeit geleistet. Ich bin sehr zufrieden. Ich wollte es nicht anders haben, obwohl ich sehr allein war. Ich hätte gerne mehr Leute kennengelernt. Ich bin so allein in allem, allein mit den Lehren.

D: Ich denke, du hast damit gute Arbeit geleistet. Du hast es versucht.

B: Danke. Das habe ich in der Tat.

Ich brachte sie auf die andere Seite, wo sie nicht mehr in ihrem Körper war, und fragte, ob sie den Körper sehen konnte. „Ich kann ihn weit entfernt sehen. Ich treibe einfach weg."

D: Jedes Leben hat eine Lektion. Wenn du dir dieses Leben anschaust: Was, glaubst du, hast du aus ihm gelernt?

B: Ich habe die Liebe der Lehren gelernt und gelernt, dass sie bewahrt und versteckt werden müssen. Und dass Gott im Inneren zu finden ist. Trotz all dem, was die Christen heutzutage lehren, kenne ich die Wahrheit, und es ist nicht das, was sie sagen. Es ist nicht das, was sie daraus gemacht haben. Das sehe ich jetzt.

D: Denkst du, du hast das in dem Leben gelernt?

B: Ich wusste, dass ich die ganze Zeit die Lehren hatte. Ich habe von der Einheit Gottes erfahren. Ich erfuhr, auf welche Art und Weise es gelehrt wurde, und was mit der Lehre geschah, nachdem sie unsere Hände verlassen hatte. Ja, das habe ich gelernt.

D: Was, denkst du, wirst du mit dieser Lektion machen? Es ist eine wichtige Lektion. Was denkst du nun, da du nicht mehr in diesem Körper bist?

B: Ich werde die Wahrheit schützen und dafür sorgen, dass die Wahrheit erhalten bleibt. Und dass sich andere im Geiste entfalten, wie ich es konnte, weil ich die Wahrheit kannte; die Wahrheit darüber, wer wir sind.

Ich ließ sie dann von diesem Leben wegschweben und rief das SC hervor. Die erste Frage, die ich immer stelle, ist, warum das SC entschied, dieses bestimmte Leben zu zeigen.

B: Weil sie an sich selbst zweifelt. Sie bezweifelt, dass sie diejenige ist, die sie ist. Sie zweifelt und hat Angst.

D: Wovor hat sie Angst?

B: Sie hat Angst davor, anders zu sein als andere. Sie ist wütend, weil ihre Familie ihre Andersheit nie gesehen hat, und wenn sie es taten, haben sie es nicht unterstützt. Ihre Mutter versuchte es sehr unwirksam, nicht sehr gut. Sie tat so, als ob sie Betsy hier und da Freiraum lassen würde, aber nicht weit genug, um diese Andersheit zu sehen und sie dann auch zu nähren und zu pflegen. Sie hätte mehr Bildung gebraucht und ist wütend, sehr wütend, dass das nicht früher kultiviert wurde, damit sie etwas für die Welt hätte tun können. Mehr, als sie in dem Leben tun konnte. Es ist so schwer ... so schwer für sie. Es hätte nicht so schwer sein müssen.

D: Hat sie es sich so schwer gemacht?

B: Nun, ich denke, sie kam absichtlich in dieses Leben und in gewisse Umstände, um Karma zu bearbeiten. Sie wusste von Anfang an, wer sie war. Sie konnte dem Karma, das sie begleichen musste, nicht entkommen, weshalb sie versuchte, sich da heraus zu katapultieren, dies zu tun und das zu tun. Und natürlich konnte das nicht funktionieren, denn es war nicht *unser* Wille. Es war nicht das, was sie tun sollte. Sie hat diese Vertragsidee nie gemocht. Sie wollte das nicht tun müssen. Sie wollte es hinter sich bringen.

D: Was war ihr Vertrag?

B: Der Vertrag war, den verschiedenen Männern in ihrem Leben zu helfen, sich selbst zu finden und etwas über sich selbst zu lernen, ihre eigenen Schwächen zu sehen und dann weiterzugehen. Sie musste lernen, dass sie dort aber nicht hingehört und dass auch sie weitergehen muss. Sie mussten einfach noch gemeinsam ihr Karma beenden, und das bedeutete eine Menge Leid für sie. Sie war wütend auf diese Männer, weil sie damit nicht klarkam. Sie wusste, wohin sie gehen wollte, aber sie musste das zuerst absolvieren. Das erste Mal war etwas, das sie erledigen musste. Armes Ding, sie hat gelitten. Oh, Mann, er war echt ein Typ. Er kroch unter einem Felsen in Norwegen hervor. Das haben wir früher immer über ihn gesagt. (Wir lachten.) Er war ein richtiger Charakter. Sie musste mit ihm leben und er machte ihr wirklich Angst. Lange Zeit schlug er sie und sie kam tatsächlich für mehr davon zu ihm zurück - wegen dieses christlichen Gefühls der Schuld, eine Ehe nicht zu verlassen und sie durchzustehen. Sie fühlte sich schuldig und blieb, und er machte immer und immer wieder sein Ding und sie „checkte" es nicht. Sie blieb viel zu lange. Er hätte sie fast getötet, aber sie war schließlich weise genug, das endlich zu sehen, und entkam. Er arrangierte sich damit, so dass sie nur sich selbst die Schuld dafür geben kann, wenn sie irgendjemandem die Schuld dafür geben will. Sie hätte das viel früher beenden können. Ich weiß, dass sie sich über das Karma dieses Mannes Gedanken macht. Sie will zu diesem Mann nicht zurückkommen, und ich kann es ihr nicht verübeln. Ich denke, wir können sagen, dass es beendet ist. Es ist vorbei. Sie hat sich da rausgeholt und das war klug. Sie musste allerdings durch die Erfahrung mit ihm gehen. Sie musste auch durch die Erfahrung mit dem anderen, dem zweiten – Dennis - gehen. Mit ihm gibt es jedoch kein Karma. Sie mussten sich einfach treffen. Dennis musste erwachsen werden und sich weiterentwickeln, und Betsy musste sehen, dass dies schwache Männer waren, die sie zurückhielten.

D: *Waren dies Leute, mit denen sie in anderen Leben zu tun hatte?* (Ja, ja.) *Sie hatten also gemeinsames Karma.*

B: Ja, sie mussten es hinter sich bringen. Und dann war da natürlich noch der Musiklehrer, eine der Lieben ihres Lebens. Natürlich waren sie nie verheiratet, aber das war eine weitere Lektion. Du weißt schon … Anhaftung, Bindung, Anhänglichkeit. Sie konnte wegen eines früheren Lebens, in dem sie mit Musik zu tun hatte, nicht sehen, wer sie wirklich war. Plötzlich kam sie auf den Gedanken, sie müsste

Opernsängerin werden, und wir konnten sie nicht davon überzeugen, dass sie nicht da war, wo sie sein sollte. Sie blieb dort zu lange. Ach, du meine Güte! Sie musste schließlich ihre Stimme verlieren. Wir mussten ihr die Stimme ganz wegnehmen, um sie da rauszuholen. Er liebte sie. Und dann gibt es natürlich noch diesen anderen Mann, den letzten. Wir werden aber nicht über ihn reden. Endlich hat sie einen Partner gefunden. Sie ist eine, die einen Partner braucht, also hat sie nun den Richtigen gefunden.

Das SC erläuterte dann die Probleme, die Betsy ihr ganzes Leben lang mit ihrer Mutter gehabt hatte und immer noch präsent waren. Es war an der Zeit, sie loszulassen.

D: Ihr wisst, dass Betsy sehr an metaphysischen Lehren interessiert ist. Kommt das aus dem Leben, das ihr ihr gezeigt habt?
B: Ja, sie ist schon seit vielen Jahren Teil dieses Musters. Auch in anderen Religionen, immer mittendrin und immer um einen großen Lehrer herum. Auch im Leben des Buddhas. Sie war eine Freundin seiner Frau, und sie erhielt die Lehre zu dieser Zeit. Sie war ebenfalls im Leben von Mohammed, aber eher als Anhängerin und nicht so sehr ein Teil seines inneren Kreises.
D: Es scheint, als wäre es ihr Schicksal gewesen, alte Lehren zu studieren und diese weiterzugeben.

Das SC erörterte ihre aktuelle Faszination für alte Lehren und wie sie von Lehrer zu Lehrer gegangen war, um so viel Wissen wie möglich aufzunehmen. „Wir haben so viel mehr für sie. Es gibt noch mehr, wozu sie fähig ist. Es ist nun Zeit, weiterzugehen. Die Lehren sind sehr wichtig, und sie hat sich mit Menschen getroffen, die diese uralten Weisheiten und Lehren lieben, aber nicht viele Menschen werden sich die Zeit nehmen, sie durchzugehen. Es gibt nur zwei oder drei Bücher, die jeder verstehen kann." Das erinnerte an das Leben, das ihr gezeigt worden war. Damals gab es ebenfalls nicht sehr viele Menschen, an die sie das Wissen weitergeben konnte. - Ich beschloss, dass es an der Zeit war, nach der Heilung ihres Körpers zu fragen. Betsy wies viele körperliche Probleme und Symptome auf. Sie hatte ständig Schmerzen, die in den letzten vierzig Jahren eskaliert waren, und nahm täglich starke Schmerzmittel. Die Schmerzen waren nahezu über ihren gesamten Körper verteilt, da sie Probleme mit ihrem Rücken (Skoliose und degenerierende Bandscheiben), ihrem Becken (verdrehter und beschädigter Beckenboden), Hüften, Knien, Knöcheln, Handgelenken und Schulterblättern hatte. Sie litt an schweren Allergien und von Kindheit an unter Atembeschwerden. Zudem hatte Betsy auch noch Bluthochdruck, Probleme mit den Augen und nahm zahlreiche Medikamente ein. Ich dachte, es wäre am besten, das SC einen Body Scan machen zu lassen, da es so viele Gesundheitsprobleme gab.

B: Dieser Körper muss geheilt werden. Sie will es schon so lange. Sie wusste aber nicht, wie sie sich mit mir verbinden sollte. Ich denke, dass sie den Kontakt zum verwirrten Gehirn wegen der Medikamente nicht herstellen konnte. Wir haben es versucht. Wir versuchten, sie zu erreichen, als sie bettelte und fragte, aber sie konnte die Verbindung nicht herstellen. Es gab nichts, was wir tun konnten. Die Medikamente standen definitiv im Weg des Lichts, das wir senden wollten und das sie hätte retten und auf der Stelle hätte heilen können.

D: *Aber jetzt, in diesem Zustand, könnt ihr ihr helfen, nicht wahr?*

B: Ihr kann geholfen werden und wir wollen es tun. Wir wollen es schon seit langem, also lass uns das nun angehen.

D: *Sie wird sich euch diesmal nicht widersetzen können.*

B: Oh, ja, wir haben sie genau da, wo wir sie haben wollen. Wir werden einen großen Scan von oben bis unten durchführen und sehen, was los ist.

D: *Ich nenne das einen Body Scan.*

B: Oh, natürlich. Und wir lassen das Licht einfach von oben nach unten gehen und finden dann heraus, wo etwas nötig ist. Wir haben eine Technik, die wir anwenden wollen. Die Technik des Lichts. Sie wird die neue Art der Heilung im Neuen Zeitalter sein wird. Unsere „Weltraumbrüder" haben sie auch.

D: *Das wusste ich nicht.*

B: Alles ist aus Licht. Alles ist Licht. Wir müssen nur lernen, wie man es fokussiert. - Wir werden mit der Spitze des Kopfes beginnen. Wir werden für eine geraume Zeit hier anhalten und am Gehirn arbeiten. Wir werden das Licht nehmen und das Licht durch jedes Molekül in ihrem Gehirn ziehen und all diese Toxizität herausholen. Dieses ganze Zeug vernebelt ihr Gehirn.

Bei anderen Klienten hatte das SC oft gesagt, dass sie die Leitungen im Gehirn neu verlegen würden. Das konnte das sein, was sie hier taten. Ich bitte sie stets darum, zu erklären, wie sie vorgehen, weil ich neugierig bin. Zudem ist es gut für den Klienten, den Prozess auf der Aufnahme zu hören.

B: Ich muss mich nicht konzentrieren. Ich habe derzeit dieses Instrument, das die Lichtenergie öffnet. Und es ist dazu in der Lage, die Frequenzen zu durchbrechen, die notwendig sind, um sie mit Licht auszugleichen. Es ist ziemlich schwierig, dir das zu erklären, aber hier ist es.

Sie gingen dann weiter zu ihrem Brustkorb und waren entsetzt darüber, was ihre Allergien und die Medikamente dort bewirkt hatten. „Du würdest es nicht glauben. Dieses Las Vegas (wo Betsy lebte) ist nicht gut für sie. Sie muss gehen, sobald ihre Mutter ihren Übergang vollzieht. Wir müssen sie da rausholen. Ihr Körper ist empfindlich, vor allem, weil sie so viel Zeit auf einem anderen Planeten verbracht hat. Es gibt zwei Möglichkeiten, wie wir das erreichen können. Wir können ihren Körper entweder nicht auf die Allergien reagieren lassen, was *mein* bevorzugter Weg wäre, damit sie überall hingehen kann. Oder wir können sie gegen *die* Allergien nicht reagieren lassen, die sie an einem bestimmten Ort erlebt, wenn sie nur dort bleiben will."

D: *Macht es so, wie ihr es lieber machen möchten.*
B: Nun, ich möchte einfach alles loswerden. Weißt du, es hat so lange gedauert, bis wir sie hierher gebracht haben, lass es uns nun richtig machen! (Lacht)
D: *Macht es so, wie ihr es wollt. Ihr seid der Boss. (Lacht)*

Sie erwähnten auch, dass das Nasenspray, das sie nahm, eine Rückprallreaktion verursachte. Sie reparierten den Schaden, sagten aber, sie müsse geduldig sein, während die Nase lernen würde, ohne das Spray zu atmen. Sie gingen dann weiter zu ihrer Leber/Niere, wo sie Verstopfungen entdeckten und eine Entgiftung durchführten. Dann bewegten sie sich weiter bis zum Beckenbereich.

B: Sie hatte zwei Operationen und wir müssen das alles herausnehmen. Dieser Teil ist nicht so leicht. Die Ärzte haben die Operationen versaut. Und sie hätte sich fast in Richtung eines Lebens voller Elend und vielleicht sogar Inkontinenz bewegt. Chirurgie ist so archaisch und primitiv. Meine Güte!

D: *Sie wollen sie wieder operieren.*

B: Nein, absolut unsinnig. Das ist so einfach.

Anschließend arbeiteten sie an allen Gelenken und reparierten sie. „Da ist jetzt ein prickelndes Gefühl. Ich bin sicher, sie kann es fühlen." Ein Problem mit ihrer Zirbeldrüse hatte Schlafstörungen verursacht, und auch dafür nahm sie Medikamente. Das SC wollte definitiv, dass sie von allen Medikamenten runterkam. Sie nahm unter anderem Medikamente gegen Depressionen, was sie behoben, ohne dazu aufgefordert zu werden. „Wir haben das geregelt. Ihr geht es jetzt gut. Das kam aus all den Leben, in denen sie als Frau zurückgehalten wurde. Frauen haben eine schreckliche Zeit mit Karma. Das kollektive Ganze. Sie haben so viel angesammelt. Nach einer Weile muss man da einfach deprimiert werden. Sie trug das definitiv mit sich in ihr aktuelles Leben und dann verband sich das mit der fehlenden Liebe des Vaters. Also haben wir uns nun darum gekümmert und es ausgeglichen. Jetzt müssen wir die Rückseite angehen." Betsy hatte ihren Rücken als das Hauptproblem gesehen, aber das SC erklärte, dass sie zuerst alles andere reparieren mussten. Jetzt konnten sie zu ihrem Rücken übergehen und ihr dort helfen. Betsy war mit einer Krümmung der Wirbelsäule geboren worden.

B: Es begann, als sie eine Frau in Afrika war, die diese Körbe herumtrug. Geboren in einer Zeit, in der Frauen schwere Dinge mit sich trugen. Das begann dort und wurde in verschiedenen Leben fortgesetzt. Es gab Unfälle und Kriege, in denen sie gebrochen wurde. Sie brach sich in einem Krieg den Rücken und sie hatten damals keine Möglichkeit, das zu reparieren, also trug sie das als Erinnerung mit sich.

D: *Sie braucht es jetzt nicht mehr.*

B: Nein, sie braucht es nicht. Sie wird geradezu schockiert sein, wenn sie wieder gerade stehen kann. Sie wird es lieben. Sie fragt sich, ob sie das alles spüren wird. Sie merkt, dass etwas passiert. Das ist die Ausrichtung. Wir werden weitermachen.

Dieses Rückenthema ist keine leichte Sache. Wir versuchen, sie von diesem Medikament runterzubekommen, also wollen wir nicht, dass das sehr lange dauert. Vielleicht wollen wir es einfach jetzt heilen. Sie hätte mit einer sofortigen Aufrichtung des Rückens die Schmerzen nicht mehr. Ja, der Schmerz wird verschwinden. Wir würden aber die schrittweise Korrektur über mehrere Monate hinweg deshalb vorziehen, weil es für *uns* schwer ist. Es ist eine Menge Arbeit.

D: *Ich weiß, zu was ihr in der Lage seid.*

B: Ja, ich weiß, dass du das tust. (Beide lachten.) Lass mich mal sehen.

D: *Was immer ihr für am besten geeignet haltet.*

B: Nun, ich denke, es wäre sehr gut für Betsy, wenn sie wirklich ein Wunder erleben könnte. (Pause)

D: *Also, was macht ihr nun?*

B: Ich starre auf ein Dreieck und fixiere gleichzeitig ihren Rücken. Das Becken wird gedreht. Es wird eine Weile dauern, bis es wieder im Gleichgewicht ist. Das Gleichgewicht des Halses und der Schultern wird wiederhergestellt. Das Ganze funktioniert. Ich glaube, wir haben heute Wunder vollbracht. Sie wird überrascht sein und die Medikamente nicht mehr so dringend brauchen, wenn überhaupt. Sie muss allerdings wirklich zu ihrem Arzt gehen, um sie langsam zu reduzieren. Es wird aber nicht schwer sein. Das ist die Hauptsache. Es wird keine Schmerzen mehr geben und all die Entzugserscheinungen, die man normalerweise erlebt. Der Körper wird sich daran gewöhnen, das Medikament nicht mehr in sich zu haben. Ich versuche zu sagen, dass es keine Schmerzen geben wird, vielleicht ein wenig Übelkeit im Magen. Ich denke, das ist genug. Wir werden weitermachen. Es wird weitergehen, auch wenn ich nicht mehr hier bin, also kannst du die Sitzung ruhig beenden.

D: *Nun, ihr wisst, dass wir gerade einen Kurs haben, oder?*

B: Oh, ja, das stimmt.

D: *Und es ist sehr wichtig für alle hier, das zu lernen, nicht wahr?*

B: Ich hoffe, wir waren aufschlussreich. Ich hoffe, sie haben ein oder zwei Dinge gelernt.

D: *Wir wollen es ihnen beibringen, damit sie es selbst können.*

B: Ja, wir würden sehr gerne mit allen von ihnen als Heiler zusammenarbeiten. Die Welt braucht mehr, also lasst es so kommen.

D: *Weg von den Operationen.*

B: Oh, mein Gott! Erwähne nicht einmal das Wort. (Beide lachten.) Wir haben alle Unannehmlichkeiten am Rücken beseitigt. So sei es! Ich habe heute viel getan, aber im Schlaf werden wir sogar noch mehr helfen. Die Bandscheiben werden noch mehr freigegeben werden, während sie schläft. Wir machen einen Großteil der Arbeit am Rücken im Schlaf, weil er so empfindlich ist. Das ganze System, die gesamte Rückenmarksflüssigkeit und die zerebrale Wirbelsäulensituation, befindet sich im Rücken.

D: *Im Schlaf ist das Bewusstsein aus dem Weg geräumt, damit ihr ohne Störungen an ihr arbeiten könnt.*

B: Ja, das ist gut so.

D: *Du sagtest, es würde mehrere Monate dauern, bis die Korrekturarbeiten abgeschlossen sind?*

B: Ich glaube nicht, dass es so lange dauern wird, weil ich bereits heute an ihr gearbeitet habe. Danke, dass du mir mehr Zeit gelassen hast. Ich denke, sie wird überrascht sein. Sie wird einen Unterschied bemerken.

D: *Wunderbar! Dann wird sie es glauben!*

B: Das ist es, was wir wollen. Glaube ist sehr wichtig. Und sie hat ein besonderes Problem mit all dem, weißt du, mit dem esoterischen Ansatz. Glaubt nur das, was ihr selbst wirklich glaubt, und nicht, weil es euch jemand gesagt hat. Es muss etwas sein, das du weißt. Sie wird ein neuer Mensch sein.

D: *Sie war bereit zu gehen, aber es ist noch nicht Zeit, oder?*

B: Nein, es fängt gerade erst an.

* * *

Abschiedsworte: Sie macht sich so große Sorgen, dass sie keine gute Arbeit geleistet hat. Sie ist so besorgt, muss das tun und das tun, und sie macht sich Sorgen darüber, dass wir von ihr enttäuscht sein werden. Nein, sie leistet gute Arbeit. Alles ist in Ordnung. Sie muss dieses Gefühl der Schuld abgeben und wissen, dass wir sie lieben. Ich werde es bedingungslos tun. Sie kann nichts falsch machen. Wir sollten mehr wie sie haben. Sie trägt ihren Teil zum großen Plan bei. Sie hört auf ihr höheres Selbst und erfüllt ihre Bestimmung.

* * *

Als Betsy aufwachte und vom Bett stieg, war sie erstaunt, dass sie keine Schmerzen hatte. Sie bemerkte sofort, dass sie gerade stand. Später saß sie auf dem Boden und führte Yogastellungen aus, während die anderen Schüler ihr dabei zusahen. Sie lachte, als sie sagte, dass sie das seit vielen Jahren nicht mehr hatte tun können.

* * *

Laut Stuart Wilson und Joanna Prentis in *The Power of the Magdalene - The Hidden Story of the Women Disciples* verließ Maria Magdalena nach der Kreuzigung Israel an Bord eines Schiffes von Joseph von Arimathea und ihre Gruppe landete in Südfrankreich, das damals als Gallien bekannt war. Sie schreiben, dass es ein Gleichgewicht zwischen männlichen und weiblichen Jüngern gegeben hat. Es gab sechs Kreise von jeweils zwölf männlichen Jüngern, insgesamt 72, und sechs Kreise von zwölf weiblichen Jüngern, ebenfalls 72 – ergibt 144 Jünger insgesamt. Maria Magdalena war Teil der ersten zwölf weiblichen Jünger. Könnte dies die gleiche Gruppe sein, von der Betsy ein Teil gewesen war? In seinem Text definiert Stuart die Gnostiker als eine lose gestrickte Bewegung, die in den frühen Jahren des Christentums aktiv war. Sie glaubten an einen mystischen Zustand tiefen Wissens - der *Gnosis* -, in dem Wissender und Wissen verschmelzen und eins werden würden.

Es existiert innerhalb der Kirche immer noch eine große Debatte über die Motive und Lehren der Gnostiker.

* * *

Die Relikte der Heiligen Maria Magdalena in der Diözese La Sainte Baume von Frejus-Toulon, Südfrankreich

Mit freundlicher Genehmigung von:
Eternal World Television Network (Ewiges Weltfernsehen)
Aus dem Französischen ins Englische übersetzt von:
Diakon E. Scott Borgman
Aus dem Englischen für dieses Buch ins Deutsche übersetzt.

Die Region Provence wurde im ersten Jahrhundert von Christen aus dem Osten evangelisiert. Die Überlieferung nennt sie die „Freunde von Bethanien", wir kennen sie als Lazarus, Martha und Maria Magdalena, die, so heißt es, auf folgende Weise nach Südfrankreich kamen:

Im Jahr nach der Hinrichtung des hl. Jakobus in Jerusalem wurden die Verfolgungen verstärkt. Lazarus und Martha wurden ins Gefängnis geworfen und auch Maria Magdalena, die sie besuchen wollte, wurde zusammen mit anderen Mitgliedern der christlichen Gemeinschaft von Bethanien gefangen genommen: St. Maximin, St. Marcelle, St. Susan und St. Sidonius.

Juden, die Angst vor der Menge bei einer Hinrichtung der Gefangenen hatten, setzten diese in ein Boot ohne Segel und Ruder, und ein großes Schiff schleppte sie vor die Küste und ließ sie auf offener See zurück. Singend und betend landeten sie am Ufer Galliens in der Nähe des Ortes mit dem heutigen Namen Saintes Maries de la Mer. Die Reise war mit einer wundersamen Geschwindigkeit zurückgelegt worden.

Auf dem Landweg reisten sie nach Massilien (Marseille), wo sie herzlich empfangen wurden. Sie predigten das Evangelium und Lazarus taufte in seiner Eigenschaft als Täufer viele Menschen. Maria Magdalena zog sich in eine Höhle in den Bergen zurück, die schwer zugänglich war; dort lebte sie in schwerer Buße. Martha ging nach Avignon und Tarascon.

Die Heilige Maria Magdalena starb bei Tégulata (St. Maximin). An der Stelle, an der ihr Sarkophag entdeckt worden war, wurden bei Ausgrabungen unter der Basilika St. Maximin auch Gräber aus Ziegeln und Fliesen aus dem 1. Jahrhundert gefunden.

Wurde die Heilige Maria Magdalena etwa auf diese Weise begraben und dann im Jahre 710 in den Marmorsarkophag umgelegt? Vielleicht. Das Wesentliche ist, dass die Überlieferung und die ständigen Pilgerfahrten zur Ste Baume dies bekräftigen, einem Ort, der vom Christentum vom ersten Jahrhundert an verehrt worden war, bevor die Mönche während der Verwüstung der Provence durch die Sarazenen einige der Relikte nach Vézelay im Burgund brachten.

Die Anwesenheit von Lazarus, Martha und Maria Magdalena in der Provence wurde als wahr anerkannt und gehört zur heiligen Geschichte Frankreichs. Sie wurde ebenfalls von der gesamten Christenheit im Osten sowie im Westen anerkannt. Aus allen Ländern Europas pilgern Menschen zu den Gräbern der „Heiligen Freunde Jesu".

Kapitel 25

FAZIT

$\mathbf{W}$ie ich bereits in der Einleitung sagte, ist all dies kein neues Wissen. Es ist neues altes Wissen. Es existiert seit Jahrtausenden, ist aber stets den wenigen Auserwählten vorbehalten gewesen, die ihr Leben dessen Verständnis und Lehre gewidmet haben. Weil Wissen Macht war, fühlten sich die politischen Machthaber in der Regel von allem bedroht, das sie nicht verstehen konnten, also versuchten sie, es mit allen Mitteln zu erlangen. Viele sind wegen dieses Wissens gefoltert und getötet worden. Und viele dieser Seelen sind jetzt zurückgekehrt, um der Menschheit und dem Planeten bei deren Entwicklung zu helfen. Ihre Mission ist es, sicherzustellen, dass die Fehler von damals nicht wieder gemacht werden. Ein Großteil der Fähigkeiten, Fertigkeiten und Kenntnisse kehrt zu denen zurück, die offen für sie sind, um sie in einer Weise zu nutzen, die dem einen und allen hilft. Aus diesem Grund gibt es so viele Menschen, die als „Lichtarbeiter" zur Heilarbeit herangezogen werden oder in den helfenden Berufen tätig sind. Die meisten der Menschen, die mich besuchen, fallen in eine dieser Kategorien.

Es ist eine aufregende Zeit, in der wir gerade leben, da sich unser Zuhause, unser Planet, in eine andere Dimension bewegt. Alles dreht sich um Frequenzen und Vibrationen. Und die Menschen wachen mit alarmierender Geschwindigkeit auf. Es kann manchmal verwirrend sein, aber wir alle haben uns verpflichtet, zu diesem Zeitpunkt hier zu sein. Wir dürfen nie vergessen, dass wir uns entschieden haben, hier zu sein, und aus einem bestimmten Grund hier sind. Diese Sitzungen sind nur einige Beispiele dafür, wie wir zurückkehren, um uns daran zu erinnern, wer wir sind und was wir tun können und sollten. Es ist also nicht mehr Wissen für nur einige wenige, sondern für uns alle. Während wir alle erwachen und unsere Frequenzen erhöhen, helfen wir uns gegenseitig und unserer Erde, Missionen zu erfüllen und Frequenzen zu erhöhen, um letztendlich vollständig auf einer anderen Dimension zu sein.

Ich werde ständig mehr und mehr über unser Vergangenheit informiert und darüber, warum wir hier sind, und werde weiterhin meinen Teil dazu beitragen, dieses verborgene, heilige Wissen, das wir alle besitzen können, aufzudecken.

ÜBER DIE AUTORIN

Dolores Cannon, eine regressive Hypnosetherapeutin und metaphysische Forscherin, die „verlorengegangenes" Wissen dokumentiert, wurde 1931 in St. Louis, Missouri, geboren. Dort lebte und erhielt sie ihre Ausbildung, bis sie im Jahre 1951 einen Navy-Berufssoldaten heiratete. Die nächsten zwanzig Jahre verbrachte sie damit, als klassische Navy-Ehefrau durch die ganze Welt zu reisen und sich ihrer Familie zu widmen. 1970 wurde ihr Mann als kriegsversehrter Veteran aus dem Dienst entlassen und sie zogen sich in die Hügel von Arkansas zurück. Dort startete Dolores ihre Schriftstellerkarriere und begann, Artikel an verschiedene Zeitschriften und Zeitungen zu verkaufen. Sie beschäftigte sich von 1968 an mit Hypnose und seit 1979 ausschließlich mit der Therapie und Regressionsarbeit. Sie hatte verschiedene Hypnosemethoden studiert und so ihre eigene, einzigartige Technik entwickelt, die es ihr ermöglichte, bei ihren Klienten die effizienteste Freigabe von Informationen zu bewirken. Schließlich begann sie, ihre Hypnosetechnik auf der ganzen Welt zu unterrichten.

Im Jahre 1986 erweiterte sie ihre Untersuchungen auf das Themenfeld UFOs. Unter anderem hat sie vor Ort Studien über vermutete UFO-Landungen durchgeführt und Kornkreise in England untersucht. Der Großteil ihrer Arbeit auf diesem Gebiet befasste sich mit der Ansammlung von Beweisen mithilfe von Hypnose bei Opfern vermuteter Entführungen durch Außerirdische.

Als internationale Rednerin hat Dolores auf allen Kontinenten dieser Welt Vorträge gehalten. Ihre siebzehn Bücher werden in über zwanzig Sprachen übersetzt. Sie hat zu Radio- und Fernsehzuschauern weltweit gesprochen. Artikel über/von Dolores sind in mehreren US-amerikanischen und internationalen Zeitschriften und Zeitungen erschienen. Dolores war die erste Amerikanerin - und die erste Ausländerin überhaupt -, die in Bulgarien den „Orpheus Award" für den größten Dienst in der Erforschung übersinnlicher Phänomene erhielt. Sie hat zudem von mehreren Hypnose-Organisationen Auszeichnungen für ihr herausragendes Lebenswerk erhalten.

Dolores hat eine sehr große Familie, die sie in einem stabilen Gleichgewicht zwischen der „realen" Welt und der „unsichtbaren" Welt ihrer Arbeit hält.

Wenn Sie mit Dolores über ihre Arbeit, private Sitzungen oder ihre Trainingslehrgänge korrespondieren möchten, senden Sie Ihre Anfrage bitte an die folgende Adresse: (Bitte fügen Sie einen frankierten Rückumschlag bei.) Dolores Cannon, Postfach 754, Huntsville, AR, 72740, USA oder senden Sie ihr eine E-Mail an decannon@msn.com oder über unsere Website: www.ozarkmt.com

Dolores hat unsere Dimension am 18. Oktober 2014 hinter sich gelassen.

Other Books by Ozark Mountain Publishing, Inc.

The Curators
The History of God
The Origin Speaks
James Nussbaumer
And Then I Knew My Abundance
The Master of Everything
Mastering Your Own Spiritual Freedom
Living Your Dram, Not Someone Else's
Sherry O'Brian
Peaks and Valleys
Riet Okken
The Liberating Power of Emotions
Gabrielle Orr
Akashic Records: One True Love
Let Miracles Happen
Victor Parachin
Sit a Bit
Nikki Pattillo
A Spiritual Evolution
Children of the Stars
Rev. Grant H. Pealer
A Funny Thing Happened on the
    Way to Heaven
Worlds Beyond Death
Victoria Pendragon
Born Healers
Feng Shui from the Inside, Out
Sleep Magic
The Sleeping Phoenix
Being In A Body
Michael Perlin
Fantastic Adventures in Metaphysics
Walter Pullen
Evolution of the Spirit
Debra Rayburn
Let's Get Natural with Herbs
Charmian Redwood
A New Earth Rising
Coming Home to Lemuria
David Rivinus
Always Dreaming
Richard Rowe
Imagining the Unimaginable
Exploring the Divine Library
M. Don Schorn
Elder Gods of Antiquity
Legacy of the Elder Gods
Gardens of the Elder Gods
Reincarnation...Stepping Stones of Life
Garnet Schulhauser
Dance of Eternal Rapture

Dance of Heavenly Bliss
Dancing Forever with Spirit
Dancing on a Stamp
Manuella Stoerzer
Headless Chicken
Annie Stillwater Gray
Education of a Guardian Angel
The Dawn Book
Work of a Guardian Angel
Joys of a Guardian Angel
Blair Styra
Don't Change the Channel
Who Catharted
Natalie Sudman
Application of Impossible Things
L.R. Sumpter
Judy's Story
The Old is New
We Are the Creators
Artur Tradevosyan
Croton
Jim Thomas
Tales from the Trance
Jolene and Jason Tierney
A Quest of Transcendence
Paul Travers
Dancing with the Mountains
Nicholas Vesey
Living the Life-Force
Janie Wells
Embracing the Human Journey
Payment for Passage
Dennis Wheatley/ Maria Wheatley
The Essential Dowsing Guide
Maria Wheatley
Druidic Soul Star Astrology
Jacquelyn Wiersma
The Zodiac Recipe
Sherry Wilde
The Forgotten Promise
Lyn Willmott
A Small Book of Comfort
Beyond all Boundaries Book 1
Stuart Wilson & Joanna Prentis
Atlantis and the New Consciousness
Beyond Limitations
The Essenes -Children of the Light
The Magdalene Version
Power of the Magdalene
Robert Winterhalter
The Healing Christ

For more information about any of the above titles, soon to be released titles,
or other items in our catalog, write, phone or visit our website:
PO Box 754, Huntsville, AR 72740
479-738-2348/800-935-0045
www.ozarkmt.com

Other Books by Ozark Mountain Publishing, Inc.

The Curators
The History of God
The Origin Speaks
James Nussbaumer
And Then I Knew My Abundance
The Master of Everything
Mastering Your Own Spiritual Freedom
Living Your Dram, Not Someone Else's
Sherry O'Brian
Peaks and Valleys
Riet Okken
The Liberating Power of Emotions
Gabrielle Orr
Akashic Records: One True Love
Let Miracles Happen
Victor Parachin
Sit a Bit
Nikki Pattillo
A Spiritual Evolution
Children of the Stars
Rev. Grant H. Pealer
A Funny Thing Happened on the
    Way to Heaven
Worlds Beyond Death
Victoria Pendragon
Born Healers
Feng Shui from the Inside, Out
Sleep Magic
The Sleeping Phoenix
Being In A Body
Michael Perlin
Fantastic Adventures in Metaphysics
Walter Pullen
Evolution of the Spirit
Debra Rayburn
Let's Get Natural with Herbs
Charmian Redwood
A New Earth Rising
Coming Home to Lemuria
David Rivinus
Always Dreaming
Richard Rowe
Imagining the Unimaginable
Exploring the Divine Library
M. Don Schorn
Elder Gods of Antiquity
Legacy of the Elder Gods
Gardens of the Elder Gods
Reincarnation...Stepping Stones of Life
Garnet Schulhauser
Dance of Eternal Rapture

Dance of Heavenly Bliss
Dancing Forever with Spirit
Dancing on a Stamp
Manuella Stoerzer
Headless Chicken
Annie Stillwater Gray
Education of a Guardian Angel
The Dawn Book
Work of a Guardian Angel
Joys of a Guardian Angel
Blair Styra
Don't Change the Channel
Who Catharted
Natalie Sudman
Application of Impossible Things
L.R. Sumpter
Judy's Story
The Old is New
We Are the Creators
Artur Tradevosyan
Croton
Jim Thomas
Tales from the Trance
Jolene and Jason Tierney
A Quest of Transcendence
Paul Travers
Dancing with the Mountains
Nicholas Vesey
Living the Life-Force
Janie Wells
Embracing the Human Journey
Payment for Passage
Dennis Wheatley/ Maria Wheatley
The Essential Dowsing Guide
Maria Wheatley
Druidic Soul Star Astrology
Jacquelyn Wiersma
The Zodiac Recipe
Sherry Wilde
The Forgotten Promise
Lyn Willmott
A Small Book of Comfort
Beyond all Boundaries Book 1
Stuart Wilson & Joanna Prentis
Atlantis and the New Consciousness
Beyond Limitations
The Essenes -Children of the Light
The Magdalene Version
Power of the Magdalene
Robert Winterhalter
The Healing Christ

For more information about any of the above titles, soon to be released titles,
or other items in our catalog, write, phone or visit our website:
PO Box 754, Huntsville, AR 72740
479-738-2348/800-935-0045
www.ozarkmt.com

www.ingramcontent.com/pod-product-compliance
Lightning Source LLC
Chambersburg PA
CBHW052029090426
42739CB00010B/1842